やわらがアカデミズム
〈わかる〉シリーズ

よくわかる
スポーツ文化論
改訂版

井上 俊/菊 幸一

[編著]

ミネルヴァ書房

はじめに

　現代のスポーツは，たとえばオリンピックやサッカー・ワールドカップから市民マラソンや小中学校の運動会などに至るまで，政治・経済・教育などを含む私たちの社会生活の様々な側面と関連する大きな文化現象になっています。また，メディアや消費文化との結びつきを通して，その影響力もますます多面化し増大しています。しかし，そもそもスポーツはどのような意味で「文化」なのでしょうか。それはまた，どのような歴史的・社会的条件のもとで発展してきたのでしょうか。そして，その影響力は具体的にどのような形で社会に及んでいるのでしょうか。

　本書はこのような問題を扱う「スポーツ文化論」や「現代スポーツ論」，あるいは「スポーツ社会学」の入門書・教科書として編集されました。スポーツにかかわる幅広い現象や主題を多面的にカバーするためには，主として社会学分野の知見を活用することが有益です。そこで，本書の各項目の執筆も日本スポーツ社会学会のメンバーの方々を中心にお願いしました。

　読者の皆さんには，本書をいわばスタート地点として，さらに現代スポーツ文化の光と影について，あるいはスポーツ文化のあるべき姿について，自分なりに考えを進めていただきたいと思います。そのための手がかりとして，側注に示されている情報や各項目ごとにあげられている「おすすめ文献」，あるいは巻末の「参考文献」リストなどが役に立つはずです。

　できるだけ研究上の専門に近いテーマで書いていただくという方針のために，執筆者の数が多くなり，それに応じて編集実務も煩雑になり，編集を担当してくださったミネルヴァ書房編集部の河野菜穂さんにはいろいろとお手数をおかけしました。厚くお礼を申し上げます。

　本書の初版は2012年に発行されました。幸い好評を得て版を重ねることができましたが，初版発行以後に生じたスポーツ界の変化なども考慮して，このたび改訂版を出すことになりました。初版の執筆者の皆さんに旧稿のアップデートをお願いしただけでなく，たとえば「eスポーツ」「ビデオ判定」「体罰・パワハラ」などの新たなテーマを追加し，新たな筆者にも加わっていただきました。全体の構成も少し変えました。スポーツの世界の現況を認識し，そのあり方や将来について考える楽しさを，読者の皆さんにも味わっていただけることを願っています。

2020年2月

井上　俊・菊　幸一

もくじ

ya

やわらかアカデミズム・〈わかる〉シリーズ

よくわかる
スポーツ文化論
［改訂版］

序 スポーツ文化論の視点

① スポーツとは何か

「スポーツ」という英語は，今や世界の共通語としてグローバル化しています。各国の言語はその文化を表象する第一のコミュニケーション・ツールですから，外国語は原則として翻訳され自国語に置き換えられます。しかし，「スポーツ」という語に限っていえば，たとえば日本語の場合，「運動競技」や「体育」，「身体活動」などと表現するほか，「スポーツ」という英語がそのまま使われます。これは他国においても事情は同じで，私たちはどのような言語を使用する国に行っても，「スポーツ」と発音しさえすればその現象と意味が地球上のどこにでも通じてしまうような社会に生きていることになります。このような文化は，他に例をみません。いったいスポーツとは何なのでしょうか。

　私たちが今日，オリンピック競技大会や世界選手権大会などで目にするスポーツの原形は，18-19世紀にかけてイギリスという小さな島国で誕生しました。それはもともと，一地方の，特殊なゲーム形式をともなう身体運動文化にすぎないものでしたが，しだいにルールの整備や統一なども進み，19世紀の中頃には，「スポーツ」は「戸外で行われる競技的性格を持つゲームや運動を行うこと，及びそのような娯楽の総称」を意味する語になり，1968年の国際スポーツ・体育協議会（ICSPE）の「スポーツ宣言」では「遊戯の性格を持ち，自己または他人との競争，あるいは自然の障害との対決を含む運動」と定義されました[1]。しかし，この言葉の定義からだけでは，近代スポーツがなぜこれほどまでにグローバルな文化になったのかは説明できません。

　これを解く最も重要な文化論的視点は，近代スポーツがイギリスの**パブリック・スクール**[2]で誕生したことから教育的機能を果たし，これからの社会（近代社会）を形成していくうえで重要な役割を果たすよう意図的につくられた身体運動文化であったところにあります。近代スポーツの特徴としては，(1)教育的性格，(2)禁欲的性格，(3)倫理的性格，(4)知的・技術的性格，(5)組織的性格，(6)都市的性格，そして何よりも(7)非暴力的性格などが強調されます。このような特徴の形成は，近代社会における人びとのライフスタイルにとって基本的に望まれることにほかなりません。逆にいえば，近代以降の社会が成立するためには，このような性格を内面化した人びととの存在が不可欠であるということになります。近代スポーツを受け入れた他の国々には，このような意味合いを十全

▷1　佐伯年詩雄ほか（2005）「文化としてのスポーツ」㈶日本体育協会編・発行『公認スポーツ指導者養成テキスト共通科目Ⅰ』32頁。
▷2　**パブリック・スクール**
イギリスにおいて，主として少年期の男子を教育する私立の寄宿制学校のこと。とくに近代サッカーやラグビーの発祥は，このパブリック・スクールにおけるスポーツ改革の成果であるとされている。

2

に表現する自国語（翻訳語）がなかったということになるのです。

❷　スポーツという文化

　ところで，私たちにとってのスポーツ「体験」は，スポーツ以外の文化と違って，読んだり，調べたり，見たり，考えたりなどを通じてよりも，まず身体を介して「運動する」ことに直接的に焦点化されます。日常生活における身体への負荷はスポーツ行動を通じて高められ，その体験は身体や物の非日常的な激しい動きによって特徴づけられるので，スポーツは身体的技能に代表されるような「物理的な運動」としてイメージされます。また，私たちは運動をすると汗をかき，筋肉が疲労し，心臓が早鐘のように鼓動するため，身体の生理的変化を意識せざるをえません。スポーツ行動は，このような「身体的・生理的な現象」としてイメージされます。そして，私たちは試合を前にしてあがったり，試合後の爽快感を味わうなど，心の状態が変化する体験としてもスポーツを捉えることができます。ここでは，スポーツが「心理的な現象」としてイメージされることになります。

　このように，ほかの文化現象と比べると，スポーツは従来からイメージされている「文化」として体験しにくい性質を持っているようです。つまり，スポーツ＝身体運動として捉えると，これまでの「文化」が洗練された，上品で，知的な，あるいは感性的な営みとして捉えられることと比べ，そのようなコントロールが効かない，暴力的でさえある身体運動のイメージが，これまでの文化概念にそぐわないものとして捉えられてしまうのです。また，このような捉え方は，主にキリスト教の教義に影響された西洋の心身二元論にも依っています。心＝精神の理性的な働きが，常に身＝肉体の動物的な欲望をコントロールしなければならないとする考え方は，身体運動として直接的に体験されるスポーツを文化として考えることからさらに遠ざけてしまう要因となりました。学校期の課外活動がくしくも「運動部」と「文化部」とに分けられているのは，その典型とみることができるのではないでしょうか。

　今日，私たちが体験している近代スポーツは，❶でみたように近代社会を成立させていくのに相応しい性格や特徴をもたされたからこそ誕生したものです。近代スポーツは，具体的には近代社会が望ましいと認めた理念や目標にかかわって初めて意味あるものとなり，そこから共通に認められたルールや規則が制定され，その範囲内で運動することや行動することによって成立します。そして，そのルールの範囲内でお互いに競争するレベルを高めたり，よりよい記録の達成を追求したりするために，合理的で効率的な施設や用具が開発されていくことになります。私たちが路上での喧嘩とボクシングを区別し，あるいはボールを追いかけて戯れる犬とボールゲームを区別するのは，ボクシングやボールゲームをこのような「スポーツという文化」として捉えているからにほ

かなりません。

③ スポーツをめぐる文化

　これまでは，どちらかといえば，私たちが今日経験する現在のスポーツ＝近代から現代に至るスポーツを対象に話を進めてきました。しかし，古代ギリシア・ローマ時代にも「スポーツ」が存在していたといわれるように[3]，広い意味でのスポーツ的な営みはあらゆる文明において見出され，それぞれの文明や時代，社会の特徴を帯びながら，文化としてある種の共通性をもって世界中に遍在してきたものと考えられます。

　それでは，このようなスポーツをめぐる文化としての共通要素とは何でしょうか。生まれたばかりの人間が生理的早産の状態であるといわれるように，人間はその本能のみに頼って生きていくことはできません。そこで，人間は自分たちの生活を維持し，より豊かにしていくことを求めて，様々な事物（物質），行動の方法（行動），考え方（観念）を考案し，工夫して，発展させていきます。このような人間の生の営みこそが，文化形成の営み[4]にほかなりません。これと同じように，どの時代や文明のスポーツも，それ自体は他の動物の運動と同じ「歩く」「走る」「跳ぶ」などの身体運動によって構成されていますが，それらをある観念（目標や理想）に基づいてルール化した範囲内で複雑に組み合わせて行動（技能）化し，そのための物質（施設や用具）を開発することによって成り立っているのです。

　すなわち，図序-1 にあるように，スポーツをめぐる文化の構成要素としては，(1)各時代や各社会によって価値づけられた特定の目標にかかわる信念や観念の体系（観念文化），(2)ルールとそれに基づく技術などにかかわる一定の行動様式の体系（行動文化），(3)運動を発揮させたり，させやすくしたりする物的条件としての施設や用具などの事物の体系（物質文化），といった３つの文化的側面があげられることになります。そして，これらに関連するスポーツ内外の文化的側面と，これを支える社会のしくみや歴史的変動などの影響によって，スポーツをめぐる文化は変化し続けていくことになるのです[5]。

図序 - 1　スポーツをめぐる文化の構成要素とその関係

（観念文化／スポーツ文化の観念体系〈スポーツ論〉／スポーツ文化の規範体系〈ルール，フェアプレイ，スポーツマンシップなど〉／行動文化／スポーツ文化の技術体系〈各種目のスポーツ技術〉／物質文化／スポーツ文化の物的用具〈用具，施設，衣服など〉／社会的構造・歴史的変動）

出所：佐伯聰夫（1975）「運動文化と体育の内容」菅原禮編『体育社会学入門』
　　　大修館書店，42頁の図を改変。

④ 社会のなかのスポーツ文化

　私たちが生活する現代社会では，ス

（左欄注）

▶3　古代ギリシアでは，近代オリンピック競技大会のモデルとなった古代オリンピックが都市国家アテネで４年に一度開催され，古代ローマではローマ市内に遺跡として残っているコロッセオ（円形競技場）で剣闘士（スパルタカス）同士の戦いが見世物（スペクタクル）としておこなわれた。

▶4　culture（文化）の動詞である cultivate は，未開の地を耕す，開墾するという意味がある。

▶5　たとえば，e スポーツの出現などは，その是非はともかく，変化し続けるスポーツ文化の現われのひとつと捉えることができるかもしれない。

ポーツの持つ社会的役割がますます重要になってきています。このような現象を近代スポーツから現代スポーツへの歴史的な変化と捉えて，スポーツ文化論の視点から少し整理してみましょう。

　まず，③で述べたスポーツをめぐる文化的構成要素から考えると，近代スポーツという文化にかかわる社会的な担い手が，ごく一部の上流・中産階級から労働者階級に広がり大衆化した結果，スポーツに対する考え方（観念文化）が大きく変化したことがあげられます。とくに産業資本家層である中産階級は，自分たちの社会的地位を守るためにリベラリズム（自由主義）という価値観を持っていたので，スポーツに対しても社会的自由＝個人主義，政治的自由＝政治的中立，経済的自由などの価値観を強く求めました。その結果，近代スポーツは，あくまで個人の立場で政治の動きとは関係なく，経済的に余裕のある範囲内でおこなうべきであるという，素人主義＝アマチュアリズムに象徴される観念文化によって特徴づけられることになります。そして，このイデオロギー[6]は，スポーツ大会への参加資格などにまで徹底化され，スポーツを専門的職業とするプロフェッショナルの参加を長らく排除することになったのです。[7]

　ところが，スポーツの大衆化は，スポーツによる勝敗の結果に対する社会的重要性を高め，それが政治的な国家の威信を高めたり，経済的な宣伝・広告に利用されたりする土台を形成します。それは同時に，スポーツの高度化による差異（優劣）化を求めるので，そのパフォーマンスを高めるためのルールの変更や施設・用具の開発を促進させることになります。このように近代スポーツは，その大衆化と高度化によって政治や経済の分野から利用され，この両者をつなぐメディアの発達によって大きな影響力を与えられるようになり，今日私たちが経験するスポーツ文化＝現代スポーツの姿に変容させられていくのです。

　近代スポーツの伝統的な観念文化であるアマチュアリズムは，ようやく120年余の歳月を経て変容しました。[8]しかし，施設や用具といった物質文化は社会のテクノロジーの発達によって急速に進歩し，ルールや技能といった行動文化を比較的容易に変化させていきます。また，今日ではメディアの発達によって「見るスポーツ」の大衆化が進行し，スポーツを商品化するコマーシャリズム（商業主義）という考え方が行動文化や物質文化に影響を与えています。

　たしかに今日，現代スポーツはますます文化として隆盛を極め，見るスポーツ，読むスポーツ，支えるスポーツなど，様々な文化領域にも広がっています。しかし，このようなスポーツ文化の隆盛は，一方で政治や経済の分野からコントロールされており，他方でアスリートの身体を蝕むドーピング問題を発生させるなど，様々な社会問題を引き起こしていることもまた事実です。現代社会のなかで望ましいスポーツ文化のあり方を考え，これを実現していくことが強く求められています。

（菊　幸一）

▷6　イデオロギー
イデオロギーとは，「世界の意味と世界における人間の地位について，人間ないしその集団が抱くさまざまな確信を総括した全体」（バリオン，J．／徳永恂訳（1971＝1974）『イデオロギーとは何か』講談社現代新書，152頁）だが，スポーツとの関連では，ある特定の利害集団や組織あるいは社会階級が，スポーツの社会的存在を正当化するために主張する意義や価値のことである。

▷7　1866年にイギリス陸上クラブで最初につくられたアマチュア規定では，機械工や職人，労働者は競技会に参加できないとされた。

▷8　1974年にオリンピック憲章のアマチュア規定はすでに撤廃されていたが，1984年のロサンジェルス・オリンピック競技大会から部分的に特定の種目に限り，プロ参加が初めて容認された。

おすすめ文献
†多木浩二（1995）『スポーツを考える──身体・資本・ナショナリズム』ちくま新書。
†井上俊・亀山佳明編（1999）『スポーツ文化を学ぶ人のために』世界思想社。
†菊幸一・清水諭・仲澤真・松村和則編（2006）『現代スポーツのパースペクティブ』大修館書店。

近代以前のスポーツ

1　先史時代

　人びとは，生きるために槍や弓矢などの単純な狩猟具で毎日獲物を捕らなければならなかったので，栄養不足で余暇も持てなかったと考えられていましたが，各地の**先住民**▷1を調査した結果，採集や狩猟に費やす時間は1日平均3時間程度にすぎず，それ以外の時間は余暇だったことが明らかになりました。余暇を利用して，男性も女性も球技，格闘技，陸上競技などの近代スポーツの原型を楽しみました。とくに**通過儀礼**▷2のように，スポーツと宗教との関係が強調されていますが，宗教とは関係のないスポーツも多様におこなわれていました。

2　古　代

　メソポタミアでは，軍事訓練が主流でありながらも，水泳，槍投げ，競走，ダンスなどのスポーツも楽しまれていました。紀元前3000年代には，最古のスポーツの証拠（レスリング，ボクシング）がみられます。王侯貴族は，戦車（馬車）▷3からの弓射を戦争に使用するだけでなく，狩猟園で大型猛獣狩りとしても楽しみました。この影響を受けて，ギリシアやローマでは，戦車競走が非常に人気のあるスポーツとしておこなわれるようになりました。一方，エジプトの王侯貴族は，特権的なスポーツ（カバ狩り，ダチョウ狩り，鳥打ち，魚突き，猟犬を用いての狩猟）やプロによるショー・スポーツ（ダンス，**球戯**▷4，アクロバット）を楽しみました。さらに，レスリングも高度にスポーツ化しており，ベニ・ハッサン▷5の壁画（紀元前2100年）には，日本の相撲のように，裸体にまわしをつけたレスラーの姿が400組以上も描かれています。新王国（紀元前1570-1070年）になると，近東諸国との戦争に勝つために，王自身が最強の戦闘能力を持つ指導者となりました。アメンヘテプ2世，3世，トトメス3世，4世は戦車から大型狩猟をおこないました。アメンヘテプ2世は，走っている戦車から銅製の的を弓矢で射抜くことができ，戦車の馬を自分でトレーニングし，兵士と競走しても最も速く走ることができたといわれています。またツタンカーメン王も，戦車からの弓射，カバ狩りを楽しんだといわれています。

　平和を好んだクレタ文明では，女性の地位も高かったようです。しかし，プロの男性による危険な雄牛跳びが，宮殿の庭でショー・スポーツとしておこなわれていました（紀元前1500年）。牛の角の突き上げを利用して跳び上がって宙

▷1　**先住民**
支配される以前からその国に住んでいた人びと。

▷2　**通過儀礼**
たとえば，成人と認められるための試練。ペンテコスト島では，つたを足首に結んで高所から飛び降りた（バンジージャンプ）。

▷3　メソポタミアでは紀元前2700年の戦車が発掘されている。有名なカデッシュの戦い（紀元前1286年）で，ヒッタイトのムワタリ王は3500台，エジプトのラムセス2世は2500台の戦車を投入した。

▷4　**球　戯**
手先の器用性を必要とするような ball games を「球戯」，体全体を使って対人や集団で競技する ball games を「球技」と一応区別しているが，「球技」と統一してもかまわない。子どものボール遊びを意味する ball games は，サッカーやラグビーのように競技化しても ball sports とならないで，伝統的な games が残った。したがって，訳語の問題が残る。

▷5　**ベニ・ハッサン**
エジプトの中王国時代における豪族の岩窟墳墓。

返りをする曲芸は，女神に捧げられた**豊穣儀礼**がスポーツ化したものと思われます。これに対して，好戦的なミケーネ文明では，戦争やスポーツにおける貴族の英雄的行為を称えて，葬礼競技（戦車競走）が開催されました。ギリシアの**ホメロス**は，葬礼競技における多くの種目を詳述しています。ここでは，競技の勝敗に神々が介入すると信じられていました。

　戦争では「つねに第1人者であれ，また他のすべての者に抜きんでよ」という貴族の徳は，ギリシア人の競技理想となりました。主神ゼウスの聖地オリンピアで4年に一度開催された**オリンピック**は，紀元前7世紀初頭以降，全ギリシア的な規模に拡大しました。「神の平和」と誤解される「エケケイリア」は，オリンピック関係者の旅行の安全を保証するものであり，ギリシア全体の休戦や平和にかかわるものではありませんでした。勝者は，オリーブの冠だけを授けられても，出身ポリスからは莫大な賞金を与えられたので，「アマ」ではありませんでした。裸体でスポーツをするのは，スパルタ起源であるといわれています。古典期には，スポーツで鍛えた肉体美を持ち，教養もあり道徳的にも優れていること（つまり「美と善であること」）という男性の理想像が生まれました。しかし，レスリング，ボクシング，**パンクラティオン**は，戦争とも関連して非常に粗暴な格闘技だったのです。女性はスポーツをすることも見ることもほとんどできませんでした。

　一方，ローマの支配者は，「**パンとサーカス**」といわれるように，市民の人気を得るために大規模なスペクテイター・スポーツを無料で提供しました。好まれた娯楽は，戦車競走，円形闘技場における剣闘士や野獣の殺し合い，ギリシア人の裸体競技，巨大な公衆浴場，演劇などであり，女性も観客として死闘に狂喜していました。

❸　中　世

　貴族は，騎士教育で乗馬，水泳，馬上槍試合，剣術，レスリング，作法などを指導されました。狩猟を楽しんだ後，貴族は馬で，兵士は徒歩で競走しながら帰っていましたが，これらから馬術競技，長距離競走，ハードル競走が発展したのです。聖職者も楽しんだ球技は，**テニス**となりました。農民は豊穣の祈願祭や感謝祭で，ダンス，石投げ，競走，レスリングを，また市民も祝祭日に剣術，幅跳び，ハンマー投げ，ダンス，球技を楽しみました。女性もダンスや競走などに積極的に参加していました。イギリスでは，これらの運動以外に，トランプ，音楽，飲酒などもスポーツと呼ばれていましたが，19世紀に陸上競技，テニス，サッカーなどが盛んになるにつれて，これらの運動競技がスポーツと呼ばれるようになりました。最初は粗暴な競技が多かったのですが，徐々に，相手を負傷させることなく，国際的な競技ができるようにルールも統一されたのです。

（高橋幸一）

▷6　豊穣儀礼
穀物が豊作になるように祈る行為。

▷7　ホメロス
紀元前8世紀，英雄叙事詩『イリアス』『オデュッセイア』を著したといわれる。

▷8　オリンピック
正式には，オリュンピア祭典競技会。紀元前776年を第1回とする確実な証拠はない。ピュティア，ネメア，イストミアの競技会も全ギリシア的な規模でおこなわれた。

▷9　パンクラティオン
禁止されたのは，えぐったり嚙みついたりすることだけだった。

▷10　パンとサーカス
本書の「パンとサーカス」（38-39頁）を参照。

▷11　テニス
フランスのジュ・ド・ポーム（正式には「手のひらの遊び」「手のひらの遊戯」）から発展した。「サーブ」は，召使い（サーバント）が主人に打ちやすいボールを投げ上げてやっていたことの名残りである。

おすすめ文献

†高橋幸一（2003）『スポーツ学のルーツ——古代ギリシア・ローマのスポーツ思想』明和出版。
†Kyle, D. G. (2007) *Sport and Spectacle in the Ancient World*, Blackwell.
†Christesen, P. and D. G. Kyle, eds. (2014) A Companion to Sport and Spectacle in Greek and Roman Antiquity, Blackwell.

2 近代スポーツとは

▷1　啓蒙思想の普及と産業革命の展開からはじまった近代において「スポーツ」とはもっぱら競技スポーツを意味していた。しかし、近代化がもう理想ではなくなった今は、健康や美容のためのエクササイズやフィットネスの占める割合が高まっている。

▷2　グートマン、A.／清水哲男訳（1978=1981）『スポーツと現代アメリカ』TBS ブリタニカ。なお原著者名について、Guttmann と直接面識のある人物が「グットマン」と表記しているので、本文ではそれにしたがった。

▷3　エリアス、N.／桑田禮彰訳（1976=1986）「スポーツと暴力」栗原彬・今防人・杉山光信・山本哲士編『身体の政治技術』（叢書　社会と社会学3）新評論。とくにレスリングやボクシングに似た古代の競技では、その最中にどちらかが死んでしまう例がしばしばみられた。ペロテット、T.／矢羽野薫訳（2004=2004）『驚異の古代オリンピック』河出書房新社も参照。

▷4　Maguire, J. (1999) *Global Sport: Identities, Societies, Civilizations*, Polity Press.

▷5　井上俊（2000）『スポーツと芸術の社会学』世界思想社、12頁。

▷6　本書の「文化史・文化社会学」（194-195頁）を参照。

▷7　厳密には競技スポーツの方が裁判制度や選挙制

1 「近代」のモデルとしてのスポーツ文化

　A.グットマンは近代の競技スポーツを、(1)世俗化、(2)競争の機会と条件の平等化、(3)役割の専門化、(4)合理化、(5)官僚的組織化、(6)数量化、(7)記録万能主義の7点で特徴づけています。宗教的なものから距離を置く点で、スポーツはその原型になった民俗遊技と区別できます。宗教性を帯びた民俗遊技がローカルな共同体を結束させる機能を果たしていたのに対して、世俗化されたスポーツは言語や民族を超えた参加を可能にします。また近代スポーツは、競争に際して「機会の平等」にこだわる点にも特徴があります。「機会の平等」とは、たとえば格闘種目における体重別クラス分けや、記録種目における競技環境の均質化をさします。競技スポーツは、試合前から勝敗がわかってしまうことを極力避けることで、出自に関係なく個人の努力で成功を勝ち取れるという近代社会の理想と呼応しています。

　スポーツを近代の産物とみなすN.エリアスは、スポーツの原型とされる古代ギリシアの競技実態が、近代人の感性では耐えられないほど残酷なものであったことを強調しました。人類史は必ずしも一方向に進化するものではありませんが、長い目でみれば暴力的対立をより流血の少ない形に昇華させてきたと彼は考え、その軌跡を「文明化の過程」と呼びます。エリアスにとって、スポーツと議会制民主主義は近代化をリードしたイギリスからもたらされた「文明化の過程」の賜物でした。さらにJ.マグワイアは、15世紀から18世紀にかけて、ヨーロッパに国民意識、個人主義、人権意識、科学的世界観が広まったことが、近代スポーツの誕生に貢献したと補足しました。また井上俊は、鍛え上げた者同士の対戦の結果であれば、敗北さえ名誉あるものとして評価するのがスポーツマンシップだと指摘しましたが、対戦を通して（目上ではなく）対等な相手に対する敬意を育むのが近代スポーツの倫理観です。

　スポーツを、近代に生まれた新しい文化と考えるか、人類史のはじめから普遍的な文化と考えるかは専門家の間でも意見が分かれます。どんな時代、どんな民族にも部分的にはスポーツに似た活動が発見できることを考えると、むしろ発想を逆転して、競技スポーツ的な原理が社会全体に行き渡ったことで近代が完成された可能性を考える方が適切かもしれません。司法制度に検事と弁護士の対決が組み込まれ、立法や行政で選挙制度による競争が活用されているよ

うに，科学においても自由で平等な論争が事実を確定しますが，それらはすべて競技スポーツ的な競争原理の普及と足並みを揃えて確立されました。[7]

❷ 近代スポーツがかかえる諸問題

　近代という時代と共生してきた競技スポーツには，残念ながらそれに応じた欠点が備わっています。スポーツ文化を肯定的に捉えたエリアスも，イギリスで粗野な民俗遊技の多くがスポーツに「昇華」された過程には，地主貴族や紳士階級（gentry）による里山の囲い込み（enclosure）が影響したことを指摘しています。[8] 羊の放牧のための囲い込みによって，イギリスは毛織物産業を発展させ，近代社会へ離陸（テイクオフ）するきっかけをつかみましたが，同時にそれは民衆独自の遊びの機会を奪いました。小作人や自作農が工場労働者になり，地域共同体のつながりが希薄になっていくなかで，民俗遊技は廃れました。代わりに地主貴族や紳士階級の支援する「健全な」娯楽の普及がスポーツの発展につながります。同様の過程はイギリス以外の経済先進国とその植民地でも踏襲され，スポーツはローカルな娯楽や快楽のあり方を劣ったものとして排除し，近代資本主義的なライフスタイルのグローバル化を後押ししました。[9]

　また，生産の拡大や効率向上を善とする近代思想に荷担して，競技スポーツはそれ以外の価値観を低く評価する傾向をもちます。それは機械論的な身体観を前提とし，トレーニングにともなう痛みを無視するよう競技者に強います。健康のために推奨されることの多いスポーツですが，ハイレベルの競技スポーツでは勝利至上主義からくるケガがつきものであって，健康維持に最良の手段とはいえません。さらに，世間で認められるスポーツ種目の多くが筋力や瞬発力を競う種目に偏っているために，産業社会に有用な人物像ばかりを持ち上げ，女性や障がい者を低く見積もる弊害をともなってきました。[10]

❸ 近代と競技スポーツの危機

　環境問題や資源不足が叫ばれる現在，進化論や進歩主義に代表される近代思想は行き詰まり，かつては無条件に賞賛された世界記録の達成も，人間の努力以上に設備や用具の技術改良に大きく左右されるようになりました。[11] 経済機構がグローバルに連携する一方で，個々の人間や組織が意識的にコントロールできる部分は縮小し，われわれは社会全体を調整する力を失いつつあります。競技スポーツの世界でも，個別の種目に有能な人材の育成ばかりが追求され，社会全体にスポーツマンシップのような肯定的な人間観を提示することが難しくなりました。多種目にわたるプロ化の進展は選手と観客の距離をひろげ，勝利至上主義のあまり選手が自由な発想でプレイできなくなって，ハイレベルな競技スポーツは見世物に堕する危険にさらされています。

（西山哲郎）

度をモデルにルールや規範を発展させてきたのだろうが，大衆への啓蒙において競技スポーツの経験が役立ったのは間違いない。

▷8　エリアス，N・ダニング，E.／大平章訳（1986=1995）『スポーツと文明化——興奮の探求』法政大学出版局。

▷9　グットマン，A.／谷川稔ほか訳（1994=1997）『スポーツと帝国——近代スポーツと文化帝国主義』昭和堂，あるいは，有賀郁敏ほか（2002）『スポーツ』ミネルヴァ書房などを参照。

▷10　詳しくは，西山哲郎（2006）『近代スポーツ文化とはなにか』世界思想社の3章を参照。同じ身体能力を競うものでも，女性の能力がより優れている可能性が高い運動は競技スポーツから排除されている。たとえば海洋遠泳の世界記録の多くは女性がもっているのだが，限られた専門家以外で知っている者は少ない。Messner, M.A. and Sabo, D.F. (1990) *Sport, Men, and the Gender Order: Critical Feminist Perspectives*, Human Kinetics Books, p.176.

▷11　2008年の北京オリンピックでは，圧倒的なパフォーマンスを誇るスピード社の水着を着用できるかどうかが勝負を分けた。

おすすめ文献

†エリアス，N・ダニング，E.／大平章訳（1986=1995）『スポーツと文明化——興奮の探求』法政大学出版局。
†グットマン，A.／谷川稔・石井昌幸・池田恵子・石井芳枝訳（1994=1997）『スポーツと帝国——近代スポーツと文化帝国主義』昭和堂。
†西山哲郎（2006）『近代スポーツ文化とはなにか』世界思想社。

3　近代オリンピックの誕生

◀1　近代オリンピックは，第1回大会を起点とし，以後4年毎を1オリンピアードと数える独自の暦に基づいて開催されており，その正式名称は，夏季大会が「オリンピアード競技大会（Games of Olympiad）」，冬季大会が「オリンピック冬季競技大会（Olympic Winter Games）」。

◀2　坂上康博ほか編（2018）『スポーツの世界史』一色出版。

◀3　**古代オリンピック**　聖地オリンピアにおいて，神ゼウスに捧げる神聖な祭典競技として紀元前776年にはじまり，その後4年毎に開催され，393年の第293回大会まで続いたとされるオリンピア祭のこと。

◀4　**ピエール・ド・クーベルタン**（Pierre de Coubertin, 1863-1937）フランス貴族の家系に生まれ，31歳で近代オリンピックを創設し，その後も約30年にわたって国際オリンピック委員会（IOC）の会長を務め，「近代オリンピックの父」と呼ばれた。和田浩一（2018）「近代オリンピックの創出とクーベルタンのオリンピズム」小路田泰直ほか編『ニッポンのオリンピック——日本はオリンピズムとどう向き合ってきたのか』青弓社。

◀5　**パリ会議**　1894年6月18〜23日に，パリのソルボンヌ大学の大聖堂で開催された国際会議。12カ国から49団体を代表する計79名が参加し，IOCを設立した。

① 近代スポーツの国際化

　近代オリンピックは，1896年4月の第1回アテネ大会によってはじまり，その後100年以上にわたって開催されてきました。◀1

　近代オリンピックの誕生——それは各国の代表選手による定期的な国際競技大会のはじまりとして，近代スポーツの発展史上，画期的な意義をもっています。それがもたらした成果としてとくに重要なのは，第一に，イギリスを中心として成立した近代スポーツの国際的な普及のスピードを加速したこと，第二に，国際サッカー連盟（1904年）や国際陸上連盟（1912年）などの種目別の国際競技連盟（IF）の設立を促したことです。

　こうして近代スポーツは，統一ルールの下に国境や民族を超えて競い合えるユニバーサルな文化として20世紀を通して開花していきましたが，そこには，競技スポーツが持つ発展の力学とともに，以下にみていくように，歴史的・社会的な諸力が複合的に作用していました。◀2

② 古代オリンピックの復活

　まず，ギリシアの都市アテネが近代オリンピックの第1回大会の開催地に選ばれたこと，そのこと自体が重要な意味をもっています。かつて1000年以上の長きにわたって**古代オリンピック**が開催されていたのが，まさにこの地であったからです。◀3　近代オリンピックは単なる国際競技大会ではなく，古代オリンピックの"復活"として誕生したのです。

　それ以前にも古代オリンピックを復活させる様々な試みが，とくに1830年代以降，イギリスやギリシアなどでなされていましたが，1875年にはじまる発掘調査が古代都市オリンピアの全貌を明らかにしたことによって，人びとの想像力のなかに古代オリンピックの姿が鮮明に甦りました。第1回近代オリンピック大会はまさにこのタイミングでなされた古代オリンピックの復活であり，それを主導したのが，フランス人の**クーベルタン**でした。◀4

　クーベルタンは，第1回アテネ大会の開催を決定した**パリ会議**において，◀5「二千年前からの由緒ある思想」すなわちヘレニズム（古代ギリシア文明）の復活を宣言しました。ヘレニズムは，スポーツ，芸術，市民としての自覚と責任感という三本柱によって支えられており，そこには肉体や運動に対する真っ当

な評価と崇拝がありました。クーベルタンは，オリンピックの復活に中世以来，精神の奴隷とされてきた肉体の復権という文明史的な意義を与え，彼が「人間賛美の宗教」と呼ぶところのヘレニズムを現在に甦らせようとしたのです。

③　オリンピックの現代的意義

その際，クーベルタンを動機づけていたのは，古代ギリシアの遺産だけではありませんでした。多くの近代スポーツの誕生の舞台となった，イギリスのパブリック・スクールにおけるスポーツ活動とそれを支えた**筋肉的キリスト教**[6]も，彼に大きな影響を与えていました。クーベルタンは，1883年にはじまる渡英とパブリック・スクールの訪問などを通して，筋肉的キリスト教に傾倒するようになり，スポーツの教育的な役割についての信念を固めていたのです。

また，クーベルタンはパリ会議を招集する際，「現代社会の必要にふさわしい形でオリンピック大会が復興すれば，世界中の国民を代表する人びとが4年毎に一つの場に集うことになり，彼らのおこなう平和と騎士道精神に満ちた競技のかずかずが，最良の国際主義を生み出す」と訴えました。世界平和の構築という崇高な目標を近代オリンピックに冠したのです。それもまた，**オリンピック休戦**[7]という古代オリンピックの遺産を背景にしたものでしたが，より重要なことは，当時の世界が平和的共存を渇望していたことであり，そのような国際情勢を背景にして，近代オリンピックが平和運動として登場したことです。

以上のようなクーベルタンの思想は，やがて**オリンピズム**[8]と呼ばれる近代オリンピックの理念として結晶化していきました。

④　「諸刃の剣」としてのオリンピック

しかし，他方でクーベルタンは，彼の唱えた国際主義や平和思想とは本来矛盾するはずの社会ダーウィン主義と軍事的帝国主義という2つのイデオロギーによっても動機づけられていました。そうした「弱肉強食」の帝国主義時代のイデオロギーとスポーツの結びつきは，イギリスのパブリック・スクールにおいて典型的にみられましたが[9]，クーベルタンもまた，スポーツを核とする教育がイギリスのエリートを育て，大英帝国の発展を可能にしたとし，それらを賛美していたのです[10]。

また，クーベルタンは，「人は己の国家を愛しそれに仕えねばならない」と言い，愛国心こそが世俗化した近代社会における「宗教」であると捉えるとともに，「その象徴たる国旗を，勝者への報酬として掲揚」するという儀式をオリンピックの表彰式に導入しました。それは，現実の国際社会においては，オリンピックを国家間闘争の象徴へと導くものであり[11]，こうして近代オリンピックは人類の連帯だけでなく，各国間のライバル心や憎しみをも助長する「諸刃の剣」として，歴史を刻んでいくことになりました。　　　　（坂上康博）

▷6　**筋肉的キリスト教**（muscular Christinity）チャールズ・キングスリ牧師（1819-1875）らによって創始された肉体の鍛錬をともなうスポーツ等を人格形成の手段として積極的に価値づける思想運動。

▷7　**オリンピック休戦**「エケケイリア（聖なる休戦）」の名の下におこなわれた，古代オリンピック開催期間中の都市国家同士の戦争の休止。この点については本書7頁も参照。

▷8　**オリンピズム**クーベルタンの主張を出発点とし，現在のオリンピック憲章の「オリンピズムの根本原則」へと発展を遂げてきたオリンピックの基本理念のこと。

▷9　マッキントッシュ，P.C.／寺島善一・岡尾恵市・森川貞夫編訳（1987=1991）『現代社会とスポーツ』大修館書店。

▷10　阿部生雄（2009）『近代スポーツマンシップの誕生と成長』筑波大学出版会。

▷11　ホブズボーム，E.W.／浜林正夫・嶋田耕也・庄司信訳（1992=2001）『ナショナリズムの歴史と現在』大月書店。

おすすめ文献

†マカルーン，J.J.／柴田元幸・菅原克也訳（1981=1988）『オリンピックと近代——評伝クーベルタン』平凡社。

†マッキントッシュ，P.C.／寺島善一・岡尾恵市・森川貞夫編訳（1987=1991）『現代社会とスポーツ』大修館書店。

†阿部生雄（2009）『近代スポーツマンシップの誕生と成長』筑波大学出版会。

†坂上康博編（2019）『12の問いから始めるオリンピック・パラリンピック研究』かもがわ出版。

ワールドカップ・サッカー

1 世界選手権大会のはじまり

　ワールドカップといえば，4年に一度のサッカーの世界選手権を思い浮かべる人が多いでしょう。1930年にはじまり，代表チーム（国家単位の選抜チーム）による競技会で「本当の世界一」を決める選手権として，また地球上で最も多くの観衆とテレビの視聴者を集める世界の祭典として開催されています。[1]

　チーム競技の世界選手権創設はサッカーが最初です。バレーボールは1949年，バスケットボールは1950年，ともに第二次世界大戦後に世界選手権がはじまっています。個人競技では自転車の世界選手権が1893年からはじまっていますが，水泳は1973年に，陸上競技は1983年にオリンピックとは別に世界選手権をはじめました。サッカーのワールドカップ創設は，近代スポーツ世界化の先駆けだったといえます。

2 オリンピックとのかかわり

　ワールドカップのはじまりは，オリンピックと深いかかわりがあります。

　1924年パリ・オリンピックのサッカー競技に南米からウルグアイが初めて参加し，圧倒的な強さで優勝しました。ウルグアイは次の1928年アムステルダム大会でも優勝しました。それを見て欧州の人たちは「大西洋の向こう側にも高いレベルのサッカーがある」と気づきました。フランス・サッカー協会とFIFA（国際サッカー連盟）[2]の会長だったジュール・リメ[3]は「本当のサッカー世界一を決めるために欧州と南米がともに参加する大会をはじめなければならない」と各国に呼びかけ，1930年にウルグアイで第1回ワールドカップを開催することに成功しました。

　オリンピック・サッカー競技でのウルグアイ優勝が，ワールドカップ創設の契機になったことは，オリンピックが情報伝達のメディアとしてスポーツの国際化に果たした役割を示しています。

　当時，欧州から南米へは船で2週間あまりかけて大西洋を渡らなければなりませんでした。そのため欧州の国の参加を求めるのに苦労しました。しかし，困難を乗り越えて人数の多いチーム競技の世界選手権を開催することに成功したことは，近代スポーツ・グローバル化の第一歩になりました。

▷1　正式名称は FIFA ワールドカップ。バレーボールやスキーでは，世界選手権とは別に開催する国際大会に「ワールドカップ」の名をつけている。

▷2　FIFA（フィファ）国際サッカー連盟。各国，地域のサッカー協会によって構成されている。プロ，アマを問わず，世界のサッカーを統括している。

▷3　ジュール・リメ（Jules Rimet, 1873-1956）サッカー・ワールドカップの創始者。1920-1954年に FIFA 会長。大会の正式名称は，1970年大会までジュール・リメ杯世界選手権だった。

③　プロ・アマ共存の理念

　サッカーのワールドカップとオリンピックには，もうひとつのかかわりがあります。それは，ワールドカップが，オリンピックの理念の**アンチテーゼ**[4]を掲げてはじまったことです。

　オリンピックのもともとの理念は，プロフェッショナルのスポーツを排除しアマチュアだけのスポーツを守るという英国起源の**アマチュアリズム**[5]でした。したがって，当時のオリンピックにはプロ選手の参加は認められませんでした。これに対して，欧州を中心に結成されたFIFA（国際サッカー連盟）は，プロフェッショナルとアマチュアをともに統括する「プロ・アマ共存」が理念でした。

　1920年代ごろから欧州各国のクラブでは，サッカーの試合や練習のために仕事を休んだ選手に，その分の賃金を補償する習慣（ブロークンタイム・ペイメント）が広がっていました。オリンピックの主催者である**IOC**[6]（国際オリンピック委員会）は，これもアマチュアリズムの理念に反するとして，休業補償を受けた選手のオリンピック参加資格を認めない方針をとっていました。

　これに対して，プロが参加できないのでは「本当の世界一」を決める大会とはいえないというのがジュール・リメをはじめ欧州のサッカー界の考えでした。そこで，アマチュアだけのオリンピックに対し，プロもアマも参加できる大会としてワールドカップが創設されたのです。

④　近代スポーツの潮流

　20世紀の近代スポーツ発展のなかで，アマチュアリズムは必ずしも世界的な，また普遍的な理念だったわけではありません。たとえば自転車や卓球の**IF**[7]（国際競技連盟）は，もともとはサッカーと同じような「プロ・アマ共存」の考えでした。中南米や欧州の多くのスポーツクラブではプロ・アマ共存が普通でした。

　しかし，オリンピックの影響力は大きく，オリンピックの競技種目に入りたいためにアマチュアリズムを掲げるIFもありました。そのなかでオリンピックに対抗したサッカーのワールドカップの考え方は，近代スポーツの，もうひとつの大きな潮流だったといえます。

　1970年代から世界的にスポーツの商業化の流れが大きくなりはじめ，1980年代から巨額の**テレビマネー**[8]がスポーツ界に流れ込むようになりました。それにともなってサッカー以外のスポーツでもトップクラスの選手に金銭が支払われるようになり，オリンピックのアマチュアリズムは崩壊しました。

　サッカーのワールドカップはますます隆盛に向かい，2002年日韓共催大会，2010年南アフリカ大会によってアジアとアフリカでの初開催が実現しました。現在は，テレビマネーによって商業化し，巨大化したオリンピックとワールドカップが，世界の2大スポーツ・イベントになっています。[9]　（牛木素吉郎）

▷4　アンチテーゼ
最初に出た説（テーゼ）に反対して出た対立する説。哲学の弁証法の用語。
▷5　アマチュアリズム
スポーツによって金銭的，物質的利益を得るべきではないという考え方。
▷6　IOC（アイオーシー）
国際オリンピック委員会。スポーツを通じてオリンピックの理念（平和，公正，友好など）を広める運動をおこない，夏季，冬季大会を開催する国際機関。NOC（各国オリンピック委員会）の連合体ではなく，委員はIOC自体が選任する。
▷7　IF（アイエフ）
国際競技連盟の略称。ISFということもある。単一の団体ではなく，国際陸上競技連盟など，それぞれのスポーツを統括している国際機関を一括してさす。
▷8　テレビマネー
競技会などをテレビ放送する権利を与えることによってスポーツ団体が得る権利金。1980年代から放映権獲得競争が激化し，オリンピックやサッカーの放映権料は高騰した。
▷9　本書の「グローバルなスポーツ・イベント」（156-157頁）も参照。

おすすめ文献
†リメ，J.／牛木素吉郎監修，川島太郎・大空博訳（1955＝1986）『ワールドカップの回想』ベースボール・マガジン社。
†グランヴィル，B.／賀川浩監修，田村修一・土屋晃・田邉正之訳（1973＝1998）『ワールドカップ全史』草思社。
†大住良之（1998）『新・サッカーへの招待』岩波新書。

5　近代スポーツのゆくえ

① 現代におけるスポーツ文化の変容

「進歩」を合い言葉に発展してきた近代という時代は，大量生産・大量消費が
もたらす資源の枯渇に関する不安や環境リスクに押され，このままの形で今後
も継続するのが難しくなりました。それにともない，「より速く，より高く，
より強く」をモットーとする競技スポーツ文化も変容を迫られています。記録
の達成と勝利を目的とした競技スポーツは，エリート選手が活躍する興業とし
ては依然として高い人気がありますが，一般市民が自分でおこなう活動として
は，もはや主流とはいえません。町中でよく見かける「スポーツクラブ」でも，
実際は競技スポーツより美容や健康のためのフィットネスやエクササイズが活
動の中心になっています。

　現代を近代の延長と考える A. ギデンズも，私たちの時代が近代初期とは別
の局面に達したことを認めています。[1] 一般に近代とは，人びとが神や伝統と
いった権威にしたがうのをやめ，事の善悪を自分で合理的に判断し実行する社
会システムを意味します。そこでの合理性は自然を定量的に分析することで確
保されてきました。しかし20世紀後半以降，科学技術が高度に発達したために，
合理的な判断の基礎とされてきた自然は徹底的に利用され，むしろ人間によっ
て守られるべき対象に変わりました。第二の自然というべき自己の身体も所与
として与えられるものではなく，自由に加工される対象に変化しています。[2] し
かも世界はますます多元化・複雑化していますから，たとえ政治家や資産家で
も，個人が意識的にコントロールできる部分は限られてしまいました。そのた
め社会全体に影響する目標の達成より個人的な願望充足が優先される状況が生
じ，それが現代におけるスポーツ文化の変容に反映されています。[3]

② 美容と自己実現をめざすフィットネス文化

「一人ひとりがみずからの生活歴を自分で創作し，上演し，補修していかなけ
ればならない」[4] 現代において，フィットネスは単に個人の外見を向上させるだ
けでなく，アイデンティティの核心を形成するうえで重要な活動になります。
その歴史は20世紀後半のアメリカにはじまりました。[5]

　男性向けのボディビルや女性向けの美容体操といった先行形態はすでに19世
紀の欧州にも存在しましたが，それらに対してフィットネスは，外見の改善と

▷1　ギデンズ，A.／秋
吉美都・安藤太郎・筒井淳
也訳（1991=2005）『モダニ
ティと自己アイデンティ
ティ──後期近代における
自己と社会』ハーベスト社，
22頁。

▷2　谷本奈穂（2008）
『美容整形と化粧の社会学
──プラスティックな身
体』新曜社を参照。

▷3　バウマン，Z.／森
田典正訳（2000=2001）『リ
キッド・モダニティ──液
状化する社会』大月書店，
51-52頁。

▷4　ベック，U.・ギデ
ンズ，A.・ラッシュ，S.
／松尾精文・小幡正敏・叶
堂隆三訳（1994=1997）『再
帰的近代化──近現代にお
ける政治，伝統，美的原
理』而立書房，26頁。

▷5　以下，フィットネス
文化の来歴については「米
英のフィットネスクラブ産
業史」（2001）*Club Manage-
ment* 7（5），17-21頁；「日
本のフィットネスクラブ産
業史」（2001）*Club Man-
agement* 7（2），15-21頁；
河原和枝（2005）『日常か
らの文化社会学──私らし
さの神話』世界思想社，
59-84頁などを参照した。

内面の充実が一致すると考える点で違いがあります。他人の目を気にして，主にコンプレックスの解消をめざした前者と比べ，フィットネスはもっぱら自己充足をめざします。そうした印象は，ベトナム反戦運動でも有名だった女優のジェーン・フォンダが1979年に出版したバイブル『ジェーン・フォンダのワークアウト』[6]によってさらに強調されました。

　日本へのフィットネス文化の導入は1980年代以降になります[7]。当初は参加者の多くが若い女性に偏っていました。先行するアメリカの場合も，1980年代までのフィットネス文化は女性を中心に展開されており，男性については身長や学歴に劣等感を抱く一部の人間が代償行為として外面を取り繕うような事例が目立っていました[8]。しかし，製造業の不振に起因する不況を乗り越え，金融業や情報産業を中心に経済復興を遂げた後は，ヤッピー（yuppie）と呼ばれる新しいエリート層を先頭に，男性にもフィットネス文化が普及していきます。この変化はおそらく，自然の加工を目的とする第二次産業に代わって，通貨や情報といった人工物の操作を目的とする第三次産業に社会の焦点が移行したことを反映しているのでしょう。さらに福祉国家政策の破綻と並行して，医療費の削減が叫ばれるようになると，老若男女を問わずフィットネスは市民スポーツの中心に位置づけられるようになりました。

❸　日常への抵抗としての「ライフスタイル・スポーツ」

　スポーツ文化のなかで，競技志向から離れようとするもうひとつの流れに，「ライフスタイル・スポーツ」があります。B.ウィートンによると，それは行為者の自己実現にかかわる点でフィットネスと似ていますが[9]，積極的にリスクを求め，社会規範の縁を綱渡りしようとする点で異なります。

　旧来のスポーツとライフスタイル・スポーツの違いをスキーとスノーボードを例に説明すると，スピードの危険を飼い慣らし，コントロールすることをめざす前者に対して，後者は危険と戯れ，時には飲み込まれることを好みます。管理された混沌を楽しむライフスタイル・スポーツは，ある意味で前近代の遊びを特徴づけていたカーニバル文化の再興とみなすこともできるでしょう[10]。

　ライフスタイル・スポーツの典型例にはサーフィンやスケートボードがあげられます。それらは一方で手つかずの自然を理想のプレイフィールドとしながら，他方で都市において他の用途のために開発された場所を転用する戦略を取ることもあります。後者の場合，それは「ストリート・スポーツ」と呼ばれますが，その際，本来の用途で場所を使用しようとする一般市民と葛藤が生じることが増えてしまいます[11]。そうした葛藤に嫌気がさした愛好家のなかには，規制を受けやすい道具の使用を諦め，「パルクール」や「フリーランニング」と呼ばれる徒手空拳（としゅくうけん）のアクロバットをストリートでおこなう者も現れています。

（西山哲郎）

▷6　フォンダ，J.／田村協子訳（1979=1982）『ジェーン・フォンダのワークアウト』集英社。

▷7　ただし当時は「フィットネス」よりむしろ「エアロビクス」（もしくは短縮形の「エアロビ」）と呼ばれる場合が多かった。

▷8　Klein, A. M. (1993) *Little Big Men: Bodybuilding Subculture and Gender Construction*, State University of New York Press.

▷9　Wheaton, B. (ed.) (2004) *Understanding Lifestyle Sports: Consumption, Identity and Difference*, Routledge.

▷10　バフチン，M.／杉里直人訳（1965=2007）『［フランソワ・ラブレーの作品と中世・ルネサンスの民衆文化］他』水声社。

▷11　ストリート・スポーツの代表例であるスケートボードの空間使用戦略については，ボーデン，I.／齋藤雅子・中川美穂・矢部恒彦訳（2001=2006）『スケートボーディング，空間，都市——身体と健康』新曜社を参照。

(おすすめ文献)

†フェザーストン，M.／川崎賢一・小川葉子監訳（1991=2003）『消費文化とポストモダニズム』（上・下）恒星社厚生閣。

†ギデンズ，A.／秋吉美都・安藤太郎・筒井淳也訳（1991=2005）『モダニティと自己アイデンティティ——後期近代における自己と社会』ハーベスト社。

†ウィートン，B.／市井吉興・松島剛史・杉浦愛監訳（2013=2019）『サーフィン・スケートボード・パルクール——ライフスタイルスポーツの文化と政治』ナカニシヤ出版。

スポーツとメディア

1　持ちつ持たれつの関係

　スポーツとメディアの関係は，いわば持ちつ持たれつの関係です。メディアにとってスポーツは重要なコンテンツであり，スポーツのほうもメディアに取り上げられることによって発展します。

　歴史的にみると，まず新聞を中心とする活字メディアとの関係が重要です。近代スポーツの母国といわれるイギリスでは，19世紀の後半からスポーツ専門の新聞や雑誌の発展がみられ，20世紀に入るころには一般紙にもスポーツ面が設けられるようになりました。日本でも，新聞とスポーツの結びつきは比較的早くからみられます。スポーツを扱った新聞記事は，明治の半ば以降，1895年ごろからしだいに増えてきますが，当時の記事の多くは，たとえば「一高対外人クラブ，ベースボール試合」とか「横浜港で国際水泳」など，外国人を相手とする試合についての報道であり，とりわけ日本側の勝利の報告でした。新聞という「日毎のベストセラー」が近代の国民意識の形成に果たした役割を強調したのはB.アンダーソンですが，日本の新聞も，上記のような記事を通して，近代スポーツの移入と普及を促進しただけでなく，いわば本家の西洋人を相手に善戦健闘する日本人の姿を報道することで，人びとを日本国という「想像の共同体」に統合していくうえでも大きな役割を果たしたのです。

　また，イギリスやアメリカでも同様ですが，新聞社や雑誌社はその経営戦略の一環として，みずから各種のスポーツ・イベントを主催あるいは支援することが少なくありませんでした。その最も成功した例のひとつが1915年に朝日新聞社主催で開始され，1924年から甲子園球場で開催されるようになった全国中等学校優勝野球大会（現在の高校野球選手権大会＝夏の甲子園大会）です。これに対抗して毎日新聞社も全国選抜中等学校野球大会をはじめます。第 1 回大会は名古屋で開催されましたが，1925年の第 2 回以降は甲子園球場に会場を移します。以後，春の「センバツ」大会として発展し，夏の大会とならぶ大イベントとなっています。

2　ラジオと映画

　甲子園大会の全国的展開を促進したのは，ラジオの実況中継でした。1920年にはアメリカで，25年には日本でもラジオ放送が開始され，まもなく春夏の甲

▷1　実際には負けた試合のほうが多かったはずであるが，それはあまり報道されなかった。

▷2　アンダーソン，B.／白石隆・白石さや訳（1983=2007）『定本　想像の共同体——ナショナリズムの起源と流行』書籍工房早山。

▷3　もちろん，雑誌メディアの役割も無視できない。当時の人気雑誌『風俗画報』（1889年創刊）や『少年世界』（1895年創刊）などもしばしばスポーツ関連の話題を扱い，1897年には日本最初のスポーツ総合月刊誌『運動界』が創刊された。

▷4　甲子園大会の歴史については，有山輝雄（1997）『甲子園野球と日本人——メディアのつくったイベント』吉川弘文館など。

子園大会の実況放送もおこなわれるようになりました。最初は放送によって観客が減るのではないかと主催者側は心配し，反対論もあったようですが，28年にラジオ放送の全国中継網が確立したこともあって，実況放送はむしろ甲子園野球が全国規模の大イベントに発展する重要な契機となりました。

　ラジオの持つ速報性は，その後の放送技術の進歩によって，外国で開催される大会の実況中継などにも威力を発揮するようになります（たとえば，「前畑がんばれ！」に象徴される1936年ベルリン・オリンピックの実況放送など）。と同時に，アナウンサーの声や語りを通して聞き手の想像力に訴える，ラジオ独特の技法も開発されていきました[5]。一方，映画は速報性には劣りますが，動く映像という具体性を強みに，ニュースや記録の媒体として発展します。そしてさらに，たとえばヒトラーの肝いりでレニ・リーフェンシュタールが制作したベルリン大会のドキュメンタリー『オリンピア』などのように，単なる記録の域を超えて，映画映像独特の力を広く世界に示すような作品も現れてきます[6]。

❸ テレビとインターネット

　第二次世界大戦が終わって1950年代に入ると，速報性を備えた映像メディアとしてテレビが普及しはじめ，スポーツはその格好のコンテンツのひとつとなります。とくに1964年の東京オリンピックは，衛星中継によってテレビ放映された最初のオリンピックとなり，以後，オリンピックやワールドカップなど，世界的規模のスポーツ・イベントとメディア（とりわけテレビ）との結びつきが強まっていき，これがひいては近年のテレビ放映権料の高騰という問題にもつながっています[7]。

　また，もともとメディアはテレビ以前の早い時期から，そこで取り上げる各種のスポーツの楽しみ方を人びとに教えるとともに，大衆の好みやメディアの都合に合わせてスポーツそのものをつくり変えていく活動にもかかわってきました。テレビの発展によってスポーツの映像化が進み，またスポーツとメディアがビジネスとして相互に依存しあう度合いが高まると，この種の再構成はますます盛んになります[8]。それは，たとえばバスケットボールにおける3ポイントシュートのような新ルールの工夫だけでなく，ゲームのドラマ化やスペクタクル効果の演出など多方面に及んでいます。

　現代におけるメディア・スポーツの巨大化とグローバル化はまた，スポーツの社会的影響力（とくにナショナリズム，エスニシティ，ジェンダー関係などへの影響）という古くからの問題を改めて提起することになりました。

　なお新しい問題として，インターネットの発展にともなう動画投稿サイト，掲示板，SNSなどの新メディアの広がりが，これまでのマスメディアとは違うかたちで，スポーツの社会的なあり方にどのような影響をもたらすことになるのかも，注目されるところです[9]。　　　　　　　　　　（井上　俊）

▷5　尾嶋義之（1998）『志村正順のラジオ・デイズ』洋泉社。

▷6　『オリンピア』は『民族の祭典』と『美の祭典』の2部から成る。1938年に公開され，同年のヴェネツィア国際映画祭で金獅子賞を得た。その芸術性と政治性（プロパガンダ効果）をめぐって，今日なお多くの議論がある。

▷7　本書の「テレビと放映権」（22-23頁）を参照。
▷8　本書の「メディアがつくるスポーツ」（24-25頁）を参照。
▷9　本書の「ソーシャル・メディアとスポーツ」（26-27頁）を参照。

おすすめ文献

†森田浩之（2009）『メディアスポーツ解体──〈見えない権力〉をあぶり出す』NHKブックス。
†阿部潔（2008）『スポーツの魅惑とメディアの誘惑──身体／国家のカルチュラル・スタディーズ』世界思想社。
†レイダー，B.G.／川口智久監訳，平井肇訳（1983=1987）『スペクテイタースポーツ──20世紀アメリカスポーツの軌跡』大修館書店。

2　メディア・イベントとしてのスポーツ

1　メディア・イベントとは？

　メディア・イベントとは基本的には新聞社や放送局などのマスメディアによって企画または演出されるイベントを意味します。それらのイベントは概ね3つに分類されます。第一に，マスメディアがみずから主催するイベントです。大正期に毎日新聞社が連続開催した博覧会にはじまり，毎日新聞社と朝日新聞社がそれぞれ主催した中学野球（現高校野球）大会，読売新聞社の博覧会・将棋大会・プロ野球・プロレスなど，新聞社主催のイベントは昔から枚挙にいとまがないほど存在します。近年ではテレビを筆頭とする電子メディアが普及し，各新聞社は電子媒体と**クロスオーナーシップ**化し，読売グループ，フジサンケイグループ等と系列化され，様々なイベントを打っています。

　第二に，マスメディアが大規模中継報道して広がるイベントで，皇太子成婚からアカデミー賞授賞式，オリンピックやワールドカップまで，テレビにとってはキラー・コンテンツといわれ，とても重要な存在になっています。

　第三には，メディアが事件を連続的に報道することによってイベントのようになっていくものです。オウム真理教事件，ライブドアのニッポン放送敵対的買収などにみられるように，あたかもメディアがシナリオを作成しているかのように盛り上げていきます。

2　電子メディア時代のメディア・イベント

　時はまさに電子メディア全盛です。各種プリントメディアも様々なインターネット端末に取って代わられようとしています。そのような時代背景においては，放送メディアの提供するメディア・イベントがその重要性を増すことになります。それはD. ダヤーンとE. カッツのメディア・イベントの定義「テレビで放送されながらとり行われる祭礼的行事，国民あるいは世界を席巻するような歴史的行事」において顕著に示されています。彼らのメディア・イベント論では，マスメディアが送り出す情報や認識の単なる受容ではなく，受け手がある出来事をともに体験する関係が基本となっています。そこでは主催者と放送局，視聴者など複数の主体が相互に調整しながら上演されていくメディア・イベントという観点が用いられていて，その考察にはこれらのエージェントが絡まる重層的なプロセスについての立体的な認識が不可欠とされています。

▷1　**クロスオーナーシップ**
メディアのクロスオーナーシップとは，単一のオーナー（経営者）が新聞社や放送局など複数のマスメディアをみずからの傘下に入れることをいう。様々な弊害が生起しやすいため，ほとんどの欧米の先進国ではこれを禁止している。

▷2　ダヤーン，D.・カッツ，E.／浅見克彦訳（1992=1996）『メディア・イベント——歴史をつくるメディア・セレモニー』青弓社。

③　メディア・イベントとしてのスポーツの意味

　メディア・イベントのなかでも，その視聴されている質と量から，受け手に対して最も影響力を発揮していると考えられるのはオリンピックやサッカー・ワールドカップです。ここではオリンピックという**スーパー・メディア**の祭礼的・神話的儀礼としての作用の考察から，その意味生成的で歴史形成的な機能の可能性を確認しておきましょう。

　M. レアルは，スーパー・メディアとしてのオリンピックは，(1)世界を知覚する枠組みを提示し，(2)例示的なモデルを創出し，(3)社会的な葛藤を媒介し，(4)歴史についての解釈を与えていく，と主張しました。これらの指摘はメディア・イベントしてのオリンピックにおいて以下のように具体化されるでしょう。まずそれは視聴者に同時代の世界を知覚する枠組みを提供します。開会式に象徴されるように，世界中の国々の国民や国家についての情報や認識枠組みを，部分的であるにせよ，私たちはその視聴体験を通じて形成していくことになるのです。第二に，オリンピックは，私たちが倣うべき英雄的モデルを提示します。第三に，オリンピックは国際間の紛争／葛藤を象徴的に提示します。1950年代以降の米ソの冷戦構造や南北問題を，熾烈な競争とボイコットを通じて表現してきました。第四に，オリンピックは歴史的過去に対しての特定の感覚を組織しています。近代オリンピックが古代オリンピックと重ねあわされることで，古代ギリシアから近代西欧に至るまでの西欧中心主義的な歴史感覚を普遍化してきたことはいうまでもないことです。

　世界的にはオリンピックとサッカー・ワールドカップがメディア・イベントの双璧ですが，国内的には，箱根駅伝や甲子園大会等もその視聴率や盛り上がり度から考えて，重大な意味を持つメディア・イベントでしょう。それらは受け手の興味を引くナラティヴ（物語）を盛り込みつつ，ナショナルでヘゲモニックな価値を絶えず補強・再生産している可能性があるのです。

　たとえば，2008年の北京オリンピック開会式では，会場周辺で打ち上げられたかにみえた一連の花火映像が，実際は CG による演出（虚像）であることが明らかになりました。また，2011年のサッカー女子ワールドカップ報道では，「日本女性（＝なでしこ JAPAN）らしさ」や「家族の支え」の「感動の物語」が頂点に達しました。前者は壮大なスペクタクル絵巻を世界に誇示しようとするヘゲモニックな欲望，後者は日本女性特有の「諦めない／くじけない心」やナショナルな「らしさ」，ジェンダー的「らしさ」等を強調する過剰な欲望に基づくものです。これらは，メディア・スポーツ・イベントの報道志向がもはや，いかに忠実に実体を描き出すかではなく，いかに忠実に「それらしさ」＝リアリティを人びとに感じさせる仕方で表象するか，にシフトしてしまっていることの表れであり，注視していかなければなりません。　　　　　（橋本純一）

▷3　**スーパー・メディア**
ミハエル・レアルが現代のメディアに媒介された文化の全体的編成を捉えるために提起した概念。私たちの日常に作用するあらゆる種類の中継メディアの複合体をさす。それは人びとの意識に，逃れることのできないような同時的な仕方で浸透し，アイデンティティや価値観を枠付けているという。
▷4　Real, M. R. (1989) *Super Media*, Sage, pp. 222-249.

▷5　ヘゲモニーについては，本書193頁の側注を参照。

おすすめ文献

†ダヤーン，D.・カッツ，E.／浅見克彦訳 (1992=1996)『メディア・イベント──歴史をつくるメディア・セレモニー』青弓社。
†Real, M. R. (1989) *Super Media*, Sage.
†阿部潔 (2008)『スポーツの魅惑とメディアの誘惑──身体／国家のカルチュラル・スタディーズ』世界思想社。

スポーツ・ジャーナリズム

1　スポーツの骨格形成とメディア

　楽しみではじまった身体を動かす遊びのうち，優劣を競い特定の取り決めのもとに繰り返されていたものが活動範囲を広げるようになると，多くの人を集めてルールや約束事を定めたうえで組織化の道をたどるようになります。そうした活動は，繰り返されるうちに新たな流れを引き起こしました。古代オリンピックのようなイベントや近代スポーツ発祥のイングランドで起こったフットボールでもあったように，「見る」という行動をとる人間を生むようになるのです。「する」喜びと隣り合った「見る」楽しみを知るようになると，それを離れた人たちに「伝える」という動きがはじまります。▶1

　ジャーナリズムがスポーツを取り上げるのは，それが人の目を意識するようになってからです。ある時は勝ちたい，強さを誇りたい，そしてまたある時は美しさを見せたい。眼前のスポーツが，しのぎを削ってその目標に到達しようとした時，準備から結果に連なる過程までをジャーナリズムが伝えるようになりました。

2　スポーツを伝える

　伝える手段は，大きく分けて活字と音（音声），それに映像です。

　歴史的に早かったのは活字でした。当初は試合やレースの告知，競技者やチームの紹介，それに勝敗の結果にとどまっていました。それが時代とともにプレイの評価にまで入り込んでいきます。日本では，大学野球の名手や陸上競技のトップ選手だった人たちが新聞社に採用されていったことも，▶2活字ジャーナリズムの質の変化をもたらしました。

　次に大衆を引きつけたのはラジオです。活字を通して時間差のある情報にさらされていたスポーツファンは，実況という新たな手段によってそれまでになかった興奮を味わい，ゲームの展開を詳細に思い描くようになりました。それでも，当初のスポーツを伝える視点は勝ったか負けたかを軸にした描写にとどまっています。スポーツをめぐる科学的なものの見方が国民の間に浸透していたわけでもなく，情報も今ほどふんだんではありませんでした。美辞麗句を喜び，道徳的な考え方や人生訓的な価値観が大事にされた時代でもありました。

　映像が主役を張るようになるのは第二次世界大戦後のことです。写真は戦前

▶1　「古代ギリシアではオリンピックの様々な勝者リストの存在が知られている」（「ドイツ専門ジャーナリスト協会」による）。

▶2　早稲田大学野球部の監督を務めた飛田穂洲（朝日新聞社），陸上競技のメダリスト織田幹雄（朝日新聞社），南部忠平（毎日新聞社）などがいる。

から使われていましたが，紙媒体ではどちらかといえば脇役でした。それが活字とあいまって欠かせないものになってくるのは撮影・印刷技術の改革によるところが少なくありません。

　1953年から始まったテレビの本放送は，スポーツ・ジャーナリズムにひとつの時代を画すきっかけをつくります。報道で知るだけだった戦いぶりが，直に目で見るチャンスを手にした読者の間に，多様な見方を許したからです。解説者という競技の専門家，映像技術の進歩は，それまでわかりにくかったものを次第にはっきり理解させてくれるようになりました。

③　スポーツ・ジャーナリスト

　スポーツ・ジャーナリストの主戦場は競技スポーツです。レベルが上がれば上がるほど，多くの時間や資金，人間がかかわってきます。プロ化が当たり前，世界との戦いが基準とされる今だからこそ，主張の芯は勝負の行方なしには成り立ちません。スポーツ・ジャーナリストの批判や論評は，ファンの高い関心を背に，采配はもとよりそれを可能ならしめた組織の運営に至るまで，社会正義や遵法精神，倫理観やコンプライアンスをもとにチェックしていきます。

　2020年の東京オリンピック・パラリンピック開催は，政治や経済，外交に加えてスポーツを報道の柱のひとつに据えるきっかけにもなりました。スポーツ・ジャーナリズムとそれ以外の境界が曖昧になる一方で，文化系の記者や家庭欄を担当するジャーナリストがスポーツにかかわる論陣を張る機会も増えています。

　紙媒体の苦戦が伝えられるのは，スマートフォンやタブレット端末が広く行き渡ったことと関係がありそうです。それは，需要者側の早さ優先の思想と，十分に調べ，それなりに時間をかけて練り上げながら報道しようとするマスメディアのシステムとの間に乖離があることを表しています。

④　スポーツ・ジャーナリズムの今

　近年のスポーツ・ジャーナリズムが取り上げる大きなテーマのひとつが不祥事問題です。暴力的指導，ハラスメント，補助金の不正使用。社会のなかに残る過去の生活習慣と決別できない行動は，勝利だけを追い求める生き方と結びついてはいないでしょうか。「公正な条件のもとで勝負を競う」。スポーツが世の注目を浴び続ける限り，スポーツ・ジャーナリストは目や耳を敏感に働かせながらスポーツのもつ価値に思いをいたさなければなりません。勝敗に毀誉褒貶がつきまとい，注目度の高低が結果に左右される時代は変わらないからです。道を踏み違えていないか，自由意志を尊重したか，過小評価ではなかったか。様々な角度から伝える姿勢が求められています。

（山本　浩）

▷3　テレビの世界では再生録画機の実用化（1960-70年代）が映像の変化に大きな節目をつくった。

▷4　新聞の販売部数は，軒並み下降線をたどっている（日本新聞協会）。

おすすめ文献

†年報『放送メディア研究』日本放送協会放送文化研究所。
†「調査情報」TBS調査情報編集部。
†月刊誌『Journalism』朝日新聞社。

テレビと放映権

① 拡大するスポーツのテレビ視聴者市場

　テレビにとってスポーツ中継は，比較的多くの視聴者を獲得できる中核的なコンテンツとなっています。とくに，オリンピック大会などのメガ・スポーツ・イベントは多くの国で中継され，高い関心を得ています。表Ⅱ-1が示すように，オリンピック大会のテレビ中継総視聴者数は夏季大会で30億人以上，冬季大会で約20億人となっています。これは，大会開催年の世界人口と比べると夏季大会で40％以上，冬季大会で25％以上の人々が視聴したことになります。また，デジタルプラットフォームでの中継視聴も大会ごとに増加傾向にあり，ビデオ視聴回数においては急速な増加が見られています。今後，世界人口の増加とデジタルプラットフォームの整備を背景に，オリンピック大会を含むメガ・スポーツ・イベントの視聴者数はさらに増加する可能性を秘めています。

▷1　デジタルプラットフォーム
一般に，スマートフォンやパソコン，タブレットなどの持ち運び可能なインターネット端末上でつくられるビジネスモデルのこと。

② 高騰する放映権料

　テレビ視聴者市場の拡大を背景に，スポーツ放映権料は高騰を続けています。表Ⅱ-2は，オリンピック大会における放映権料の推移を示しています。夏季，冬季ともに，国際オリンピック委員会（IOC）の放映権料収入は増加し続けていることがわかります。とくに注目すべき大会は，1984年のロサンジェルス・オリンピックです。元来，オリンピックの運営は開催国と開催都市の公的資金を用いて準備・運営されてきましたが，この大会はその援助が得られませんでした。そこで，テレビ放映や五輪マークの使用などの権利を限られた企業に独

▷2　Fried, G., et al. (2019) *Sport Finance*, 4th ed., Human Kinetics, p. 70.
▷3　㈳日本プロサッカーリーグ（2009）『2009 Jリーグマネジメントデータ』2-3頁；㈳日本プロサッカーリーグ（2018）『J. LEAGUE PUB REPORT 2018』68頁。

表Ⅱ-1　オリンピック大会の視聴者数

大　会		テレビ中継総視聴者数（人）	デジタルプラットフォーム		大会開催年の世界人口
			デジタル視聴サイトへのアクセス者数（人）	ビデオ視聴回数（回）	
夏季大会	北京2008	35億	4億	7億	67.9億
	ロンドン2012	36億	12億	19億	71.3億
	リオ2016	32億	13億	44億	74.6億
冬季大会	バンクーバー2010	18億	1.3億	3億	69.6億
	ソチ2014	21億	3億	14億	72.9億
	平昌2018	19.2億	6.7億	32億	76.3億

視聴者データ：International Olympic Committee（2019）"Olympic Fact File 2019 edition", p. 25.
世界人口データ：United Nations（https://population.un.org/wpp/）（参照2019-10-18）

占的に認めることで資金を得る「権利ビジネス」によって財源を確保したのです。このビジネスモデルは，ロサンジェルス・オリンピック後にスポーツ界に積極的に導入されました。そして現在，ワールドカップ・サッカーや世界陸上などのメガ・スポーツ・イベントにとって，放映権料は不可欠な収入源となっています。

プロ・スポーツも例外ではありません。たとえば，アメリカ4大プロ・スポーツリーグの年間平均放映権料収入は，MLB（野球）：14億ドル（2014-2020年），NFL（アメリカンフットボール）：45億ドル（2014-2022年），NBA（バスケットボール）：26億ドル（2016-2025年），NHL（アイスホッケー）：4億1800万ドル（2013-2024年）[2]となっています。

わが国では，プロ野球の発展が読売巨人軍の中継を中心とするテレビ放映権料収入によって支えられてきたことはよく知られています。また，Jリーグの放映権料収入は，リーグが発足した1993年は23億1000万円でしたが，2017年には178億400万円に上昇し，リーグ総収入の約65％を占めていました[3]。

3 放映権料に支えられるスポーツ界

放映権料は，イベントやリーグだけではなく，スポーツ界全体を支える収入源となっています。たとえば，国際オリンピック委員会（IOC）のマーケティング関連収入（約57億ドル）の約90％が，各国オリンピック委員会や国際スポーツ団体，大会組織委員会に分配され，それぞれの組織でスポーツ振興のために使われています。このマーケティング関連収入の約73％（41億6000万ドル）がオリンピック大会の放映権料収入なのです[4]。また，世界のプロ・スポーツリーグやJリーグも，放映権料収入を含むマーケティング関連収入を所属クラブに分配することによって，リーグとクラブの経営の安定化とスポーツ環境の整備をおこなっています。

一方で，放映権料収入に依存するスポーツ界の体質には課題も指摘されています。スポーツ大会の主催者は，試合の開催時間帯の決定などにおいて，テレビ局の意向を配慮せざるをえない事態も起きています。また，コマーシャル収入の減少によって，テレビ局が高額のスポーツ放映権料を払うことが難しくなることが懸念されています。

（藤本淳也）

表Ⅱ-2 オリンピック放映権料（総収入）の推移

（単位：USドル）

夏季オリンピック		収入
1960	ローマ	1.2 mil
1964	東京	1.6 mil
1968	メキシコシティー	9.8 mil
1982	ミュンヘン	17.8 mil
1976	モントリオール	34.9 mil
1980	モスクワ	88.0 mil
1984	ロサンジェルス	286.9 mil
1988	ソウル	402.6 mil
1992	バルセロナ	636.1 mil
1996	アトランタ	898.3 mil
2000	シドニー	1,331.6 mil
2004	アテネ	1,494.0 mil
2008	北京	1,739.0 mil
2012	ロンドン	2,569.0 mil
2016	リオ	2,868.0 mil
冬季オリンピック		収入
1960	スコーバレー	50,000
1964	インスブルック	937,000
1968	グルノーブル	2.6 mil
1972	札幌	8.5 mil
1976	インスブルック	11.6 mil
1980	レイクプラシッド	20.7 mil
1984	サラエボ	102.7 mil
1988	カルガリー	324.9 mil
1992	アルベールビル	291.9 mil
1994	リレハンメル	352.9 mil
1998	長野	513.3 mil
2002	ソルトレイクシティ	738.0 mil
2006	トリノ	831.0 mil
2010	バンクーバー	1,279.5 mil
2014	ソチ	1,289.0 mil

出所：Davis, J.A.（2008）*The Olympic Games Effect: How Sports Marketing Build Strong Brands*, John Wiley & Sons（Asia）Pte. Ltd. p.106を加筆修正。

▶4 International Olympic Committee（2010）*Olympic Marketing Fact File 2019 Edition*, pp.6-7.

おすすめ文献

†原田宗彦編著（2015）『スポーツ産業論 第6版』杏林書院。
†岡田功（2010）『メジャーリーグ なぜ「儲かる」』集英社新書。
†原田宗彦・藤本淳也・松岡宏高編著（2018）『スポーツマーケティング 改訂版』大修館書店。

メディアがつくるスポーツ

❶　「夢のカップル」が生んだもの

　現代社会では切っても切れない関係にあるメディアとスポーツ。なかでも，テレビとスポーツは「夢のカップル」といわれるほどです。今や，テレビ中継で生じる巨額の放映権料なしには，スポーツ競技が成り立たないからです。しかし，テレビをはじめとするメディア側の事情や都合によって，その競技のスタイルや，時にはルールまでが変更になった例も，少なくありません。

　最もわかりやすい例は，アメリカのプロバスケットボール「NBA」と，アメリカンフットボールの「NFL」でしょう。NBA が**クォーター**制を導入した▷2理由は，試合中にインターバルが増加すれば，テレビコマーシャルを入れやすくなるからだといわれていますし，NFL ではその名もずばり「コマーシャル・タイムアウト」（テレビ・タイムアウト）を導入しています。▷3

❷　メディアの都合がルールを変える

　先にアメリカの例をあげましたが，日本のスポーツもメディアと無縁ではありません。春と夏に甲子園球場でおこなわれる高校野球大会が，大正時代に新聞社によって創設されたイベントであることはよく知られていますし，日本の伝統競技である相撲も，メディアの影響による変化を体験しています。

　大相撲では，ラジオ中継がはじまった1928（昭和3）年，土俵上に「仕切り線」が設けられ，同時に仕切り時間に制限ができました。ラジオを通じて勝負▷4の瞬間を伝えるために工夫された結果といえます。

　テレビ中継でおなじみのバレーボールも，メディアの影響を大きく受けた競技でしょう。1977（昭和52）年，4年に一度開催されるワールドカップ（W杯）が，日本のテレビ局によって独占中継されることになりました。以後，同大会は継続的に日本で開催され，日本のゴールデンタイムに合わせて試合時間が設定されています。テレビ中継を前提とする場合，番組放送枠の問題と同時に，多くの視聴者に見てもらえるかどうかが求められます。バレーボールは1999（平成11）年，サーブ権にかかわらず点数が入るラリーポイントの25点制にルールを変更しました。これは，試合展開のスピードアップと，テレビで見てもわかりやすいことをねらったものでしたが，最終の第5セットだけが15点制なのは，放送時間を気にしたからだといわれています。▷5

▷1　森田浩之（2009）『メディアスポーツ解体──〈見えない権力〉をあぶり出す』NHK ブックス。

▷2　**クォーター制**
1試合の試合時間を，前後半の2分の1ずつ（ハーフ）ではなく，4分の1（クォーター）ずつに分け，各クォーターの間にインターバルを設ける進行方法。バスケットボールのほか，アメリカンフットボールでも採用。

▷3　森田，前掲書。

▷4　トンプソン，L.（1990）「スポーツ近代化論から見た相撲」亀山佳明編『スポーツの社会学』世界思想社，71-92頁。

▷5　稲垣正浩・今福龍太・西谷修（2009）『近代スポーツのミッションは終わったのか──身体・メディア・世界』平凡社；生島淳（2003）『スポーツルールはなぜ不公平か』新潮選書。

　また，ヨーロッパで人気の高い卓球では，2000（平成12）年にボールのサイズを大きくしたことに続いて，翌2001（平成13）年には，それまでの1ゲーム21点制から11点制に変更したうえで，ゲーム数を増加させました。このねらいは，試合展開のスピード化と同時に，ゲーム間のインターバルを増やし，テレビコマーシャルの放映時間に利用することでした[6]。

③ 新しいメディアが競技を変える

　一方，新たなメディアの誕生が，それに適したスタイルを促進することもあります。その代表例がテニスです。近年，1980年代に隆盛を極めた，少ない打数でポイント獲得を狙う「サーブ＆ボレー」スタイルの選手が減少し，ストロークを数多く打ち合う試合が増加していますが，この変化の背景に，90年代以降に拡大した衛星放送と多チャンネル化の影響がみられるといいます[7]。試合時間の予測が難しく，テレビ中継との相性も悪いかと思われるストローク戦ですが，専門チャンネルによって時間枠やコマーシャルにとらわれない長時間放送が可能になり，見て面白い高レベルの打ち合いが世界中に発信されることで，これが新時代のスタイルの主流になっていきました。

　2016（平成28）年，サッカーのJリーグが，インターネットを利用したスポーツライブストリーミングサービスと，翌年から10年間の放送権契約を結んだことを発表。蜜月関係にあったテレビに代わる新しいメディアの登場だと注目を集めました。インターネット中継の拡大で，スマートフォンやタブレット端末を介して時間や場所を選ばず視聴することも可能になり，スポーツとメディアの関係も，また新たな時代へと移り変わろうとしています。

④ 「メディアの影響力」を自覚する

　このように，メディアはスポーツに対して，そのスタイルやルールを変えてしまうほどの大きな影響を与えてきました。そうした観点からみると，現代の多くのスポーツ競技が，多かれ少なかれ「メディアがつくる」という一面を持ち合わせているのだといえます。そして，こうした状況に対して「メディアの暴力」といった批判があるのも事実です[8]。

　メディアの都合によるルールの変更は，競技の本質を変えてしまうことすらあります。例にあげた以外に，ラグビーでも全世界向けのテレビ放映を前提とした1987（昭和62）年のワールドカップ（W杯）創設以来，度重なるルール改正がおこなわれましたが，その結果「つまらなくなった」という声もあります[9]。ルールが変わることで，スポーツが本来持っていた「風味」や「面白み」が失われてしまうこともあるのです。それゆえ私たちは，メディアを通じてスポーツを楽しむとき，常にこの事実を自覚しておく必要があるといえるでしょう。

（三宅香織）

▷6　生島，同上書。

▷7　武田薫（2007）『サーブ＆ボレーはなぜ消えたのか──テニスに見る時代の欲望』ベースボール・マガジン社新書。

▷8　稲垣ほか，前掲書。
▷9　生島，前掲書。

おすすめ文献

†森田浩之（2009）『メディアスポーツ解体──〈見えない権力〉をあぶり出す』NHKブックス。
†黒田勇編著（2012）『メディアスポーツへの招待』ミネルヴァ書房。
†滝口隆司（2018）『情報爆発時代のスポーツメディア──報道の歴史から解く未来像』創文企画。

6　ソーシャル・メディアとスポーツ

1　ソーシャル・メディアとマスメディア，ファンカルチャー

　現在，ソーシャル・メディアとスポーツには，どのような関係が生じているでしょうか。これまで，スポーツ新聞，雑誌，ラジオ，テレビなど，様々なマスメディアがスポーツを伝えてきましたが，じつはソーシャル・メディアにも既存のマスメディアと同じような機能があります。たとえば，みなさんはインターネット上で，スポーツの結果を確認することがあるでしょう。これは，テレビでスポーツニュースを観ることと同様の発想です。また，勉強や仕事をしている時，電車での移動時間など，現在おこなわれている試合の途中経過が気になるかもしれません。この場合，スマートフォンやパソコンでゲームのなりゆきを確認するわけですが，これはテレビやラジオのライブ性，あるいは「ながら視聴」と似ています。一方で，ソーシャル・メディアにあるのは，決してマスメディア的な機能だけではありません。会社や学校などで，スポーツに関する会話は絶えませんが，ネット掲示板やブログなどにスポーツの話題を書きこみ，コミュニケーションをとることも多々あるでしょう。また，スポーツ・ファンの文化にも変化がみられます。プロ野球やJリーグのチームなどを中心に，ネット上にはたくさんのファンサイトがあります。これらは，かつてのファンクラブの会報などが，ネット空間へ移行したものです。さて，このようにスポーツを中心にソーシャル・メディアの利用状況を考えますと，ひとつはスポーツの中継や記事といったマスメディアタイプがあります。もうひとつは，スポーツを話題あるいは趣味として，人間同士がつながるというタイプです。いずれも，テレビや新聞，雑誌などがメディアの中心だった時代からありましたが，ソーシャル・メディアの普及により，いっそう便利になったといえます。

2　素人によるスポーツ実況中継の日常化

　それでは，上記のように，ソーシャル・メディアをただ単に「人びとがスポーツとかかわるための便利なツール」と考えてよいのでしょうか。決してそんなことはありません。ソーシャル・メディアには，大衆とスポーツの関係そのものを変化させているという側面もあるのです。たとえば，テレビやラジオでは，スポーツの情報を流すのは，放送局，現場のアナウンサーや解説者です。すなわち，基本的にはマスメディアが実況する立場を独占していました。です

が，一般人が会場でスポーツを観戦しSNSやネット掲示板などを利用して同時中継的に情報発信することは，いまや日常茶飯事です。これは「素人によるスポーツ実況中継」という，新しい現象だといえるでしょう。

❸ SNSによるスポーツ動画の拡散と「炎上」「社会問題」の形成

　さらに，一般人がソーシャル・メディアにスポーツの動画を投稿し，それが社会問題にまで発展するケースもあります。2018年5月，大学アメリカンフットボールの定期戦（日本大学 vs 関西学院大学）で，日大のひとりの選手が極めて悪質なファウルを犯し，退場処分になりました。その後，この20歳の学生選手は実名と顔を公開する異例の謝罪会見をおこないましたが，それに対して日大側の対応は常に後手に回りました。それによって，SNSではきびしい日大批判が巻き起こり，マスメディアの過剰な報道も重なり，この事件は単なる学生スポーツの問題ではなく，「社会問題」の様相すら呈してしまったのです。

　この事件について，二つの重要な点があります。第一に，問題のプレイの動画が撮影され，SNSによって瞬く間に拡散したことです。もし動画とSNSがなければ，この事件は大学アメリカンフットボールという狭い世界での，ひとつの信じられないプレイとして終わっていたはずです。そもそもアメリカンフットボールは，日本では野球やサッカーなどに比べて競技人口が少なく，アマチュア・スポーツに限定しても，高校野球の全国大会や箱根駅伝に比べて注目度はかなり低いでしょう。すなわち，本来はさほど観られる機会も少ないようなスポーツ動画が，ソーシャル・メディアによって全国規模で流布し，さらに連日のように地上波テレビでも報道され続け，多くの人びとに知られたのです。このような状況は，少なくとも2000年以前の社会では想定できない事態です。

　第二に，日大の上層部に対する批判が，マスメディアだけではなく，SNSを利用して人びとから大量に発信され，大衆の感情に火をつけたことです。日大の無責任体質への憎悪の感情が広がり，いわゆる「炎上事案」に発展しました。ですが，そもそもこの事案は広く捉えても「日大，あるいはアメリカンフットボール関係者」にかかわる問題であり，多くのスポーツ関係者やスポーツ・ファンにはほとんど関係のない事件だったはずです。にもかかわらず，ソーシャル・メディアの利用者やマスメディアは，自らが「巨悪」を叩く「善人」のようなふるまいをみせました。それは，ふだん自分が組織や人間関係のなかでもつ怒りを誰かにぶつけたい，そのサンドバック役として日大が選ばれているようでもありました。言いかえれば，ソーシャル・メディアが「スポーツ動画の拡散」を担い，さらに「感情の拡散」をうながしていったのです。◀1

　以上のような事例を考えれば，スポーツにとってソーシャル・メディアは，もはやマスメディアと同等か，あるいはそれ以上に大きな影響力をもつ存在なのかもしれません。

（高井昌吏）

▷1　結果的に，日本大学の翌年の入試志願者数は1万4344人減少（前年比で約12.5%減）し，私学助成金は約32億円のカット（約35%減）となった。それには前年度の日大医学部での不正入試問題なども関係していたが，最も影響を与えたのが「危険タックル問題」である。すなわち，「動画の拡散」が発端となり，巨大な学校法人の名声に傷がつき，経営状況にも大きなマイナスをもたらしたのである。

（おすすめ文献）
†天野彬（2017）『シェアしたがる心理―― SNSの情報環境を読み解く7つの視点』宣伝会議。
†富田英典編（2016）『ポスト・モバイル社会――セカンドオフラインの時代へ』世界思想社。
†山口真一（2018）『炎上とクチコミの経済学』朝日新聞出版。

スポーツの商品化

1　商品としてのスポーツ

政府が発表した日本国内のスポーツ市場規模は年間5兆5000億円（2015年度），Ｊリーグが2017年にDAZNと契約した放映権料は10年間で2100億円……。今日のスポーツは，これほどの莫大な金額で「商品」として取引されています。こうした現象は，いつ，どのようにはじまったのでしょうか。

社会学者のI.ウォーラーステインが「万物の商品化」と表現したように，資本主義というシステムのなかでは，あらゆる社会関係が商品関係に転化され，市場で取引されるようになります[2]。スポーツもまた，資本主義の展開と密接に結びつきながら，市場で取引される度合いを深めてきました。本項では，「するスポーツ／見るスポーツ」の両面から，スポーツの商品化の過程を追っていきます。

2　スポーツの商品化の成立

近代スポーツ発祥の地であるイギリスは，同時にスポーツの商品化の発祥の地でもありました。産業革命以降の工業化の進展によって，都市に集住する労働者たちが所得と余暇時間を獲得し，「するスポーツ」の担い手，「見るスポーツ」の観客となります。スポーツ施設業・スポーツ用品業といったスポーツ関連産業がはじまり[3]，サッカークラブなどのスポーツ集団が成立し，スポーツを職業とする競技者も現れます。ただし，イギリスでは「見るスポーツ」の商品化に大きな制限がありました。アマチュアリズム規定によって，資本家階級にスポーツが独占されていたからです[4]。1896年からはじまったオリンピックも，当時はアマチュアリズムを重んじていました。

「見るスポーツ」の商品化が本格的に進んだのは，19世紀後半以降のアメリカにおいてでした。野球やアメリカンフットボールといったスポーツがビジネスとして確立し，新聞・ラジオ放送というメディアテクノロジーの発達によって，広範囲な人気を獲得していきます。このように，スポーツはアメリカで，資本主義社会の大衆を観客とするスペクタクル（見世物）となったのです[5]。

3　スポーツの商品化の拡大

第二次世界大戦後，先進国では大衆消費社会が出現し，スポーツ市場も拡大

▷1　森貴信（2019）『スポーツビジネス15兆円時代の到来』平凡社新書，25，95頁。

▷2　ウォーラーステイン，I.／川北稔訳（1995=1997）『新版　史的システムとしての資本主義』岩波書店。

▷3　とくに，鉄とゴムの製造・加工技術は「するスポーツ」の発展に決定的な役割を果たした。寒川恒夫編（1991）『図説スポーツ史』朝倉書店，134-138頁を参照。
▷4　内海和雄（2004）『プロ・スポーツ論──スポーツ文化の開拓者』創文企画，28-30頁。本書の「アマチュアリズムの解体」（30-31頁）も参照。
▷5　多木浩二（1995）『スポーツを考える──身体・資本・ナショナリズム』ちくま新書。
▷6　1966年に欧州審議会（Council of Europe）が採用して以降，世界的に普及したスポーツ振興策。国民

していきました。1960-70年代には，とくに「見るスポーツ」の市場が巨大化・世界化しました。その背景として，世界的なテレビメディアの普及を無視することができません。また，1974年にはオリンピック憲章から「アマチュア」という言葉が削除され，スポーツの商品化を促す契機となります。1984年のロサンジェルス・オリンピックでは，公式スポンサーや独占放映権の方式が確立され，オリンピックやサッカー・ワールドカップのマーケティング方式を決定づけました。そして1980年代後半には，衛星放送の普及とともに，スポーツ・イベントの放映権料が跳ね上がっていきます。

「見るスポーツ」の商品化と並行して，「するスポーツ」の商品化も拡大をみせます。1970年代は，「スポーツ・フォー・オール」政策などの影響で「するスポーツ」の条件整備が進んだ時代でもありました。そのなかで商品化との関連が強いこととして，スポーツ用品会社が各競技団体を積極的に支援しながら世界的に市場を広げたことがあります[7]。1980年代に入ると，各国で商業スポーツ施設の建設が進み，日本でもゴルフ・テニス・フィットネスなどのスポーツ関連産業が大きく発達しました。

こうして，現在では「するスポーツ・見るスポーツ」の両面において，商品としてのスポーツが世界中で取引されています。

④ スポーツの商品化の功罪

商品化によって，スポーツはどのように変化したのでしょうか。まずは，スポーツの高度化・大衆化に寄与したことがあげられます。たとえば，Ｊリーグの発足によって日本のサッカーのレベルが向上すると同時に，全国各地でサッカーが身近なものとなりました。

とはいえ，スポーツが市場の論理に左右されるようになったことも否定できません。その結果，いくつかの問題も発生しています。一つ目として，商品として流通しやすい形にスポーツのルールそのものが変えられることがあります[8]。

二つ目として，商品化によって，経済的に恵まれない人びとがスポーツに接することを妨げる危険性があります[9]。「見るスポーツ」では有料放送の独占，「するスポーツ」では有料スポーツクラブの拡大などがこれにあたります。

三つ目として，スポーツの商品化は流行に大きく左右されることがあります。「見るスポーツ」ではサッカーやテニスなどの聴衆を惹きつける種目にスポンサーが偏り，それ以外の種目とは大きな差が生まれます。「するスポーツ」では，たとえば高度成長期の日本でゴルフ場が各地に造られ，環境破壊や自治体の負債が問題となりました[10]。

今日では，商品化されていないスポーツの姿を探すほうが困難になりました。その功罪を自覚しながら，「するスポーツ・見るスポーツ」にかかわっていくことが求められているでしょう。

（原田　峻）

の福祉向上の一環として，公共スポーツ施設の建設などが進められた。日本では，1972年に保健体育審議会答申「体育・スポーツの普及振興に関する基本方策について」が出されている。内海和雄（2003）『イギリスのスポーツ・フォー・オール──福祉国家のスポーツ政策』誠信堂；内海和雄（2005）『日本のスポーツ・フォー・オール──未熟な福祉国家のスポーツ政策』誠信堂を参照。

▷7　その成功例として，IOC や FIFA との結びつきを強めながら世界戦略を展開したアディダス社があげられる。広瀬一郎（2012）『「スポーツビジネス論」講義──スポーツはいかにして市場の商品になったか』創文企画，90-92頁を参照。

▷8　たとえばバレーボールは，テレビの放映時間に試合を終えるようにラリーポイント制を導入したといわれている。本書の「メディアがつくるスポーツ」（24-25頁）を参照。

▷9　ヨーロッパでは，スポーツが公共的であるという前提のもと，誰もがスポーツを見られる権利を「ユニバーサル・アクセス権」として擁護している。広瀬，前掲書，150-154頁を参照。

▷10　関春南（1997）『戦後日本のスポーツ政策──その構造と展開』大修館書店，454-464頁。

【おすすめ文献】
†内海和雄（2004）『プロ・スポーツ論──スポーツ文化の開拓者』創文企画。
†広瀬一郎（2012）『「スポーツビジネス論」講義──スポーツはいかにして市場の商品になったか』創文企画。
†森貴信（2019）『スポーツビジネス15兆円時代の到来』平凡社新書。

アマチュアリズムの解体

① アマチュアリズムの形成と本質

「アマチュアリズムとは，スポーツの高度化と大衆化で労働者階級を排除すると同時にブルジョアジー自身の社会的統合の手段であり，スポーツの市場化を排除した。そしてそれらを支えたのはブルジョア個人主義である」[1]。

　18世紀末から19世紀中頃にかけての産業革命は，家内制手工業を工場制手工業へ，そして近代的な機械制大工業に移行させました。また19世紀の**国民国家**[2]建設は近代軍隊の兵士を必要としました。こうして産業と軍隊は近代化された身体を社会的に要請し，イギリスではスポーツ，ドイツでは体操，そして日本では武道を生みました。

　イギリスでは，新興資本家である**ブルジョアジー**[3]が貴族層と一緒になって楽しんだスポーツ大会に，自分たちの使用人である労働者階級が多く参加し，上位を独占しはじめました。彼らの日常的な肉体労働がスポーツのトレーニングも若干兼ねたからです。そして彼らを競技会から排除するアマチュアリズムが生まれました。それは世界最初のアマチュアルールとなって1866年の全英陸上競技大会で成文化されました。当初は「労働者はアマチュアではない」などの「階級的規定」が明確でしたが，やがて「賞金や賞品を目的としない」「休業補償をしない」などの「経済的規定」が中心となりました。これで労働者階級を実質的に排除できたからです。しかし国際大会も頻繁に開催されるようになると，よい選手を集めて観戦収入を増やすようになり，交通費や滞在費ばかりでなく，「出演料」が非公式に一般化しました。アマチュアリズムはしだいに崩れていきましたが，1930年代からしだいに「アマチュアは紳士である」とか「フェアプレイを守る」等の「倫理的規定」が最後の歯止めとして強調されました。そしてなおも労働者階級の排除は継続しました。また，労働者であるプロに対して「プロのスポーツは本物ではなく，にせものだ」とか「スポーツで金を稼ぐのは卑しいことだ」など，他の文化領域では通用しない攻撃も一貫して続きました。

　以上のように，人口の多数を占める労働者階級を排除したが故に，「アマチュアリズムはスポーツを普及させた」というアマチュアリズム信奉者の言説とは逆に，アマチュアリズムは国民全体へのスポーツの普及を制約したのです。また，**資本主義社会**[4]において資本家（ブルジョア）みずからがスポーツを囲い

▷1　内海和雄（2007）『アマチュアリズム論──差別無きスポーツ理念の探求へ』創文企画。

▷2　**国民国家**
近代国家と同義語だが，民族性の視点からみたときの用語。単一の民族による国家を意味するが，現実の近代国家は大半がその起源から多民族国家である。

▷3　**ブルジョアジー**
（マルクス主義で）資本家階級を意味するフランス語。資本家はブルジョア。

▷4　**資本主義社会**
封建制社会が封土（奉仕義務の代償として君主から臣下に与えられた土地）の所有と穀物生産を年貢の基準としたのに比べ，資本主義社会とは資本が社会・経済の根本を規定する社会体制のこと。基本的には資本を所有する資本家階級と労働によって資本を生み出す労働者階級から構成される。

▷5　**市場化・商業化**
商品としての財貨やサービスが交換され，売買されること，あるいはそのような場に参入し，そうした場を設定することを意味する。資本主義社会とは，商品の生産過程と，この市場化・商業化による流通過程とから構成される。

込んで独占し，アマチュアリズムによってスポーツ界から**市場化・商業化**を排[5]除するということは，資本主義内での大きな矛盾であり，それ故に，アマチュアリズムは早晩崩壊する必然性を内包していました。

❷　アマチュアリズムの解体過程

　アマチュアリズム解体に決定的な背景，要因となったのは次のような事項です。第一に戦間期の**オールタナティブ**[6]つまり，労働者スポーツ運動と女性スポーツ運動の高揚です。第一次世界大戦後の福祉の高揚のなかで，アマチュアリズムによってオリンピックから排除された人びとのスポーツ参加です。アマチュアリズムが「ブルジョアジー，男性，白人」の文化であるとして，それへの反撃でした。

　第二は第二次世界大戦後，西欧の福祉国家における**スポーツ・フォー・オール**[7]政策の普及です。スポーツは個人の財で対応するというアマチュアリズムの個人主義に対して，国家が義務として施設建設，指導者の養成，クラブ支援などのスポーツの条件整備をおこない，国民のスポーツ参加を促進させました。こうして国家がアマチュアリズムを否定しました。また，スポーツ・フォー・オールは国民のスポーツに参加する権利（スポーツ権）を承認しました。

　第三はステートアマチュアの進展です。ソ連を始めとする社会主義国や，1960年代以降オリンピックに多数参加するようになったアフリカの新興独立国では，国家の対外宣伝と国内統合の手段としてナショナリズムを利用しました。その高揚の有力なイベントとしてオリンピックを重視し，国家が率先して選手を養成しました。彼らはステートアマチュアです。彼らの優位に対抗するために，先進資本主義国内でのアマチュアリズムは大きく崩れました。アメリカのカレッジアマ，日本のカンパニーアマ，そして多くの国のミリタリーアマ，ポリスアマなどの，非アマチュア（シャマチュア）が多く誕生しました。

　第四は1950年代後半に始まる高度経済成長以降の**プロ・スポーツ**[8]の発展です。国民の可処分時間と可処分所得の獲得による結果です。これは「するスポーツ」であるスポーツ・フォー・オールに対応する「見るスポーツ」の発展です。「スポーツ文化の開拓者」として高度な技量を展開するプロ・スポーツの位置は根本的に向上し，国民の観戦，視聴もアマチュアの競技会を遙かに凌駕しはじめました。TVコンテンツとしてますます大きな位置を占めつつあります。

　最後に「市場化」です。国民の多数の参加，そしてプロ・スポーツの隆盛は，スポーツを市場化し，関連産業を振興しました。そして現在ではスポーツ市場は内需の大きなシェアを占めており，国民生活に不可欠な文化となっています。

　1974年に，オリンピック憲章から「アマチュア」の用語が消失しました。しかし現在，スポーツ参加における貧富の格差拡大は克服されてはいません。

（内海和雄）

▶6　**オールタナティブ**
「どちらか1つを選ぶ」とか「代わりの」という意味だが，この場合にはオリンピックに代わる競技会という意味。第一次世界大戦は総力戦であり，国民の参戦と戦闘意欲を向上させるために，戦時下にもかかわらず国民の諸権利，福祉を比較的重視した。その一環として労働者や女性のスポーツ参加が向上し，戦間期にいっそう向上した。

▶7　**スポーツ・フォー・オール**
西欧における福祉国家の第2段階は高度経済成長に支えられた。それ故に，福祉内容も初期の医療・住宅・教育などの生命に直結する内容から，文化・芸術・スポーツなどの広義の福祉へと拡大された。このスポーツ版の政策をいう。国（含自治体）がスポーツ振興の基盤であるスポーツ施設建設や教室などの条件整備を率先しておこなう。

▶8　**プロ・スポーツ**
資本主義社会において，スポーツによって生計を成り立たせるスポーツの生産者を意味する。ここには直接的生産者であるプレイヤーと，雇用者である球団（連盟）とが含まれる。彼らの諸情報はメディア（テレビ，ラジオ，新聞，インターネットなど）によって消費者である国民に届けられる。

おすすめ文献

†内海和雄（2007）『アマチュアリズム論──差別無きスポーツ理念の探求へ』創文企画。
†内海和雄（2009）『スポーツ研究論──社会科学の課題・方法・体系』創文企画。
†菊幸一（2010）「アマチュアリズムとプロフェッショナリズムをめぐる現代的課題」『現代スポーツ評論』23，創文企画，92-100頁。

3 ロサンジェルス・オリンピック

① オリンピックの経済的破綻

　1984年に開催されたロサンジェルス・オリンピックは，オリンピックの商業化・ビジネス化への転換を画した大会として広く知られています。この転換の原因のひとつは，8年前，1976年のモントリオール大会が莫大な赤字に陥ったことにありました。オリンピックの規模拡大や当時の経済情勢からモントリオール・オリンピックは大幅な予算超過を余儀なくされ，赤字総額は10億ドルに達したといわれます。ケベック州とモントリオール市は，その後長らくこの負債の返済に苦しむことになります。そういう事情もあって，1984年の開催を希望する都市はほとんどなく，正式に立候補したのはロサンジェルスだけでした（1980年の開催地はすでにモスクワに決定していました）。

　ですから，ロサンジェルス大会の課題は，公的負担（税金の投入）を避けて完全民営化すること，しかも赤字を出さないことであり，そのため独自の民間団体としてロサンジェルス・オリンピック組織委員会（LAOOC）が設立され，委員長には実業界からピーター・ユベロスが登用されました。ユベロスは1963年にみずから創業した小さな旅行会社を北米2位の大会社にまで急成長させた実績をもっていました。大学時代には水球の選手で，メルボルン・オリンピックの候補選手にもなりましたが，結局選出されなかったそうです。近代オリンピックの創始者クーベルタンが亡くなった日（1937年9月2日）に生まれたというユベロスは，組織委員長に就任した時（1979年），41歳でした。

② ユベロス方式

　ユベロスを中心とする委員会がまず経費節減策をとったのは当然でした。新規の競技場建設などはできるだけ抑制するという方針のもと，たとえば陸上競技場は，1932年のオリンピック開催のときの競技場を改修して使用し，選手の宿舎には大学の寮をあてました。

　しかし，ユベロス委員会の本領はむしろ積極策にありました。入札制度を巧みに利用して競争を煽り，米国 ABC 放送から2億2500万ドルに及ぶ放送権料を獲得したのはその一例です。これは，前回のモスクワ大会における NBC の放送権料の約2.6倍に相当します。もちろん，日本やヨーロッパ地域からも多額の放送権料が支払われました。こうして，ロサンジェルス大会では開催経費

▷1　ロサンジェルス以外では，当初テヘランが開催に関心を示したが，正式立候補には至らなかった。

▷2　日本では NHK と民放各社の連携による「ジャパンコンソーシアム」の放送権料が1850万ドル（当時の為替レート換算で約46億円），ヨーロッパ地区では「ヨーロッパ放送連合」の放送権料が1980万ドルであった。

の45％近くが放送権料収入でまかなわれることになったのです。

もうひとつの重要な財源は，スポンサーからの協賛金です。これまでは，できるだけ多くのスポンサーから寄付金を集めるという単純なやり方でしたが，ユベロス委員会は，一業種一社に限って公式スポンサーを募り，それらのスポンサーだけに公式マークやロゴの使用などを許してPR上の独占権を与えるという方式に変更しました。もちろんこれも競争入札制をとり，たとえば「飲料」の業種ではコカコーラとペプシコーラが激しく競り合い，1260万ドルの協賛金に現物支給をプラスするという条件でコカコーラが落札しました。また「フィルム」業種では富士フィルムがコダックに競り勝っています。ほかの業種では，IBM，アメリカン・エクスプレス，キャノン，リーヴァイスなどが公式スポンサーとなり，協賛金は総額1億3000万ドルに達しました。4年前，同じアメリカで開催されたレイクプラシッド・冬季オリンピックでは，380社を超えるスポンサーを集めながら，寄付金総額は900万ドルであったことを考えれば，ユベロス方式がいかに効果的であったかがわかります。

ユベロスはまた，大会のマスコット・キャラクター「イーグルサム」を様々な形で商品化・財源化し，その収益も含めて，最終的に大幅な黒字を達成しました。▷3

③ 商業化路線の定着

東西冷戦の状況下，旧ソ連のアフガニスタン侵攻を理由に前回のモスクワ大会をアメリカ，西ドイツ，カナダ，日本などがボイコットしたため，▷4 ロサンジェルス大会にはソ連，東ドイツなど東側14カ国が参加しませんでした。▷5 そのことはウェイトリフティング，体操，ボートなどの競技に影響を与えましたが，全体としては，カール・ルイスの大活躍（陸上競技4冠達成），体操女子メアリ・レットンの逆転優勝，柔道無差別級での山下泰裕の金メダル，女子マラソンの正式採用▷6 などもあって，なかなかの盛り上がりをみせた大会となりました。

しかし，なんといっても主催者側（IOC＝国際オリンピック委員会）にとっての最大の朗報は，赤字続きだった大会決算が大幅な黒字に転じたことでした。黒字総額は2億1500万ドルに達したといわれます。「ユベロス商法」▷7 の効果によるわけですが，ある意味でそれは成功しすぎたといえるかもしれません。そのめざましい経済的成功のゆえに，ユベロス流の方策の多くがその後のオリンピック運営に引き継がれ，いわば商業化・巨大ビジネス化路線が定着していくことになり，それにともなって，開催地の決定をめぐる贈収賄，放送権料のさらなる高騰，メディアの介入，ドーピングの頻発など，様々な問題も生じてきました。そして，当然のことながら，そうしたオリンピックのあり方を批判し再検討しようとする議論や運動も活発化します。これもまた，ユベロス方式が（意図せずして）生み出した効果といってよいでしょう。　　　　（井上　俊）

▷3　商業化の象徴として多くの批判を招いた「聖火リレーの有料化」（1 km＝3000ドル）は，ユベロスによると，もともと話題づくりと関心喚起のための方策であり，収益はすべて該当の地域のYMCAなどに寄付されることになっており，実際そのように処理されたという。

▷4　ただし，アメリカ（カーター大統領）の強い呼びかけにもかかわらず，イギリス，フランス，イタリア，オーストラリアなどは参加した。

▷5　ただし，ルーマニアと中国は参加した。

▷6　女子マラソンのほかに，新しい女子種目としてシンクロナイズドスイミング（現在はアーティスティックスイミング），新体操など，テレビ映りのよい競技もこの大会でデビューした。

▷7　ユベロス方式あるいは「ユベロス商法」といわれた諸方策のすべてがユベロスの工夫によるものとはいえない。ユベロス方式ほど組織化されてはいなかったとしても，類似の方策はアメリカのプロ・スポーツやFIFA（国際サッカー連盟）ワールドカップのマーケティング戦略としてすでに用いられていたことが知られている。またミュンヘン・オリンピックやモントリオール・オリンピックでも部分的に用いられていた。

おすすめ文献

†ゴールドブラット，D.／志村昌子・二木夢子訳（2016=2018）『オリンピック全史』原書房。

†石坂友司（2018）『現代オリンピックの発展と危機1940-2020』人文書院。

†ユベロス，P.／竹村健一訳（1985=1986）『ユベロス』講談社。

スポーツ関連産業

1　スポーツ産業の発展

　19世紀末に日本に導入された欧米の近代スポーツは，学校を中心にして社会に普及してきました。スポーツの普及とともにスポーツ用具・用品が生産・販売されるようになり，競技場やプールなどのスポーツ施設も建設されました。そしてスポーツへの関心の高まりによって，スポーツ雑誌が創刊され，新聞にはスポーツ情報が掲載されるようになりました。1925年にラジオ放送が開始されると，1928年にはラジオ体操をはじめ，スポーツのラジオ中継がはじまりました。また戦後のテレビ放送開始とともにテレビでスポーツが中継されるようになり，スポーツは情報産業の重要なコンテンツとなりました。このようにスポーツ産業は「スポーツ用品産業」「スポーツ施設・空間産業」「スポーツサービス・情報産業」の領域から生まれてきました。◁1

　1980年代に日本ではレジャー活動が盛んになり，子どもから高齢者までがスポーツに親しむ生涯スポーツの時代が到来しました。多様なスポーツ・ライフに対応するように，学校スポーツや公共体育館でのスポーツ教室のほか，民間のフィットネスクラブのような「スポーツサービス」も拡大してきました。一方で，プロ選手のスポーツ興行は，アマチュア思想に重きをおいた結果，大相撲，プロ野球，プロボクシングなど一部の競技に限られてきました。しかし国際的なスポーツのプロ化の流れによって，日本でも1986年に「日本体育協会アマチュア規定」が改められプロ選手が容認されると，1993年のプロサッカーJリーグの開幕や2005年誕生の野球の独立リーグ，そして2016年にはプロバスケットボールのBリーグの開幕など，プロ・スポーツ興行業が拡大しました。

　現在ではスポーツ産業の多様化によって，消費者が選択できるスポーツのサービスが増えるとともに，サービスやデジタル技術の高度化によって従来の3◁2領域の産業もお互いに重なり合うようになり，領域横断的な新しいサービスも生まれてきました。2015年に発足したスポーツ庁もスポーツ産業の振興をめざすようになっています。

2　スポーツを産み出す産業とスポーツ支援産業

　近年，「スポーツ・マネジメント」や「スポーツ・ビジネス」を学ぶことができる大学・大学院や各種教育の機会が増えています。これはスポーツにかか

▷1　原田宗彦編著(2015)『スポーツ産業論 第6版』杏林書院。

▷2　「スポーツ用品産業」「スポーツ施設・空間産業」「スポーツサービス・情報産業」のこと。

わる仕事をしたいと考える人，つまり「スポーツを産み出す」仕事に就きたいと希望する人が増えていることを意味します。「スポーツを産み出す産業」[3]は，スポーツのサービスを生産する産業であり，観戦サービスを提供する「Spectator スポーツ産業」と，スポーツの実践に関するサービスを提供する「Do スポーツ産業」があります。前者は，プロ野球球団，プロサッカークラブ，プロバスケットクラブをはじめ競輪，競馬などの公営競技を含み，後者はフィットネスクラブ，ゴルフ場，スキー場，公共スポーツ施設，そして学校の体育や部活動の指導も含むと考えられ，学校体育教師はスポーツ指導サービスを有償でおこなう職業ということもできます。そして「スポーツを産み出す産業」に関連する職領域を「スポーツ支援産業」と定義すれば，たとえばスポーツ用品産業やスポーツ情報産業をはじめ，スポーツ選手のエージェント，スポーツ・ツーリズムの旅行産業，スポーツ・イベントの協賛企業，スポーツ振興くじ（toto）の販売などを包括することができます。「スポーツ支援産業」は，産み出されたスポーツを利用してビジネスを展開する領域といえます。

③　スポーツ関連産業への就業について

　たとえプロ・スポーツ選手になれなかったとしても，華やかなプロ・スポーツ関係の仕事につける可能性はあります。しかし競技団体，プロクラブの社員や職員として実際に働けるのは，プロ野球の一部の球団に100人以上の規模の例もありますが，その他は中小企業並みの小さな規模の組織のため，毎年定期的に新卒採用・中途採用をすることも少ないのが現状です。また日本でも大学スポーツの産業化がめざされていますが，現状ではアメリカのように大学スポーツを仕事にするにはしばらく時間がかかりそうです。そこで中学や高校のスポーツ指導者になるために教員採用をめざすことはひとつの選択肢になります。そのほか2021年現在，全国に3594の総合型地域スポーツクラブが創設されていますが，クラブマネージャーを配置する総合型地域スポーツクラブは50%しかなく[4]，常勤で職を得ても日当平均は9105円です。またスポーツ支援産業に就職したとしても，スポーツと関係のない部署に配置されることもあります。

　今日の日本においてスポーツ観戦やスポーツ指導のサービスによって報酬を得るためには，金銭を支払ってもスポーツ観戦したい，またスポーツ指導を受けたいという消費者のニーズとそれに見合うサービスが必要です。日本においてスポーツ・サービスのニーズを顕在化させ，スポーツ・サービスの消費拡大をねらうには，サービス産業のマーケティングで指摘される7P（商品，価格，流通・場所，プロモーション，物理的環境・設備，人，プロセス）[5]の適切な組み合わせによるマーケティングが必要であると考えられます。

（髙橋義雄）

▷3　澤井和彦（2007）「スポーツ産業の定義と可能性」『スポーツ Biz. ガイドブック'07-'08』日経 BP 企画，16-28頁。

▷4　スポーツ庁（2022）『総合型地域スポーツクラブに関する実態調査結果』。
▷5　サービスマーケティングの7つのPとは，Product, Price, Place, Promotion, Physical Evidence, People, Process の頭文字。

（おすすめ文献）
†原田宗彦編著（2015）『スポーツ産業論 第6版』杏林書院。
†平田竹男・中村好男編著『トップスポーツビジネスの最前線2009』講談社。
†スポールストラ，J.／中道暁子訳（1997=2000）『エスキモーに氷を売る』きこ書房。

スポーツ・ツーリズム

① 観光資源としてのスポーツおよびスポーツ・イベント

　2020オリンピック・パラリンピックの招致決定後，温泉や名所旧跡などの従来の観光資源に代わって，スポーツ・イベントやスポーツ合宿等を資源としたスポーツ・ツーリズムに力を入れる自治体が急増しています。スポーツ・ツーリズムは，約190兆円に達するツーリズム産業のなかでも最も急成長の分野といわれ，21世紀の基幹産業のひとつに位置づけられています。

　スポーツ・ツーリズムの基本的な観光資源は，イベントと施設・設備・組織を含めたスポーツ環境です。観光の目玉となるイベントは観光客を惹きつけるだけの商品価値の高いイベントであることに加え，副目的となる観光活動や文化活動・交流などの誘致力（プル要因）が備わっていることが国際市場において重要な競争力となります。[1]

② スポーツ・ツーリズムとスポーツ・ツーリストの類型化

　スポーツ・ツーリズム[2]の定義は，世界観光機関（UNWTO）の定義に準じています。スポーツ参加やスポーツ観戦を主目的とした宿泊をともなう旅行者であるスポーツ・ツーリストは，東京マラソンなどの組織化されたスポーツ・イベントに参加する「イベント参加型」，オリンピックなどを競技場で観戦する「観戦型」，ゴルフやスキー，マリンスポーツ等に参加する「スポーツ愛好型」の3種類に類型化できます。

　スポーツ愛好型は，市場が最も大きい反面，規模や実態が把握し難いのですが，リピーターが多くスポーツ・ツーリズムの中核となっています。スポーツ愛好型は，個人や小グループでスポーツを楽しむレジャー系と，組織的な練習や試合を楽しむ合宿系に大別できます。レジャー系の旅行先は，季節によって異なります。

　プロ・スポーツチームや実業団だけでなく，中学校から高校・大学の運動部やサークル・同好会等が四季折々にスポーツ合宿・遠征をおこなう合宿系ツーリズムは，日本独自のスポーツ・ツーリズムです。長距離ランナーは北海道の北見市・士別市・網走市などのオホーツク圏，大学ラグビーのメッカ菅平，プロ野球チームやJクラブがプレシーズンに集中する沖縄・宮崎・鹿児島なども「スポーツ合宿」を地域活性化につなげています。

▷1　4年に一度開催のオリンピック，FIFA ワールドカップ，ラグビーW杯などの有名なメガ・スポーツ・イベント，毎年開催されるテニスやゴルフの4大大会，サッカーの欧州クラブカップ，米国のスーパーボウル，MLB のワールドシリーズなどは商品価値が高く，開催都市の誘致合戦が激しくなっている。

▷2　**スポーツ・ツーリズム**　スポーツやスポーツ・イベントへの参加・観戦・応援を主目的として目的地を訪れ，少なくとも24時間以上その目的地に滞在する旅行を，スポーツ・ツーリズムと定義している（野川春夫・山口泰雄（1994）「国内スポーツ・ツーリズムに関する研究——冬季スポーツイベントを事例として」『鹿屋体育大学研究紀要』11，103-113頁）。

❸　インバウンドとアウトバウンド

　2019年の日本人の**アウトバウンド**[3]数は2008万人と史上最多を更新し，**インバウンド**[4]数も3188万人と前年よりも約60万人増加しています。インバウンド数がアウトバウンド数を上回ったのは，2015年からです。アウトバウンドは，マリンスポーツ，スキー，ゴルフ，スポーツ観戦，マラソンイベント参加などが日本人スポーツ・ツーリストの主流となっています。最近の訪問先は米国（含むハワイ・グアム・サイパン）と東南アジア諸国が中心となっています。

　政府が掲げたインバウンド目標数に到達したのは東京オリンピック・パラリンピック競技大会の招致が成功した2013年でした[5]。それからわずか5年間でインバウンド・ツーリストが3倍以上に激増しています。それでもタイの後塵を拝しています。インバウンドの約85％が近隣のアジア地域からの来訪者であり，中国（含む香港），韓国，および台湾が約8割を占めています。メガ・スポーツ・イベントが続く2019年と2020年には，観戦型インバウンドが大幅に増え，関西ワールドマスターズ（2021）はイベント参加型のインバウンドが見込まれています。

　インバウンドに人気の目的地は，雪質の良さとラフティングなどのアウトドア資源が豊富で長期滞在が可能な北海道・長野，韓国人に人気のゴルフと温泉の組み合わせは九州・山陰地方，台湾や中国人は富士登山やミシュラン旅行ガイドで3つ星が与えられた東京郊外の高尾山が，富士山と並んでお目当ての目的地になっています。

❹　インバウンド・ツーリズムの振興策

　観光庁は，2012年に「**一般社団法人日本スポーツ・ツーリズム推進機構（JSTA）**[6]」を設立してインバウンド拡大に取り組み，スポーツ庁もスポーツによる地域活性化の推進を図る取り組みのひとつとしてスポーツ・ツーリズム[7]を推進しています。

　「安心・安全・安価・便利」がインバウンドにとっては旅行先（国と地域）選択判断になります。物価の高い日本に求められるのは，「安心・安全・便利・健康＋情報化」でしょう。「おもてなし」も高額になっては逆効果です。ビザ手続きの簡素化，交通周遊券の低額化，気軽で庶民的な生活が体験可能な民泊の拡充，スポーツ安全保険の整備等に加え，外国人スタッフの配置，スマートフォン対応のオンライン情報案内の多言語化に早急に取り組む必要があります。

（野川春夫）

▷3　アウトバウンド
日本から国外へ出航する旅行者をさす。
▷4　インバウンド
国外から日本を訪れる旅行者をさす。

▷5　小泉政権が2003年に策定した観光立国行動計画。2010年までにインバウンド数の目標を1000万人に設定。

▷6　一般社団法人日本スポーツ・ツーリズム推進機構（JSTA）
観光庁が策定した「スポーツ・ツーリズム推進基本方針」（2011）に則り，産学官が協力し合ってスポーツ・ツーリズムを推進する団体（Japan Sport Tourism Alliance；JSTA）。
▷7　第2期スポーツ基本計画（2017-2021）の基本方針「スポーツを通じた地域活性化」のひとつとしてスポーツ・ツーリズムの推進に取り組む。インバウンドのスポーツ・ツーリストを138万人⇒250万人，スポーツ・ツーリズム関連消費額を2204億円⇒3800億円へ。

おすすめ文献
†野川春夫（2007）「スポーツ・ツーリズムのマネジメント」『体育の科学』57（1），杏林書院，39-43頁。
†原田宗彦・木村和彦編著（2009）『スポーツ・ヘルスツーリズム』大修館書店。
†川西正志・野川春夫編著（2018）『改訂4版・生涯スポーツ実践論』市村出版。

パンとサーカス

▷1　ユウェナリス
「健全な精神は健全な身体に宿る」はユウェナリスの有名な格言であるが，宿ればよいのだがという意味で，宿るとは断定していない。

▷2　戦車（馬車）競走
戦車はメソポタミアやエジプトで王や貴族によって戦争や狩猟で使用されたが，狩猟園（paradeisos）の狩りが楽しかったため，パラダイスとなった。

▷3　見世物（spectacula）
古代ローマ人のスペクタクラは，ほとんどが戦争捕虜，奴隷，罪人によっておこなわれる殺し合いのことで，ローマ市民はほとんどおこなわなかった。

▷4　円形闘技場
この遺跡（コロッセオ）は今日でもローマで見ることができる。
▷5　戦車競走64日，演劇102日，剣闘士の死闘10日の176日間だった。収容できる観客数で見ると，演劇は9000人と少なく，戦車競走20万人や剣闘士の死闘5万人のほうが人気はあったが，莫大な経費がかかるために回数は少なかった。

1　見世物

　古代ローマ市民についていわれる「パンとサーカス」，正式には「パンとサーカスを（panem et circenses）」とは，ローマの詩人**ユウェナリス**（60-128年）が100年頃の風刺詩で市民の怠惰な生活を非難した警句です。当時の皇帝や有力者は，市民の不満を解消して人気を獲得するために，パニス（panis）＝穀物である小麦と，キルケンセス（circenses），すなわち「周回競走場で開催される競技（ludi circenses）」を市民に無料で提供していました。この競技には，**戦車（馬車）競走**，剣闘士の死闘（munus），野獣狩り（venatio），海上戦闘（naumachia），裸体競技（agones），演劇が含まれており，ローマ市民は女性も含めてこれらの競技を**見世物**（spectacula）と呼んで，狂喜しながら見ていたのです。

2　戦車競走

　ローマでは神々を称える祭典で戦車競走がおこなわれました。最大の競走場であるキルクス・マクシムス（Circus Maximus）には15万人もの座席がありました。競走は4色（緑，青，白，赤）に区別されたチームによっておこなわれましたが，富裕な所有者は戦車，馬，御者，世話人を提供しました。熱狂的な市民は，奴隷の御者が死亡したとき，後を追って自殺したり，敵側の馬を毒殺することもありました。戦車競走は5世紀の混乱期にもローマ市民の人気があり，コンスタンチノープルでは何世紀にもわたっておこなわれていました。

3　剣闘士の死闘

　剣闘士が殺し合う見世物はとくに人気がありましたので，帝政時代の80年にはローマに5万人の観客を収容できる**円形闘技場**が建造されました。戦争捕虜，奴隷，罪人は養成所で訓練されてから戦ったのです。墓碑では，殺されないで病気で死んだことを誇りにしています。剣闘士にとっては，生き残ることが最大の名誉だったのです。しかし，イタリアの大農場では，ローマ軍に征服された捕虜や奴隷が重労働を強制され，また剣闘士として殺し合いをさせられたので，ローマ人に対する反乱が勃発していました。トラキア出身の剣闘士スパルタクスは前73年にカプアの養成所を脱走して奴隷反乱を主導し，彼の奴隷軍は

3000人のローマ軍を撃破しましたが，前71年にクラッススとポンペイウスによって鎮圧されました。見世物が開催される祝祭日は，1世紀の60日間から4世紀には176日間にもなりました。競走場でおこなわれた野獣と剣闘士の殺し合い（venatio）[5]もこの円形闘技場に移され，さらに闘技場を湖にして，軍船の海上戦闘[6]もおこなわれました。アウグストゥス帝（在位前63年-後14年）の見世物には1万人の剣闘士が参加して3500頭の野獣が殺され，クラウディウス帝（在位前10年-後54年）の海戦には1万9000人も参加しました。

　剣闘士の残酷な殺し合いはギリシア語圏である東部でも見世物として狂喜されるようになりましたが，ローマ皇帝が強制したのではなく，ギリシア人が喜んで受け入れたようです。しかし，ギリシア人は**古代オリンピック**[7]などの「**裸体競技**（gymnikos agon）[8]」を伝統的に開催しており，ローマ人の見世物をそれらの競技で一緒に開催することはありませんでした。東部では，闘技場ではなくギリシアの競技場である**スタディオン**（stadion）[9]を改造して開催されました。一方，ギリシア市民の裸体競技は，ローマと東部でも見世物として楽しまれるようになりました。前80年独裁官スラは「スタディオン競走[10]」以外のギリシアの競技者をローマに招いてオリンピックを開催したのです[11]。ネロ帝（在位54-68年）は60年に，ドミティアヌス帝（在位81-96年）は86年にギリシア人の裸体競技をローマで開催しましたが，3世紀には非常に多くなりました。ただしこの競技では，奴隷ではなくギリシア市民が賞金獲得のために競技したのです。残酷な見世物は3世紀にキリスト教徒によって非難されるようになり，390年代にはテオドシウス1世（在位379-395年）が異教徒の儀礼や聖地を禁止しました。剣闘士の養成所はホノリウス帝（在位384-423年）によって399年に閉鎖されましたが，その死闘が最終的に禁止されたのは529年でした。

❹ 公衆浴場

　ローマ皇帝はほとんど無料の壮大な公衆浴場（thermae）[12]も建造しました。それらは脱衣室，高温浴室，温浴室，水浴室，蒸し風呂室，休憩室，体操室，遊戯・球戯室，塗油・マッサージ室，社交室，図書室，屋外プール，遊歩場から成り立っており，多くの店や料理屋，娼家もありました。混浴はハドリアヌス帝（在位76-138年）によって禁止されました。この施設はギリシアの競技練習場（**ギュムナシオン**）[13]と同様に社交や文化の中心でもありました。浴場が衰退したのは，6世紀にゴート人によって高架式水道が破壊されて水の供給が不可能になったからでした。

（高橋幸一）

[6]　ライオン，ヒョウ，熊，象，猟犬の餌になる鹿などが放された。

[7]　**古代オリンピック**
前776年以降4年ごとに開催されたという明確な証拠はない。ギリシア人には，金銭で「アマとプロ」に区別する考え方はなかった。

[8]　**裸体競技**（gymnikos agon）
ギリシア人は，裸体（gymnos：ギュムノス）で練習や競技をしていた。体操（gymnastics）やジム（gym）はその派生語である。

[9]　**スタディオン**（Stadion）
ギリシアでは，「競技場」，そこの「直線競走の距離」（180m前後），「競走」を意味していた。スタジアムはその派生語である。長距離競走では何回も往復した。

[10]　[9]を参照。

[11]　古代ギリシアのオリンピックが外国で開催されたのは，この一例だけである。

[12]　カラカラ帝（在位188-217年）の浴場遺跡は今日でも見ることができる。

[13]　**ギュムナシオン**
公立の広大な裸体競技練習場で，体育館（パライストラ）もあった。プラトンはアテネの練習所であるアカデメイアに講義室を建てた。

おすすめ文献

†高橋幸一（2003）『スポーツ学のルーツ——古代ギリシア・ローマのスポーツ思想』明和出版。
†Kyle, D. G. (2007) *Sport and Spectacle in the Ancient World*, Blackwell.
†Christesen, P. and D. G. Kyle, eds. (2014) *A Companion to Sport and Spectacle in Greek and Roman Antiquity*, Blackwell.

スポーツとナショナリズム

1　ネーションとその構築性

　ネーション（nation）という言葉は民族や国民，国家と訳されますが，イギリスの歴史学者E.ホブズボームによると，19世紀半ばまではたんにある地方や国，王国の住民の集合のことを指していたといいます。それが現在のような意味をもつようになったのは，その時期からヨーロッパにおいて「国民国家」が形成されたことによります。これは言語や文化を共有する人間集団が国家という政治的枠組みのなかで共同体を形成するというシステムですが，そこで人びとは自分のことを「〇〇国民」だと認識するようになり共同体意識が生まれます。自分が「〇〇国民」であるということは当たり前のようですが，よく考えてみると，同国民だというだけで見ず知らずの人に何か親近感を感じるというのは奇妙なことではないでしょうか。政治学者B.アンダーソンは近代に生じたこのような現象を出版資本主義の発達という視点から分析しました。近代において印刷技術が発達し新聞メディアが登場すると，それを読む人びとは言語や時間感覚，地理感覚，そして話題を共有するようになります。同じ新聞を読んでいるのであれば同じ心性を共有する共同体の一員である，という想像力のなかで，人びとは他者とつながり合うというのです。アンダーソンはこれを「想像の共同体」と呼びました。ここで重要なことは，国民というものがあらかじめ存在しているわけではなく，歴史的な条件のなかで人びとが国民という存在の仕方，自己認識の仕方をするようになったということです。つまり国民とは自然発生的な共同体ではなく，歴史的につくられたものなのです。

2　想像の共同体とスポーツ

　近代的な国民国家形成が展開していくなかで，スポーツは国民という想像の共同体を補強する手段として重要な役割を果たしてきました。イギリスではサッカーのFAカップ決勝が王室と結びついた国民的行事として人びとの関心をひき，日本では1924年に開始された明治神宮競技大会において，全国から集まった選手たちが明治神宮外苑で皇族の見守るなか競技をおこないました。これらはスポーツが国家という枠組みに強く結びついていることを国民に知らしめるものでした。またオリンピックのような国際大会が新聞やラジオ，後にはテレビで報道されることで，自国選手・自国チームを応援するという共通の情

▶1　ホブズボーム，E.J.／浜林正夫・嶋田耕也・庄司信訳（2001）『ナショナリズムの歴史と現在』大月書店。

▶2　アンダーソン，B.／白石さや・白石隆訳（1997）『増補　想像の共同体──ナショナリズムの起源と流行』NTT出版。

熱をもつ「私たち」の共同体が想像されるようになります。社会学者の阿部潔は，普段はことさら日本人であることを意識しない人びとでも，オリンピックやワールドカップなどで日本代表選手や代表チームを応援するときは意識的・自覚的に「日本国」へ同一化する，といいます。まさしくスポーツを通じたこのような国民的同一化はナショナリズムと強く結びつくのです。

3　スポーツとナショナリズムの様々な結びつき

　ナショナリズムをどのように定義するかには様々な議論がありますが，政治的な単位として民族や国民，国家のアイデンティティと権利を主張する運動だとゆるやかに定義づけるならば，スポーツとナショナリズムの親和性ははっきりするでしょう。1936年に開催されたベルリン・オリンピックはヒトラー率いるナチス・ドイツのプロパガンダの意味をもちましたし（図Ⅳ-1），また1990年のディナモ・ザグレブとレッドスター・ベオグラードの試合（サッカー）では，試合開始前からユーゴ＝セルビアに対するクロアチア人サポーターのナショナリズムが高まり，選手をも巻き込む暴動が生じました。この出来事は多民族国家であった旧ユーゴスラビアが崩壊する予兆であったといわれます。このようにスポーツとナショナリズムは政治的な文脈で強く結びついてきたわけですが，90年代以降衛星放送などの発達によってスポーツがますます商業化されていくなか，ナショナリズムは新たなかたちでスポーツと接合されるようになりました。現代のオリンピックやFIFA ワールドカップなどは，代表選手・チームの応援をつうじて人びとの国民感情を駆り立てていますが，実のところそのイベントに投資しそこで莫大な利益を得ているのはグローバル企業です。グローバル企業は，国家代表チームや国際大会のスポンサーになることでたくみにナショナリズムを煽りながら利潤を追求しているわけです。スポーツとナショナリズムが経済を媒介として結びつくこうした現象は，企業ナショナリズムとして分析されています。

4　スポーツナショナリズムの怖さ

　私たちは国際大会に出場する代表選手や代表チームを応援し，そのパフォーマンスに一喜一憂します。国家代表の勝利や敗北は，私たちの感情を強く揺さぶるでしょう。スポーツは，政治的な意識とは違うレベルで私たちのナショナリズム感情を呼び起こします。しかしながら，上述のようにネーションが歴史的な構築物であるのと同様，私たちのそうした感情もまた歴史的・経済的・政治的な諸条件のなかでつくり上げられた構築物なのです。スポーツナショナリズムの怖さは，それが私たちの自然な感情であるかのように感じられること，そしてスポーツは健全であるという前提のもとスポーツのナショナリズムは無害であるかのように考えられることです。　　　　　（有元　健）

▷3　阿部潔（2008）『スポーツの魅惑とメディアの誘惑——身体／国家のカルチュラル・スタディーズ』世界思想社。

図Ⅳ-1　聖火リレーを迎えるベルリンの群衆とナチスドイツの旗

出所：『別冊1億人の昭和史　昭和スポーツ史　オリンピック80年』毎日新聞社，1976年。

▷4　木村元彦・清水諭・友添秀則・有元健（2012）「スポーツナショナリズムをどのように捉えたらいいのか」『現代スポーツ評論』27，創文企画。

▷5　Silk, M. L., Andrews, D. L. and Cole, C. L. eds. (2005) *Sport and Corporate Nationalisms*, Berg.

（おすすめ文献）

†木村元彦（2011）『オシムからの旅』イーストプレス。
†小笠原博毅・山本敦久編（2016）『反東京オリンピック宣言』航思社。
†阿部潔（2008）『スポーツの魅惑とメディアの誘惑——身体／国家のカルチュラル・スタディーズ』世界思想社。

3 植民地のスポーツ

1 スポーツと「原住民<small>ネイティヴ</small>」

　植民地下におけるスポーツはまず，独立をめざすナショナリズムと結び付きます。たとえば英領アイルランドでは1884年，スポーツ人口のイギリス化に歯止めをかけ，アイルランド人としてのアイデンティティを育てるためにGAA（ゲーリック・アスレティック・アソシエーション）が設立されました。GAAは，それまでローカル・ルールしかなかった**ゲーリック・フットボール**[1]，**ハーリング**[2]，**ラウンダーズ**[3]などに，それぞれ統一ルールを制定しました。また，たとえアイルランド人であっても，英軍や警察に勤務する者がゲーリック・スポーツに参加することを禁止したのです。この動きに多くの反英独立派が惹き付けられたのですが，それゆえゲーリック・スポーツの選手も観客も，しばしば独立戦争の戦禍に巻き込まれてしまいました[4]。このような事態は植民地化がなければ起こりえなかった反動であると同時に，スポーツを通じた被植民者による彼ら自身の固有性の「再発見」であり，「創られた伝統[5]」だったといえます。

　一方，被植民者の身体競技を植民者に都合よく「スポーツ化」した例がラクロスです。ネイティヴ・カナディアンのラクロスは元来，スティックの先につけた木の弦などで編んだネットにボールを入れ，身体を激しくぶつけあいながらフィールドを縦横無尽に走り回る競技でした。しかし1867年，ルールを初めて成文化した**ウィリアム・ビアース**[6]は，「原住民<small>ネイティヴ</small>のルールのままでは白人は勝てない」[7]ことを認め，フィールドを小さくし，走力ではなくパスを主体とした，より「科学」的で「文明」化されたゲームへとルール変更し，「白人が勝ちやすいように」[8]してしまったのです。この変更は，元来「原住民<small>ネイティヴ</small>」に固有のゲームを，植民地的な発想で「収奪」することによってなされたのです。

2 クリケットは告発する

　植民地固有のスポーツの「発見」でも「収奪」でもなく，植民者のスポーツをそのルール通りにプレイしながら，それを抵抗や自立の現場へと変容させたのがインドやカリブ地域でのクリケットです。サッカーやラグビーと似た伝播拡散過程を経ながらも，クリケットは際立って植民地的なスポーツとなりました。クリケットがプレイされる場所が，植民地と宗主国の間を特権的に移動するエリートの経路と軌を一にしてつくられていったからです。映画『ガン

▷1　**ゲーリック・フットボール**
ラグビーとサッカーに分化される以前のフットボール，またオーストラリアン・フットボールに似たルールで，手足を用いてH字型のゴールに入れる得点を競う。
▷2　**ハーリング**
ポロやホッケーに近く，ハーリー（スティック）とシリター（ボール）を用いて，H字型のゴールに入れる得点を競う。
▷3　**ラウンダーズ**
野球やクリケットの起源ともいわれ，フィーダー（投手）のボールをストライカー（打者）が打ち，4つの杭や石を回り得点を競う。
▷4　1920年11月21日午後，ダブリン市内にあるクローク・パーク競技場に侵入してきた英駐留軍の装甲車が機関銃を発砲し，ゲーリック・フットボールをプレイしていた選手と観客のうち14名が犠牲になった。「血の日曜日」といわれるこの虐殺は，反英独立派の資金源とみなされていたゲーリック・スポーツのゲームを武力で破壊したものである。
▷5　ホブズボーム，E.・レンジャー，T.／前川啓治・梶原景昭訳（1983=1992）『創られた伝統』紀伊國屋書店。
▷6　**ウィリアム・ビアース**（W. G. Beers, 1843-1900）1856年にモントリオール・ラクロス協会を設立。「近代ラクロスの父」といわれる一方，歯医者でもあった。

ジー』の１シーンを思い浮かべればいいでしょう。ガンジーの指導によるデモによって，試合を中断せざるをえなくなったイギリス人軍人の一人は，こうつぶやきます。「オクスフォード以来の調子のいいイニングだったのになぁ」と。[9]

　もちろん，植民地的文化変容が一方的支配ではない証拠として，1903年にイギリス人宣教師が持ち込み，「原住民（ネイティヴ）」みずからが儀礼的意味を込めてルールもスタイルも変容させたトロブリアンド諸島のクリケットをあげることができます。[10]さらに，英領トリニダード出身のC.L.R.ジェームズは，[11]クリケットにより積極的な意味を与えています。クリケットは支配の道具ではなく，選ばれた個人が社会的意味を担いながら代表的な役割を演じ，植民地の「日常生活の中でせざるをえない妥協をしなくて済む」，[12]表現の舞台でした。[13]同時に，プレイすることで支配への不満を解消する安全弁に留まるものでもありませんでした。西インドの名バッターが，ロンドンの伝統あるグラウンドで高スコアをあげる。植民地下の人びとが，そんなシーンを夢見ながら地元の選手に寄せる期待が，西インド植民地の社会的現実を顕わにしてしまうからです。クリケット選手は，ヒーローであると同時に現実の告発者としての役割をも担うのです。

❸ 「植民地的」であることの必然

　ボールとバット（スティック）からはじまる遊戯は，いくつもの変種を生み，スポーツとなり，世界に広がりました。18世紀半ば，ロンドンで出版された子ども向けの遊戯を絵解きで紹介する『小さな可愛いポケットブック』には，「ベース・ボール」と題された詩が掲載されています。[14]

THE Ball once struck off	ボールが一撃されたなら
Away flies the Boy	飛び出していくよ　少年は
To the next destin'd Post	さだめられた次の杭へ
And then Home with Joy	そして　歓びいっぱいにホームへ
Thus Seamen （Britons） for Lucre[15]	かくして船乗りら　富を求めて
Fly over the Main	大海原を渡りゆく
But, with Pleasure transported	されど　満悦に有頂天となり
Return back again.	またふたたびは帰り来らん

前半は「ベース・ボール」の叙述であり，後半はその寓意です。ベース・ランニングとは，大海原に漕ぎ出す航海なのです。18世紀中期のイギリスから飛び出して富を求めた「船乗り（大英帝国人）」は，（海賊を含め）その職業がなんであれ，植民地が生む利益と無縁ではありえません。つまり，スポーツの起源が遊戯であるならば，それは初めから「植民地的」だったのです。

（小笠原博毅）

▷7　Fisher D. M.（2002）*Lacrosse: A History of the Game*, Johns Hopkins University Press, p.27.

▷8　*Ibid.*, p.28.

▷9　リチャード・アッテンボロー監督，ベン・キングスレー主演，コロンビア映画配給，1982年。

▷10　20世紀初頭に英領となり，現在はパプア・ニューギニアの一部。

▷11　C.L.R.ジェームズ（C.L.R.James, 1901-1989）マルクス主義思想家，反植民地主義理論家，文学者，クリケット批評家。主要著作に『ブラック・ジャコバン――トゥサン・ルヴェルチュールとサン・ドミンゴ革命』（青木芳夫訳（1938=2002）大村書店）；*Beyond A Boundary*（Serpent's Tail, 1996/1963）.

▷12　*Ibid.*, p.66.

▷13　*Ibid.*

▷14　平出隆（2004）『ウィリアム・ブレイクのバット』幻戯書房，55頁より引用。

▷15　平出が参照しているマサチューセッツ州ウースターで出版されたアイザイア・トーマス版（1787）では 'Seamen' となっている箇所が，1744年の初版（ロンドンのジョン・ニューベリー版）では 'Britons' となっている。

おすすめ文献

†キルデア, G.・リーチ, J.監督（1979）『トロブリアンド・クリケット』（Ronin Films）。

†今福龍太（1997）『スポーツの汀』紀伊國屋書店。

†鈴木慎一郎（2000）『レゲエ・トレイン――ディアスポラの響き』青土社。

ヒトラーのオリンピック

① オリンピックと政治

　近代オリンピック大会は，1896年にギリシア・アテネで第1回大会が開催されました。大会は，古代ギリシアのオリンピアで約1200年にわたって催されたとされる古代オリンピア競技会に着想を得て，**クーベルタン**が復興を計画し，1894年パリ・アスレチック会議において計画を進めることが可決されたものでした。クーベルタンは，若者がスポーツを通じて肉体と精神の調和のとれた発達をめざすとともに，スポーツによる国際交流をおこなうことによって世界の平和にも貢献するという理想（オリンピズム）を掲げていました。国際オリンピック委員会（IOC）は，彼の理想を時代や国際状況に応じて改変しながら引き継ぎ，この理想の追求のためには，オリンピックは政治と無関係である，政治的中立性を保つべきである，という見解を示してきました。一方，戦争と平和の問題に関しては，IOCがこの問題に強い関心を持つ非政府組織であることから，政治的役割を積極的に果たそうとしているという見方もあります。

② 政治の舞台としてのオリンピック──理想と現実の乖離

　オリンピックの政治的中立性の主張は，クーベルタンの理想に基づくところもありますが，より現実的な視点で考えると，100年以上の歴史を持つ世界最大規模の大会を継続するためにはやむをえない立場であるともいえます。それでも実際には，近代オリンピック大会における政治的なできごとは後をたちません。戦争による大会の中止，敗戦国に対する参加拒否，政治的対立や政治的駆け引きをはらんだ国や地域の参加承認・不承認，ボイコット，人種問題を理由とする招待取り消しや国内オリンピック委員会（NOC）の不承認……どの大会も政治の舞台となってきたといってもよいくらいです。2008年北京大会の聖火リレーにおける「チベット問題」では，**聖火採火式**で「国境なき記者団」が中国に対しチベット住民に対する人権問題について抗議しました。この出来事は，聖火リレーへの影響だけでなく，開会式ボイコットの呼びかけや抗議行動への賛同を公に示した選手に対する処分問題にまで波及しました。2014年ソチ冬季オリンピックを前に発生した反LGBT法をめぐるロシアへの批判には，国際政治の思惑があったとの見解もあります。しかし，IOCは人権問題を前にしても，大会を成功に導くことを優先する姿勢にとどまりました。

▷1　**ピエール・ド・クーベルタン**（Pierre de Coubertin, 1863-1937）
フランス貴族の三男として生まれ，教育による社会改革への意欲から，スポーツが果たす教育的な役割に着目し，オリンピック・ムーブメントを提唱した。

▷2　田原淳子（1999）「オリンピックと政治」池田勝・守能信次編『スポーツの政治学』（講座・スポーツの社会科学4）杏林書院，140-161頁。

▷3　**聖火採火式**
古代オリンピア遺跡のヘラ神殿において，集光器を用いて太陽光から聖火のための採火をおこなう。この炎を開催都市まで運ぶリレーをカール・ディームが考案し，ベルリン大会では3075kmを1人1kmでバトンタッチするプロジェクトが実施された。

▷4　**カール・ディーム**（Carl Diem, 1882-1962）
20世紀初頭から後半までのドイツにおける体育・スポーツの諸問題に幅広く影響を与えた体育家。ケルン体育大学の初代学長であり，イオニアス・ケチアスとともにクーベルタンの遺志をついで1961年には国際オリンピック・アカデミー（IOA）を設立。近年は，スポーツ界に対するディームの戦争責任についても議論がなされている。

▷5　**ハーケンクロイツ**
西洋では古くから幸運の印

44

❸ ヒトラーのオリンピック

　1936年にドイツ・ベルリンで開催された第11回大会は，オリンピック大会が明確な意図の下で政治的に利用された初期の事例であり，その影響も大きなものでした。ベルリンでは，もともと1916年に第6回オリンピック大会の開催が決定していましたが，この大会は第一次世界大戦により中止されました。このとき，ドイツでは**カール・ディーム**を組織委員会事務局長とし，準備を進めていました。しかし，大会のために建設された3万5000人収容のスタジアム会場開きの当日，ド

図Ⅳ-2　ベルリン大会開会式に向かうヒトラー
出所：大日本體育協会（1937）『オリンピック大会報告書』。

イツ同盟国のオーストリア皇太子暗殺のニュースが入り，以降は欧州全土を巻き込んだ第一次世界大戦へと国際社会は進んでいきました。

　大会中止から20年を経て，ディームらのベルリン大会開催の願いはようやく実現します。しかし，ドイツの政治情勢は変化し，ナチスの台頭とヒトラーの総統就任（1933年）という時期を迎えていました。この時期のドイツでは，国内においてもスポーツ大会が奨励され，ナチスの宣伝と国威発揚の場として利用されました。そうしたなかでのオリンピック大会は，スポーツの政治利用を国際的に展開するための格好の場となりました。一方，ナチスによるユダヤ人迫害に対する国際世論の反発から，ボイコット運動も展開されました。そのため，IOCはいかなる人種差別もおこなわないというオリンピック憲章の遵守を開催条件とし，ユダヤ人選手も一時的にドイツ選手団の一員となりました。

　大会がヒトラーのオリンピックと称される背景には，10万人収容の巨大スタジアムの建設，40カ国以上におけるおよそ400カ所の事務所開設とそこでの大会広報活動など，一都市による開催ではとうてい不可能な準備が進められたことがあります。また，町や競技場のいたる所に**ハーケンクロイツ**の旗が掲げられ，初めての聖火リレーによって運ばれた聖火がスタジアムで燃え上がり，入場式ではヒトラーによる開会宣言時に，観客がナチス式敬礼をおこなうなど，それまでにはなかった儀式性が加えられました。

　ベルリン大会は，初めて実施された聖火リレーのほか，写真判定装置やフェンシングの判定装置，史上はじめて競技場内の様子を競技場外で見る試験的テレビ実況中継，**レニ・リーフェンシュタール**による記録映画など，スポーツと科学技術，芸術における新しい成果が生まれた大会でもあります。その一方で，聖火リレーを実施するためのコースの調査結果は，第二次世界大戦におけるドイツ軍進攻に活用されたといわれます。この大会は，オリンピックという場だけでなく，スポーツを取り巻く技術でさえ，政治的に利用される可能性があることを歴史に残したといえます。

（來田享子）

として扱われた象徴の名称だが，ここではナチス章および1933-1945年までドイツ国旗として使用されたものをさす。

▶6　**レニ・リーフェンシュタール**（Berta Helene Leni Amalie Riefenstahl, 1902-2003）
ドイツ生まれの映画監督。舞踏家，女優，写真家としても知られる。1934年のナチ党大会の記録映画『意志の勝利』を制作したことへの批判は戦後長く存在したが，ベルリン大会の記録映画『民族の祭典』『美の祭典』の二部作の芸術性は高く評価されている。

（おすすめ文献）

†田原淳子（1999）「オリンピックと政治」池田勝・守能信次編『スポーツの政治学』（講座・スポーツの社会科学4）杏林書院，140-161頁。
†ハートーデイヴィス，D.／岸本完司訳（1986=1998）『ヒトラーへの聖火──ベルリン・オリンピック』東京書籍。
†フィッシャー，G.・リントナー，U.／田村光彰・片岡律子・岡本亮子・藤井雅人訳（1999=2006）『ナチス第三帝国とサッカー──ヒトラーの下でピッチに立った選手たちの運命』現代書館。

スポーツと階級関係

 階級，階級関係とは何か

　階級（class）という言葉は，社会科学の世界ばかりでなく日常の会話にも登場します。それだけにその言葉は幅広い意味で使われていますが，もともとはマルクス主義において中心的な概念として使われてきたものです。その考え方は，封建主義社会や資本主義社会といったある歴史的な社会のなかで，その構成原理と考えられるものに基づいて分類され，捉えられた人びとのかたまり（カテゴリー）を示しています。したがって階級というのは普遍的なカテゴリーではなく，それぞれの社会がどのように歴史的に構成されているかによって異なってきます。たとえば「資本家階級」「労働者階級」というカテゴリーは，「資本―賃労働」関係により構成される資本主義社会が形成されて初めて現れたもので，封建時代には存在しません。逆に資本主義社会になっても，イギリスのように旧支配層である貴族層が引き続き勢力を維持している場合には，その社会でつくられている基本的な階級関係のなかに貴族階級が含まれてくるといえます。

　階級とは，このようにある社会の構成状態を表わすものですから，現実にはそれは人びとのかたまりごとの関係として，つまり階級関係として存在しています。階級関係はその社会の資源や財の分配の不平等な関係を表わします。「富裕階級」や「貧困階級」といった日常用語で使われる言葉はこの現象を示しているといえます。またこのような不平等な関係を維持・再生産するためには支配関係のネットワークをつくらなければなりませんが，その関係を示すために「支配階級」「被支配階級」という言葉も使われます。これらは支配関係をおおざっぱに表わす意味で使われますが，マルクス主義では支配階級＝資本家階級・貴族階級，被支配階級＝労働者階級・小農民階級など，社会構造との関係で厳密に定義される場合もみられます。いずれにせよ階級関係とは，このようにその社会の構成を成員間の関係として表わしているといえるのです。

 研究の方向

　スポーツをこの階級関係とのかかわりで捉えていこうとするのは，スポーツがおかれている状態を社会との関係で明らかにするためです。これまでの研究では，大きく分けると３つの方向がみられます。第一の方向は，スポーツなどの文化は階級関係を反映してその性格が形づくられているとみて，それを社会

史的に研究しようとするものです。とくに近代スポーツは，資本主義社会の成立と並行して歴史的につくられたものですから，そこにはつくられた当時の複雑な階級関係が色濃く反映されており，その性格をみていくためには階級関係とかかわらせて近代スポーツの研究をおこなうことが必要とされます。とくに焦点となっているのは，アマチュアリズムやスポーツマンシップのなかに表われる近代スポーツの階級文化的な性格や，プロ・スポーツが成立した社会的な背景などについてです。それらを通して階級関係がどのように近代スポーツの性格形成にかかわったかを明らかにしようとしています。[1]

　第二の方向は，資本主義社会の支配―被支配関係の形成と，それを再生産していくうえでスポーツはどのような役割を果たしているかを明らかにしようとする研究です。[2] これには近代スポーツの社会史的研究だけでなく，スポーツ政策研究，イデオロギー研究，表象文化研究など幅広い領域の研究が含まれます。近年ではとりわけカルチュラル・スタディーズを中心に，スポーツを通した被支配階級の抵抗という側面の研究にも焦点が当てられており，労働者階級の文化との関連を検討したサッカー・フーリガン研究などもその例としてあげられます。第三の方向は，人びとがスポーツをおこなううえでの格差や不平等な状態を明らかにする研究です。そこには階級としてくくられる人びとの生活様式の格差が反映されており，政策論的な研究とも結びついています。[3]

③ ブルデューの階級論

　近年では，歴史的な社会構造と結びつけるマルクス主義の階級論に対して，慣習化された文化行動や，そのもととなる身体化された社会的感覚なども含めたより広い立場で階級を捉え，スポーツをその角度から研究することも進められています。たとえばフランスの社会学者ブルデューは，人びとがどのようなスポーツを好むかという選択のなかにその人びとの社会的位置が表われていると考えます。選択は人びとが自分のなかに持っている社会的な感覚（ハビトゥス）によっておこなわれるのですが，その形成過程を人びとの生育過程や社会的位置とかかわらせて捉えます。このことにより，人びとがどのような文化を選び，それをどのように実践していくかということは階級的な性格をもつこととなり，それが文化の場に反映され，つぎには逆に文化を通して階級構造が再生産されていくことになると考えるのです。スポーツという場にはこのような力も働いていて，変わっていくのだと捉えます。[4]

　ブルデューのこのような考え方は，これまでのマルクス主義の階級論と重なる点も多いのですが，それを超える豊かさも持っており，階級の再生産機構やスポーツと階級の結びつきについて深く検討させる豊富な視点を含んでいます。いずれにせよスポーツを資本主義社会というマクロな文脈と結びつけて考えるためには，階級というカテゴリーは重要であるといえます。　　　　（山下高行）

▷1　たとえば，ヴォール，A.／唐木國彦・上野卓郎訳（1973=1980）『近代スポーツの社会史——ブルジョア・スポーツの社会的・歴史的基礎』ベースボール・マガジン社。
▷2　たとえば，ハーグリーヴス，J.／佐伯聰夫・阿部生雄訳（1986=1993）『スポーツ・権力・文化』不昧堂出版。

▷3　たとえば，森川貞夫（1980）『スポーツ社会学』青木書店。

▷4　ブルデュー，P.／田原音和監訳（1980=1991）『社会学の社会学』藤原書店。

おすすめ文献
†井上俊・伊藤公雄編（2010）『身体・セクシュアリティ・スポーツ』（社会学ベーシックス8）世界思想社。
†グルノー，R.／岡田猛・多々納秀雄・菊幸一訳（1983=1998）『スポーツの近代史社会学』不昧堂出版。
†ジェリー，D.・ホーン，J.・清野正義・山下高行・橋本純一編（1995）『スポーツ・レジャー社会学』道和書院。

スポーツ政策

① 政策と政策科学

　政策（policy）とは，ある集団が目標を達成するためにおこなう決定や行動の指針のことです。そのなかでも公共的な問題を解決するための政府の決定や社会全体にかかわる行動の指針のことを「公共政策（public policy）」といいます。しかし，社会の諸価値や諸制度が多元化し複雑化し変動している状況においては，何が公共的な問題なのか，またどのように行動の指針を決定するべきなのかは明白ではありません。このため，H. D. ラスウェルや Y. ドロアは，公共的秩序のための政策決定プロセスに関する知識を提供し，政策決定の合理性を追究する学際的な研究として「政策科学」を提唱しました。

　政策は，法律や計画などの行動の指針だけでなく，それを具体的に実施するための施策や事業を含めて広義に捉えることができます。政策には政策・施策・事業といった階層構造をともなった政策体系が存在し，一連の政策の連鎖のなかで政策が実際に実施されます。また，政策は，政策過程として捉えることができます。たとえば，政策は，国会において決定され，行政機関によって実施され，市民によって評価されるというように，政策決定，政策実施，政策評価などの政策過程に分けることができます。さらに政策過程には，スポーツ団体やメディアなどの多様な**政策アクター**が関与しています。

② 公共政策としてのスポーツ政策とその国際的な拡がり

　スポーツは，文化的社会的に発達し，歴史的に徐々に公共政策の対象として認められてきました。スポーツが単に政治や他の政策目的のために利用されるのではなく，スポーツそのものの価値や公益性が認められ，振興されるようになってきました。たとえば，1978年にユネスコは，「体育およびスポーツに関する国際憲章」を採択し，スポーツが人間の発達，文化，教育，健康にとって不可欠なものであり，人びとのスポーツへのアクセスが基本的な権利であることを定めました。また，諸外国では，国のスポーツ政策の基本を定める法律，いわゆるスポーツ基本法が制定され，スポーツを専門に担当する行政機関が設置されています。また，スポーツは，本来自由で自発的な活動であり，国の介入が遠慮されてきましたが，スポーツに関係する人びとの権利・利益を保護し，また**公共財**としてのスポーツ文化そのものを保護するために，国が積極的にス

▷1　ドロア，Y. ／宮川公男訳（1971=1975）『政策科学のデザイン』丸善。

▷2　**政策アクター**
政策に関与する者のこと。政治家，政党，官僚，利益集団，マスメディアなど，それぞれの政策には多様なアクターが関与している。

▷3　齋藤健司（2007）『フランススポーツ基本法の形成』成文堂。
▷4　**公共財**
誰もがその財を競合することなく使用し，もしくは消費することができ，またはほかの者の使用もしくは消費を排除することができない性質の財のこと。

ポーツに介入する動きも生じています。たとえば，スポーツの倫理的価値と競技者の健康を保護するために，2005年にユネスコは，「スポーツにおけるドーピングの防止に関する国際規約」を採択し，各国でドーピング防止政策が展開されています。また，スポーツ界における紛争を公正かつ公平に解決するために裁判外紛争解決制度▷5が形成され，世界レベルではスポーツ仲裁裁判所（CAS）が，国内では日本スポーツ仲裁機構が設置されています。

3 日本のスポーツ政策の現状と課題

日本のスポーツ政策は，主に文部科学省と地方の教育委員会によって実施されてきました。しかし，スポーツに関する施策は，厚生労働省の健康づくり施策，国土交通省の公園施策，スポーツ・ツーリズム施策，総務省のスポーツを通した地域活性化など多様に実施されています。このため，スポーツに関する施策を総合的に推進するために，2015年に文部科学省の外局としてスポーツ庁が設置されました。地方レベルでは，2007年の「地方教育行政の組織及び運営に関する法律」の改正にともない，それまで教育委員会が担当していたスポーツに関する事務を地方公共団体の長も担当できるようになりました。

また，2010年に「スポーツ立国戦略」が策定され，新たなスポーツ文化の確立をめざして5つの重点戦略▷6が掲げられました。2011年には新たに「スポーツ基本法▷7」が制定され，スポーツを通じて幸福で豊かな生活を営むことが人々の権利であることが基本理念として確認されました。

さらに，スポーツ施策は，行政計画により具体化されています。たとえば，2017年に策定された「スポーツ基本計画」では，「スポーツ参画人口」を拡大し，他分野との連携・協働により「一億総スポーツ社会」の実現に取り組むことが基本方針として提示され，(1)スポーツを「する」「みる」「ささえる」スポーツ参画人口の拡大と，そのための人材育成・場の充実，(2)スポーツを通じた活力があり絆の強い社会の実現，(3)国際競技力の向上に向けた強力で持続可能な人材育成や環境整備，(4)クリーンでフェアなスポーツの推進によるスポーツの価値の向上が今後5年間に総合的かつ計画的に取り組む施策として掲げられ，具体的な政策目標，施策目標および具体的施策が示されています。さらに，これらのスポーツ施策は，スポーツ団体とのパートナーシップや地域社会との連携・協働が必要となっています。

また，スポーツに関する行政計画の実施は，2001年の「行政機関が行う政策の評価に関する法律」の施行にともなって政策評価の対象となっています。ニュー・パブリック・マネジメント▷8の考え方の影響により，客観的な根拠に基づく政策（Evidence-Based Policy）の実施と評価が求められるようになっており，スポーツ政策についてもより専門的な政策評価制度の導入が求められています。

（齋藤健司）

▷5 **裁判外紛争解決制度** ADR（Alternative Dispute Resolution）とも呼ばれ，裁判ではない手続によって第三者が紛争を処理する制度のこと。仲裁や調停などの手続がある。

▷6 (1)ライフステージに応じたスポーツ機会の創造，(2)世界で競い合うトップアスリートの育成・強化，(3)スポーツ界の連携・協働による「好循環」の創出，(4)スポーツ界における透明性や公平・公正性の向上，(5)社会全体でスポーツを支える基盤の整備。

▷7 **スポーツ基本法** 1章総則，2章スポーツ基本計画等，3章基本的施策（1節スポーツの推進のための基礎的条件の整備等，2節多様なスポーツの機会の確保のための環境の整備，3節競技水準の向上等），4章スポーツの推進に係る体制の整備，5章国の補助等から構成。

▷8 **ニュー・パブリック・マネジメント** NPM（New Public Management）と略される。行政に経営手法を導入して行政改革を進め，行政の効率化や合理化を進めようとする考え方。

（おすすめ文献）
†宮川公男（2003）『政策科学入門』東洋経済新報社。
†諏訪伸夫・井上洋一・齋藤健司・出雲輝彦編（2008）『スポーツ政策の現代的課題』日本評論社。
†菊幸一・齋藤健司・真山達志・横山勝彦編（2011）『スポーツ政策論』成文堂。

性差とジェンダー

① ジェンダー概念の登場

　ジェンダーという概念が生まれたのは，1970年代のフェミニズム（女性の権利拡張を求める運動）においてです。それ以降，性差をめぐる議論はセックス（生物学的性別）とジェンダー（社会的文化的性別）とを区別し，性差は宿命として変えられないものではなく，「女らしさ」に縛られない女性の生き方が可能であると宣言しました。現在ではジェンダーの定義も多様です。「ジェンダーをセックスそのものを確立する生産装置」とし，「身体的な区別や優劣を生み出す**言説**実践」と捉える場合もあります。これは上で述べた定義とは異なり，男女の身体的区分を前提にしません。性差は客観的に存在するのではなく，ジェンダーという実践の反復，すなわち人間やその身体を男女で区分したり優劣をつけたりする私たちの発話やふるまいが，人びとにあたかもセックスが存在するかのように思わせる効果を持つというのです。

　こうした一連のジェンダー・フェミニズム研究の進展とともに，社会全体における女性の社会的地位も向上していきました。スポーツをする女性もまた増加していきました。彼女らは，これまで不可能であると思われていた限界を突破し，女性の可能性を押し広げる存在だといえるでしょう。

② 近代スポーツと男性中心主義

　それでも依然としてスポーツは，その多くが男性中心の性質を有するといわれています。近代産業社会は効率性と公正な競争を重視する社会ですが，スポーツも近代に入るとその理念を反映してきました。遊びや儀礼的な要素をも含む伝統的なスポーツとは異なり，近代以降のスポーツ（**近代スポーツ**）は，共通のルールの下での競争や，数量化した結果を求めるようになったのです。はじめ教育の場で取り入れられ，その後一般に普及します。参加したのは主に男性で，スポーツは彼らを近代社会に適した人間へと鍛錬する役割を果たしました。身分制が崩壊した近代社会では，性差が人を階層化する基準となり，女性規範と合致しないスポーツは男性のものとなったのです。

　現在，競技スポーツの多くの種目において，男性のレベルは女性に比べて高いレベルにあります。このことから，男性は女性よりも肉体的に優位にあると解釈され，社会全般の領域において男性を優位に立たせる根拠として機能する

▷1　言　説
ジェンダーを社会的な構築物としてみる立場では，人びとの発話やふるまいによって社会的世界が成り立っていると考える。この場合の言説とは，主として人びとの言語的なふるまいのことをさす。江原由美子（2001）『ジェンダー秩序』勁草書房。

▷2　近代スポーツ
グットマン（A.Guttmann）は『スポーツと現代アメリカ』において，伝統的なスポーツから近代スポーツへの変化について，世俗化・平等化・官僚化・専門化・合理化・数量化・記録の追求であるとした（グットマン，A.／清水哲男訳（1978=1981）『スポーツと現代アメリカ』TBSブリタニカ）。

こともあります。

　一方，男女のスポーツ能力は簡単には比較できないと考えることもできます。近代スポーツそのものが瞬発力や筋力など一般的に男性に優位な能力を基準につくられており，持久力などの一般的に女性に優位な能力が発揮できる競技があれば，男性が不利な立場に置かれるかもしれないからです。

　他方，男性に優位な能力，女性に優位な能力の存在を前提としない立場もあります。この立場からすれば，特定の性に優位な能力の存在を肯定することばやふるまい，つまり男女を区分することを疑わないスポーツ実践そのものこそ，性差を再生産・固定化する装置だと考えるでしょう。

❸ 性別二元制とスポーツ参加の問題

　スポーツは，とくに競技においては，ごく一部の種目（馬術やリュージュなど）を除き，ほとんどの場合男女別に実施されます。これは男性の身体がスポーツにおいて有利であるという前提に立ち，競技の平等性を確保するためのルールだといわれています。これにより，国際大会等における女性の参加拡大に一定の効果を果たしてきた側面があります。[3]

　選手の身体を厳密に男女に区別するための検査は，**性別確認検査**と呼ばれます。男女の性差の境界線を，**性染色体**で判別するのは非科学的で倫理的にも問題があるとし，国際オリンピック委員会は1999年に性別確認検査を廃止しました。しかし実際には規定や基準が変更されながら，現在も続けられています。[4][5]

　この検査には大きな問題点があります。いわゆる典型的でない生殖器や性ホルモン値をもつ選手に対する人権侵害にあたる点です。現状では一定のテストステロン値以下でないと女子参加資格がないと判断され，医療処置等をおこなわなければ出場がかないません。平等を確保するという本来の目的を超えて，スポーツが性的少数者を排除してしまうことには問題があります。

　スポーツを男女別でおこなうことは，私たちにとって当たり前のことのように感じられますが，よく考えてみると，これほど人を性別で区別することは，他の空間ではあまりないように思います。スポーツは性別二元性を可視化し，そして強化してしまうことがあるといえるでしょう。

　オリンピック憲章では，スポーツをする権利や自由は，人種，肌の色，性別，性的指向，言語，宗教，政治的意見，出身，財産，出自やその他の身分などの理由による，いかなる種類の差別も受けることなく，確実に享受されなければならないと定めています。スポーツ基本法でもスポーツをすることはすべての人びとの権利であるとの認識が示されました。すべての人が公平にスポーツを楽しむためには何が必要かさらに議論することが必要でしょう。スポーツが前提とする性差とは何か，ジェンダーとは何かについて，私たちはより批判的に問うていかなければなりません。

（水野英莉）

▷3　來田享子（2018）「性別確認検査」飯田貴子・熊安貴美江・來田享子編著『よくわかるスポーツとジェンダー』ミネルヴァ書房，150頁。

▷4　**性別確認検査**
1960年代の検査は裸体の選手の外性器の形状を医師が確認する方法であった。その後，口腔内の粘膜採取による性染色体検査が実施されたこともある。2021年に，トランスジェンダー選手の競技参加に関するIOC独自の規定は撤廃された。科学的根拠に基づき，人権を優先した規定づくりを各競技団体に求めることとなった。

▷5　**性染色体**
細胞核内にあり，細胞分裂のときに現れる棒状の小体。遺伝子情報を担う。人間の性は染色体のみによって決定されるのではなく，性腺，性器，ホルモン，性自認などの要素が複雑に絡み合っているとされる。

おすすめ文献

†井上俊・伊藤公雄編（2010）『身体・セクシュアリティ・スポーツ』世界思想社。
†ホール，A.／飯田貴子・吉川康夫監訳（1996=2001）『フェミニズム・スポーツ・身体』世界思想社。
†飯田貴子・熊安貴美江・來田享子（2018）『よくわかるスポーツとジェンダー』ミネルヴァ書房
†千田有紀・中西祐子・青山薫（2013）『ジェンダー論をつかむ』有斐閣。

スポーツにおける男性中心主義

① 男性領域としてのスポーツ文化

　スポーツは，現在に至るまで男性的なイメージと深い結びつきを残しています。身近な学校の部活動や，メディアを通じて楽しむプロ・スポーツの領域を考えてみても，量的に男性の割合が非常に高いことは明らかです。では，そもそもどうしてスポーツは男性的なものとみなされるようになったのでしょうか。この疑問は，スポーツ文化の歴史を辿ることで明らかになります。

　現在のスポーツの多くは，近代のイギリスにその起源を持っています。近代のイギリス社会では，それまで多様なかたちで実践されてきた身体活動や遊び，気晴らしといったものが，急速に規格化されていき，現在のようなスポーツが形成されていきました。そして，その成立の中心的な舞台となったのがパブリック・スクールなどの学校教育機関でした。もともと近代スポーツの目的とは，チーム競技などを通じて各々の責任感を養い，健やかな身体を育み，フェアプレイの精神（そして，その人格化であるスポーツマンシップ）を身につけていくという，一種の道徳教育にあったといえます。

　しかしここで重要な点は，この時代にパブリック・スクールなどのエリート養成機関で教育を受け，スポーツをおこなうことができたのは男性のみであったということです。当時，パブリック・スクールは女性の入学を認めておらず，また学校以外で組織的なスポーツをおこなう機会はほぼありませんでした。さらに，女性がスポーツのような激しい身体活動をおこなうこと自体が好ましくないこととされていました。つまり，スポーツとは，その当初より男性のみを前提とした文化として成立し，発達してきたということです。

② 可視化された身体能力という神話

　こうして男性によって男性のために発達したスポーツは，当然ながらその競技特性やルールを含めて，男性に有利につくられています。具体的にいえば，"本流"とみなされるような近代スポーツ競技の多くは，スピードや瞬発力，筋力といった，女性よりも男性にとって有利な身体的特性が，そのパフォーマンス・勝敗に反映されるようになっています。これを考えると，しばしば世間で聞かれる「同じスポーツをすれば女性は男性に敵わないのだから，男性の方が身体能力において勝っているのだ」という理屈は，そもそもの前提としてス

ポーツが男性有利につくられているため，同じ土俵で競争すれば女性が不利になるのは当然であり，根拠はないともいえます。たとえば，遠泳の世界記録の多くは女性によって達成されており，もしも持久力など，競技に求められる中心的な特性が変われば，女性が男性を凌駕する可能性は高いといえます。

しかしながら，現在に至るまで「スポーツは男性に向いている」という神話が有効であり続ける理由のひとつとして，現代社会ではスポーツというものが非常に大きな影響力を持つ文化領域として根づいていることがあげられます。日常的なポピュラー文化としてあまりに身近であること，さらには消費社会におけるビジネスの対象として巨大化していることは，一方でスポーツに内在する男性優位神話を見直す視点を持ち難くさせ，他方では，商業的な要請から「消費者の望むものを提供する」——つまり「スポーツは男性優位のままであった方が利益を生む」という循環によって，スポーツと男性性の結びつきを温存し続けていると考えることもできます。先にあげた遠泳が決して人気競技にならず，女性プロサッカーの人気が男性のそれを下回り，メディアによる放映も少ないことは，こうした状況を表す一例といえます。

③ 男性ジェンダーと近代スポーツの矛盾

このように，スポーツは近代という時代とともに生まれ，男性領域として発達してきました。言い換えれば，男性中心主義という価値観は，そもそも近代が求めたものであったともいえます。しかし，近代やスポーツが依拠してきた男性優位の概念は，実のところ，男性が上位，女性が下位という単純な図式ではありません。E.K.セジウィックは，近代社会において，男性は社会における優位を保つために女性を劣位に置いて排除し，さらには男性同性愛者をも排除することによって排他的な権利関係を築いてきたと指摘します。こうした関係性はホモソーシャリティと呼ばれます。[1] 同性愛男性はジェンダー的には男性ですから，男性中心主義が単純な男性ジェンダー優位であれば差別・排除される必要はないはずです。しかし，実際には近代社会においても，そしてスポーツの世界ではより苛烈に，同性愛者は差別の対象となり続けています。

男性領域として発達してきたスポーツは，男性ばかりを集めて組織されるモノセックスな集団であるが故に，制度的に女性排除は完遂されているともいえますが，逆に内なる脅威としての同性愛者嫌悪（ホモフォビア）は高まるとされています。事実，他の文化・社会領域と比較しても，スポーツ界におけるホモフォビアは依然として強固です。[2] 同性愛者が中心となって大規模なスポーツ大会を組織するようになっていることは，[3] こうした差別が強いことの証左ともいえるでしょう。つまりスポーツという領域は，単にジェンダー的な男性中心主義というわけではなく，異性愛男性中心主義，すなわち非常にホモソーシャルな領域だといえます。

（岡田　桂）

▷1　セジウィック，E.K.／上原早苗・亀澤美由紀訳（1985=2001）『男同士の絆』名古屋大学出版会。
▷2　菊幸一・仲澤眞・清水諭・松村和則編著（2006）『現代スポーツのパースペクティヴ』大修館書店。
▷3　ゲイ・ゲームスやワールド・アウト・ゲームスなどが存在する。

（おすすめ文献）
†飯田貴子・井谷惠子編著（2004）『スポーツ・ジェンダー学への招待』明石書店。
†菊幸一・仲澤眞・清水諭・松村和則編著（2006）『現代スポーツのパースペクティブ』大修館書店。
†鳥居俊編（2005）『フィーメールアスリートバイブル』ナップ。

女性スポーツの発展

❶　女性のスポーツ参加

　フットボールやボクシングなど，19世紀のイギリスでルールや暴力抑制のスタイルが整えられ，その後世界中へ広まっていったとされる近代スポーツは，普及した当初は男性中心の身体文化でした。たとえば，近代スポーツの祭典であるオリンピックへの参加をみても，1896年に開催された第1回アテネ大会では女性の参加はなく，1900年の第2回パリ大会でも2種目（テニスとゴルフ）19名の参加（参加者全体の1.8％）に留まっていました。身体接触が少なくルールもシンプルな水泳・陸上競技においても，女性の参加は，水泳が第5回ストックホルム大会（1912年）から，陸上競技が第9回アムステルダム大会（1928年）からとなっています。

　ところが，1980年頃からは，女性のオリンピック参加者数が急激に増加するとともに，それまで女性には不向きといわれていた競技への参加もどんどん増えていきました。1984年ロサンジェルス大会からはマラソン，1992年バルセロナ大会からは柔道というように，オリンピックにおける女子の正式種目は拡大しています。

❷　日本における女性とスポーツのかかわり

　日本女性の近代スポーツへの参加は，上流階級のゴルフや乗馬などを除けば，その多くが女学校の課外活動からはじまりました。早くから人気があった競技のひとつであるテニスでは，1900年前後（明治30年代）には校友会が組織され校内大会が開催されました。その後大正期には，バスケットボール，バレーボール，陸上競技，水泳といった競技でも，校内大会や高等女学校同士の対抗戦などが開催されるようになりました。

　女性がスポーツに参加するようになると，男女の身体的・精神的差異を理由に「女性にふさわしいスポーツをすべきだ」といった意見が多くみられるようになりました。たとえば，子どもを立派に生み育てる身体に改善するために，女性には過激でない程度の運動が必要であるとされました。

　ところが第二次世界大戦以降になると，テレビの普及やオリンピックなどスポーツ・イベントへの注目等によってスポーツが広く定着するとともに，性別による規制も次々と乗り越えられていきました。とくに1970年代以降には，ス

▷1　井谷惠子・田原淳子・來田享子（2001）『目でみる女性スポーツ白書』大修館書店。

▷2　明治後半〜大正期に発行された『女学世界』や『体育と競技』といった雑誌には，男女の差異やそれにともなうそれぞれに相応しいスポーツについての論述が多くみられた。

ポーツが大衆化し，女性が参加できる種目も大幅に増加し，今日ではほとんどのスポーツ種目で，参加にかかわる性的な不平等が是正される方向に変化しています。

❸　女性のスポーツ参加を促進した要因

　では，スポーツにおける女性排除の時代から，男女差がどんどん乗り越えられる時代へと変化したのはなぜでしょうか。「女性スポーツの発展」というタイトルのイメージからすれば，医学の進歩などによって，男女の区別についての誤った理解や言説が是正されてきたから，と考えられるかもしれません。けれども，男女の区別に関する正しい（妥当な）規範が，あらかじめどこかに存在しているわけではありません。私たちは，その時代・その社会における他者とのかかわりのなかで，何を妥当／非妥当とするかという区別を生産しているだけなのです。[4]

　そもそもスポーツが上流階級やエリート学生のステータスシンボルであったころには，「女性にふさわしいスポーツをすべきだ」といった言説自体，それ以外の階級の女性にとっては意味のない（非妥当な）ものでした。けれども，西洋の生活スタイルが明治以降のすべての国民にとってめざすべき理想として共有されるようになり，加えて男女の身体的・精神的な優劣といった言説が西洋からの情報として語られるようになると，当然そうあるべき妥当な価値観として広く受容されていったのです。そして，こうしたジェンダーによる区別は，移入されて間もないころのスポーツがはらんでいた遊び的要素から生じる暴力的・逸脱的行為を排除し一定の秩序を形成するうえで，非常に有効なものでした。ところが，第二次世界大戦以降の「自由」という理念の浸透とともに，行為の可能性が拡大し，既存の価値観への疑問が生じるようになりました。これまでの固定的な男女の区別についても，非妥当なものとして，しだいに乗り越えられていったと考えられます。[5]

　このように，「自由」の拡大とともにある女性スポーツの現状は，「自由」という理念を妥当とする今の私たちからみれば，「女性スポーツの発展」といえるのでしょう。

（谷口雅子）

図V-1　2011年FIFA女子ワールドカップで優勝した「なでしこジャパン」

出所：『なでしこ TOP OF THE WORLD 女子ワールドカップ ドイツ大会／サッカー日本女子代表 激闘全記録』（『ゴング格闘技9月号増刊』）(2011) イースト・プレス。

▷3　村上陽一郎（1979）『新しい科学論 「事実」は理論をたおせるか』講談社。自然科学的な「事実」でさえ，その時代その社会の基本的なものの見方・考え方と結ばれており，客観的に存在するものではないことが示されている。

▷4　大澤真幸（1990）『身体の比較社会学Ⅰ』勁草書房。規範は，自己と他者との志向作用の共有によって行為の妥当／非妥当の区別が感知され，その区別を補完するかたちで様々な言説が付与されることによって生産されていくといった規範生成のプロセスが論じられている。

▷5　谷口雅子（2007）『スポーツする身体とジェンダー』青弓社。

（おすすめ文献）
†村上陽一郎（1979）『新しい科学論 「事実」は理論をたおせるか』講談社ブルーバックス。
†大澤真幸（1990）『身体の比較社会学Ⅰ』頸草書房。
†谷口雅子（2007）『スポーツする身体とジェンダー』青弓社ライブラリー。

女性アスリートのメディア・イメージ

❶ 女性アスリートのメディア・イメージがもつ問題性

　私たちは，新聞やテレビ，雑誌，インターネットなどを通じたスポーツ関連の情報やイメージに囲まれており，それらを日常生活から完全に排除するのが難しい状況にあります。望むと望まざるとにかかわらず，いまやスポーツ・メディアは私たちにとって非常に身近な存在となっているのです。

　女性アスリートのメディア・イメージをめぐる問題は，主に女性アスリートの「女らしさ」を強調する映像や記事に見出すことができます。たとえば，ある女性アスリートをイメージ化する際に，ネイルやピアスに注目する。あるいは，家事が得意であることや，異性との恋愛や結婚への関心を明らかにする。そうしたイメージが構築するのは，「異性愛的な女らしさを捨てていない」がゆえに「望ましい」女性アスリートの姿であると指摘されます[1]。

　また，スポーツ・メディアは，女性アスリートのイメージ化をとおしてスポーツを超えた「女性」の物語を提示します。それらの多くは，「アスリート」としてよりもむしろ「母」や「妻」，「娘」，「女の子」，「アイドル」としての彼女たちに焦点を当て，競技活動と家事や子育てとの両立，父親的存在であるコーチとの厚い信頼関係，魅力的な笑顔やプロポーション，戦いの場から離れた女の子らしいあどけなさといったようにステレオタイプ化し，それを「望ましい」姿として描きます。

❷ メディア・イメージの背景にあるもの

　このようなメディア・イメージへの批判として，そこには「〈男〉のまなざし」が潜んでいるということがいわれています[2]。それはスポーツ・メディアの現場において男性が多数派であるという現状だけをさしているのではありません。むしろこの指摘において重要なのは，具体的な担い手および受け手の性別にかかわらず，メディア・イメージが構築される際に，どの女性アスリートの，どの情報を，どの文脈で，どのように表現するのかという諸々の判断が，異性愛男性を基準におく視点に基づいてなされているということ，それにもかかわらず，多くの場合そのように認識されず，むしろ私たちの社会における「一般的な視点」として普遍化されているということなのです。

　スポーツ・メディアは，女性と周囲との「正しい」関係性や，女性としての

▶1　飯田貴子（2003）「新聞報道における女性競技者のジェンダー化──菅原教子から楢崎教子へ」『スポーツとジェンダー研究』No.1，4-14頁。

▶2　阿部潔（2008）『スポーツの魅惑とメディアの誘惑──身体／国家のカルチュラル・スタディーズ』世界思想社。

「望ましさ」を，社会における普遍的な価値として，小さからぬインパクトをもって示します。そうしたメディア・イメージの一つ一つが，女性アスリートのパフォーマンスや記録を軽視する傾向をもたらし，彼女たちが優れたアスリートであるという印象を薄めてしまう可能性すらあります。また，女性アスリートがメディア・イメージに従うためにみずからのふるまいを制約してしまうならば，そのイメージは彼女にとって抑圧でしかありません。ところが，普遍化された「〈男〉のまなざし」からみた「正しさ」や「望ましさ」は，普遍化されているがゆえに，「自然なこと」「当たり前のこと」と認識されがちです。そして何の疑問も持たれないまま，女性アスリートに対する「正しさ」の押しつけがパターン化してしまいます。そうした現状をふまえることで，「女性アスリートのメディア・イメージ」は取り組むべき問題とみなされるのです。

　女性アスリートのイメージ構築を支えるのは，スポーツに長けていることが「男らしさ」の一要素とみなされる社会的背景です。女性アスリートの「女らしさ」を強調することは，スポーツを通じて「男性化」し，逸脱しかかった女性を「正しい」位置に戻す作用につながるのです。もちろん，ここでいう「スポーツによる男性化」や「女／男らしさ」という発想が，いわゆるジェンダー規範であることはいうまでもありません。したがって，その作用がスムーズになされるとき，社会における「一般的な視点」はその女性アスリートを肯定し，受け入れるでしょう。なぜなら彼女は，メディア・イメージによって，ジェンダー規範を強化しこそすれ，おびやかす存在ではなくなるからです。

❸ メディア・イメージをめぐる複雑なメカニズム

　ところで，ここまでの話であえて前提としていたのは，スポーツ・メディアの受け手は，メディア発のイメージを支える価値体系を常に抵抗なく内面化し，強化するという認識です。しかし一方で私たちは，受け手がメディアによるイメージの提示を鵜呑みにする，あるいは忠実に解釈するとは必ずしもいえないということにも注意を払うべきでしょう。

　また，当のアスリートも，ただ受動的にイメージ化されるだけの無垢な存在ではありません。女性アスリートが，既存の価値体系の影響をどのように受けつつ，みずからをどう見せる／語るか。それをメディアがどうイメージ化するか，受け手がどのような文脈でどう解釈するか，そのことが社会的にどのような意味をもつか。そうした過程における，それぞれの意図および意図同士のズレは，私たちの社会に思わぬメディア・イメージの効果をもたらすかもしれません。その点においても，女性アスリートのメディア・イメージは，これからも注意深く分析される必要があるといえるのです。

（稲葉佳奈子）

▷3　伊藤守編著(2009)『よくわかるメディア・スタディーズ』ミネルヴァ書房。

（おすすめ文献）

†高井昌吏（2005）『女子マネージャーの誕生とメディア』ミネルヴァ書房。
†阿部潔（2008）『スポーツの魅惑とメディアの誘惑——身体／国家のカルチュラル・スタディーズ』世界思想社。
†森田浩之（2009）『メディアスポーツ解体——〈見えない権力〉をあぶり出す』NHKブックス。

5 女子マラソン

1 国際大会における公式種目としての女子マラソン

オリンピック大会の公式種目として女子マラソンが採用されたのは，1984年のロサンジェルス大会でのことです。しかしそれ以前から，多くの女性が42.195kmに挑戦し，完走してきました。ボストンマラソンは1972年に女性の参加を公式に認めていますし，1977年には西ドイツ（当時）とアメリカで国際女子マラソンが開催されています。その2年後の1979年には，国際陸上競技連盟が公認する女子のマラソン大会として，第1回東京国際女子マラソンが開催されました。このように，競技としての女子マラソン大会は1970年代に発展したといえます。

他方，男子を対象とするマラソン大会はそのはるか前から開催されてきました。1896年に開かれた第1回オリンピック・アテネ大会において男子のマラソンはすでに実施されていますし，翌年の1897年には上述のボストンマラソンがはじまりました。つまり，私たちが知っているマラソン大会が成立してから，そこにおいて女性選手の存在が認められるまでに80年近くの年月を要したことになります。なぜ，女子マラソンが公認されるのにこれだけの時間が必要だったのでしょうか。

2 女子陸上長距離種目をめぐる言説 ▷1

女子マラソンの公式種目化をめぐっては，長期間にわたって様々な議論が交わされました。まずは1926年に，オリンピック・アムステルダム大会（1928年）で女子の陸上競技種目のひとつとして800m競走を採用することが決定します。こうした決定には，女性たちが当時，独自の組織をつくり競技会を開催して成功させてきたという実績が影響を及ぼしているといえます。

しかしアムステルダム大会開催の前年には，たとえば「女子の体力を解剖学上，また生理学上より考察して，800mのような強い耐久力を要する競技に参加させることは不適当である」▷2といった内容の主張がされています。そしてこうした主張を裏づけるように，アムステルダム大会の女子800m決勝では，出場選手9人中6人がゴール後に倒れ込んでしまった，という報道がありました。▷3こうした報道は反対派の主張を利することになり，女子の800m競走は一時的にオリンピック大会では実施されなくなりました。

その後，女性には危ないという警告と，それに対処するための科学的・合理的なトレーニングや準備が繰り返され，当時の研究成果をふまえた様々な言説が展開されます。そして女子800m競走は1960年のオリンピック・ローマ大会で復活するに至るのです。1979年にはアメリカスポーツ医学会（ACSM）という権威ある組織が，女性が長距離を走ることに医科学的な問題はないとの見解を公式に示します。こうした議論を経て，1984年のロサンジェルス大会で女子マラソンはようやく公式種目として採用されたのです。

　女性が長距離を走ることに反対する言説は，女性を差別していたというよりは，女性には無理だ，危ないからやめておけ，そのほうが女性の利益になる，という**パターナリズム**に基づいていたといえます。こうしたパターナリズム的言説においては，保護される側もまたそうした言説を受け入れがちです。実際にアメリカアマチュア競技連盟（NAAF）の女性部会は，1932年のオリンピック・ロサンジェルス大会から女子の種目を外すよう国際オリンピック委員会（IOC）に請願書を提出しています。

❸　女子マラソン選手のイメージの変化

　こうしてようやくオリンピックの公式種目に決まった女子マラソンですが，その初回となる1984年のロサンジェルス大会において，また特記すべき事態が生じました。レース全体としては順調に進んだのですが，ある一人の女性選手，スイス代表のアンデルセン選手が，レース終盤に熱疲労と脱水症状に陥り，よろめきながらトラックを一周し，倒れ込むようにゴールしたのです（図Ⅴ-2）。

　この出来事を報じる新聞報道では，女性がマラソンを走ることの是非についての議論が再び起こりましたが，それとは別にアンデルセン選手のパフォーマンスをドラマ化し，彼女の勇気を賞賛する記述もみられました。その一例として，大会医療チームのチーフを務める医師がアンデルセン選手の完走を「最も勇敢なことのひとつ」と評したとワシントンポスト紙が報じています。このことは，それまでの保護しなければならない対象としての女性のイメージに加え，強くて勇敢な女性というイメージがメディアを通して表象されはじめたことを意味していると考えられるでしょう。マラソンという過酷な競技であればこそ，その困難を克服した女性は強い女性として賞賛されるのです。こうした強い女性としての女子マラソン選手のイメージは，その後，メディアを通じて表象され強調されていくことになります。

　女子マラソンの発展をジェンダーの視点でみるならば，以上のようなパターナリズム的・医科学的言説との闘いだったという見方もできるでしょう。

（高峰　修）

▷6　加野芳正（1992）「身体をもったアフロディーテ」亀山佳明編『スポーツの社会学』世界思想社，119-141頁。

▷7　*The Washington Post*, August 6, 1984, Final Edition.

図Ⅴ-2　1984年ロサンジェルス大会女子マラソンでゴールに向かうアンデルセン選手

出所：http://sportsnavi.yahoo.co.jp/special/athens/data/history/1984.html

▷8　阿部潔（2008）『スポーツの魅惑とメディアの誘惑——身体／国家のカルチュラル・スタディーズ』世界思想社。なお，本書にはオリンピック・アトランタ大会で女子マラソンの実況と解説を女性が務めたことに対する言説の分析もおこなわれており，興味深い。

（おすすめ文献）

†來田享子（2015）「レースは過酷だったのか——アムステルダム五輪女子800m走のメディア報道がつくった『歴史』」井上邦子・竹村匡弥・瀧元誠樹・松浪稔編著『スポーツ学の射程』黎明書房，29-38頁。
†結城和香子（2018）「女子800m走からマラソンまでの道」飯田貴子・熊安貴美江・來田享子編著『よくわかるスポーツとジェンダー』ミネルヴァ書房，140-141頁。

スポーツにおける精神と身体

 フローと身心の一体化

　人はなぜスポーツに興じるのでしょう。そこにあるのは，苦しい練習の日々，コーチの怒声，時間の浪費，思わぬ出費，もつれる人間関係。それでも多くの人がスポーツに精を出すということは，こうした費用（苦しみ）に見合うだけの，あるいはそれ以上の効果（見返り）がある，と思わないわけにはいきません。ではそれは一体何なのでしょうか。私たちはその理由を「楽しさ」（enjoyment）に求めてみましょう。

　この「楽しさ」とは何なのでしょうか，それはどこに由来するのでしょうか。心理学者の M. チクセントミハイは，こうした疑問に駆られて，スポーツに打ち込んでいる数多くの人びとに調査を試みました。すると，多くの人が一様に「流れる感覚」について言及しました。あるロック・クライマーは「そのときには，まるで自分と宇宙とが一体となって流れていくようになる」と述べます。登攀もまた流れるように進行し，あっという間に登りきってしまいます。クライミングに打ち込むのはこの瞬間が忘れがたいからであり，できれば永遠に流れ続けていたい，とまでいいます。この流れるような感覚――チクセントミハイは「フロー」（flow）と呼ぶ――こそ，彼にとっての，また数多くのスポーツ人にとっての，楽しみの源泉といわざるをえません。

　それではこの「フロー」という現象とは何なのか，それはどうして生じるのでしょうか。岩に取りついて登っていると，いつのまにか人は，人生のすべてを，登攀している自分すらをも忘れてしまいます。ただ，岩との格闘のみが進行し，そうしているうちに自分と岩との間の区別さえもつかなくなります。いわば自分が岩の中に溶け込んでしまい，岩と一体化してしまいます。つまり，自己のウチとソトとを区別する境界が消失して，ウチとソトとが溶解する感覚になります。それと同時に，自分が自由自在でどんな困難にも対応できる状態になり，いつの間にか岩を登りきってしまいます。自分を意識する自分が無くなり，運動する身体と自分という精神が一体となってしまうのです。このとき人は大きな歓びに包まれます。スポーツに打ち込む際には，多かれ少なかれ，これに類似した体験が生じるのです。

　このようなフロー状態（ウチとソトとの溶解，心と身体の一体化，自由自在の感覚）を，私たちは日常生活では味わえないのでしょうか。日常世界の私たちは

▷1　このような体験については，チクセントミハイ以外にも，何人かの論者が言及してきている。たとえば，A.H.マズローの「頂上経験」，あるいは作田啓一の「溶解体験」などがそれである。

功利原則，つまり費用対効果の計算に支配されています。また，目的と手段との適合性にとらわれています。こうした観点に立つとき，私たちは必然的に自分自身を意識しています。自分の行動を見張る自分がいるのです。こうした自分にとって，身体とは道具にしか思えません。心の命じる行動を身体は実現しなければなりません。この場合，命じる心＝精神が主体であり，命じられる体＝身体は客体となります。日常生活にあって，私たちはこのように心と身体との分裂を生きているといってよいのです。心が身体を疎外する事態はストレスを生まずにはいません。なぜなら，身体は必ずしも心の命ずるようには動かないからです。スポーツのなかで経験するフローは，私たちの内に生ずる心と身体のズレを解消させる働きがあります。現代人がスポーツを求める理由のひとつがここにあります。

❷　スポーツと武道にみる身心合一

　ところで，フロー自体にもいくつかの階梯が想定できます。強烈なフロー状態から，微弱なフロー状態に至る階梯です。前者においては，日常を生きる私たちには思いもつかない体験が生じることがあります。これについては多くの一流選手が証言しています。たとえば，Ｆ１レーサーであった故Ａ.セナ選手は，レース中に自分が光の環に包まれたと証言しています。また，スピード・スケートの世界的選手であった清水宏保も，「最も調子のよかった試合において，いいパフォーマンスを発揮できたときは，滑るべき光のラインが見える」と証言しています。また，後者の微弱なフローの例として，私たちが仕事の最中に感じるフローや，休息中の喫煙の際に感じる充足感などをあげることができます。そこにおいても，心と身体の間のズレはある程度解消されます。

　身体パフォーマンスの究極に身心の一体化を想定するのは，何もスポーツに限ってのことではありません。古くから日本に伝わる武道では，この状態に至ることが理想とされてきました。たとえば，弓道においては「無心」に至ることが重要とされます。矢を放つ際に，弓を引く自分の身体や，的に当てようとする意識はすべて忘れ去らなければなりません。ちょうど赤ん坊が握った母親の指を離すように，あるいは熟した果実が自然に落ちるように，射放たれなくてはなりません。こうした無心となった状態においてこそ，求めるべき射が出現するとされます。ここにおいて求められているのは身心の合一と呼ばれる状態です。この無心（身心合一）を求めるのは弓道のみに限られません。剣道においても，柔道においても同様です。無心とは，スポーツ領域でいう意識の集中状態のことです。しかし，注意しておきたいのは，無心とはある対象にのみ意識を集中して，他のことを排除するのではないことです。周りの状況が十分にみえている状態のことをいいます。フロー状態においても同様で，意識はきわめて明晰な状態にあります。　　　　　　　　　　　　（亀山佳明）

▷2　吉井妙子はこのような状態をZONEと呼んでいる。最近まで，こうした例は科学的研究の対象とされず，いわばオカルト現象のように扱われてきたが，彼女によれば，合衆国においてこのような現象が多くの科学者の興味を惹きつけてきており，今後，研究が進められるはずだ，と述べている。脳内麻薬物質の研究などはそうした例である。吉井妙子（2002）『神の肉体——清水宏保』新潮社。

▷3　私たちは，E.ヘリゲルの書き残した『弓と禅』を弓道修業の過程に関する貴重なフィールド・ノートとして読むことができる。

▷4　心身の合一を求めることにおいて，スポーツと武道とは共通しているといえる。両者においては身体の運動の形から入るので，私たちはこれを「身心合一」と呼んでおくことにしたい。亀山佳明（2012）『生成する身体の社会学』世界思想社。

おすすめ文献

†チクセントミハイ，M.／今村浩明訳（1975=2001）『楽しみの社会学』思索社。
†今村浩明・淺川希洋志編（2003）『フロー理論の展開』世界思想社。
†ヘリゲル，E.／稲富栄次郎・上田武訳（1948=1981）『弓と禅』福村出版。

スポーツ科学の発展

① スポーツ科学の芽生え

「勝利の女神が微笑む」という言葉が示すように，昔は，勝敗の行方は神の意向によると考えられていました。その時代には，多少の技の練習や身体を鍛える工夫はありましたが，スポーツを本格的に科学の目で捉え，分析し，成果を活用しようとすることはありませんでした。スポーツの工夫は，大半が経験を通じて得られたもので，経験を通じて確かめられ伝承されていたのです。古代ギリシアのスポーツでも，コーチがいたり，栄養に配慮した記録もありますが，スポーツ科学が誕生するのは19世紀の終わり頃からです。◀1

　1896年の第1回アテネ・オリンピック陸上競技男子100mのレースで，スポーツへの科学的関心を喚起する重要な出来事がありました。トーマス・バークという米国の選手が，ただ一人，両手をついてかがみ込むクラウチングスタートをおこない，優勝したからです。この実に不自然で奇妙な格好のスタートが優勝を導いたことは，スポーツは「行い方の工夫によって高い成果を上げる」という認識を生み，行い方（技術）への関心を世界に広げました。そこからスポーツに近代科学が取り入れられ，スポーツ科学にまで発展するのです。◀2

② 身体の科学，映像テクノロジーの発達とスポーツの高度化

　初期のスポーツ科学は，強い兵士や丈夫な労働者をつくる体育と関連して，近代医学を基盤とする身体の科学としてはじまりました。それは，スポーツによる障害の予防と治療から体力や身体能力の維持・開発に至るまで，広範囲なスポーツ医科学の分野を確立したのです。

　しかし，スポーツ科学の目ざましい発展を導いた20世紀の主役は映像テクノロジーです。写真にはじまり，映画，テレビ，ビデオ，動画へと発展した映像テクノロジーは，記憶に頼っていた「優れたパフォーマンス」を記録・分析し，再現し，ついにはより合理的なパフォーマンスを合成するところに達しています。こうして，優れたパフォーマンスは映像化によってすぐに借用され，高いレベルの技術が競技界に共通のものとなるのです。◀3

③ スポーツ医科学の発展とドーピング

　スポーツ科学の発展は，人間の身体的能力の開発に大きな貢献を果たしまし

▶1　古代オリンピックでは，神に生けにえを捧げる儀式が競技の前に盛んにおこなわれていたが，それは勝利への祈願であったと思われる。また，ホメロスの叙事詩「イリアスとオデッセイア」には，神々が競技に干渉して勝敗を左右する様子が描かれている。

▶2　スポーツ技術のイノベーションは，使用するスポーツ用具の改良にともなうことが多いのだが，偶然の発見によることもある。たとえば，「背面とび」はベリーロールの練習中に身体が回転しすぎて偶然に起きたことがきっかけで発明された。

▶3　水泳競技の記録の向上には水の抵抗の軽減が大きく関係しているが，それは水中カメラによる競泳中の水流撮影ができるようになって初めて可能になった。

たが，同時にきわめて深刻な問題をも生み出しました。身心の能力を高めるために禁止薬物を使用する「ドーピング」が頻繁に行われているのです。まじない的な意味を持つ物質の使用は昔からおこなわれていましたが，20世紀の後半からのドーピングは，特定のホルモン剤を使用したりする手法からみても，スポーツ医科学の成果の悪用なのです。禁止薬物の検出もスポーツ医科学の発達によるのですが，新しい薬物の開発もそれによるのです。また，トップアスリートのドーピングが青少年に悪影響を及ぼし，薬物汚染が広がることも大きな心配事です。したがってスポーツ界は全力をあげてアンチ・ドーピング運動を展開しています▷4。もしもこうした方向でスポーツ医科学が発達し，ドーピングの撲滅に失敗するならば，危惧されるのは遺伝子コントロールによる超人競技者や身体の一部をメカに替えたサイボーグ競技者の登場です。今，SFやゲームの世界で展開されていることが，現実になる可能性があるのです。

❹ スポーツのコントロールとスポーツの人文・社会科学

こうしたスポーツ科学の発展は，現代社会におけるスポーツが政治的にも経済的にも，そして文化的にも巨大な影響力を持つようになったことに関係しています。ドーピングしてまで勝とうとする背景には，勝利が競技者本人だけでなく，それに関係する集団や社会に富と名声をもたらすように，スポーツが社会的な利害関係と深く結びついているからです。この巨大化したスポーツをよりよく活用するために，それをコントロールする知恵も求められるようになりました。そこから，スポーツの歴史や文化について考えたり，スポーツのシステムや振興の方策を研究したり，さらにはスポーツの将来を予測したり展望したりするスポーツの人文・社会科学がつくられるようになったのです。

たとえば，「優れた競技者は大勢の愛好者から生まれてくる」というスポーツ発展の自然成長モデルは通用しなくなり，現代では，発掘・育成・強化・支援の「競技力開発システム」が優れた競技者を生産するようになりました。そこでは，遺伝子科学や生理学，トレーニングやコーチング科学，競技者の心身を最適状態にする心理学やコンディショニング科学，チームワークを最高に発揮させるマネジメント科学，さらには相手を的確に把握するための情報科学なども活用されています。また，超高齢社会や医療費の高騰に対応して，健康と運動の関係に注目し，人びとの生活におけるスポーツを奨励・振興するスポーツの政策科学が登場しています。そして，ドーピングはもとより，現代スポーツが抱えている暴力や差別等の重要な問題を解決するために，「スポーツは人間と社会に対してどのような意味と機能を持っているのか，人間の歴史と未来にどのような意義を持っているのか」ということなどを考えるスポーツ哲学やスポーツ史，スポーツ社会学などの発展が求められています。

（佐伯年詩雄）

▷4 スポーツ界は世界アンチ・ドーピング機構（WADA）を組織し，トップ競技者に対して，競技会のときだけでなく，いつでもドーピング検査をおこなうようにすることで，ドーピングの撲滅に取り組んでいる。

おすすめ文献

† 高橋幸一（2003）『スポーツ学のルーツ——古代ギリシャ・ローマのスポーツ思想』明和出版。
† 岸野雄三・松田岩雄・宇土正彦編（1977）『序説運動学』大修館書店。
† 菅原禮編著（1984）『スポーツ技術の社会学』不昧堂出版。

スポーツと健康

1 スポーツの大衆化と健康志向

わが国におけるスポーツ参加人口の推移をみると，1957年にはわずか14％でしたが，62年には42％になり，72年には60％，82年には64％，91年には66％，2000年には68％，そして2009年には78％にまで増加しています[1]。経済発展によって生活が豊かになるにつれ，余暇にスポーツをおこなう人びとが増加してきたのです。

人びとがスポーツをおこなう目的は，62年には「楽しみ，気晴らしとして」が29％でトップであり，「からだを丈夫にするため」と「運動不足を感じるから」はともにわずか5％でした。72年の調査でも「楽しみ，気晴らしとして」「好きだから」が「からだを丈夫にするため」「運動不足を感じるから」を上回っていました[2]。人びとはまずスポーツそれ自体の楽しさを味わうことを目的に，スポーツをおこなっていたといえます。

ところが1980年代に入ると，健康のためにスポーツをおこなう人が増加し始め，「からだを丈夫にするため」と「運動不足を感じるから」を合わせると，「楽しみ，気晴らしとして」を上回るようになりました[3]。そして2004年の調査では，「健康・体力つくりのため」が55.2％でトップになり，次いで「楽しみ・気晴らしとして」が54.5％となりました。2019年の調査でもその状況に変わりはありません。

2 健康を重視する現代人

スポーツに限らず，現代日本人は健康のために生活を見直し，健康によい生活をしようとする傾向を強めています。その傾向は1970年代後半から現れはじめました。80年におこなわれた調査をみると，生活のなかで大切なこととして「健康」をあげる人が最も多く，次いで「家族のまとまり」「子どものしつけと教育」「仕事」でした[4]。そして2008年の調査でも，「健康」がトップでした[5]。日本人は健康を最も大切とする生活を追い求めるようになったのであり，その状況は今も続いているのです。

その背景となっているのが慢性疾患対策です。わが国では第二次世界大戦後の1950-55年の間に，主要死因が，コレラや結核などの感染症から，心臓疾患や脳血管疾患，がんなどの慢性疾患に変化しました。それ以後，慢性疾患対策

▷1　内閣府「スポーツ問題に関する世論調査」(1957年)，「スポーツに関する世論調査」(1962年，65年，72年，76年)，「体力・スポーツに関する世論調査」(1979年，82年，85年，88年，91年，94年，97年，2000年，04年，06年，09年)。この世論調査はわが国のスポーツ状況を把握するための基本的調査といえる。

▷2　1972年の調査では，「楽しみ，気晴らしとして」(48％)，「好きだから」(26％)，「からだを丈夫にするため」(25％)，「運動不足を感じるから」(21％)となっている。

▷3　1982年の調査では，「楽しみ，気晴らしとして」(33％)，「からだを丈夫にするため」(22％)，「運動不足を感じるから」(17％)となっている。

▷4　NHK放送世論調査所編(1981)『日本人の健康観』日本放送出版協会。

▷5　たばこ総合研究センター「たばこ基本調査」(2009年)。この調査では「健康」(61％)，「家族のまとまり」(45％)，「仕事」(26％)，「収入や財産」(19％)となっている。

が重視されるようになりましたが，慢性疾患は様々な要因が関連して発症する病気といわれています。そのために医学は，発症につながる要因と，要因間の関連性を解明する努力を続けてきました。その結果，アスベストなどの有害物質や紫外線，電磁波などの外部要因のみならず，不規則な食事や睡眠，運動不足，肥満，飲酒，喫煙，間食，ストレスなど様々な要因が危険因子（異常）とみなされるようになりました。そして医学は，慢性疾患を予防するためにそれらの危険因子を排除しましょうと呼びかけ，人びとも危険因子を排除した生活をめざすようになりました。その流れのなかで1996年に，慢性疾患が「**生活習慣病**」と名づけられました。これによって，悪い生活習慣が慢性疾患を引き起こすという考え方が人びとの間に広まり，健康のために生活習慣を改善しようとする動きが強まったのです。

　人は誰しも病気になりたくないと願い，病気でない状態としての健康を求めます。そのために現代社会においても，病気などの異常がない状態が健康であるという健康観が主流となっています。しかし，この健康観に基づいて健康を求めようとすると，異常を探し出して排除しなければなりません。ところが，慢性疾患の危険因子を探しはじめると，次々と新たな危険因子が，そしてますます微細な危険因子が見つかります。したがって，いつまでたっても異常がない状態（健康）に行きつかないのです。現代日本社会はその道に迷い込んでいるといえます。それは，健康になりたいのになれないというパラドックスの現れであり，健康を見失った状況ともいえます。

❸　危険因子を気にするとスポーツはできない

　現在多くの人がスポーツをすれば健康になれると信じ，健康のためにスポーツをする人が増加しています。しかし，異常がない状態が健康であるという健康観に立つ限り，スポーツをしても健康になることはできません。たとえスポーツをして運動不足という危険因子を排除したとしても，他の様々な危険因子もすべて排除しなければ健康に近づけません。しかし，人間の生活からすべての異常を排除することは不可能であり，それをすれば人は生きる意味を失います。したがって，スポーツをすれば健康になれるというのは幻想です。

　この幻想を打破するためには，かつて人びとが「楽しみ，気晴らしとして」「好きだから」という目的でスポーツをおこなっていた姿を再確認する必要があります。スポーツは気晴らしや交流，あるいは挑戦や達成の価値をめざしておこなう活動です。その基本的性格を理解したうえで，スポーツと健康の関係を再考してみなければなりません。紫外線を気にするとランニングもゴルフもできません。サッカー少年は汗やほこりを気にせずボールを追っかけています。この姿にスポーツと健康の関係が表れています。危険因子を気にするとスポーツはできないのです。　　　　　　　　　　　（上杉正幸）

▶6　**生活習慣病**
1996年に厚生省（当時）は，慢性疾患を予防するためには生活習慣を改善することが重要であるという観点から，それまで成人病といわれていた名称を生活習慣病に改称した。生活習慣病は「食習慣，運動習慣，休養・喫煙・飲酒等の生活習慣が，その発症・進行に関与する疾患群」と定義されている。

（おすすめ文献）

†デュボス，R.／田多井吉之介訳（1959=1977）『健康という幻想』紀伊國屋書店。
†富永茂樹（1977）『健康論序説』河出書房新社。
†上杉正幸（2008）『健康不安の社会学〔改訂版〕』世界思想社。

「老いる」身体とスポーツ

近代社会と「老い」

　『高齢社会白書』（令和元年版）によれば，2015年時点でわが国の高齢化率は26.6％であり，2位のドイツ（21.1％），3位のスウェーデン（19.6％）を引き離して世界第1位となっています。一般的に社会の高齢化は，保健医療福祉にかかる財政コストを増大させます。また，各人においては定年退職後の生計の維持が重要な課題として立ち現れます。会社や家族の役割から解放された後，「生きがい」を見失う人も出てくるといわれています。

　加齢にともなう様々な心身の変化を，ここでは「老い」と呼んでおきます。上記のような困難はそうした「老い」の経験と並行します。たとえば「昨日までできたことが，今日はできなくなる」という変化の経験です。できるということは，生産性や能力と言い替えられます。この場合，生産性は単に何かを生み出すことだけではなく，生産を重視する社会にとって有用な行為や態度も意味します。たとえば，身の回りのことが自分でできる，つつがなく他人とコミュニケーションを取ることができる，積極的に社会参加に励む，つねに自らの健康を気遣い，時には身銭を切って対処するといったことも含まれるでしょう。

② エイジズムとスポーツ

　ある年齢層の人びとに対する偏見や差別をエイジズムと呼びます[1]。多くの場合，その対象になるのは高齢の人びとです。生産性を重要な価値規範とする近代社会にあって，「老い」はそこからの撤退という否定的なイメージを帯びるからです。具体的には彼らは物忘れがひどい，病気がちである，車の運転がうまくできない，といった見方があげられます。他方，スポーツは長らく「若さ」というイメージと深く結びついてきました。活力，力強さ，機敏さ，回復力，危うい行動への志向といった特徴があげられるでしょう。その結果，高齢者は競技よりも健康志向の身体活動や[2]，仲間とのコミュニケーションを楽しむスポーツが向いている，といった考え方がなされたりします。言うまでもなく，これらはエイジズムです。高齢期にあっても，真剣に競技に打ち込んだり，個人的な技やスキルの研鑽，自然環境への孤独な挑戦を選ぶ人もいるからです[3]。

　老年学にはサクセスフル・エイジングという概念があります。これは，単に病気や障害がないというだけではなく，そうした状態になる確率が低いこと，

▷1　パルモア，E.／鈴木研一訳（1999 = 2002）『エイジズム──高齢者差別の実相と克服の展望』明石書店。
▷2　身体活動 physical activity とは，骨格筋の収縮によって生み出され，安静時よりエネルギー消費を増大させるような，あらゆる身体動作をいう。これに対してスポーツを含む運動 exercise は，意図的かつ構造化された反復的な動作を指しており，身体活動の下位分類にあたる。
▷3　中高齢者を対象とした有名な国際競技大会としてワールドマスターズゲームズがある。4年に一度開かれ，2021年には日本（関西）で初めて同大会の開催が予定されている。

高い認知的・身体的な機能をもっていること、社会参加も含めた活動的な暮らしを送っていること、を含む概念です。そしてこれは、現実にそういった人びとがいることに加えて、それが増えるということを肯定する理念でもあります。

　こうした理念に導かれ、中高齢期の身体活動やスポーツがもたらす様々な正の効果に関する研究が盛んにおこなわれています。身体的・認知的な健康の改善はもちろん、エイジズムという高齢者イメージへの挑戦、社会的なつながりや楽しみの促進などに関する研究です。さらに「老い」を生きる人びとがスポーツやトレーニングに見出す意味や、それが既存の社会関係を変える可能性にまで、探求の範囲は広がってきています。[5]

❸ 「老い」の公共性とスポーツ・身体活動

　これらのことと並行して、日本では1990年代後半から介護予防という概念が普及します。簡単にいうと、寝たきりなどの介護が必要な状態にならないような予防策を意味します。そのなかで、**日常生活動作**[6]の自立度を維持するための筋力トレーニングや、認知的機能の維持のためのスポーツ参加が重要視されています。しかし、身体活動やスポーツによる機能の改善や維持を強調しすぎることには、注意が必要です。生産性や身体的機能の自立を過度に称賛すれば、そうした生を選ばない／選べない人びとが疎外感を抱くような社会を招いてしまいます。また、個人の努力ばかりを称賛すると、スポーツや身体活動への参加を制約する社会的・経済的な条件が見えにくくなります。さらには、個人的な努力による予防を名目として、公的な医療・福祉サービスの縮小をめざす政治的主張に短絡されかねません。[7]

　身体的機能の維持や増進は多くの人にとって大切なことです。アクティブで生産的な高齢期を生きる人びとがいることも確かですし、そうした人が増えることも望ましいことだといえるでしょう。スポーツを通じて高齢者に対する偏見に挑むことも重要です。他方「老い」にまつわる衰えは、多くの人びとにとって避け難いものとして、そして多様な形で現れます。その時に〈生産的で活動的な高齢者／非生産的で活動的でない高齢者〉といった二分法は、実はかなり窮屈な見方ではないでしょうか。また、人は健康のためだけにスポーツをするのではありません。ときには危険をおかしてでも何かに挑戦したり、自分の「老い」とうまく向き合うためにスポーツが果たす役割もあるはずです。

　スポーツや身体活動が「老い」を生きる人びとにどのような意味をもちうるのか、それはどのような条件に支えられるのかについて、私たちはまだ多くのことを知りません。その探求は生産性（「若さ」もそのひとつ）に重きを置いてきた社会のあり方を見直すきっかけになるはずです。「老い」の公共性を視野に入れながら、多様な生き方を支える仕組みづくりにおいて、スポーツが果たしうる役割を考えていく必要があります。

（高尾将幸）

▷4　Nyman, S. et al(2018) *The Palgrave Handbook of Ageing and Physical Activity Promotion*, Palgrave Macmillan を参照のこと。

▷5　竹崎一真（2015）「男性高齢者の老いゆく身体と身体実践──東京都S事務におけるボディービルダーたちの事例から」『スポーツ社会学研究』23（1），日本スポーツ社会学会，47-61頁；Tulle, E.（2007）"Running to Run：Embodiment, Structure and Agency amongst Veteran Elite Runners," *Sociology*, 41（2）：329-346を参照のこと。

▷6　**日常生活動作**
移動・排泄・食事・更衣・洗面・入浴といった動作を指す。しばしば ADL（Activities of Daily Living）と表記される。

▷7　高尾将幸（2014）『「健康」語りと日本社会──リスクと責任のポリティクス』新評論の第4章以降を参照のこと。

おすすめ文献

†高尾将幸（2014）『「健康」語りと日本社会──リスクと責任のポリティクス』新評論。

†Tulle, E. and Phoenix, C.（2015）*Physical Activity and Sport in Later Life*, Palgrave Macmillan.

5 ボディビル・エアロビクス・ヨガ・フィットネス

▶1　窪田登（2007）『筋力トレーニング100年史』体育とスポーツ出版社。

▶2　サンドゥの著書は明治の日本でも翻訳され，講道館柔道の嘉納治五郎が設立した造士会の雑誌『國士』に連載され，『サンドゥ体力養成法』（1900）として刊行されている。日本ではボディビルはまず，競技としてではなく，体力養成の手段として柔道家のあいだでおこなわれた。

ボディビルが一般に広く知られるようになったのは戦後，1950年代で，経済復興とともに強い肉体に関心がもたれるようになり，ブームが巻き起こった。1955年には日本ボディビル協会が設立されている（増田晶文（2012）『果てなき渇望──ボディビルに憑かれた人々』草思社文庫）。

▶3　マクルーハン，M.／井坂学訳（1951＝1968）『機械の花嫁──産業社会のフォークロア』竹内書店。

▶4　フィットネスは1980年代にアメリカから入ってきた言葉で，フィットネスクラブの流行とともに日本に広まった。

▶5　1950年代にはボディビルのジムが流行したが，やがて衰退した。次いで東京オリンピック（1964）のあと70年代にかけてのスポーツ・ブームにより，アスレチッククラブ，ヘルスクラブと呼ばれたスポーツクラブが都市に生まれた。しかし，会費が高額で，今日のような大衆的なものではなかった。

1 理想の身体を求めて

　ボディビルは，19世紀後半にはじまったボディビルディングに由来する和製英語です。ボディビルの父ともいわれるドイツ人のE.サンドゥ（1867-1925）は，ギリシア彫刻のような逞しい姿に理想の男性像をみて，解剖学をもとにみずから考案したウェイト・トレーニングをおこない，肉体を鍛えました。そして欧米で盛んに興行をおこなって見事な肉体を披露し，またトレーニングの教則本を執筆し，『サンドゥの身体文化』という雑誌を刊行して，絶大な人気を博します。「身体文化」は，単に身体に関する文化という意味ではなく，この時期に，強く健康的な身体づくり，生活法や運動法をさして用いられた言葉で，彼によって世界に広まりました。ボディビルは筋肉ムキムキというイメージがありますが，「バーベルやダンベルなどの負荷を用いて逞しい筋肉と身体をつくること」と広義に考えるなら，私たちの日常の身体意識とそうかけ離れたものではありません。肉体美を競うにせよ，身体への積極的な関心によって導かれ，理想的な身体をつくるという目的に奉仕する運動だからです。

　かつてM.マクルーハンは『機械の花嫁』（1951）で当時のアメリカの広告を分析し，逞しい筋肉のボディビルダーのポスターの前でポーズのマネをするひ弱そうな少年（酪農製品の広告）が，きれいなウェストラインを見せて並ぶ4人の美女（体型補正ガードルの広告）と同じ社会意識を示している──つまり身体を「交換可能な部品」と見，「科学の力を借りて」魅力的に改造した身体を夢見るナルシシズムがそこに潜んでいる，と論じました。今，私たちはその現代的普及版を至るところで目にしています。フィットネスクラブに通い，健康と理想の体型を求めて身体の各「部品」をチェックし，「科学的」なエクササイズに励む，というのもその一例といえるでしょう。

2 各種フィットネスクラブの展開

　今日のようにフィットネスクラブが普及したのは，1980年代後半からのことで，その契機となったのは若い女性たちに大流行したエアロビクスです。エアロビクスは心肺機能を高めるための有酸素運動で，1968年，アメリカで兵士の健康増進と体力向上のための運動プログラムとして創始されました。この規律訓練型の運動が，当時の人気女優，ジェーン・フォンダによってファッショ

ンに変容します。彼女は1979年にエアロビクスによるエクササイズを行う「ワークアウト」スタジオを開設，流行に火がついて，80年代半ばには日本にも流入します。若い女性たちが仕事帰りにエアロビクス・スタジオに寄ることは，単に美容のためだけでなく，ファッショナブルなライフスタイルを実践（＝消費）することを意味し，それが人気を呼びました。この後，エアロビクスをおこなうスタジオに加え，プール，マシンなどを備えた総合型フィットネスクラブが各地に続々誕生し，定着してゆきます。こうして，男女を問わずすべての年齢層に，「健康と美，スポーティブなライフスタイル」を提供する施設が，私たちの日常風景の一部となっていきました。[6]

ヨガもまた，アメリカの女性たちから世界に広がっています。もとはヒンドゥー教の伝統的修行法でしたが，今日，おこなわれている種々様々なモダンヨガは20世紀前半にイギリス植民地下のインドで，前述の「身体文化」運動の影響を受けて創出されたことにはじまります。[7]90年代に歌手のマドンナやハリウッドのセレブたちが実践して注目を浴び，一気に大流行しました。[8]ヨガはエコロジカルでスピリチュアルなイメージがあり，また呼吸法や瞑想を重視するため，「心身の健康」を求める現代人の嗜好に合致し，今日の隆盛に至っています。

③ フィットネスのイデオロギー

私たちは日々，SNSを含む様々なメディアから「美しく健康な身体とそこから生まれる幸せのイメージ」を受け取っています。その「メディアの視線」を内面化して自身をチェックするなら，わが不完全な「部品」は改善すべきようにも思われてきます。消費社会を支えているのは，もって生まれた外見や体質，環境や加齢にかかわらず，努力しだいで（そしてお金をかければ），誰もが美しく健康で幸せになれるはず，というナルシシズムに訴える幻想であり，デモクラシーの魔力です。[9]努力による改善・向上という観念は，同時にその種の努力を惜しむべきではない，という含意をもつため，美や健康や若さの不全や喪失は，努力の不足，怠慢とさえみなされることになってしまいます。

あらゆることが個人の選択と責任に帰せられる「個人化」の進展する現代にあって，私たちは，自分自身を流動する社会に通用する「商品」として提示せねばならず，また，そのストレスに耐えることが必要とされます。そしてフィットネスは，私たちの身体資本の二側面である外見と内容（＝美と心身の健康）を時代にふさわしくバージョンアップし，アップデートするための最善策として私たちに差し出されています。しかし，美と健康は本来曖昧な概念で，これでよいという到達地点がないうえに，その努力を止めるとそれらを失ってしまうかもしれないと，私たちは恐れます。本来，手段であるフィットネスが，今日，ときに自己目的化し「個人の最重要プロジェクト」の様相を呈するに至るのもそのためだといえるでしょう。[10]

（河原和枝）

▶6 河原和枝（2005）「フィットネスの文化」『日常からの文化社会学——私らしさの神話』世界思想社。
▶7 シングルトン，M.／喜多千草訳（2010＝2014）『ヨガ・ボディ——ポーズ練習の起源』大隅書店。
▶8 美容エクササイズとしてのヨガは，すでに1950年代にインドラ・デヴィの指導のもとハリウッド・スターらによっておこなわれている。60年代，70年代にはヨガは瞑想中心となりカウンター・カルチャーに移行した。そして90年代後半にセレブたちがエアロビクスの次なるエクササイズとして，アシュタンガヨガやパワーヨガなどを実践し，これが大ブレイクして一般に広まった。なお，日本ではオウム真理教事件（1995年）の影響で，流行するのは2000年代になってからのことである。
▶9 Featherstone, M. (1991) "The Body in Consumer culture," in Featherstone, M., Hepworth, M. and Turner, B. S. eds., The Body: Social Process and Cultural Theory, Sage.
▶10 Maguire, J. S. (2008) Fit for Consumption: Sociology and the Business of Fitness, Routledge.

おすすめ文献
†Maguire, J. S. (2008) Fit for Consumption : Sociology and the Business of Fitness, Routledge.
†バウマン，Z.／森田典生訳（2000＝2001）『リキッド・モダニティ——液状化する社会』大月書店。
†河原和枝（2005）「フィットネスの文化」『日常からの文化社会学——私らしさの神話』世界思想社。

スポーツ用具の進化

① スポーツ用具，身体とテクノロジー

　何も用具を使わないスポーツはありません。裸体でぶつかり合う相撲でさえ「廻し」を締めておこないます。廻しは裸身を保護するだけでなく，なげ技等を仕掛ける用具でもあります。また，単純に見える短距離走でも，スパイクシューズがあります。アスリートのスパイクシューズは加速を生み出しますが，素人がこれを使うと失速するか転んでしまうでしょう。このように，スポーツ用具には使い方があり，その使い方は，スポーツの成果を左右するのです。

　こうしてみると，スポーツ種目が用具によって区別されるように，どんなスポーツでも特有の用具が使われ，その用具は，それを使う身体能力を特定化し，具体化するものだということがわかります。つまりスポーツ用具は，身体能力をスポーツに具体化するものであり，身体能力を技術化し，技術を身体化することによって，身体をスポーツ化するテクノロジーのひとつなのです。

② スポーツ用具の誕生

　なたで丸太を切り取ったり，手で100kg以上もある大石を運んだりするバスク民族のスポーツや，文字通りのハンマーを投げたり丸太を抱え投げしたりするスコットランドの伝統的な民族スポーツ（ハイランドゲームズ）では，労働や生活の用具が，そのままスポーツにおいても使われていました。しかし，そこで競われたのは労働の能力そのものではなく，その一部もしくは関連する身体能力が競技に向けて特化したものでした。つまりそこでは，労働の意味を失った身体能力が競われ，楽しまれたのです。また，その昔，サッカーは「肉屋の倅のゲーム」と呼ばれていました。それは，まだゴムが発明されていない当時では，肉屋しか手に入れられない豚の膀胱が貴重なボールとして使われていたからです。豚の膀胱は，肉屋の店先にある時は食品ですが，革に包まれて広場に置かれたとたんにサッカーのボールに変貌し，民衆の身体的エネルギーを発揮させる格好のスポーツ用具になったのです。

　このように，生活や労働の用具を代用していたスポーツ用具は，安全性や競争の公平性，より高い成果を求めて工夫され，次第にそのスポーツ専用の用具に発達していきます。裸足や軽い靴で走っていたマラソンでは，はじめにマラソン足袋が工夫され，さらに軽さと推進力，そして衝撃の緩和の三つを可能に

するマラソンシューズの開発が進められているのです。

❸　テクノロジーの発達とスポーツ用具の進化

　工業がまだ十分に発達していない時代では，スポーツ用具は手づくりでした。たとえば，ゴルフのボールは水鳥の胸毛を皮の小袋にきつく詰め込んでつくられ，クラブは，堅い木の根を削ったヘッドの片側を削り，そこに丈夫な枝木を膠で貼り付け，糸でしっかりと縛り付けてつくりました。こうしてつくられるスポーツ用具は，競技の結果を決定的に左右するものでした。したがってプレイヤーは，精魂込めて自前の用具をつくったり，優れた職人に自分の身体能力にあったスポーツ用品をつくらせたりしました。このように，手づくり時代のスポーツ用具は，丈夫で長持ちするものではありませんでしたが，それを使うプレイヤーの身体やその能力に応じてつくられ使われていたのです。

　産業革命以後の工業化時代に入ると，機械で加工してつくるスポーツ用具が登場し，その性能が飛躍的に向上するとともに，それを工業的に生産できるようになります。すると，使うスポーツ用具の違いによる有利不利を最小にするために競技規則でそれを定め，共通の基準に従ったスポーツ用具がつくられ使われるようになるのです。こうしてスポーツ用具は，プレイヤーが使うものなのですが，同時にプレイヤーがそれに合わせて身体能力を発揮するものとなり，次第に身体をそのスポーツに適したものに導くメディアとなってゆくのです。こうしてスポーツ用具は，身体をスポーツ化し，スポーツ的身体を形成するテクノロジーのひとつになってゆきました。

❹　現代テクノロジーとスポーツ用具の変貌

　発達するテクノサイエンスを活用した現代のスポーツ用具は，プレイヤーの身体能力を効率的に発揮する水準を超え，それを「拡張」する段階へと向かっています。北京オリンピックの直前に大きな話題を呼んだ水着「レーザーレーサー」は，水の抵抗を最小化するだけでなく，体型を圧縮して最適水中姿勢を保持させることによって記録を20％前後も短縮させることができるものでした。しかし，補助者の助けを借りても着用するのに30分もかかるこの水着が示すように，高度化したスポーツ用具は，もはや用具ではなく「装置」と呼ぶべきものになっているのです。カーボン義足のブロードジャンパー，マルクス・レームの登場も，スポーツ用具のテクノ化が高進し，用具の装置への変貌が起こっていることを示しています。こうした傾向の延長線上には，身体の一部を人工器具化したサイボーグ・アスリートの登場が予想されます。また，スポーツ用具による身体能力の拡張は，身体に付加価値を与えるという意味で，体温調整機能をもつ下着への応用など，スポーツ衣料などのファッション化についても見ることができます。　　　　　　　　　　　　　　　　　　（佐伯年詩雄）

▷2　スポーツ用品製造の機械化は，大量生産を可能にしたので，用品の価格を下げ，スポーツの大衆化に貢献した。またそれは，スポーツ用品の規格化をも可能にし，競技規則の統一，競技会の拡大にも貢献した。

▷3　ドイツの義足の走り幅跳び競技者マルクス・レームのこと。ウエイクボードの練習中の事故で右脚のひざ下を切断したが，その後，義足をつけて走り幅跳びに挑戦し，ロンドンとリオのパラリンピックで2連覇した。2018年のヨーロッパ選手権で8 m48cmの世界記録を樹立し，オリンピックへの出場を希望しているが，義足の機能が健常競技者の脚よりも優れていることを理由に，出場が認められていない。

（おすすめ文献）
†高橋幸一（2003）『スポーツ学のルーツ──古代ギリシャ・ローマのスポーツ思想』明和出版。
†佐伯聰夫ほか編著（2000）『スポーツイベントの展開と地域社会形成──ウィンブルドンテニスからブンデスリーガサッカーまで』不昧堂出版。
†マッキントッシュ，P.C.／飯塚鉄雄校閲／石川旦・竹田清彦訳（1970）『スポーツと社会』不昧堂出版。

障害者スポーツとテクノロジー

① 障害者スポーツとテクノロジー

　障害者スポーツやパラリンピックでは，車椅子や義足など身体以外の道具を使用したり，ガイドランナーなどの伴走者と一緒にプレイしたりする種目が多く，「道具」や「人」による補助が不可欠です。だからこそ，とくにその道具を生み出すテクノロジーに大きな関心が寄せられています。

　マルクス・レームという義足の走り幅跳び選手の名前を聞いたことがあるでしょうか。彼の最高記録である 8 m48cmは非障害者アスリートと遜色ないもので，彼はオリンピックへの出場も希望しました。しかし，国際陸上競技連盟（以下，IAAF）は彼の義足が非障害者アスリートに対して跳躍時に有利になるとして出場を認めませんでした。このことから，IAAF にとって彼の義足をまとった身体は許されないものだったと捉えることができます。

② スポーツにおけるエイブリズムと障害

　障害者スポーツや多くのパラリンピック種目では，道具の使用は不可欠です。この点は，これまでのスポーツ観とは相容れない点も多くあります。マルクス・レームへの IAAF の対応はその一つでしょう。スポーツは人間自身の「自然な身体」だけを用いて「できること」を重視していることが推測されます。

　実は，パラリンピックとオリンピックの両方に出場した選手は何人かいます。近年では，ナタリア・パルティカやナタリー・デュトアがいました。ほとんどは，義足や車椅子などを用いないでプレイができる種目のアスリートでした。義足を用いた選手としては2012年のロンドン・オリンピックとパラリンピックに出場した，両足義足の400mランナーであるオスカー・ピストリウスがいるのみです。

　どうもスポーツにおいては，障害のある身体に対して一定の見方が存在していそうです。それはエイブリズムと呼ばれます。エイブリズムとは，自分だけで「できる」ことを称揚し，他者の力を借りることを価値の低いものとみなす考え方です。これに基づくと，義足を使って走り幅跳びをすることは，生身の身体を使って走り幅跳びをすることよりも価値が低いとみなされます。スポーツ以外でも，例えば，人の手を借りて服を着ることよりも自分でできたほうが良いという考えは多くの人が持っていそうです。しかし，人の手を借り10分で服を着替えて自分のしたいことができることと，自分の手で 2 時間かけて服を

▷ 1　ドイツ出身，1988年生まれ。片足膝下が義足のクラスで2012年ロンドン，16年リオデジャネイロ・パラリンピックで金メダルを獲得した。

▷ 2　「障害」や「健常」の意味は文脈に依存し，仮に医学的に「障害」であっても見過ごされる場合がある。このときの「障害のなさ」は「健常」という意味とは異なっている。そのため，ニュートラルな言葉として「非障害者」が「障害者」の対義語となる。

▷ 3　IAAF は義足が有利ではないことを自ら証明せよ，という決定を下した。何をもって有利なのか不利なのかが不明確ななかで，結果的にレームのオリンピックの道を閉ざすことになった。

▷ 4　国際パラリンピック委員会発足以降では，フェンシングでソウル・オリンピックに出場したパール・ゼケレス（ハンガリー）は，バルセロナから北京までのパラリンピックにも出場した。ブライアン・マッキーバー（カナダ）はトリノ・パラリンピックのノルディック（視覚障害）で金メダルを獲得したが，バンクーバー・オリンピックの選手として登録された。ナタリア・パルティカ（ポーランド）は，卓球（右肘下切断）でアテネから北京までのパラリンピックに出場

着替えて，自分のしたいことができないのとでは，どちらが良いのでしょうか。自分だけでできることは常に良いこととは言えない場合もあるようです。

3　身体とスポーツ

テクノロジーと身体については，2つのモデルがあると指摘されています[5]。一つは馴染み深い考え方で，モデル1と呼ばれます。まず外からの影響を受けていないゼロ地点の身体＝身体0を想定します。この身体0が，いろいろな手段で強化されたり制限されたりしたとき，強化された身体を身体＋1，制限された身体を身体－1の状態と考えます。身体0から身体＋1への移行はエンハンスメント[6]と呼ばれ，身体－1から身体0への移行は治療と呼ばれます。

スポーツは身体のモデル1と非常に親和性の高い文化です。近代社会の特質は自然的なものと人間的なものとの分離にあると言われています[7]。スポーツも同様で，自然的なものと人間的なものを切り離して人工物に依拠しない主体としての人間による競争を成立させています。つまり，スポーツでは身体0による競争が目指されてきたのでした。マルクス・レームの身体は，身体0を超えた身体＋1にあるものとして否定されることになります[8]。

しかし，非障害者のスポーツでもモデル1の身体0という想定はできません。現在のスポーツにおいて身体とテクノロジーは不可分であり，モノとヒトとの協働関係が重要な構成要素となっているからです[9]。こうした身体の捉え方はモデル2と呼ばれます。このモデルは，出発点に身体／技術の複合である身体t_0を置き，それが身体t_1に向かって変化すると想定しています。tは時間を表すので，モデル2では原点となる身体0のような理想的地点は想定されず，たまたま参照した地点の身体t_0を措定できるだけです。つまり，私達はつねにすでに身体／技術の複合体なのです。

これらのモデルから，レームやピストリウスの問題はクリアに捉えられます。ナタリー・デュトワたちが「身体の不足」の状態＝身体－1で出場したのに対し，ピストリウスやレームはいわば「身体の過剰」の状態＝身体＋1とみなされたため，問題となったのです[10]。

こうした障害者スポーツとテクノロジーの関係をどのように考えたらよいのかは，まだまだ未確定です。ただし，障害者スポーツに含まれるいくつかの事実は，ある意味で近代スポーツの想定を超えてしまっています。モデル2の身体を否定したり受容したりするのは，どのような社会的条件やスポーツ理解においてでしょうか。身体／技術複合としての障害者スポーツをどのように楽しめばよいでしょうか。私達はまだそれらを十分に知っているとは言えません。障害者スポーツを真正面から複雑なままに考えることは，近代スポーツという文化をさらに深く理解していくことになるのではないでしょうか。

（渡　正）

し，北京オリンピックでも団体戦の選手として出場した。ナタリー・デュトワ（南アフリカ）はアテネ・北京パラリンピックに水泳（左下肢切断）で出場し，北京オリンピックのオープンウォータースイミングにも出場した。
▶5　福島真人（2017）「身体，テクノロジー，エンハンスメント」『真理の工場――科学技術の社会的研究』東京大学出版会。
▶6　健康の回復を超え，能力などの改良を目指して心身に介入すること。
▶7　ラトゥール，ブルーノ／川村久美子訳（2008）『虚構の「近代」――科学人類学は警告する』新評論。
▶8　エイブリズムに引きつければ，身体－1や身体＋1の身体は，身体0からの逸脱として，つまり，一人では「できないこと」として低く価値付けられる。
▶9　渡正（2013）「テクノロジーの進展とスポーツ」『現代スポーツ評論』29，創文企画，52-68頁。
▶10　恐らく「不足」によって有利になれば他の選手たちも出場資格が問題視されただろう。

おすすめ文献

†渡正（2012）『障害者スポーツの臨界点――車椅子バスケットボールの日常的実践から』新評論。
†榊原賢二郎編（2019）『障害社会学という視座――社会モデルから社会学的反省へ』新曜社。
†福島真人（2017）『真理の工場――科学技術の社会的研究』東京大学出版会。

ビデオ判定

① 誤審とテレビ

　スポーツでは審判の判定ミス，いわゆる誤審が問題になることがあります。「勝利の追求が競技者の最高原理」[1]であるスポーツにおいて，誤審のせいで勝利者が変わってしまうのは問題です。ところで，ある判定を誤審だと思えるのはどうしてでしょう。それは判定の場面を再び見て確認することができるからです。つまり，テレビのリプレイのおかげです。テレビは大事な場面を違う角度やスロー再生などでくわしく見せてくれます。これによって私たちはその判定が誤審ではないかと気づくわけです。その意味で，誤審への関心はテレビのスポーツ中継を通して高まったといえるでしょう。

② ビデオ判定の採用

　必要だといわれながらも，ビデオ判定の採用には多くの競技が慎重でした。たとえば，サッカーがビデオ判定を採用したのは2010年代に入ってからです。それまでは「サッカーの判定は人間がすべきもの」として採用を避けてきました。サッカーはとくに遅かったのですが，他の多くの競技で採用が進んだのもそれほど古くはなく，1990年代から2000年代にかけてでした。しかし，それよりもずっと早い時期にビデオ判定を採用したプロ・スポーツが日本にあります。大相撲です。1969年のことでした。伝統を重んじ変化を好まないイメージの大相撲ですが，テレビが白黒からカラーにようやく変わりつつある頃にビデオ判定の採用に踏み切ったこの早さは驚くべきものです。

　大相撲のビデオ判定は次のような仕組みになっています。行司の判定に疑義が生じた場合，土俵下にいる審判委員（2-5名）などから「物言い」[2]がつきます。審判委員は土俵上で協議を開始するのですが，その際，ビデオ室に配置された2名の審判委員の見解[3]が協議中の審判委員に伝えられます。伝えられた見解を参考に，ビデオ担当以外の審判委員たちが最終判定を出します。

③ ビデオ判定の運用

　サッカーのVAR[4]やラグビーのTMO[5]なども大相撲と似ています。フィールドとは別のビデオ室にビデオ担当の審判（VARやTMO）がおり，VARは自ら必要と判断した場合，審判に直接助言を与えることができます。しかし，TMO

▷1　川谷茂樹（2005）『スポーツ倫理学講義』ナカニシヤ出版，70頁。何をもって勝利とするかはルールによって決められている以上，ルールの正しい適用はスポーツの試合が成立するための基本的な条件である。誤審はルールが正しく適用されていないことなので，それを防止する必要が生じる。

▷2　**物言い**
大相撲で判定に異議を申し立てること。土俵下の審判委員と控え力士に物言いの権利が与えられているが，ビデオ室の審判委員には物言いの権利がない。

▷3　ビデオ室で確認される映像はNHKが提供している。世界で最初のビデオ判定が生まれたのもテレビの力である。

▷4　ビデオ・アシスタント・レフリー（video assistant referee）の略。

▷5　テレビジョン・マッチ・オフィシャル（television match official）の略。このルールはラグビーの競技規則において，2019年時点では世界的試験実施ルールと位置づけられている。

▷6　米国のアメリカンフットボールのプロリーグ。National Football League。

▷7　米国のバスケットボールのプロリーグ。National Basketball Association。2002-2003シーズンからビデオ判定を採用。

▷8　サッカーのゴール判定システム，GLT（goal-

は審判が必要と判断した時に限られます。サッカーとラグビーで運用は違っています。もっとも、ビデオ判定のほとんどが勝負判定だけの大相撲と違い、サッカーやラグビーでは審判が笛を吹く場面が多く、そのたびにビデオ判定をすると試合は中断ばかりになりますから、得点にかかわるような重大な局面や重大な反則の場面に限ってビデオ判定が採用されています。

　球技としては早くも1986年にビデオ判定を採用したNFL[6]は、中断で試合が途切れすぎるなどの弊害が生じたため1991年にいったん中止し、1999年から運用方法を改めて再採用しました。2007年からは柔道もビデオ判定を採用していますが、ビデオ担当でもあるジュリーが審判より大きな権限をもつ運用が混乱をもたらしたので、ルール改正が重ねられました。ビデオ判定を採用しても、どのように利用するかを決めるのは意外と難しいのです。それでも、NFL[7]やNBAは工夫を重ね、ビデオ判定の時間を短縮するなどしてその適用範囲を広げようとしています。

④ ホークアイ

　運用方法は各競技や組織ごとに違いがあるにしても、審判の判定を最終的なものとする点は多くの競技に共通しています。しかし、審判を信用せず、自ら判定を下すビデオ判定が2006年、テニスに登場しました。それは、ホークアイイノベーションズ社のライン判定システムで、ホークアイ[8]とも呼ばれています。

　ホークアイはコートの周囲に配置された何台ものカメラでボールを追い、コート上の落下地点を表示するシステムです。ホークアイのユニークな点は、映像が実写ではなく、カメラのデータをもとにコンピュータが落下地点を推測[9]して構成したCGであることです。推測ですから誤差があります。同社のウェブサイトで配布されているPDF文書には誤差2.6mmと書かれています。しかし、不思議なことに同社の別のPDF文書では1mmの判定画像が掲載されています。誤差2.6mmなのですから、1mmの判定など正確にできるはずありません[10]。それなのに、同社は1mmでも判定できるというのです。この一見不合理な姿勢にこそ、ホークアイの本質が表れています。すなわち、開発者でさえ、ホークアイの判定を見ると誤差を忘れてすべて正しい判定と思い込んでしまうのです。開発者でもこうなのですから、私たち観客などは、ごく微妙な判定の場面をホークアイが見せた時にはついつい感嘆してしまいます。

　どうして誤差が忘れられるのでしょう。その秘密はホークアイの見せるCGにあります。見えないはずのボールの軌道から落下地点まで、私たちの見たいものがそこにはっきり描きこまれています。そのせいで私たちはそのCGを実写以上に本物らしく感じるのです。誤審なきスポーツの世界を夢見る私たちに、ホークアイはその心地よい夢を実際に見せてくれているわけです。

（柏原全孝）

line technology）も同様の技術を採用しているが、ホークアイとの大きな違いは、GLTが得点の有無を審判にだけ伝えることである。判定そのものは審判が下す。わずかな違いに思えるが、GLTやホークアイが誤作動をした時にそれらが最終判定者であればルール上その判定を修正できない。じっさいに、2017-2018シーズンにフランスリーグは誤作動が多いとしてGLTの使用を中断したことがある。

▷9　本来なら見えないはずのボールの軌道（とその影）や落下地点がはっきり描かれている。

図Ⅶ-1　ホークアイのつくる映像

出所：ホークアイイノベーションズ社ホームページ（https://www.hawkeyeinnovations.com）。

▷10　それぞれ、Electronic Line Calling Technology: how it works と Electronic Line Calling FAQ。いずれも https://www.hawkeyeinnovations.com/sports/tennis からダウンロード可。

（おすすめ文献）
†柏原全孝（2018）「正しい判定を作り出すテクノロジー」『スポーツ社会学研究』26(2)、日本スポーツ社会学会、9-23頁。
†生島淳（2004）『世紀の誤審──オリンピックからW杯まで』光文社新書。
†Collins, H., Evans, R. and Higgins, C. (2016) *Bad Call: Technology's Attack on Referees and Umpires and How to Fix It*, The MIT Press.

4　eスポーツ

1　eスポーツはスポーツか

　eスポーツは，パーソナルコンピューターゲーム，家庭用ゲーム，モバイルゲーム，業務用ゲーム機でおこなう，エレクトロニック・スポーツ（Electronic sports）の略称で，シューティングゲーム，陣取りゲーム，カードゲーム，格闘ゲーム，スポーツゲームなどのジャンルがあります。従来のスポーツとちがい，スクリーン画面で対戦するeスポーツは身体を大きく動かさないので「スポーツ」の範疇に入らないと考える人もいます。ただ娯楽，楽しみの意味で使用される英語の不加算名詞の Sport では，娯楽であるeスポーツは Sport の範疇とも考えられます。

　2018年の平昌冬季オリンピックでは公式スポンサーのインテル社がeスポーツ大会を開催し，オリンピックにeスポーツを追加する可能性について国際オリンピック委員会を巻き込んだ議論がおこりました。日本では2018年にeスポーツを統括する日本eスポーツ連合が設立され，急速にeスポーツが認知されました。公開種目として採用された2018年のアジア大会では，日本代表選手が金メダルを獲得するゲーム種目もでました。また2019年の茨城国体では文化プログラムとして採用されました。

　一方でeスポーツには，これまでのスポーツ競技と異なる点もあります。従来の野球やサッカーのようなスポーツ競技はルールの多少の変更はあっても何十年も同じ競技としておこなわれます。しかしeスポーツのゲーム種目は流行り廃りでゲーム種目がまったくちがうものになることがあります。そのため国際大会の正式競技に採用されたとしても，メダル獲得にむけた長期的な選手強化は難しいと考えられます。またeスポーツで採用されるゲームの権利はゲーム版権をもつゲーム会社にあります。サッカーでは，サッカー協会がゲームのたびに課金することはありませんが，eスポーツはゲームをすればゲーム会社が課金できます。eスポーツは，私企業のエンターテインメントビジネスなので，非営利のスポーツ組織が普及させてきた従来のスポーツとは異なります。

2　eスポーツの発展史

　1970年代に日本やアメリカでテレビゲームが誕生し，1983年発売の任天堂「ファミリーコンピュータ」が家庭用ゲーム機を世界に普及させました。1990

▷1　IOC 会長は若者に人気のあるeスポーツには理解を示すものの，過度な暴力性などのオリンピックの精神に反することがeスポーツにはあることを指摘している。

年代にはパーソナルコンピュータの処理性能の向上で，ゲームの速度や画像の
クオリティが向上しました。さらにコンピュータ通信が，ゲームを進化させま
した。しかしネットの通信速度の遅さや接続時間による課金，さらにハード性
能の向上による機器の高価格化が普及の壁になりました。日本では2000年に入
りスマートフォンによるオンラインゲームが普及しました。一方 IT 産業を振
興した韓国では，高速ネットワークが国内に整備され，PC バンといわれる
ネットカフェに若者がオンラインゲーム目的で集っています。また多くの観客
を会場に集めるｅスポーツ大会も開催されています。近年の日本でも地域活性
化を目的に観戦者を集めるｅスポーツ大会を開催したり，サッカーの J リーグ
がｅスポーツのサッカー大会を開催したりしています。

❸　ｅスポーツに対する規制

　従来のスポーツは長い時間をかけて，エチケットやルール，選手の健康や安
全のためのルールが整備されました。ｅスポーツでも同様に年齢制限がなされ
たり，暴力，性描写，犯罪，反社会的な表現について国ごとに規制が設定され
たりします。また従来のスポーツでもやりすぎによる心身に発症する傷害が問
題とされますが，ｅスポーツも同様です。中国では2000年に，オンラインゲー
ム中毒対策としてゲーム機を禁止する法律が導入されました。その後ゲーム機
の製造と販売は解禁されますが，ゲームソフトの発売は政府の事前審査が必要
になっています。現在も政府のゲーム規制は強まっています。中国のゲーム版
元であるテンセント社は，1日の利用時間を12歳未満は1時間，12〜18歳は2
時間までにしました。また公安当局の本人確認システムと連携して利用者が16
歳以上であればゲームの利用登録をできるように自己規制しました。韓国でも
青少年のゲーム中毒が問題になり，午前0時から午前6時の間オンライン上か
ら16歳以下のユーザーをしめだすシャットダウン法が2011年に導入されました。
また世界保健機関（WHO）は，2019年にゲームのやり過ぎで日常生活が困難
になる「ゲーム障害」を国際疾病分類（ICD）として認定しました。

❹　ｅスポーツの可能性

　ｅスポーツは，設計次第では社会課題解決を目的にしたスポーツ競技になる
可能性があります。たとえば，高齢者や障がい者の生きがいや健康増進のため
のｅスポーツや人と人のコミュニケーションを増やすチーム型のｅスポーツも
あります。またｅスポーツのゲーム製作を通じて IT 技術者が育成されるかも
しれません。一方でマイナス面にも光を当て，ｅスポーツの研究を進めてその
功罪を検証することも大切になります。社会で受け入れられる健全なｅスポー
ツ文化を創るためには，ｅスポーツの文化特性について正しく理解するための
リテラシー教育が求められます。　　　　　　　　　　　　　　（高橋義雄）

▷2　この法律は，人気の
モバイルゲームが規制の対
象外であることや若者向け
の深夜娯楽プラットフォー
ムが発展してきたことなど
から2022年に廃止され，現
在は保護者が子どもの利用
時間帯などを管理できる
「ゲーム時間選択制」と
なっている。

（おすすめ文献）

†筧誠一郎（2018）『ｅス
ポーツ論──ゲームが体育
競技になる日』ゴマブック
ス社。

†ミア，アンディ／稲見昌
彦解説／田総恵子訳
（2018）『Sport 2.0──進
化するｅスポーツ，変容す
るオリンピック』NTT 出
版。

†総務省情報流通行政局情
報流通振興課（2018）『ｅ
スポーツ産業に関する調査
研究報告書』http://www.
soumu.go.jp/main_content
/000551535.pdf。

5　AI 時代とスポーツ

1　人工知能と第四次産業革命

　「産業革命」という言葉が使われたのは，1760年代から生じた蒸気機関の発明などに連なる一連の社会構造の抜本的な変化に対してでした。その後，1800年代後半から起こる，電力と石油化学の技術革新を礎とした「第二次産業革命」，そして1900年代後半に顕著になってくる，コンピュータやインターネットなどの技術革新に先導された「第三次産業革命」が進みます。そして，2000年を過ぎてから進みはじめているのが，AI（人工知能），IoT（モノのインターネット），ブロックチェーン（分散型データベース）などの技術が引き起こす，「第四次産業革命」への動きです。

　そのなかでも AI = artificial intelligence の技術は，社会のイノベーションを先導する汎用的技術=「GPT（General Purpose Technology）」として目まぐるしく発展しています。とくに，AI 技術の核心のひとつである「深層学習（Deep Learning）」は，これまでのコンピュータが，データの処理に対してルールをあらかじめ書き込んでおく必要があったのに対して，「生のデータ（big data）」を処理するための「特徴量（処理のための変数）」を，アルゴリズムが自動的に発見してしまうところにポイントがあります。たとえば，野球の試合で，ピッチャーが投げるボールがホームベース上を通る画像ないし動画を数多く AI に学習させる（=「big data」の収集と学習）と，人間がおこなうよりははるかに正確な「ストライクかボールか」という「特徴量」を定めた判定を AI がおこなってくれるだけでなく，予想もしていないような他の判断（たとえば「生きた球」か「死んだ球」かなど），つまり人間がこれまで「カン」や感覚として摑んでいたことにもとどまらないそれ以上の新しい認識を，スポーツにもたらしてくれることが可能になったということです。

2　スポーツにおける AI の利活用

　こうしたなか，スポーツにかかわる AI の利活用も進んでいます。たとえば，三菱 UFJ 銀行が運営するオウンドメディア「MUFG Innovation Hub」では，2019年2月4日付で「IoT，AI で進化するスポーツ「ロボットコーチ」の時代到来？」という記事を掲載しています。ここでは，スポーツ中の様々な行動を，ウェアラブルなデバイスや，革新的なセンシング技術の活用を通じて，選

手の心拍数からチームの戦術行動までのありとあらゆるデータを収集し，AIによる分析を通じて，選手個人やチームのパフォーマンスの向上，あるいは安全管理，さらには勝敗やスコアの予測，隠れた才能をもつ選手の発掘にまですでに実用化されている様子が伝えられています。そこでは，カナダのナショナルホッケーリーグ（NHL）やナショナル・フットボール・リーグ（NFL），プレミアリーグ，イギリスのゴルフ，アメリカのボクシング，プロアイスホッケーリーグ（NHL），アメリカンフットボール，カーレース，全米プロバスケットボールなどの具体例が報告されており，また選手のみではなく，スポーツ・ファンに対して使われる「チャットボット[7]」の実用例や，審判，スポーツ中継での活用，さらにはロボット・コーチの可能性にまで言及されています。また，IoTやブロックチェーンなど様々な他の先端技術の活用もスポーツにおいて探られていることが紹介されてもいます。

　ただ，データから推論によるルールの自動探索をおこなうAIは，人間のような判断≒思考力を人間を超えた精度で働かせることができる技術であるがゆえに，人間と「ともにある」ことが，技術の実利性からもあるいはその倫理性からも求められます。つまり，スポーツへのAIの利活用は，「Sport with AI」へと，スポーツと技術の関係の転換を迫りつつ，AIが「パートナー」あるいは人間とともにあってスポーツをおこなう「主体」を構成する不可欠の構成要素となる時代を拓いています。このような人間と技術の，あるいは自然と人工の「ハイブリッド」な組み替えの結果が，新しい社会における，新しいスポーツのあり方を生み出しはじめています。

❸　AI時代におけるスポーツの可能性

　ところで，社会学者の堀内は，結局のところ，「AI脅威論」や，その土壌となっている「人間中心主義（ヒューマニズム）」に固執することは，得策ではないのではないかと問題提起しています[8]。たとえば，スマートスピーカーに見られるような，「AIとの対話的な行為」は，「意欲する主体」が「意欲させられる技術」によって構成される，主体と客体の位置関係の倒錯を生み出します。ただ，この時に「人間らしさ」をもちだしても，**イネーブリング**[9]（Enabling）を強化するだけだとも指摘します。むしろ，理性や意志にではなく，AI等の先端技術によって拡大する「環境」の側に期待することこそが，「人間中心主義」を失うことによって，逆に得ることのできる新しい人間や社会の可能性ではないかと堀内はいうのです。AI時代のスポーツは，確かに「生身の人間」とスポーツの関係をどう捉えるのかという問題を私たちに突きつけます。AI技術とともに生きるのか，あるいはあくまでも技術としてそれを道具の位置に止めようとするのかは，もちろん読者自身の問題ではあるのですけれども。

（松田恵示）

▷5　オウンドメディア
企業等が，自前で所持するメディアのこと。広報紙やパンフレット，webサイトやブログなどを具体的には指す。

▷6　https://innovation.mufg.jp/detail/id=311

▷7　チャットボット
ネット上でのリアルな「おしゃべり」を意味する「チャット」を，AIを活用して自動的におこなう仕組みのことを指し，「チャット」と「ロボット」を合成した用語。

から成り立っている。このうち，コンピュータの処理の方法ややり方にあたるものが「アルゴリズム」である。

▷8　堀内進之介（2018）『人工知能時代を〈善く生きる〉技術』集英社。

▷9　イネーブリング
当該の行為者の手助けを他者がおこなうその行為自体が，逆に当該の行為者の問題を難しいものにしたり複雑なものにして，問題解決に向かわなくなってしまうこと。

（おすすめ文献）

†井上智洋（2016）『人工知能と経済の未来』文藝春秋。

†松尾豊（2016）『ディープラーニングで日本のモノづくりは復権する』ダイヤモンド社。

†堀内進之介（2018）『人工知能時代を〈善く生きる〉技術』集英社。

狩りのスポーツ

1 狩猟からスポーツへ──近代的な「良心」の形成へ

　人間の生活手段のひとつであった狩猟が，狩りというスポーツへと変化する過程について，N.エリアスは以下のように論じています[1]。

　生活手段としての狩猟では，人びとは自由な方法で動物をつかまえて殺し食べており，狩猟の楽しみは，「食べる」という実用的で現実的な快楽を見越した前快感として経験されました。それは銃が発明され殺す技術が容易になった時代以降も同じでした。しかし，近代スポーツ発祥の地イギリスにおいて，18世紀には狐狩りは，そのような狩猟とは明らかに異なる特徴を備え，楽しまれました。それは，狩りそのものにも，狩りをする人間にも，特殊な制約を課したものでした。たとえば，狩りの最中に狐以外の美味しい動物に出会っても無視すること，みずからは力の行使（殺すこと）を抑制し，訓練した猟犬の狩りを見る側に立つこと，などです。つまり，目的を達成するためには障害でしかない様々な制約（＝ルール）をみずからつくり，それを共有することによって，目的達成までの過程を意図的に長く保ち，過程そのものに興奮を追求するという方法が採られました。「食べる」「殺す」といった直接的な快楽や暴力から遠ざかり，代替的な快楽をできるだけ長いあいだ追求するためのルールが形成されたことを取り上げて，エリアスは，イギリスの狐狩りが備えたこれらの特徴こそ，スポーツの主要な要素であると論じています。

　もっとも，猟犬や鷹を使った貴族たちの狩りは，古来より続く，最も魅惑的な娯楽のひとつです[2]。しかしそれでも，イギリスの狐狩りが重要な位置づけにあるのは，イギリスの狐狩りが備えた前述の特徴が，スポーツの主要な要素であったばかりでなく，近代的な「良心」の形成に結びついたからです。あからさまな暴力に対する嫌悪感や，結果ではなく過程を評価する感受性などは，この時に人びとにはっきりと自覚されたのであり，それはスポーツ文化を育成するとともに，近代社会の社会意識にも共振していきました。

2 競争と偶然の楽しみ

　欲望の直接的達成から排除されてしまった後の，スポーツとしての狩りの楽しみがどのようなものかを考えるなら，R.カイヨワの提起した楽しみの分類が参考になります[3]。彼は楽しみの筆頭に競争の楽しみをあげ，次いで偶然の楽

▷1　エリアス，N.・ダニング，E.／大平章訳（1986=1995）『スポーツと文明化』法政大学出版局。

▷2　ジュスラン，J.-J.／守能信次訳（1901=2006）『スポーツと遊戯の歴史』駿河台出版。ヨーロッパ大陸において古くからある狩猟の歴史と法についての記載がある。

▷3　カイヨワ，R.／多田道太郎・塚崎幹夫訳（1967=1990）『遊びと人間』講談社学術文庫。カイヨワは，競争のことをアゴン，偶然のことをアレア，という言葉で，遊びの領域の分類をしている。

しみをあげていますが，狩りの楽しみとは競争と偶然との2つの要素の複合体として考えることができます。競争は偶然的要素を最も小さくしてこそ成り立ち，偶然は競争を無意味化するので，競争と偶然は対立概念であると捉えられることが多いのですが，しかし私たちの生きる現実の世界では，この2つは常に対立しているわけではなく，むしろつねに関係し合っているといってよいでしょう。たとえば平等と競争の原則に基づく現代の民主主義社会においてすら，私たちはしばしば，生まれ落ちた家庭環境や人との出会いの良し悪し等の偶然的要因によって，大きな影響を受けます。このように私たちの現実のなかでは，競争と偶然は必ず，不可分な一つの世界として現象し，遍在しています。

　狩りの技術は，狩られる動物の習性への理解や，刻々と変わる自然環境的条件の読み込みという，知識や知恵の高度な競争へと発展します。しかし狩りの結果は，技術の高さに正確に比例することはありません。実際に目的の動物に出会えるのかという偶然，獲物の母数が多いか少ないかという偶然，目的以外の動物が邪魔をしないかという偶然。競争に参加する人びとは，偶然に満ちた世界に挑み，偶然に恩寵にあずかることはあっても，競争が偶然を支配することはないことを知ります。私たちができることはせいぜい，この未知なる世界のなかで少しでも運を引き寄せられるように，知識や知恵を磨くことしかありません。どんなに磨いたところで人間の予測や期待は必ず裏切られるのですが，知識や知恵を磨くことが無駄ではないこともわかります。人間が偶然を支配することはできないにせよ，知識と知恵は，偶然という恩寵をたぐり寄せる「可能性」を高めてくれるかのような期待があるからです。ここに狩りの面白さがあります。

❸　倦怠の階級と狩りの文化

　狩りを発達させてきた特権階級は，すでに確実な安定と豊かさに恵まれ，競争と偶然が生活を左右することなどない人びとです。未知なる可能性に心躍らせたり，自分に恩寵が与えられているという確証を新しく実感し喜ぶことは，常に勝利し続ける運命の，いわば倦怠の階級にとっては，得難いものでしょう。そのようななかで「自然」だけは，彼らの支配の外側に残されたものです。彼らは狩りを通じて，予測不能の偉大な世界である自然と対峙し，知恵をもって闘います。それは，みずからの存在の意味を求める人間にとって必然的な，文化的行為です。その闘いの先には，世界の創造主への接近があり，また，自分が恩寵に満ちた世界にいるのかどうかの判断材料があります。もちろんいつも運があるわけではないのですが，運が予測不能だからこそ，狩りは文化となるのであり，楽しむ理由があるといえるのです。

（中江桂子）

おすすめ文献

†エリアス，N.・ダニング，E.／大平章訳（1986=1995）『スポーツと文明化』法政大学出版局。
†ジュスラン，J.-J.／守能信次訳（1901=2006）『スポーツと遊戯の歴史』駿河台出版。
†カイヨワ，R.／多田道太郎・塚崎幹夫訳（1967=1990）『遊びと人間』講談社学術文庫。

② 冬のスポーツ

① 生活の道具からスポーツへ

　私たちの祖先は，冬の銀世界が広がるなかで生活するために，様々な工夫をしてきました。そこでは食料が乏しく，狩猟をしたり，物資を運んだりするために，雪上や氷上を移動する道具が必要不可欠でした。この移動するための道具を使って競争したり遊んだりしたのが，現在の冬のスポーツにつながっています。

　冬のスポーツで使われる道具の起源は非常に古く，たとえば，スケートに通じる道具は，旧石器時代のものが発見されています。そこでは，動物の骨などをスケートの刃のように加工し，凍った川や湖上で物資を運んだと考えられています。スキーに通じる道具も，いまから約1万年から5000年も前に，狩猟するときに使われていたものが発見されています。

　このような道具は，はじめ木や動物の骨などでしたが，その後，鉄やプラスチック，カーボンなどの素材も使われるようになりました。現在ではエンジン付きのスノーモービルもスポーツとして楽しまれるようになっています。生きていくために必要不可欠であった道具が変化し，楽しむために道具が進化しているのが冬のスポーツの特徴です。

　さらには，楽しみ方の違いが競技種目を分化させていきます。中世以降，オランダでは，冬になると凍結する運河で，様々な人が娯楽としてスケートを楽しみます。そのなかで，目的地に早く到達することを重視したものと，優雅さや芸術性を重視したものが生まれます。この背景には，農民階級と貴族階級の文化の違いが存在していました。貴族階級の優雅さを求めた滑り方は，ヨーロッパ貴族によって広まっていきます。一方で，スピードを重視したものは，競技会を中心に農民階級に広がっていきます。この遊び方の違いが現在のフィギュアスケートとスピードスケートとして別の競技種目に発展しているのです。スキーも同様で，歩く，跳ぶ，滑るといった目的によって楽しみ方の違いが生まれていきます。そしてスキーは，技術が体系化された地域によって滑り方や道具が異なり，それが今日の多様なスキー競技種目の起源となっているのです（表Ⅷ-1）。

▷1　日本には，「かんじき」や「すかり」という雪上歩行するための道具があったが，スキーなどの起源とは異なる。これらの道具を起源とするものは，スノーシューとして雪山登山のようなスポーツに使われている。

表Ⅷ-1　スキー種目

アルペンスキー	滑降，回転，大回転，スーパー大回転，複合
ノルディックスキー	ジャンプ，クロスカントリー，コンバインド
テレマークスキー	大回転，スプリントクラシック，クラシック
フリースタイルスキー	エアリアル，モーグル，デュアルモーグル，アクロ，スキークロス，ハーフパイプ，ビッグエア，スロープスタイル

② 冬のスポーツの広がり

　さらに，生活のための道具や行為様式がスポーツへと発展していくためには，より多くの人が楽しむための「遊び」として普及していく必要があります。この普及の仕方は，それぞれの競技によって異なりますが，以下のようなことがきっかけとなっています。(1)貴族階級の娯楽として普及，(2)大陸横断などの偉業へのあこがれ，(3)競技会を通しての普及（王室のバックアップ），(4)技術や指導法の体系化（技術論争），(5)オリンピックの開催，(6)道具の進化など，様々な要因があります。このように，冬のスポーツが浸透していくには，その時代や国民の関心といった社会・文化的な背景が密接に関連しています。

　現在では，国際レベルや国レベル，地方レベルに応じて連盟や協会，団体といった組織がつくられています。この組織は，オリンピックや各種大会を開催するだけでなく，雪や氷のない国や地域の人びとにも参加してもらえるような努力をしており，冬のスポーツがさらに発展するために一役買っています。

③ 日本における冬のスポーツとオリンピック

　日本における冬のスポーツは，その多くが海外から輸入されたものです。スケートは，アメリカ人のW.ブルックスが1877年に札幌農学校（現・北海道大学）で紹介したことから広まったとされています。スキーは，1911年にオーストリアの軍人であるT.レルヒ少佐（図Ⅷ-1）がスキーを教えたことから，新潟県の高田（現・上越市）が発祥の地とされています。ところが，それよりも以前の1908年に，スイス人のH.コラーがスポーツとしてスキーを札幌農学校で紹介していました。ですが，高田が全国普及へのきっかけをつくったということで，この地に記念館がつくられているのです。起源をめぐっては様々な捉え方から議論されていますが，そうした議論や論争自体が結果的にそのスポーツを広く知ってもらうことにつながっているのは興味深いことです。

　その後，日本で定着してきた冬のスポーツは，様々なブームを起こし，オリンピック招致に結びついていきます。1940年に一度，札幌オリンピックの開催が決定していたものの，日中戦争のために幻となりました。そのために様々な関係者が辛い思いをしていますが，1972年にやっと日本で初めて冬季オリンピックが札幌で開催されました（図Ⅷ-2）。また，1998年にも長野で冬季オリンピックが開催され，多くの人に感動を与えました。たとえば，トリノ・オリンピック（2006年）で日本女子代表がカーリング7位入賞をはたしたことで，カーリングブームがおこったりと，日本チームの活躍が多くの人びとが冬のスポーツへ関心を向けるきっかけになっています。しかし今後は，メガ・イベントだけに頼るのではなく，環境問題とも向き合いながら地域との密接な関連のもとに発展していく必要があります。　　　　　　　　　　　（原　祐一）

図Ⅷ-1　レルヒ少佐
1911年高田金谷山
にて

出所：長岡忠一（1989）
『日本スキー事始め』
ベースボール・マガジ
ン社。

図Ⅷ-2　札幌冬季
オリンピック大
会記念切手

▷2　日本スキー発祥記念館が新潟県上越市大字大貫にある。

おすすめ文献

†石田雄太（1998）『メダルへの伴走者──スポーツ用具開発に携わる者たちの熱きドラマ』出版文化社。
†コークリー，J.・ドネリー，P.／前田和司・大沼義彦・松村和則共編訳（2004=2011）『現代スポーツの社会学──課題と共生への道のり』南窓社。
†新井博（2011）『レルヒ知られざる生涯──日本にスキーを伝えた将校』道和書院。

3 山・野原のスポーツ

❶ スポーツとしての登山

　登山はスポーツでしょうか。山に登ったり，海で泳いだりと，人は自然と様々な形で向き合いますが，自然を相手にする登山には，人間を相手にする野球やサッカーほどには，スポーツらしさを感じにくいかもしれません。むろん今日では，おいしい空気や美しい風景を味わうような，レクリエーション・スポーツとしての楽しみは広まっています。しかしこれまでにも，勝敗を決し，記録を残す登山は盛んに試みられてきました。以下では，そうした登山の歴史を概観しつつ，今日的な登山の意味合いについて考えてみましょう。

❷ 国家的事業から商業イベントへ

　人はなぜ山に登るのでしょう。イギリスの登山家，G.マロリーが「そこにそれがあるから」と答えた逸話は有名ですが，これが「なぜあなたはエベレストをめざすのか」という質問への答えだったことはあまり知られていません。この発言は，1923年にニューヨーク・タイムズ紙に掲載されました。当時のエベレストは，北極点，南極点に次ぐ「第三の極地」とみなされており，人跡未踏の 頂 に立つことが，冒険のロマンを感じさせていたのです。

　背景には**アルピニズム**▷1の高まりがあります。19世紀にイギリスの貴族階級がはじめた欧州アルプスへの登攀は，近代的なスポーツの一環でした。アマチュアの純粋な冒険行として登場したアルピニズムは，20世紀前半の**国家主義**▷2の時代に，ヒマラヤ未踏峰への挑戦という形をとります。つまり8000mを超える高峰への初登頂競争がはじまり，それは**極地法**▷3による国家的事業となりました。フランス隊のアンナプルナ峰登頂（1950年）を皮切りに，イギリス隊のエベレスト（1953年），ドイツ・オーストリア隊のナンガパルバット（1953年），イタリア隊のK2（1954年），日本隊のマナスル（1956年）といった初登頂があいついで，1970年代までに目ぼしい未踏峰は姿を消します。

　すると競争の力点も変わってきます。手段はともあれ，ともかく山頂の征服に価値がおかれていたのが，より困難な状況での登攀が求められるようになりました。たとえば，前の登山者が残した幕営具や固定ロープを使わない，登攀を楽にする人工器具（酸素ボンベなど）を用いない，サポート隊や**シェルパ**▷4の力を借りない，夏季のような登りやすい時期を避けるなど，そうした**アルパイ**

▷1　**アルピニズム**
近代スポーツとしての登山の方法・技術や精神を総合していう。調査や狩猟といった目的から分離し，山に登ることそのものを目的とした登山をさすが，とりわけ難易度の高い，高度な登山技術を要する登山を意味している。
▷2　**国家主義**（etatism）
経済的または社会的な目標達成のために，国家権力を支持する運動やその傾向。
▷3　**極地法**
極地探検の方式を採用した集団登攀。ふもとのベース・キャンプから次々と高い場所へキャンプを移し，最終的に選ばれた運のよい精鋭が頂上を踏む形をとる。
▷4　**シェルパ**
現地人ガイド。
▷5　**アルパイン・スタイル**
大規模で組織立ったチームを編成しておこなう極地法とは異なり，個人の身体能力のみに頼ることを最大限に尊重した登山スタイル。
▷6　**バリエーション・ルート**
ノーマル・ルートとして標準化した登りやすい主稜線ではなく，誰にも登られていない稜線や岩壁をさす。
▷7　**セブン・サミット**
世界の七大大陸にある最高峰をすべて登頂すること。
▷8　**フリー・クライミング**
登攀のための道具を一切使わず，安全のための確保用具だけで，個人の技術と体

ン・スタイル[5]に従いながら，最少の装備で最短の日数をめざす競争や，バリエーション・ルート[6]からの登頂，同一人物によるセブン・サミット[7]や8000m峰14座の完全制覇が試みられて，アルピニズムは国家的事業から，プロの手によるスポンサー付きの商業イベントへと，その性質を大きく変えていくのです。

③ スポーツ・クライミングの台頭

　そしてアルピニズムが，人跡未踏のピーク・ハントから，前人未到の記録を打ち立てるギネスブック的なものに推移するのと並行して，困難な山へ挑むことを目的としたアルパイン・クライミングに代わり，純然と登る行為を楽しむフリー・クライミング[8]が脚光を浴びてきます。つまり，もともと登山のための手段であった岩登りが独立し，登攀の技術のみが競われるようになります。

　フリー・クライミングは，近代登山が登場したころからあるとされますが，それが明確に意識されるのは1950年代のヨセミテ[9]登攀からです。日本では70年代半ばから紹介されはじめ，80年代に山岳専門誌『岩と雪』による啓蒙で多くの人に認知されました。近郊の岩場がフリー・クライミング用に開拓され，難易度の等級が定められて，登攀ルート図集の刊行，競技会の隆盛，人工壁の製造，協会の設立と，とんとん拍子に制度化が進んでいきます。

　そして1990年代後半には，フリー・クライミングは国際的にもメジャー・スポーツへの道を歩んでいます。全国各地に屋内のクライミング・ジムが整い，年間を通じて数々の大会が催されるようになると，自然の岩場に登ったことのないクライマーも珍しくはなくなり，初心者でも手軽にボルダリング[10]が楽しまれるようになって，今日のクライミングは独自の進化を遂げています。ただし山にこそ登りませんが，個人の身体能力のみに頼ろうとする点で，今日のアルパイン・スタイルと人工壁のフリー・クライミングには，近代スポーツとしての共通項があるといえるでしょう。

④ 記録の個人化

　日本においては，以前は登山というと，山岳部やワンダーフォーゲル[11]のイメージが強く，青年のおこなう過酷な遊びとみなされがちでした。しかし近年では，登山用具の発達・軽量化により，中高年にも登山の楽しみは広がっています。また，高齢者でも気軽に登れるように山道が整備され，個人の技術・体力にみあったルートで，無理なく景色や運動を楽しめるようになりました。

　ただし百名山ブーム[12]が象徴するとおり，そこには数々の山を踏破し，記録を更新していく楽しみもあります。むろんその記録は，もはや一握りの登山家だけに許された前人未到のものではありません。しかし各人各様に自分の記録を伸ばす機会が開かれたという意味で，それは，登山が本格的に「スポーツ化」した証とみなせるかもしれません。　　　　　　　　　　　　（木島由晶）

力だけを頼りに岩を登る行為。登攀のために道具を使った場合は，人工登攀（エイド・クライミング）として区別される。

▷9　ヨセミテ
アメリカ・カリフォルニア州にある花崗岩の大峡谷。長さ10kmほどの谷の側壁に，高さ500-1000mほどの岩壁が連なり，今も世界中のクライマーにとって憧れの地になっている。

▷10　ボルダリング
命綱のような確保用具を用いずに，最低限の道具（シューズとチョーク）で岩や石，人口の壁面を登るスポーツ。

▷11　ワンダーフォーゲル
19世紀の末にギムナジウムの学生だった K. フィッシャーがはじめた青少年の野外活動。自然をフィールドの中心におき，山野を集団で遍歴しつつ様々な活動をする。それは社会の規範から自由でありたいと願う「渡り鳥」の意味合いをもっていた。

▷12　百名山ブーム
登山家でもあった深田久弥の随筆『日本百名山』（1964年）で取り上げられた山々を，NHK が BS 放送で1994年に放映したことで火がついた。中高年を中心に，今でも百名山の踏破を目標としたガイド・ツアーは人気が高い。

┌ おすすめ文献 ┐

†オコネル，N.／手塚勲訳（1995＝1996）『ビヨンド・リスク──世界のクライマー17人が語る冒険の思想』山と渓谷社。
†菊池敏之（1994）『我々はいかにして「石」にかじりついてきたか』東京新聞出版局。
†クラカワー，J.／梅津正彦訳（1997 = 2000）『空へ──エヴェレストの悲劇はなぜ起きたか』文春文庫。

4 自転車のスポーツ

図Ⅷ-3　ドライジーネ（ドレイス男爵によって考案された）

出所：©picture alliance / Quagga Illustrations

1 自転車の発明とレースの開催

　自転車は1817年，ドイツのドレイス男爵によって発明されたといわれています（図Ⅷ-3）。最初の自転車は木製で，前輪でかじを取り，後輪は固定されていたのは現代のものと同じスタイルです。ただ驚くべきことに，足を直接地面につけて，足で押すことによって前進する仕組みとなっていました。その後，1861年に前輪にペダルとクランクのついた現代の自転車の原型となるヴェロシペード（velocipede）がフランス人のP.ミショーによって発明されました。これが瞬く間に人気となり，ヨーロッパ，そしてアメリカへと浸透していきました。1869年11月には，最初のロードレースがパリからローレンまででおこなわれ，イギリス人のムーアが優勝しました。現在，世界最大の自転車レースといわれるツール・ド・フランスの第1回目のレースは，1903年に2428kmの距離（現在は3500km前後）でおこなわれました。このレースを考案したのが「ロト」紙という新聞社で，ライバル社との販売部数競争に勝つために報道の目玉となりうるイベントをつくろうとしたのがきっかけでした。

2 社会変革をもたらした自転車

　初期の自転車は，その値段や技術習得に要する時間等の理由により，イギリスでは上流階級の乗り物でした。しかし，その後工業技術の発展にともない，自転車の量産が可能になり，上流階級以外の人たちにも，交通手段として浸透していきました。『タイムマシン』等で知られる作家のH.G.ウェルズの著書のなかには，「中下流クラスの呉服屋のアシスタントが，休日にサイクリングで中上流階級の女性と出会う」という話が書かれています。そこには自転車に乗ると，階級もマナーもジェンダーさえも関係ないことが表現されていました。自転車が女性解放にも一役買ったことについての記録も残っており，1896年のニューヨーク・サンデーワールド紙のインタビューに対して，当時の婦人参政権論者のアンソニー女史は，「自転車は世界の何よりも婦人の解放に貢献している。（中略）それは婦人に自由と克己心を与えている」と話しています。1890年ごろまでにすべてのメーカーが女性専用のモデルを発売するなど，自転車がいかに女性の間で人気を博していたかが窺えます。[1]

▷1　Penn, R. (2010) *It's All about the Bike*, Particular Books.

3　技術革新と自転車競技の隆盛

　第二次世界大戦後の自転車製造に関しての技術革新は目覚ましく，新素材や変速機等の開発によって，自転車の高速化が進んでいきました。1950年代に入るとプロのロードレースが人気を博し，ヨーロッパでは一大スポーツとなっていきました。1958年には，女子も世界選手権に出場できるようになりました。同時期にスタートしたテレビ中継によってプロのレースが放映されるようにもなり，優勝賞金も高額になっていきました。1960年代になり，自動車の急激な普及により，移動手段としての自転車の人気には陰りが出はじめました。しかし1970年代に入り，BMX▷2やマウンテンバイクなど新しいカテゴリーの自転車が普及し，自転車熱が再燃してきました。また，折からのフィットネス・ブームにより，エクササイズとしての自転車にも人気が集まっていきました。1986年にアメリカ人のG.レモンが，ヨーロッパの選手に独占されてきたツール・ド・フランスの勝者の座をヨーロッパ以外の選手として初めて獲得しました。1996年のアトランタ・オリンピックからマウンテンバイクのクロスカントリーが種目として採用され，2000年のシドニー・オリンピックには，トライアスロンが新たに加わりました。BMXによる様々なカテゴリーのレース（バイシクル・スーパークロスやスラロームなど）の世界大会も注目を浴び，2008年の北京オリンピックではオリンピック種目としても採用されるまでになりました。

4　環境，健康，都市の活性化に対する自転車の効用

　コペンハーゲン，アムステルダム等のヨーロッパの都市は，早くから自転車を活かしたまちづくりに取り組んできました。街中から自家用車を閉め出し，自転車専用レーンや駐輪スペースの拡充に努めてきました。アムステルダムやコペンハーゲンでは，自転車による移動が全移動手段のうち30パーセントを超えています。こうしたアクティブなライフスタイルが市民の健康促進にも大きく寄与しているという認識も広まり，多くの都市が自転車を基幹交通手段として推進しようという気運も高まっています。パリ，ロンドンといった大都市において大規模なシェアバイク・システムが導入され，旅行者や地元住民から好評を博しています。環境問題に関しても，地球温暖化の原因とされる二酸化炭素の排出の約9割が自動車によるものとされています。そのうち自家用車が約6割を占めます。国土交通省は，二酸化炭素排出量の削減のために，自転車道の整備や駐輪場の確保が有効であることを「CO2削減アクションプログラム」でも明記しています。

　環境にやさしく健康にも良い自転車。日常的移動から，レクリエーション，競技スポーツへと様々な形で活躍できる自転車への期待はますます大きくなっています。
　　　　　　　　　　　　　　　　　　　　　　　　　　　　　　（海老島均）

▷2　BMX
Bicycle Motocross の略。1970年代にアメリカではじまり1982年には初の世界選手権が開かれた。

（おすすめ文献）
†安家達也（2003）『ツール100話──ツール・ド・フランス100年の歴史』未知谷。
†Penn, R.（2010）*It's All about the Bike*, Particular Books.
†Sidewells, C.（2003）*Complete Bike Book*, Dorling Kindersley Limited.

体育とスポーツ

❶　体育の誕生

　日本において，身体が教育の対象として初めて位置づけられたのは，1872（明治5）年の学制の公布のときです。この年，日本は西欧，とくにドイツ，フランスを模範とした近代公教育制度を立ち上げようとしていました。そしてこのなかで，「体術」（体育）という教科が設置されることになりました。西欧近代国家に対抗して，近代的軍隊を整えることが明治政府にとっては急務でした。陸軍はこのため，体操法を懸命に研究し，実践しようとしていました。それは，日本の当時の農民たちの動作の基本となっていたのは，**ナンバ**の動きであり，この動きからは，戦闘に必要な機敏な動作が生まれなかったからです。もちろん，当時の日本人の身体は，西欧人とは動作が違っていただけではありません。たとえば，「ハラが大きい」「ハラがたつ」「ハラを読む」などの日本語にみられるように，日本人が身体の中心を西欧のように「あたま」ではなく，「ハラ」に置いていたことはよく知られています。だからこそ，日本において服装の洋装化が進んだとき，着物の「帯」をやめることには，相当の抵抗がありました。身体意識が異なっていたのです。しかし，「富国強兵」をめざす近代国家の建設のために，このような日本人の身体はつくりかえられる必要がありました。ここに，身体を直接に教育の対象とする「体育」を重視する必要があったのです。

❷　体育によってつくられる「身体」

　ところが，「芸」は鍛えても身体を鍛えるという習慣のなかった日本の社会において，「体育」はなかなか受け入れられませんでした。そこで明治政府は，学校の特別活動として紹介されはじめていたスポーツという文化や，それが持つ「遊戯性」に注目します。スポーツには遊びの要素があり，身体を鍛えるという習慣のない当時の日本の国民にとっても，外国から入ってきた新しい遊びということではあまり抵抗なく広がりつつありました。そこで，「**体育**」にも，こうしたスポーツを教材として使えばよいのではないか。このように考えた明治政府によって，スポーツはさらに体育の中で普及していくことになりました。そして，このスポーツを通して，日本人は近代的な身体技法や身体意識を初めて身につけていくことにもなるのです。たとえば，何センチ，何秒などと，数

▶1　ナンバ
右手と右足，左手と左足を同時に出す動きのこと。たとえば，大相撲の土俵入りの動きがそれにあたる。現代人の歩行のように，身体をひねって動くのではなく，腕や上半身をあまり振らず身体がぶれないように動く。明治初期に来日したモースがとった写真には，ナンバの動きで走るポーズをとった当時の飛脚が写っている。

▶2　体育
体育の概念には，これまで大きく「身体の教育」「運動を通した教育」「運動・スポーツの教育」の3つの時代変遷がある。身体を鍛えることを直接のねらいとした時代から，運動の実践を通した全人教育の時代を経て，生涯にわたって文化的な営みとして運動やスポーツに親しむことをねらいとする時代への変化ということができる。学校体育は，教育制度の一部であるために，その時の社会の維持・存続に機能するものであり，社会変化によってその力点がつねに動くという性質をもっている。

字で「身体」の能力を捉えるという習慣は，スポーツや体育においては当たり前のことです。遊びの要素を持つがゆえに引き込まれてしまうスポーツという文化を通して，私たちは自分の身体を，能力という視点から対象化するとともに，数字や客観的な指標によって認識する習慣を身につけてしまうわけです。

　こうしてスポーツを通して新しい身体観が広がっていくことは，「モデルとしての身体」が社会的に形づくられることでもありました。身体が対象化され「身体」として客観的に捉えられるようになると，次に知りたくなるのは「どのくらいならばよいのか」「どのくらいであれば普通なのか」といった，標準，理想，平均などとして形づくられる「身体」，つまり「モデルとしての身体」です。そうした「身体」は，「日本人なら」とか「普通は」といったことからつくられやすいところがあります。このとき「身体」は，ひとつの規範としての意味を持つことになります。明治期以降の近代公教育においてスポーツが教材化されるとき，めざされたものは「国にとってふさわしい身体を持った国民」の形成でした。初代の文部大臣，森有礼は，富国強兵という当時の政府のスローガンにおいて体育が持つ重要性を強く認識していました。日本という国家を支える国民の「身体」の育成に，喫緊の政治的課題をみていたのです。運動会が，学校で必ずおこなわれる行事として発展するのは，この森の施策によるところが大きいといわれます。つまり，こうして「身体」は，政治的な構成物として社会的に構築されていったのです。

❸ 体育とスポーツの共犯関係

　一方で，こうした背景を持って展開した「体育」だからこそ，スポーツにはない独特の文化もそこには存在しています。たとえばスポーツマンと**体育人**という言葉を比べてもわかるように，「体育」にはスポーツにない様々な社会意識が含まれています。この面から逆にスポーツを照らし返してみることも面白いことです。

　J.ホイジンガやR.カイヨワも論じたように，本来，スポーツは「遊び」の要素を不可欠とした文化的営みです。ところが，ホイジンガも批判したように，合理化や高度化，手段化が進む近代スポーツは，たしかに遊びの要素を欠落させています。体育も，その過程を進めたひとつの動因かもしれません。スポーツへの指向は，たとえば高齢者スポーツの振興とそれがセットで語られるとき，「寝たきりにならない元気な高齢者」といった言説となって，結局のところ「体育」と同様に，社会がコントロールした「身体」を構築することになる側面もあります。「**コンピテンシー**」が重視される昨今の教育改革のなかでも，「自由なスポーツ」「不自由な体育」という基本図式は変わっていないのかもしれません。

（松田恵示）

▷3　**体育人**
いわゆる「体育会系」という言葉に対して，たとえば体育教師や監督，コーチなど，より専門性が強く体育の普及に努め，かつ自身のアイデンティティを「体育」におく人をさす言葉。体育人という言葉には，質実剛健といったプラスイメージとともに，即物的，ご都合主義などのマイナスイメージも重ねられることが多い。

▷4　**コンピテンシー**
文部科学省では，OECD（経済協力開発機構）での議論を踏まえて，コンピテンシーを以下のように定義している。「『コンピテンシー（能力）』とは，単なる知識や技能だけではなく，技能や態度を含む様々な心理的・社会的なリソースを活用して，特定の文脈の中で複雑な要求（課題）に対応することができる力」（http://www.mext.go.jp/b_menu/shingi/chukyo/chukyo3/039/siryo/attach/1402980.htm）。

（おすすめ文献）
†ホイジンガ，J.／高橋英夫訳（1938=1973）『ホモ・ルーデンス』中公文庫。
†吉見俊哉（1994）「運動会の思想」『思想』845，岩波書店。
†三浦雅士（1994）『身体の零度』講談社。
†松田恵示（1999）『交叉する身体と遊び』世界思想社。

子どもとスポーツ

▷1　笹川スポーツ財団
（2017）『子ども・青少年の
スポーツライフ・データ
——4～21歳のスポーツラ
イフに関する調査報告書』
笹川スポーツ財団，22-40
頁。

1　子どもの「運動・スポーツ」活動

　子どものスポーツ・ライフに関するデータ[1]によれば，4～11歳の子どもの9
割以上が週1回は運動・スポーツをおこなっていて，しかも，そのうち未就学
児の56％，小学生では6割を超える子どもが週に5回以上，何らかの運動・ス
ポーツをしていました。「子どもたちが外で遊ばなくなった……」といわれる
ようになって久しいものの，日々の生活のなかで，運動・スポーツに時間を割
く子どもたちは決して少なくないということがわかります。

　ここで，子どもたちがおこなっていた活動を「運動・スポーツ」と呼んでい
ることには注意してください。というのも，彼らが実際にしていた種目の調査
結果では，サッカーや水泳，野球などの「スポーツ」とともに，おにごっこ，
なわとび，かくれんぼ，ぶらんこといった「運動遊び」も，多くの子どもたち
によっておこなわれていた事実が明らかにされているからです。

2　スポーツと運動遊び

　子どもたちだけで遊ぶおにごっこなどの運動遊びは，しだいに指導者として
の大人が介在するサッカーなどのスポーツにとってかわられていきます。とこ
ろが，大人の指導の下でおこなわれるスポーツには問題が見出されているので
す。たとえば，過度の練習による身体的負担が引き起こす野球肘などのスポー
ツ障害，様々な精神的負担から生じるスポーツからの離脱行動（ドロップアウ
トやバーンアウト）等の問題がこれまでに繰り返し指摘されてきました。

　一方，これとは対照的に，おにごっこに代表される子どもの運動遊びは，多
くの人びとから善なるものとして語られることが一般的です。教師をはじめと
する大人の多くは，かくれんぼやおにごっこをして遊んでいた自分自身の子ど
も時代の経験をよき思い出として捉えたうえで，そういった運動遊びをする機
会が減るとともに，スポーツの世界に早い時期から取り込まれていく現在の子
どもの状況を，「問題」として把握するわけです。

　そしてこうした問題意識は，かつての子どもたちには，異年齢集団による路
地裏や空き地での遊びのように，運動遊びが生活のそこかしこに存在していた
のに，それらの経験が減少したことによって，そういった遊びのなかで結果的
に保障されていた多様な面での発達が，いまの子どもたちには欠落していると

いう主張に結びついていきます。よくいわれるのは，子どもたちの体力や運動能力，そして社会性の発達が失われてしまったというものでしょう。

３ 背後にある共通の前提

　先述のような種々の問題が指摘されているにもかかわらず，多くの親が子どもにスポーツをおこなわせる大きな理由には，スポーツの経験が子どもの成長にとって有益な効果があるだろうという期待があるはずです。こういった親たちのスポーツへの期待を，子どもの運動遊びを善なるものとして捉える立場の人たちはしばしば否定し，子どもたちの成長には制度化されたスポーツよりも未組織な運動遊びこそがふさわしいと主張します。

　このスポーツへの期待と運動遊びへの期待は，一見すると対立する考えのようにもみえるのですが，スポーツであれ運動遊びであれ，それが子どもたちにとって持つ意味を，ほとんど無意識のうちに手段的な効用性から語っているという点で，じつは共通しているといえるのではないでしょうか。

４ 問題を考える手がかり

　およそ80年も前にJ.ホイジンガは，人間という存在の根源を，遊ぶ存在という一点に集約しました。時代や社会がどのように変わろうとも，またそこでの子どもたちの生活がどのように変化しようとも，人間は遊ぶ存在であると見抜いたこのホイジンガの見解を否定することはおそらく誰にもできませんから，子どもも遊ぶ存在なのであり，運動遊びもスポーツも，それはまず子どもたちにとって遊び＝プレイとして意味を持つはずなのです。

　ホイジンガは遊びの本質を「面白さ」に求め，遊びに夢中にさせる力をまさにそこに見出しています。それがあるからこそ遊びは，遊び手である子どもたちにとって，みずから進んで追求しようとする意味を持った行為となるのであり，それ自体をおこなうことが目的となる自己目的的な性格の営みになります。運動遊びもスポーツも，そこでの経験がこの遊びの本質から遠ざかるほど，たとえば体力や運動能力を高めるためとか強い心を養うためにおこなうといったものに大人がしてしまえばしまうほど，子どもにとっては意味を見出しにくい，ただ身体を動かされる苦役になっていきかねません。

　子どもとスポーツの問題を考えていく際の手がかりのひとつは，そこで子どもたちが経験していることの質を，こういった視点から再検討してみることにあると思われます。すでにホイジンガは80年前の時点で，「スポーツは遊びの領域から去ってゆく」と警鐘を鳴らしていました。この指摘は，今日でもなお示唆に富んでいます。なぜならば，子どもとスポーツをめぐる現在の多くの問題が，遊びの本質を失うなかで生まれているからです。

（鈴木秀人）

▷2　ホイジンガ，J.／高橋英夫訳（1938=1973）『ホモ・ルーデンス』中公文庫，15-71頁。

▷3　ホイジンガ，同上書，399-402頁。

（おすすめ文献）
✝鈴木秀人（2008）「子どもの現在と楽しい体育」全国体育学習研究会編『「楽しい体育」の豊かな可能性を拓く』明和出版，50-63頁。
✝深谷和子ほか編（2008）「特集子どもとスポーツ」『児童心理』62巻14号，金子書房。
✝山本清洋（2005）『子どもスポーツの意味解釈――子どものスポーツ的社会化に関する研究』日本評論社。
✝鈴木秀人（2018）「運動・スポーツの『面白さ』からやる気を考える」佐藤善人編『子どもがやる気になる!! スポーツ指導』学文社，30-39頁。

3　遊びとスポーツ

1　余暇・遊び・レクリエーション

　労働やその他の社会的義務時間および生理的必要時間を除いた，個人が自由に裁量できる時間を，「余暇」（レジャー：leisure）といいます。この「余暇」は，「社会的拘束から解放されて，自由に裁量できる」という性格を基本とするので，社会的価値から離脱あるいは自立しながら，喜びや楽しみを追求する方向に向かいます。そうした側面を持つ活動の中核として，「遊び」（遊戯）があるわけです。オランダの文化史家J.ホイジンガは，自由，非日常性，没利害性，時間的・空間的隔離，ルールの支配といった条件のなかで，「面白さ」「楽しさ」の追求を本質とする活動が「遊び」であるとしており，これが現在も広く受け入れられている遊びの定義となっています。なお，この遊びに対して，余暇のなかの「価値志向的」な活動が，「レクリエーション」です。レクリエーションは，本来リ・クリエートすなわち再び創るということを意味し，労働へと回帰するための精神的・身体的エネルギーを再創造することであり，さらに日本においては，教育的価値や道徳的価値，健康的価値といった効用性が強調され，余暇善用として捉えられる傾向が強かったといえます。レクリエーションは，本来的には効用性と切り離せないものであるにせよ，精神的・身体的エネルギーを再創建するために必要な「楽しみ」や「喜び」をスポイルしてしまわないように，あくまでも「遊び」性を根底に有していることが望ましいでしょう。

2　遊びとゲーム

　この「遊び」の分類のしかたにはいろいろありますが，よく知られているものとして，R.カイヨワの「アゴン」「アレア」「ミミクリー」「イリンクス」があげられます。アレアは「偶然」に身を委ねる賭けの遊び，ミミクリーはごっこ遊びや演劇のようなふりをする「模擬」遊び，イリンクスは子どものくるくる廻りやジェットコースターに乗るなど「眩暈」をよぶ遊びです。アゴンは「競争」に主体をおいた遊びであり，これが「ゲーム」にあたるといえます。

　M.アベドンとB.サットン＝スミスも，『ゲームの研究』という本のなかで，ルールの支配下での力と力の対立，すなわち競争の要素を含んだ遊びがゲームであることを述べています。

▷1　ホイジンガ，J./高橋英夫訳（1938=1973）『ホモ・ルーデンス』中公文庫，328-329頁。

▷2　カイヨワ，R./多田道太郎・塚崎幹夫訳（1967=1990）『遊びと人間』講談社学術文庫，42-66頁。

▷3　Avendon, M. and Sutton-Smith, B. (1971) *The Study of Games*, John Wiley & Sons, Inc., p.7.

3　遊びとスポーツ

「スポーツ」という言葉は，フランス古語の de-sport やラテン語の de-portare が語源とされます。それらは，まじめな「仕事」から離れるということを意味していましたが，スポーツの概念は，時代や社会によって変化してきました。たとえば，近代スポーツの発祥地とされるイギリスでは，P.C.マッキントッシュが「山を登ることから恋をすることまでの，また自転車競走から悪ふざけをすることまでの活動を一切網羅している」と述べています[4]。しかし，B.ジレ[5]が1949年に指摘した「遊戯，闘争，激しい肉体的活動」という要素を含めたスポーツの定義が世界の共通理解となっています。それゆえ，「遊び」のうち競争（闘争）を含んだものが「ゲーム」であり，そのゲームのうち激しい肉体的活動をともなうものが「スポーツ」であるといえます。

　このように，スポーツは遊びのなかに包含され，その一形態であるといえますが，次に「競技としてのスポーツ」というものも考える必要があります。西村清和[6]は，主体と客体との関係に注目して，遊びとスポーツの違いについて指摘しています。「ものとわたしのあいだで，いずれが主体とも客体ともわかちがたく，つかずはなれずゆきつもどりつする遊動のパトス的関係」，たとえば「鍵束で遊ぶ」といった場合，掌と鍵とのふれあいに生起した主客未分の「ふれあいの同調」という独特の存在様態こそが，遊戯（遊び）の本質であるとします。すなわち遊びとしてのスポーツでは，「競争」がおこなわれるわけですが，相手を打ち負かすことよりも，交互に役割（攻守ところ）を変え，反転する往還の遊動こそが面白さの本質をなすことになります。勝負への固執よりも，駆け引きを楽しむことに重点がおかれているといえるでしょう。それに対して，競技スポーツでは，相手を打ち負かすといった「主体が客体を能動的に支配する企て」が優位となると，西村は述べます。このように主体としての行為者の客体（相手など）との関係のあり方に注目すると，「遊び」としてのスポーツと「競技」としてのスポーツという範疇化が可能となってくるのです。

　現在の「競技」スポーツに至っては，「闘争」が極度に追求され高度化されるにつれ，ルールの精緻化や組織化・制度化の進展をともなうなか，もはや「遊び」から隔絶してきたといわざるを得ません。暴力，ドーピング汚染の拡大などにみられるように，スポーツは人間を豊かにするどころか，不幸にする側面を現すようになりました。「文化は遊戯として，遊戯のなかに成長していく」という構想を展開させたホイジンガは，すでに20世紀前半に，遊戯性を失ったスポーツは闘争的本能の孤立的な現れにすぎず，文化ではなくなっていると指摘していました。

（西村秀樹）

▷4　マッキントッシュ，P.C.／飯塚鉄雄校閲，竹田清彦・石川旦共訳（1963＝1970）『スポーツと社会』不昧堂出版，18頁。
▷5　ジレ，B.／近藤等訳（1949＝1952）『スポーツの歴史』白水社・文庫クセジュ，17頁。

▷6　西村清和（1989）『遊びの現象学』勁草書房，26-33頁。

（おすすめ文献）
†西村清和（1989）『遊びの現象学』勁草書房。
†ホイジンガ，J.／高橋英夫訳（1938＝1973）『ホモ・ルーデンス』中公文庫。
†井上俊（1977）『遊びの社会学』世界思想社。

4 学生スポーツ

▷1　学校運動部活動
その学校の児童・生徒・学生が放課後などに組織的・継続的におこなう教育課程外のスポーツ活動。中学・高等学校の運動部活動の歴史や現状については，中澤篤史（2014）『運動部活動の戦後と現在』青弓社，を参照。
▷2　海外のスポーツ文化を考えるうえでも，学生スポーツは重要である。たとえばアメリカは学生スポーツが盛んで，アメリカのスポーツ文化に大きな影響を与えている。その歴史については，スミス，R.A.／白石義郎・岩田弘三監訳（1988=2001）『カレッジスポーツの誕生』玉川大学出版部；中澤篤史（2018）「アメリカの運動部活動の歴史」早稲田大学スポーツナレッジ研究会編『スポーツ・エクセレンス』創文企画，を参照。
▷3　E.ベルツ
医学部で生理学と内科学を教えたドイツ人医学者。武道や水泳を広めた。草津温泉の研究でも有名。その生涯は，『ベルツの日記』（2003，岩波文庫）を参照。
▷4　F.W.ストレンジ
入学準備をする予備門で英語を教えたイギリス人語学教師。ボートや陸上競技を広めた。渡辺融（1973）「F.W.ストレンジ考」『体育学紀要』7，7-22頁を参照。
▷5　三島弥彦
短距離陸上選手。東京帝国大学の学生としてオリン

1　スポーツ文化と学生スポーツ

　学生スポーツは，日本のスポーツ文化を考えるうえで重要です。青少年のスポーツの中心は，欧州では地域クラブですが，日本では**学校運動部活動**だからです。学生スポーツに注目して日本のスポーツ文化を考えてみましょう。[1][2]

　なお，ここでは大学生を中心としながら，場合によっては中高生や専門学校生なども含めて「学生スポーツ」という言葉を使います。

2　学生スポーツから日本のスポーツ文化がはじまった

　学生スポーツは，いつはじまったのでしょうか。それは，明治期の文明開化の時代です。当時，欧米から，学問や技術とともにスポーツ文化が日本に入ってきました。それらの受け入れ先の中心が大学であり，とくに帝国大学（今の東京大学）は重要な場所でした。学問や技術を紹介するために帝国大学へ招かれた **E.ベルツ** や **F.W.ストレンジ** といった外国人教師は，学生にスポーツ文化も紹介し，大学の場でスポーツを広めました。そのため帝国大学の学生たちは，勉学だけでなくスポーツも積極的におこなったのです。[3][4]

　その帝国大学で，1886年，日本初の学生スポーツ団体である「帝国大学運動会」が誕生しました。その後，1887年に東京商業学校（今の一橋大学）で，1892年に慶應義塾で，1896年に東京師範学校（今の筑波大学）でそれぞれ学生スポーツ団体が誕生し，日本全国の学校に広まっていきました。

　今に続く学校運動部活動がどこから来たのかをさかのぼっていくと，この明治期の学生スポーツにたどり着きます。学生スポーツから日本のスポーツ文化がはじまったのです。

3　学生スポーツはトップアスリートを養成してきた

　トップアスリートの養成に学生スポーツはどんな役割を担ってきたのでしょうか。日本が初めて参加したオリンピックである1912年・ストックホルム大会には，**三島弥彦**と**金栗四三**の2名が参加しました。どちらも大学生でした。スポーツをする場所が大学くらいしかなかったため，トップアスリートにも大学生が多かったわけです。[5][6]

　その後はどうなったのでしょうか。オリンピック日本代表選手団における学

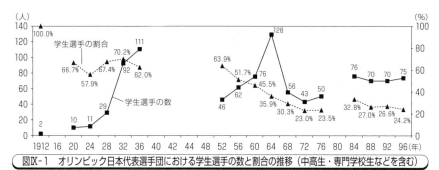

図IX-1　オリンピック日本代表選手団における学生選手の数と割合の推移（中高生・専門学校生などを含む）

出所：中澤篤史（2017）『そろそろ，部活のこれからを話しませんか』大月書店，42。

生選手の数と割合の推移を図IX-1に示しました。これをみると学生選手の数は，戦前は1912年の2名から1936年の111名まで急増します。戦中の不出場を挟んで，戦後は1952年の46名から1964年・東京大会の128名まで増え，その後50名前後に減りますが，1990年代では70名程度で推移します。増減はありましたが，学生スポーツはトップアスリートを養成してきたことがわかります。

　ただし，全選手に占める学生選手の割合は減少傾向にあります。その割合をみると，1912年の100％は別として，戦前は60-70％程度で推移しますが，戦後は減少し続け，1990年代では20％台にまで落ち込みます。なぜなら企業スポーツやプロ・スポーツが盛んになってきたからです。だから相対的に，学生選手の存在感が低下しました。

　2000年代になると，学生でありながら企業にも所属する選手やプロ契約をする選手が増えます。そのためここでは集計していませんが，選手の所属が複雑で多様になったため，「学生選手」という肩書きの意味も変わってきました。

④　学生スポーツの現在

　最後に，学生スポーツは，現在どんな状況にあるのでしょうか。いわゆる体育会系の運動部活動以外に，サークルや同好会なども盛んです。また**スポーツ**
推薦[7]を入試制度として取り入れる大学があります。

　しかし，正規授業で体育実技を実施することは，施設や指導者が不足を理由に，多くの大学で困難になっています。2016年度では，全学科で体育実技が必修の大学・短大は27.5％です[8]。一般学生がスポーツにふれるかどうかは，各学生に任せられています。

　他方で，スポーツ学部・学科をもち，スポーツ関連科目を用意する大学は増えています。2020年度では，スポーツを学べる大学は197にのぼります[9]。

　2019年，大学スポーツを競技横断的に統轄する組織として，「**大学スポーツ**
協会」[10]が設立されました。学業との両立，学生の健康管理，勝利至上主義など，大学スポーツの諸問題を解決する役割が期待されています。

（中澤篤史）

ピック出場。
▷6　**金栗四三**
長距離陸上選手。東京高等師範学校の学生としてオリンピック出場。2019年放送のNHK大河ドラマ『いだてん』で取り上げられた。
▷7　**スポーツ推薦**
スポーツ競技の成績を考慮して実施される推薦入試制度。具体的な入試のあり方は多様であり，学業成績の扱い方や授業料免除などの優遇措置の有無は様々。その歴史については，小野雄大ほか（2017）「わが国における大学のスポーツ推薦入学試験制度の形成過程に関する研究」『体育学研究』62(2)，を参照。
▷8　全国大学体育連合（2018）『2016年度　大学・短期大学の保健体育教育実態調査報告書』全国大学体育連合，9-10頁。
▷9　日本スポーツ産業学会編（2020）「スポーツ関連大学の入試情報一覧（2020年度）」『スポーツ産業学研究』30(4)。
▷10　**大学スポーツ協会**
スポーツ庁の日本版NCAA設立準備委員会で検討され，197大学と31団体が入会して設立された。通称UNIVAS（ユニバス）。

（おすすめ文献）
†木下秀明（1970）『スポーツの近代日本史』杏林書院。
†中澤篤史（2017）『そろそろ，部活のこれからを話しませんか』大月書店。

「部活」の文化

❶ 「部活」の多様性

　プロ・スポーツチームのジュニアチームや総合型地域スポーツクラブなど学校外のスポーツ組織が増えてきているとはいえ，「部活」は多くの人にスポーツに接する機会を提供しています。ひとくちに「部活」といっても種目，部員数，指導者数，競技レベル，活動頻度，活動形態などに注目すると，たとえ同じ学校内でもそのありようは随分異なっています。

　学校は社会的地位配分機能と文化伝達機能をもつといわれていますが，部員たちは，相当の時間やエネルギーを「部活」に割いています。彼らは「部活」でどのような行動様式や価値観を身につけているのでしょうか。近年の部活にまつわる話題も取り上げながら，「部活」について考えてみましょう。

❷ 誰が「部活」の主役か

　「（ラグビーは）様々な場面で方針を決定する判断力を養い，いったん方針を決めたらそれを実現させるための推進力を育む機会を提供できる」。これは約25年前に高校でラグビー部の指導をしていた一人の教諭に伺った言葉です。ここには，ゲーム中に「自分が何をするべきか」のすべての判断を任され，自己決定し，判断決定後に全力を尽くすプレイヤーが描かれています。彼らはルール，試合状況，技能などの影響を受けながらも，みずから状況を判断し，状況に働きかけ，「勝利」をめざすでしょう。

　さて，もしもこの言葉の前半部分がなければ，どのようなプレイヤーが描かれるのでしょうか。そこには誰かが決めた方針を達成するために疑うことなく突き進む姿が現れます。彼らは設定された課題にみずから積極的に取り組み，「勝利」をめざすでしょう。

　「部活」で伝達される文化を大きく特徴づけるのは，誰が状況を判断し，方針を決定するのかという点のようです。指導者やキャプテンがどの程度影響力をもつのでしょうか。ゲーム中の方針決定だけが「部活」の文化に影響しているわけではありません。練習やミーティング，さらには学校生活や寮生活等を通じて，文化のあり方は定められていきます。

　現実的には「部活」の文化は単純に二分されるわけではありません。たとえば，「先輩」と「後輩」の関係について考えてみましょう。「先輩」が決めたこ

▷1　中学，高校における運動部活動を念頭においているが，多くの生徒が用いる「部活」と表記する。

▷2　「部活」加盟者数は，2018（平成30）年度日本中学校体育連盟202万9612人（61.9%），2018（平成30）年度全国高等学校体育連盟122万5401人，2019（令和元）年度日本高等学校野球連盟15万2081人（硬式・軟式）である。

▷3　このラグビー部については，甲斐健人（2000）「高校ラグビー部員の『戦略』としてのスポーツ」『高校部活の文化社会学的研究』南窓社，第4章を参照。

▷4　「ブラック」という呼称には倫理的問題が含まれる。そのことを承知しながら，社会的インパクトの大きさを活かすためにこの表記を用いる論者もみられる。

▷5　ただし，外部指導者を導入すれば「部活」が抱えている問題が即座に解決するわけではないことも指摘されている。

とには絶対に従うべきか，それとも，プレイするのに敬語など必要ないかについての判断は様々です。年長者を敬うという価値観と，パフォーマンスでは年齢は考慮しないという価値観とはかならずしも対立するわけではありません。部員たちはそれらを併せ持ちながら行動することになるでしょう。このようにしてつくられたそれぞれの「部活」の文化は，修正を加えられながら引き継がれていきます。

❸ 「過剰」の顕在化

　近年，高校バスケットボールクラブでの体罰，大学アメリカンフットボールクラブにおける危険タックル，大学柔道部員へのセクハラなど，「部活」における指導者の行き過ぎた行為が原因で社会問題となるような出来事が相次いでいます。また，強制入部や長時間拘束，不適切な指導による事故など，生徒たちの「自主的な活動」からは程遠い「部活」の状況も指摘されています。

　一方で，教員たちも「部活」によって苦しんでいることが問題視されています。部活指導に時間をとられその他の業務に手が回らない，わずかな手当で土日も出勤しなければならない，まったく馴染みのない種目の顧問をさせられる，という話は珍しくありません。

　これら「部活」の問題点は以前から様々な形で批判されてきましたが，2010年代半ば以降，「ブラック部活動」という表現で耳目を集めています[4]。教員が長時間の時間外労働を求められる要因として，相互にのめりこみを促す教員文化の存在や1971年に定められた「給特法」が現状に合わなくなっていることも指摘されています[5]。生徒にとっても，教員にとっても「部活」そのものが遊びから遠ざかっているのかもしれません。

　ここで確認しておきたいのは，「ブラック部活動」を批判する人びとが部活の廃止を主張しているわけではないということです。様々な論者によって「過剰」の適正化をめざす提言が試みられています[6]。

❹ 学校制度内部でスポーツをする

　「部活」の多様性を前提としながらも，いささか単純化しすぎたかもしれません[7]。部員たちがなぜそのように行動し，考えるのかを理解しようとするならば，学校文化や家庭や地域社会の文化にふれる必要もあるでしょう。部員たちは選手ではなく，生徒であり，「子ども」として日々生きる人びとです。

　また，ときには指導者の「教育的配慮」が「部活」運営に影響を及ぼすこともあります。「部活」は，「どのような文化を獲得して大人になるのか」という問いを顕在化させる学校内部の制度といえましょう。それは同時に，「部活」にかかわる人びとにとっても，学校がどのような意味をもつ空間なのかを問うことにもつながっているようです。　　　　　　　　　　　　　　（甲斐健人）

▷6　たとえば，島沢 (2017)，中小路 (2018) などを参照。どうして「部活」が加熱化しやすいのかについては高校野球を例に氏原 (2018) が記している。そこでは，過熱しやすい状況にあってそれに挑戦しようとする指導者の姿が描かれている。また，高校サッカー部員の主体性を生かしながら高い競技成績を残した事例としては伊藤 (2009) がある。競技成績があがらなくとも生徒に自分の意志で過ごす時間を提供した事例については甲斐 (2000, 第5章)，また，そこでの一人の高校生にとっての「部活」考えるうえでは甲斐 (2008) を参照されたい。島沢優子 (2017)『部活が危ない』講談社現代新書；中小路徹 (2018)『脱ブラック部活』洋泉社；氏原英明 (2018)『甲子園という病』新潮新書；伊藤和之 (2009)『広島観音サッカー部はなぜ強くなったのか』ザメディアジョン。

▷7　「部活」とジェンダーについては羽田野慶子 (2004)「〈身体的な男性優位〉神話はなぜ維持されるのか──スポーツ実践とジェンダーの再生産」『教育社会学研究』75，日本教育社会学会，105-125頁のフィールドワークがある。

おすすめ文献

†内田良 (2017)『ブラック部活』東洋館出版社。
†軍司貞則 (2008)『高校野球「裏」ビジネス』ちくま新書。
†甲斐健人 (2008)「『からだ』と学校文化──農業高校サッカー部員の事例」『社会学論集』16，奈良女子大学社会学研究会，27-42頁。

スポーツは人間形成に役立つか

1　スポーツの本質は「人づくり」

　スポーツと人間形成を考えるときには，3つの視点が必要です。

　まず，スポーツそのものが，成立史的にも人間形成に役立たせようとして組織化されたということです。それは，スポーツ発祥の地，イギリスにおいて顕著にみられます。16世紀から19世紀にかけて，つまり近代化と呼ばれる歴史の段階で，人びとの心や身体，価値観，世界観が急激に変化し，再構成されたとき（それを「文明化の過程」とN.エリアスは呼んでいます），スポーツが生まれました。そして，このスポーツがまた，人間の心や身体，価値観や世界観を従来のものから大きく変えていく新しい文化でもあったのです。スポーツの構造や特徴のなかに，社会的に人間を形成していく契機や機能が組み込まれていると考えることが肝要です。

　二番目には，子どもや青少年を対象として，教育という場で彼らを育てるために，スポーツを有効に利用しようとする視点です。たとえば体育の授業，部活動，スポーツ少年団などいくつかの場面で，子どもにスポーツを体験させることは良いことであるという親や教育者たちの考え方のなかにもこの視点は表われています。

　最後に，スポーツには，好ましく望ましい人間を育てる働きはもちろんありますが，逆に望ましくない人間を育てることになる場合もあります。過剰な「結果主義」「記録主義」や「優勝劣敗」という社会観などを，スポーツによって身につけてしまうこともあるという視点も必要です。
「スポーツと人間形成」についてこうした多面的な視点を持つことが，これからスポーツを楽しみ，学び，発展させようとする者には不可欠なのです。

2　スポーツマンシップとフェアプレイは教えられるか

　スポーツをすると「スポーツマンシップとフェアプレイの精神」が育ち，望ましい人間が育つといわれ続けています。そして，それを疑う者はほとんどいません。

　正々堂々と闘うことは，スポーツの基本的な精神であり，ルールに則って行動することは，スポーツをする者にとって最低の条件でもあります。そうしたスポーツによって育てられた精神は，社会に出ても好ましいものとして評価さ

▷1　多木浩二（1995）『スポーツを考える』ちくま新書；伊村元道（1993）『英国パブリック・スクール物語』丸善ライブラリー；坂上康博（2001）『日本史リブレット58　スポーツと政治』山川出版社。

▷2　城丸章夫・永井博（1973）『スポーツの夜明け』新日本出版社；杉本厚夫編（2001）『体育教育を学ぶ人のために』世界思想社；岡崎勝（1987）『身体教育の神話と構造』れんが書房新社。
▷3　坂上康博（1998）『権力装置としてのスポーツ』講談社選書メチエ。

れるはずでした。

けれど，はたしてスポーツマンシップやフェアプレイは人間形成にうまく機能しているでしょうか。たとえば，テニスで相手が転んだときに，ロビングボールを打ち返して，相手が立てるように手加減する方がよいのか，転んだ所を狙って打ち込んだ方がよいのか。考えが２つに分かれるところでしょう。

スポーツは勝利することをめざしてプレイする活動です。「相手がころんだら，正々堂々と試合ができないのだから，立ち上がるチャンスをこちらが与えるのはスポーツマンシップに則っている」というＡさん，「いや，試合中に転ぶのは技術が未熟なのだから，そこに手加減を加えることはフェアーではない。勝てるチャンスをモノにしないのはフェアプレイとはいい難い」というＢさん。どちらが，正しいのでしょうか。

もし私たちが指導する立場だったら，この問題をどう考えたらいいでしょうか。ロビングボールを打ったＡさんがスポーツマンとして望ましいとするのか，相手のミスを見逃さないで，きっちりとポイントをあげるＢさんが望ましいのか。スポーツで人間形成をしようとするならば，こうした問題をどう捉えるかを考えておかなければなりません。

また，子どもたちのなかには，プロのサッカー選手のプレイを見て，「先生，相手のトランクスを引っ張ってはいけないのでしょ？」という子もいれば，「大丈夫だよ，審判に見つからないようにやるのがプロ」という子もいます。もちろん，トランクスを引っ張ることは反則です。しかし，「競争で勝利すること」を第一義とするとき，多少の反則は，悪質でなければ「技術のひとつ」くらいに思われているのが普通です。

このようにスポーツに本質的にある「勝利主義」「競争原理」を考えると，スポーツによる人間形成は並大抵のことではありません。◁4

③ スポーツの幻想

「スポーツによる人間形成」を考えるとき，「私はスポーツによってよき人間になり得た」と言明するスポーツマンやスポーツ経験者の個人的な幻想を普遍化するのは危険です。スポーツに潜在する社会的，政治的，経済的な問題を「排除」してしまうことによって，「スポーツはいいものだ」「スポーツマンはすばらしい」と安易に考えるべきではありません。たとえば，スポーツマンたちの「不祥事」「犯罪」を，「スポーツをやっているのにどうしてあんな犯罪を……」と甘くとらえがちです。しかし，本当は「スポーツをやっているからこそあんな犯罪を……」と考えることも必要なのです。

スポーツにおける人間形成は，スポーツを個別的かつ主観的に捉えるだけでなく，社会的にどう捉えるかによって，中身が貧しくも豊かにもなるのです。

（岡崎　勝）

▷4　近代スポーツのなかでは，勝利こそがスポーツの本質とされ，「結果がすべて」というスポーツアスリートの発言がごく当たり前に市民に受容されている。しかしこれは，勝利至上主義や競争原理の危険性に対して，疑いや批判を持たずにスポーツを考える姿勢にほかならない。影山健編（1984）『みんなでトロプス──敗者のないゲーム入門』風媒社。

〔おすすめ文献〕

†木下秀明（1982）『兵式体操からみた軍と教育』杏林書院。
†山本哲士（2009）『ミッシェル・フーコーの思考体系』文化科学高等研究院出版局(株)。
†阿部潔（2008）『スポーツの魅惑とメディアの誘惑』世界思想社。

スポーツと地域主義

1　スポーツと地域主義の交差

　地域主義には，中央政府からの相対的な自立性を求める国内レベルのものと，主に地理的隣接性と国際経済にかかわって形成される国際レベルのものの２つがありますが，概念的には前者の方が先行してきました。異なる社会文化的個性を帯びた多くの地域を持つヨーロッパでは，早くから国内レベルの地域主義[1]の運動がみられ，スポーツは，ある面で，そうした地域主義的志向に支えられて発展してきました。また，近年では，東アジアサッカー選手権の開催等，国際レベルの地域主義との関係もみられます。

　日本では，戦後の高度経済成長を支えた産業優先の国の政策によって地域の衰退と環境破壊が生じ，これに対して展開された様々な住民運動やそれに続くまちづくり運動のなかで，産業優先の中央集権的政治に対抗して地域主義という言葉が使われるようになりました。この地域主義は1960年代から1970年代の住民運動，まちづくりの思想を総括し，体現する思想であったといわれています[2]。それは，ものづくりから生活づくりへの転換，一体的な地域意識を基盤とした地域の独自性，自立性をめざすものでした[3]。こうした状況に，国の政策も一部修正を余儀なくされました。地域におけるスポーツの振興による生活の充実やコミュニティの再形成という政策も，この時期に打ち出されたものです。こうして，地域主義とスポーツが交差する状況がもたらされました。

2　スポーツにおける地域主義的実践と表現

　地域の住民，行政，企業等の主体的で積極的な活動やその連携は，地域のスポーツの発展に大きく貢献しています。それは，住民自身のスポーツ活動の基盤をつくるだけでなく，プロ・スポーツクラブの設立や運営を可能にしてきました。このようなスポーツに関する地域主義的実践は，クラブの構成や運営などに反映されることもあります。たとえば，クラブの地元やその周辺地域出身の選手雇用を優先することや，その地域の人びとの運営への参加です。クラブにおいては，地域住民の熱烈な支援はその経営にきわめて重要であるために，彼らやファンへの配慮は欠かせません。選手自身においても，出身地や国籍にかかわらず，そのクラブや地域への愛着，愛情を示すことが求められます。

　また，地域独自の主体的な取り組みとして，日本一のスポーツ県やスポーツ

▷1　国内レベルの地域主義は，一国内の複雑で様々な要因が関連して形成されるが，近年では，グローバリゼーションが進行するなかで持続的発展を可能にする地域の再編，統合も意味するなど多様になっている。生田真人（2008）『関西圏の地域主義と都市再編』ミネルヴァ書房。

▷2　伊藤洋典（2008）「地域主義的思考とコミュニティの理論」『熊本法学』115，熊本大学，27-59頁。

▷3　鶴見和子・新崎盛暉編／玉野井芳郎（1990）『地域主義からの出発』（玉野井芳郎著作集第3巻）学陽書房。

X

のまちをめざすところもあります。これらは，地域のアイデンティティや愛着を高めるものですが，金明美は，旧清水市の事例について，スポーツ・イベントが種目団体や管轄省等の共催・後援となり，青少年への普及や強化指導においても「文武両道」等に表象される学校文化に沿っておこなわれ，ローカリズムが浸透すれば，ナショナリズムも浸透するという両者の関係を指摘しています。[4]

❸ スポーツにおける地域主義の発露と象徴的実現

　ヨーロッパなどでは地域に住む人びとによって形成されたスポーツクラブにおいてスポーツが楽しまれ，またプロのチームが生まれているように，伝統的にスポーツは地域と密接に関係しています。とくに地域名を冠したトップレベルのスポーツクラブは，人びとの憧れであり，プライドを満たすものとなっています。また，それは地域のシンボルになりやすく，シンボルとしてのスポーツクラブには，地域の期待に応えることが求められます。人びとは，地元出身のプレイヤーの存在と活躍，そしてクラブの勝利に熱狂します。それらは地域のプライドと優越感を刺激するものです。これは，C.ブロンバーガーらが指摘するように，[5]被支配や従属からの解放であり，その地域や地域に住む人びとの存在を象徴することにもなります。また，FCバルセロナ対レアル・マドリードFCのゲーム等では，クラブの勝利はその地域の優越，指導権を象徴的に表わすものとして受け取られます。地域の独自性や自立性を強調する地域でなくても，その地域のクラブの活躍は地域主義を刺激するものとなります。そのクラブの活躍は，地域の名を広め，注目を集めます。クラブは地域のシンボルとなり，地域アイデンティティを高めるでしょう。これにより，地域に対する誇りと愛着が強化され，人びとの地域主義的志向が刺激されることもあります。

　そのような例は，日本においてもみることができますし，また，アメリカでは，日本の高校野球のように，大学，高校スポーツにもそうした面が表われているといわれています。J.リーヴァーは，そのチームが地域の唯一の集合的象徴となることもあり，たとえスポーツ対決であっても，地域社会に対する感情が激しく高揚することを指摘しています。[6]スポーツは，生活の脱場所化[7]が進む現代において，帰属やつながりの基盤としての地域を，心情的かつ集合的に呼び起こすものとなっているようです。

　しかし，スポーツにおける対立的な地域主義の発露は，しばしばファンの暴発を誘います。期待はずれのパフォーマンスや敗北などによる失望，怒り等から，クラブ，プレイヤーに対して攻撃的になるファンも出てきます。また，その矛先は，相手側のファンにも向けられます。優越性や指導権を競うことに執着すればするほど，不満や怒りが募り，排他的になりがちです。（中山正吉）

▷4　金明美（2004）「ナショナルな契機となるローカルなスポーツ活動──清水市におけるサッカーの普及過程」『文化人類学』69（2），日本文化人類学会，213-235頁。

▷5　ブロンバーガー，C.ほか／有元健訳（1993=2003）「花火とロバ」『現代スポーツ評論』8，創文企画，136-150頁。

▷6　リーヴァー，J.／亀山佳明・西山けい子訳（1983=1996）『サッカー狂の社会学』世界思想社。

▷7　モータリゼーションの進展，都市化，ネット社会化等によって，社会関係の中心が場所共有から関心の共有へと移動して，繋がりは多様化し，生活の基盤は一定の場所や地域にとらわれないものになっていくことを意味している。伊藤，前掲論文。

　おすすめ文献

†鶴見和子・新崎盛暉編，玉野井芳郎（1990）『地域主義からの出発』（玉野井芳郎著作集第3巻）学陽書房。

†陣野俊史（2002）『フットボール都市論──スタジアムの文化闘争』青土社。

†ボール，P.／近藤隆文訳（2001=2003）『バルサとレアル──スペイン・サッカー物語』日本放送出版協会。

2　地域スポーツクラブ

1　転機にあるわが国のスポーツ

　戦後日本のスポーツは，学校や企業のなかで発展し，行政に支えられてきたといっても過言ではありません。学校体育や部活動は多くの子どもたちの心身の発達に大いに役立ってきましたし，実業団リーグを頂点とした企業スポーツは日本のトップスポーツを支えてきました。また，各市町村では，様々なスポーツ教室やイベントの開催，スポーツ施設の整備充実や学校開放事業など，その果たしてきた役割や成果は計り知れないといってもいい過ぎではありません。

　しかし，戦後74年続いてきたわが国のスポーツシステムは，いま大きな転換期を迎えています。学校現場では，少子化にともなう部員数の減少や教員の減員や高齢化により，運動部の休・廃部が顕著になっています。また，社会情勢や業績悪化などにより，スポーツ活動から撤退する企業も相次ぎ，1991年から2011年にかけて328チーム（株式会社スポーツデザイン研究所調べ）が休部または廃部となっています。行政に目を向けてみると，税収の増加の見通しが立たない現状では，これまで税金で賄ってきたスポーツ行政の縮小は避けられません。

2　総合型地域スポーツクラブへの期待

　こうしたスポーツの閉塞状況を改善し，身近なスポーツ環境の整備・充実を図るための有力な方策として打ち出されたのが，「総合型地域スポーツクラブ」（以下，「総合型クラブ」と略す）です。

　総合型クラブは，ママさんバレーや少年野球のように特定の種目だけではなく，いくつかの種目で，レベルや興味に応じてプログラムが選べるように構成されています。また，住民の主体的な運営により，すべての世代の人びとが，近隣の学校や公共スポーツ施設等を活用しながら，生涯を通してスポーツに親しめる環境づくりをめざして活動している非営利組織です。もし，こうしたクラブが身近にあれば，それぞれの興味・関心に合わせてスポーツを楽しむことができるだけでなく，地域住民の交流の場として，家族の触れ合いや青少年の健全育成，さらには活力ある地域社会の形成にも大きな役割を果たすものと期待されています。

　総合型クラブとは，こうしたクラブを概ね一中学校区（日常生活圏）に一ク

▷1　アメリカのサブプライムローン問題に端を発した世界同時不況の波は，企業スポーツの休廃部やスポーツ・イベントへの協賛取りやめなど，日本のスポーツ界に大きな影響を及ぼした。

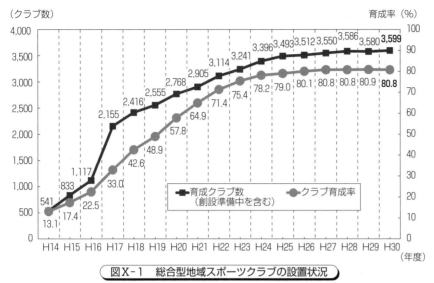

（クラブ数）　　　　　　　　　　　　　　　　　　　　　　　　　　　育成率（％）

図X-1　総合型地域スポーツクラブの設置状況

出所：文部科学省・スポーツ庁「総合型地域スポーツクラブ育成状況調査」（2018年7月1日現在）。

ラブつくり，日本のスポーツシステムを変える起爆剤にしていこうという趣旨でスタートした施策です。

③ 総合型地域スポーツクラブの育成状況

　文部科学省の調査によれば，2018年7月1日現在，1407の市区町村において3599のクラブが育成されています（図X-1参照）。

　2000年9月，文部科学省によって策定された「スポーツ振興基本計画」（2006年改定）のなかで，2010年までに各市区町村に少なくとも1つは総合型クラブを設立するといった具体的な目標が示されたこと，2002年度から，スポーツ振興くじ（toto）助成制度の創設に伴い，「総合型地域スポーツクラブ活動助成」が開始されたこと，各都道府県や市区町村単位での「スポーツ振興計画」の作成も進んでいること，総合型クラブの育成を支援する広域スポーツセンターが47都道府県に54箇所設置されていること，そして㈶日本体育協会（現日本スポーツ協会）が2004年度から「総合型地域スポーツクラブ育成推進事業」をスタートさせたことなどが，総合型クラブの全国展開を推進・加速する大きな要因となっています。

④ 地域スポーツクラブの今後の展望

　老若男女，社会的地位，障がいの有無，国籍などに関係なく，ともに楽しむことができるというすばらしい文化的特性を持つスポーツを，これまでの学校単位や種目単位から地域単位でおこなう方向へと発想を変えてみてはどうでしょうか。

（黒須　充）

▷2　文部科学省はスポーツ振興基本計画のなかで，生涯スポーツ社会の実現に向け，成人の2人に1人が週1回以上，運動やスポーツをおこなうことを目標に掲げ，それを達成するための最重要施策として総合型クラブの育成を位置づけている。

（おすすめ文献）

†ブロイアー，C.編著／黒須充監訳（2009=2010）『ドイツに学ぶスポーツクラブの発展と社会公益性』創文企画。

†黒須充編（2007-2009）『総合型地域スポーツクラブの時代』（第1巻　部活とクラブとの協働，第2巻　行政とクラブとの協働，第3巻　企業とクラブとの協働），創文企画。

†日本体育・スポーツ経営学会編（2004）『テキスト総合型地域スポーツクラブ（増補版）』大修館書店。

市民マラソン

▷1　㈳日本体育学会監修（2006）『最新スポーツ科学事典』には「市民マラソン」の項目はない。
▷2　G-search による100以上の新聞，雑誌，ニュース等を網羅した「新聞・雑誌記事横断検索」システムでは，「市民マラソン」という用例は1984年に『朝日新聞』が１件ヒットするだけである。1985年から1990年にかけて『朝日新聞』の40件をはじめ合計86件ヒットする。「市民マラソン」の用例が激増するのは1990年以降になる。
▷3　スポーツ・イベントとしてのマラソン大会は新聞社の販売促進にはじまる。1900（明治33）年に時事新報社が「不忍池畔一周長距離走」を主催した。次いで大阪毎日新聞社が1901（明治34）年「堺・大浜間百里競争」，1908（明治41）年「阪神マラソン」を主催した。この大会においてわが国で初めて「マラソン」という用語が使われたとされる（間宮聰夫（1995）『スポーツビジネスの戦略と知恵』ベースボール・マガジン社）。
一方，長距離走は軍隊における訓練や，学校での教育活動の一環としても取り入れられた。それは学校のマラソン大会，あるいは「罰」としての校庭10周，といった文化として戦後の

❶　市民マラソンの定義

　市民マラソンという用語は，まだスポーツ科学のなかで学術用語として承認されていません[1]。マスメディアでは1980年代後半から頻繁に使用されるようになりました[2]。そこではトップランナーによる「競技」としてのマラソンではなく，一般の人びとが参加できるマラソンを意味しています。ここでの「市民」は「市民革命」のような歴史的な概念ではありません。行政単位としての「市」の「住民」という意味でもありません。トップアスリート以外のランナーすべてが「市民」としてくくられます。ここでは市民マラソンを，トップアスリートが競技として出場するマラソンを除くすべてのマラソン（含ロードレース）を意味するものと規定しておきます。

❷　わが国における市民マラソン

　わが国において市民マラソンの草分けとされるのが「青梅マラソン」です[3]。オリンピック・東京大会における銅メダルの感動冷めやらぬ1967年，「円谷選手と走ろう」をキャッチコピーとして開催されたこの大会の参加者は，30kmが182人，高校10kmが155人にすぎませんでした。それが1976年には8000人に，1977年には１万人を超えるまでに成長しました。ここに至って「市民マラソン」と呼べる社会現象が成立したといえます。

　市民マラソン成立の社会的背景が1972年のオイルショックです。高度経済成長が終焉し，人びとは「安近短」レジャーを志向しはじめました。同時に，経済成長は人びとの健康不安と自尊欲求を生み出しました。手近なところで安価に汗を流し，練習するだけ成果を実感できるジョギングやランニング，自分の成長を確認する場としてのマラソン大会は，これらの欲求充足に適合的でした。1976年の『ランナーズ』創刊も後押ししてランニングブームが起きました。この時期の市民マラソンでは一般ランナーの目標がほぼ同じ方向を向いていたといえます。

　人びとのニーズに対応して，わが国の市民マラソンは一気に拡大しました。量的拡大は質的変化を生みます。市民マラソンには高度経済成長で疲弊した地域社会の再生を担う社会的機能が求められるようになりました。「まちおこし」「スポーツ・ツーリズム」等，ありとあらゆる目的で市民マラソンが開催され，

中心価値が特定しにくい形態に変容してきました。

2007年開催の東京マラソンは市民マラソンの文化的性格を一気に変えました。ニューヨークシティマラソンのような「都市型」の「祭り的要素」を持つ大規模市民マラソンの誕生です。テレビのキー局，インターネットを巻き込み，大成功を収めました。これに触発され，大阪，京都，奈良など著名な観光都市でも新たな市民マラソンが企画されました。市民マラソンは，一般ランナーの意識でも開催主体の意図でも，アンテナを張り巡らし，情報を取り入れながら開催，参加の意思決定をする文化へと変容したのです。

学校教育にも受け継がれた。この意味でのマラソンは，体力や忍耐を中心価値とする教育・訓練的性格を持つ文化といえる。

❸ シティマラソンと市民マラソンの文化的違い

最古のシティマラソンはボストンマラソン（1897年開始）です。第1回オリンピック大会でのマラソン競技の感動が創設の契機でした。現在のシティマラソンの起爆剤となったとされるのがニューヨークシティマラソン（1970年開始）です。創設者F.リボウの夢と理想は，人種のるつぼといわれるニューヨークをひとつにすることでした。多種多様な人種が住む居住地をすべての人種のランナーが走ることで，様々な文化をもつ閉鎖的な各居住地を開放することが「ひとつにする」ことでした。そこには夢があり，理想があり，理念があり，哲学がありました。シカゴマラソン，ベルリンマラソン，ロンドンマラソン，ホノルルマラソン等，多くの名だたるシティマラソンにも理想，理念，哲学がありました。なぜそのマラソン大会を企画するのか，誰のためのマラソン大会なのか，その答えをしっかり持ち，中心価値があるのがシティマラソンです。

それに対して，東京マラソンをはじめとするわが国の市民マラソンは，中心価値が明確でありません。スローガンはあります。東京をひとつにする，このスローガンはニューヨークシティマラソンと同じです。しかし，東京は人種のるつぼでも，人種により居住地が特定されているわけでもありません。東京マラソンには夢はありますが，理念や哲学が読み取れません。まだ「借りもの文化」という印象が否めません。

しかし日本は漢字文化を借りてひらがなやカタカナを創りました。ある意味，借りもの文化こそ日本文化の中心価値ともいえます。市民マラソンは祭りの一種です。通常の祭りには聖なる世界への接近があります。わが国の市民マラソンは聖なる世界に接近しない「お祭り騒ぎ」文化でした。2019年現在，ランニング人口はピーク時から減少していますが，これは定着期に入ったとみられます。みんなででかける虹（大阪マラソン），マラソンを科学する（つくばマラソン），環境にやさしい大会づくり（湘南国際マラソン）など新たな動きも出てきました。借りもの文化を自分たちなりに消化し，日本独自の文化に変容させている途上といえるでしょう。将来はわが国の市民マラソンが，世界に類をみない地域文化として発展していくことを期待したいものです。　（北村　薫）

▷4　笹川スポーツ財団「スポーツ・ライフデータ ジョギング・ランニング実施率の推移」(https://www.ssf.or.jp/report/sldata/tabid/381/Default.aspx) 2019年7月現在

おすすめ文献
†山西哲郎編 (2007)『ランニングの世界5』明和出版。
†ランナーズ編集部監修「市民ランニング小史」runnet 所収(https://runnet.jp/runhistory/index.html) 2019年7月現在。

スポーツ・スタジアム

▷1　その語源は，古代ギリシアの競技場の走路やその長さの単位（約186m），スタディオン（stadion）とされている。
▷2　**スペクテイター・スポーツ**（spectator sport）「見るスポーツ」のこと。いわゆる，「するスポーツ（participant sport）」とは区別される。
▷3　ベイル，J.／池田勝・土肥隆・高見彰訳（1993=1997）『サッカースタジアムと都市』体育施設出版，22頁。

1　スタジアムとは

　スタジアム[1]は，競技フィールド（陸上競技，野球，サッカー等）に観客席が加えられた大型の競技施設です。したがって，スタジアムは，する人と見る人の明確な分離，**スペクテイター・スポーツ**[2]を前提にした施設ということができます。スポーツ地理学者のJ.ベイルは，「見るスポーツは近代都市社会の中心となる特色であり，サッカースタジアムこそ，都市の観客を収容する20世紀の主要な『容器』である」と述べています[3]。

　19世紀の英国に端を発する近代スポーツは，明文化されたルールに基づくスポーツ専用空間をつくりあげました。その結果，フィールドの面積等が統一され，どこでも同じ条件でプレイすることが可能になりました。また，近代社会は「余暇」を生み出しました。スポーツ・スタジアムは，近代的なスポーツ空間の整備と大衆的余暇という2つの条件によって支えられ，誕生したといえます。

2　スタジアムの近代化

　ベイルは，スタジアムの近代化を4つの段階で捉えています。(1)プレイ空間が任意に決められ空間的制限がない段階，(2)明確な空間的制限が規定され選手と観客が分離される段階，(3)入場料が必要なスタンドやテラスが設置される段階，(4)観客席によって囲い込まれる段階です。ここで大切なことは，スポーツをおこなう空間が，開かれた空間（(1)，(2)）から閉ざされた商業化された空間（(3)）へと移行し，今日ではテクノロジー空間（(4)）となっている点です。同時に，観客の空間的監視の程度も進んだことも指摘されています。

▷4　杉本尚次（1992）『スタジアムは燃えている──日米野球文化論』日本放送出版協会，104頁。
▷5　ドーム化はまた，球場の「スタジオ化」を促進したとされる。
▷6　権学俊（2006）『国民体育大会の研究──ナショナリズムとスポーツ・イベント』青木書店；坂上

　こうした変遷は，アメリカの野球場でも確認することができます。もともと野球場は，牧歌的・田園的意味合いを込めて，フィールド，グラウンド，パークと呼ばれていました。これに対し，スタジアムという名称は，きわめて都市的装いをもって登場してきます。初めてその名称が使用されたのは，ニューヨークのヤンキー・スタジアム（1923年）でしたが，それは都市景観との一体化を強く意識したものでした[4]。その後，アメリカの野球場は，人工芝の導入，ドーム化[5]の道をたどり，プレイ空間は天候に左右されない，人工的にコントロール可能な空間へと変わっていきました。

しかし，スタジアムの均一化や均質化は，各地のスタジアムを類似したものにさせ，その結果，場所の個性を著しく後退させるという矛盾を抱えることになります。近年アメリカでは，新古典様式と呼ばれる球場が登場してきています。それは，現代的テクノロジーに支えられつつも，都市の歴史的景観や自然（天然芝等）を積極的に組み込んだ新たな消費空間です。名称もスタジアムといった都市的名称ではなく，ボール・パークというノスタルジックなイメージを喚起させるものになってきています。

3 都市開発とスタジアム

日本におけるスタジアムには，オリンピックやワールドカップ等のメガ・スポーツ・イベントの開催や国民体育大会を契機につくられたものや，プロ・スポーツ（野球やサッカー）用につくられた競技場があります[6]。その多くは国・地方自治体によって建設されていますが，プロ・スポーツ用では民間企業によってつくられたものもあります。たとえばプロ野球の球場開発は，当初，電鉄会社等により，郊外の野球場と都心とを結ぶ形でおこなわれました。

さて，都市や地域にとってスタジアムを建設することは一大事業となります。スタジアムが，どこに，どんな機能をもって，そして誰のために建設されるかが非常に重要です。スタジアム建設が，住宅や道路・鉄道等の基盤整備をともないながら，都市空間を再編していくからです。たとえば，選手村が設置される大会（オリンピック，アジア大会，ユニバーシアード大会）では，選手やメディア関係者用の宿泊施設が必要になります。そのため新規にホテルが建設されたり，新たな集合住宅が建設されることになります。選手村は後に住宅として再利用されますが，それは新たな住宅供給やジェントリフィケーション[7]を引き起こすことにもなります。選手村とスタジアムを結ぶ道路・交通網の整備も加えれば，それは人びとの日常生活をも大きく変えることになります。

スタジアム開発には多額の費用が必要です。そこには，建設費だけでなく，長期的な維持費も含まれます。国や自治体が設置したスタジアムであれば，それは税によって賄われていくことになります。そのためスタジアムを維持していくうえでも，定期的利用が見込めるプロ・スポーツの存在は大きくなります[8]。今日では，指定管理者制度や都市公園法の管理許可制度を利用し，自治体に代わってスタジアムを管理運営するプロ・スポーツ球団も出てきています[9]。また，ネーミングライツ（命名権）を売却し，スタジアム維持管理費に充てるところも多くなっています。

スタジアムは，都市の新たなシンボルや集客装置としての性格も強めています[10]。その一方で，スタジアムの所有主体や理運営主体は誰なのか，それは誰のためのものなのか，そしてこうした新しい開発がもたらす社会的力と負荷とは何かを改めて考える必要があります。 （大沼義彦）

康博・高岡裕之編著（2009）『幻の東京オリンピックとその時代——戦時期のスポーツ・都市・身体』青弓社を参照。

▷7 ジェントリフィケーション（gentrification）住宅を高級化することにより，それまで住んでいた人びとを富裕層へと入れ替えること。景観の美化を理由とするホームレス排除，立ち退き，公営住宅の不足による貧困層の住宅問題等が生じる。

▷8 J.コークリーとP.ドネリーは，公的資金によってアリーナやスタジアムを建設し，そこでプロ・スポーツ・ビジネスを可能にする方式は，企業利益のために公的資金を使うことになる，とその問題点を指摘する（コークリー，J.，ドネリー，P.（2013）『増補 現代スポーツの社会学』南窓社，187-189頁）。

▷9 民間の能力の活用や住民サービスの向上，経費節減等のため，従来行政が担ってきた公的施設の管理運営を，民間事業者やNPO法人等を含む指定管理者に委ねる制度（2003年地方自治法改正，2004年都市公園法改正）。

▷10 スポーツ庁・経済産業省「スタジアム・アリーナ改革ガイドブック〈第2版〉」2018年2月。

（おすすめ文献）
†阿部珠樹（2005）『スタジアムの戦後史』平凡社新書。
†宇佐美陽（2001）『大リーグと都市の物語』平凡社新書。
†町村敬志・西澤晃彦（2000）『都市の社会学』有斐閣。
†松村和則編（2006）『メガ・スポーツイベントの社会学——白いスタジアムのある風景』南窓社。

スポーツと地域活性化

1 地域社会におけるスポーツの多面的な効果

　地域社会では，「する」「見る」「支える」など，様々なスポーツが展開されています。それらのスポーツのなかには，基本的には個人的な欲求や動機づけをベースとしながらも，地域社会に対する社会的・経済的・個人的効果が期待され，地域活性化という視点で捉えられるスポーツもあります。そこで期待される効果は，それぞれの地域社会の状況やスポーツを提供する組織的・政策的な意図によって異なります。

　たとえば，高度経済成長期における東京オリンピック（1964年）は，スポーツの振興とともに，成長・安定期にある地域社会のさらなる発展を社会的・経済的な側面から後押しする効果があったといえます。一方，地域社会の抱える課題に対する処方箋としての効果が期待される場合もあります。近年，地域社会における近隣関係の希薄化や，家族の縮小化などといった課題が指摘されています。そのため，スポーツを通した地域住民の交流や家族の触れあい，あるいはコミュニティの再生といった社会的効果が期待されています。総合型地域スポーツクラブの育成もそのひとつといえるでしょう。そのほか，全国各地では，マラソン大会やウォークラリー大会など数多くのスポーツ・イベントが開催されています。そこでは，地域のPR効果や経済的効果あるいは交流人口の増加などの社会的効果が期待されています。地方自治体では，スポーツを通して住民の活動的な地域生活を支援するだけでなく，医療費の削減などの医療・福祉面における個人的・経済的効果を期待した取り組みもおこなわれています。

　このように，スポーツには地域活性化における多面的な効果が期待されています。以下では，地域社会におけるスポーツ活動の種類と地域活性化の関係について検討してみましょう

2 地域社会におけるスポーツの種類と動向

　まず，地域社会でおこなわれているスポーツ活動を，「する」「見る」「支える」という活動の種類で分類します。一方で，それらの活動を個人生活レベルで実践されているものと，何らかの形で地域社会との関係を持つものとに分類してみます。表Ⅹ-1に示すように，楽しみや健康のために個人的あるいは仲間同士でおこなう「個人的・同好的スポーツ」，インターネットやTV・新聞

▷1　たとえば，社会的効果はコミュニティの再生，地域文化の創造，青少年育成，経済的効果は観光産業へのインパクト，医療費の削減，施設建設にともなう直接効果，個人的効果はQOLの向上，健康増進，自己実現などがあげられる。

▷2　東京オリンピックの開催は，競技施設や交通網の整備における多額の建設投資，テレビ購入などの消費の増加などにより，「オリンピック景気」といわれる好景気をもたらした。

▷3　たとえば，1998年開催の長野冬季オリンピックは2兆3244億円，1997年開催の佐渡国際トライアスロン大会は7億6560万円の経済効果があったとされている。笹川スポーツ財団（2006）『スポーツ白書――スポーツの新たな価値の発見』。

表X-1　地域社会におけるスポーツの分類

	個人生活レベル	地域生活レベル
する	個人的・同好的スポーツ	コミュニティ・スポーツ
見る	情報としてのスポーツ	シンボルとしてのスポーツ
支える	個人的・同好的サポーター	スポーツ・ボランティア

出所：筆者作成。

などを通して様々なスポーツ情報を楽しむ「情報としてのスポーツ」，子どものスポーツ応援や部活動のマネージャーなど選手やチームを個人的に支える「個人的・同好的サポーター」，スポーツ活動を通して地域社会形成への寄与が期待される「コミュニティ・スポーツ」[4]，スポーツ観戦を通して地域社会の連帯感や統一感を醸成する「シンボルとしてのスポーツ」[5]，地域のスポーツ・イベントやクラブの運営・指導に携わる「スポーツ・ボランティア」に分類されます。[6]

　それでは，それぞれのスポーツ活動の動向を全国調査のデータをもとにみていきましょう。[7]成人のスポーツ実施率は，[8]1996年の40.6％から2016年の55.7％へと上昇しています。その内容は，散歩，ウォーキング，体操が上位を占め，活動場所は地域のスポーツ施設よりも道路や自宅が中心となっています。また，テレビでのスポーツ観戦率は88.0％と非常に高く，[9]その人口は推定で9354万人とされています。一方で，過去1年間にスポーツ・ボランティアをおこなった者は1994年に6.1％，2016年も6.7％と少なく，直接スポーツ観戦についてもプロ野球が15.6％，高校野球等が5.5％，Ｊリーグが5.3％と決して高くありません。このように，地域社会におけるスポーツの実態は，「個人生活レベル」のスポーツが量的に拡大している傾向にあるといえるでしょう。

③　スポーツによる地域活性化の課題

「個人生活レベル」のスポーツの量的拡大の背景には，生活構造の私化・流動化，[10]マスメディアの発達，健康志向の増大があります。このような個人化された生活やスポーツの進展は，とくに経済的・個人的側面において地域社会に影響を与えるものと考えられます。また，自立した個人を前提とする経済中心の現代社会では，地域活性化の指標として経済的・個人的効果が強調されますので，これからのスポーツもそのような側面においては一層効果を発揮していくことが予想されます。

　一方，少子・高齢化や過疎化，人間関係の希薄化などの課題に直面する地域では，スポーツによる「町おこし」や「コミュニティ再生」に取り組んでいます。「個人生活レベル」のスポーツが量的に拡大していくなかで，それを「地域生活レベル」のスポーツへと転換する仕掛けを組織的・政策的に用意していくことが必要でしょう。また，そのような取り組みが，具体的にどのような社会的効果を生み出しているのかを実証的に明らかにすることも求められます。

（後藤貴浩）

▷4　厨義弘・大谷善博編（1990）『地域スポーツの創造と展開』大修館書店。

▷5　高校野球やＪリーグ，日本代表を応援することで，住民は一体感や統一感を実感することがある。スポーツには，地域社会のシンボルとなって地域の特徴を表現する集団表象性があるといわれている。

▷6　これらのスポーツに加え，近年，「スポーツ・ツーリズム」への関心が高まっている。観光産業との組み合わせによる経済的効果だけでなく，自然環境との調和を意図した取り組みもある。

▷7　笹川スポーツ財団（2016）『スポーツライフ・データ2016──スポーツライフに関する調査報告書』。

▷8　週1回以上の実施者の割合のことをいう。

▷9　過去1年間に何らかのスポーツ番組を楽しんだ者の割合をいう。

▷10　私化とは，公共的なことへの関心とは反対に私生活への関心を優先させる生活態度のことをいう。流動化とは，出生地とは異なる地域間移動が増大した状態をいう。鈴木広（1986）『都市化の研究』恒星社厚生閣。

おすすめ文献

†山口泰雄（1996）『生涯スポーツとイベントの社会学──スポーツによるまちおこし』創文企画。

†松村和則（1993）『地域づくりとスポーツの社会学』道和書院。

†堀繁・木田悟・薄井充裕編（2007）『スポーツで地域をつくる』東京大学出版会。

プロ・スポーツの発展

1 プロ・スポーツの成立形態

　プロ・スポーツの成立形態には二通りあります。アメリカ型とヨーロッパ型です。前者は興行を目的とした発展形態を有し、「見世物」としての最大限の娯楽性を追求したことが特徴です。後者はもともと「するスポーツ」を前提としたクラブが、競技の高度化にともない自然に見世物としての価値を高め、クラブ外の観客を惹きつけたことから派生した形態です。その入場料収入が、チーム強化にとって重要な役割を果たすことになり、クラブはその試合の商品価値を高めることに邁進する結果となりました。発展の経緯こそ違え、現在の巨大化したプロ・スポーツの世界では、「ヨーロッパ型」の一部のクラブは、興行中心の形態をとるアメリカのものと何ら変わらない傾向を有しています。

　リーグの運営形式に関しては、アメリカ型とヨーロッパ型では決定的な違いがあります。アメリカ型においては、(1)試合結果を予測できないようにしないと競技は面白くない、(2)チーム間の経済的利益配分を均一にすることによって、試合結果の予測が困難になる、(3)選手の雇用条件をコントロールするかチームの収入をコントロールすることによって、経済的利益配分をコントロールすることができるという図式の下に、リーグ運営がなされています。ドラフト制度やサラリーキャップ制は、こうした理念のもとに形成されました。アメリカ型においては、選手の契約は、選手組合とチームのオーナーたちの交渉によりルールが形成されます。一方、ヨーロッパ型の場合では、クラブの収益のコントロールはほとんどおこなわれておらず、ドラフト制度もサラリーキャップもありません。選手の金銭による売買は自由であり、チームごとの経営状況の隔たりはきわめて大きく、それにより戦力確保やリーグの昇降格がかかわってくるという状況が存在します。ヨーロッパ型のクラブ経営は、きわめて自由度が高い半面、競争原理がすべてを決める市場原理に左右されます。実際、ヨーロッパの多くのクラブは株式市場に上場しており、クラブの売買も市場を通じて行われる可能性があります。◁1

2 放映権ビジネスの拡大とプロ・スポーツの変化

　1980年代後半に誕生した巨大メディア・コングリマリッドは、プロ・スポーツ経営に大きな変化をもたらしました。たとえばルパード・マードックが率い

▷1　内海和雄（2004）『プロ・スポーツ論』創文企画。内海はアメリカ型のプロ・スポーツ経営がリーグ内の戦力均衡化を図る方策や地域権の保証に自由競争がないことから「リーグ社会主義型」と称し、一方、イギリスは当初協会が統括しようとしたものの、1990年代以降テレビマネーの高騰とリーグのグローバル化により、チーム独自の利益が競争主義的に追求されるようになった現状を「クラブ個人主義型」と称した。

たニューズ・コーポレーションは，アメリカの FOX テレビ等のスポーツ専門局を傘下にもち，イギリスでBスカイBを創設し，サッカーのプレミア・リーグを立ち上げ大成功を収めました。キラーコンテンツとしてのスポーツ・イベントの放映権を独占すると同時に，スポーツ組織・機構をも共同経営という形で巻き込む戦略を展開していきました。たとえばBスカイBは欧州サッカー連盟（UEFA）主催のクラブ選手権チャンピオンズリーグの放映権も獲得し，UEFA にも大きな影響力をもちました。また傘下のJスカイBは日本ラグビーフットボール協会と国内リーグ戦の独占放映権契約を結ぶなど，こうした巨大メディア・コングリマリッドによるスポーツの囲い込みはますます加速していきました。

▷ 2　早川武彦編著（2006）『グローバル化するスポーツとメディア，ビジネス』185-195頁。

　一方，日本のプロ野球は，企業のスポーツチームをベースにした形で誕生しました。当初はメディアを親会社に持つ一球団の人気に先導される形で発展してきましたが，メディアの多様化により，この図式は全く変わりました。

③　社会変化とプロ・スポーツの多様性

　通例のトップダウンのプロ化に対して，現在の様々な種目におけるプロ化はよりボトムアップな形で派生しており，多様性，複雑性を増しています。1995年，それまで厳しいアマチュアリズムを堅持してきた**ラグビー（ユニオン）**がプロ化を容認しました。19世紀後半，労働者階級を中心とした**ラグビー・リーグ**との分裂を経験したラグビー・ユニオンはブルジョアジーのイデオロギーと深く結びついたアマチュアリズムをかたくなに守ってきました。それが1980年代の後半になり，ラグビー・ワールドカップのスタートにともない，巨額な放映権料やスポンサーマネーが協会に入ってくるようになりました。プレイの高度化にともない，より多くのトレーニングや遠征が必要になりましたが，選手たちはアマチュアのままで，金銭的にも時間的にも犠牲を強いられることになりました。こうした矛盾を解消するために，選手の試合出場による報酬の受け取り，プレイヤーとしてのクラブとの雇用関係が容認されていきました。日本のラグビー協会にも，この IRB（国際ラグビー連盟，現ワールド・ラグビー）の決定に遅れること6年，プロ選手が誕生しました。しかし，企業スポーツとしての風土が確立されている日本ラグビーでは，多くの選手においては，会社との特殊技能による有期契約という形態がとられました。雇用形態の流動化にともなう新しいプロ・スポーツ選手のあり方かと思われます。さらに日本代表の選手ともなると，日本協会との契約がこれに追加されます。様々な種目で進行している「プロ化」は多様なボトムアップ構造を有し，国家，競技団体，スポンサー企業，クラブ等が複合的に広義の「プロ選手」を支えるのが特徴です。

（海老島　均）

▷ 3　**ラグビー・ユニオンとラグビー・リーグ**
ラグビー・リーグは13人制で，ルールの面でも15人制のラグビー・ユニオンとは異なっている。ラグビー・リーグは早い段階からプロ化していたが，アマチュアでプレイしている選手も世界中にいる。2つの競技は「ユニオン」と「リーグ」という通称で区別されることが多い。

おすすめ文献

†菊幸一（1993）『「近代プロ・スポーツ」の歴史社会学』不昧堂出版。
†早川武彦編著（2006）『グローバル化するスポーツとメディア，ビジネス』創文企画。
†内海和雄（2004）『プロ・スポーツ論──スポーツ文化の開拓者』創文企画。

スポーツ選手のライフコース

1　ライフコース論の意義とスポーツ選手

▷1　JOC
公益財団法人日本オリンピック委員会。オリンピック憲章に基づく国内オリンピック委員会で，オリンピック競技大会などへの選手派遣事業等をおこなう。
▷2　日本オリンピック委員会（2010）「JOC 強化指定選手・オリンピアンのセカンドキャリアに関する意識調査」。
▷3　「おすすめ文献」中のエルダーほか（2003）70頁。
▷4　「おすすめ文献」中の森岡（1996） 1 頁。
▷5　類似した概念としてライフサイクル（life cycle）がある。ライフサイクルは，成長，成熟，老衰という生理学的な加齢過程，心理学的な発達段階を想定し，決まった配列で進行するものと把捉されがちだった。しかしライフコースは，個人が時間の経過にともなって経験した様々な出来事や役割，そのタイミングと年齢の多様な意味を考慮に入れる点，社会的相互作用や社会変動の影響を視野に入れる点に特徴がある。

▷6　森岡，前掲論文， 4 頁。

▷7　「おすすめ文献」中のプラース（1985）24頁。

JOCの調査によれば，トップレベル選手は，引退後について，就職先の有無（約47％），就職への能力（約39％），職場復帰後の能力（約37％）等への不安を抱える一方で，引退後のキャリアを考えている人は約31％にすぎず，引退後への不安と準備不足等，選手のライフコースをめぐる課題が顕在化しています。

ライフコース（life course）とは，「個人が時間の経過の中で演じる社会的に定義された出来事や役割の配列（sequence）のこと」であり，「個人が年齢別の役割や出来事（events）を経つつ辿る人生行路（path-way）」をさします。また，年齢別の役割と出来事の道筋のことを経歴（career）と呼びます。

ライフコース論からスポーツ選手を分析する主な意義は次の 2 点です。ひとつは，選手の人生行路全体を視座に入れて，スポーツとの出会いから引退，その後の生活という経歴をトータルに把捉できる点です。もうひとつは，「スポーツ界の側」からではなく「選手の側」から，選手が辿る道筋やスポーツ界の構造の把捉が可能となることです。選手のライフコースを考察することは，選手の側からスポーツ界のあり方を照射することでもあります。

2　ライフコース論の分析枠組みと捉え方

ライフコースの分析視点としては，(1)個人の空間的な位置を時間的な変動のなかで把捉すること，(2)生理学的発達過程というよりも，社会的・文化的に規定される役割や出来事に注目すること，(3)スポーツ現場における社会的相互作用やスポーツ界の社会的位置づけと構造を視座に入れること等が重要です。

ライフコースにアプローチする際，図XI‐1 に示すように，時代を背景とした一定のコーホート（同時出生集団）に属する選手を対象として，特定の出来事を経験する年齢に関する基準としての「時刻表（timetables）」，その選手の年齢ごとの役割と出来事の「タイミング」，その選手に大きな影響を及ぼす重要なる他者，いわば「道づれ（convoy）」との相互作用，そしてスポーツ界の人的・組織的・制度的な構造との関係から把捉する必要があります。

3　スポーツ選手のライフコースとスポーツ界の課題

わが国における選手のライフコース形成は，学校期毎に成果を強いるスポー

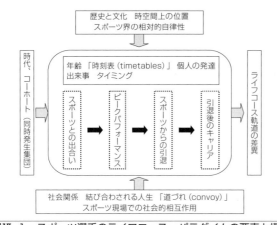

図XI-1　スポーツ選手のライフコース・パラダイムの要素と構造

出所：エルダー，G.H.・ジール，J.Z.（2003）52頁を参考に筆者作成。

ツ界の構造と深くかかわっています。一般的に，競技的に強い大学や実業団に入るには高校期に，強い高校に入るには中学校期に一定の成績を収めることが推薦制度による入学や入社の条件となっています。

　このような構造を背景に，競技力が高まるほど，キャリアトランジション（分岐点）に向けた準備ができないまま，スポーツに専心することで活路を見出すしかないというライフコースの限定圧力が強まるのです。

　また，プロ選手は，雇用形態からすれば任期制雇用であり，多くの選手が20-30代で引退を余儀なくされることから，引退後のキャリアに向けた準備は不可欠です。しかし，その一方で，日本のスポーツ文化の底流には，「一意専心」「一心不乱」が示すように，ひとつの事柄に専心する態度と道を究めるために生活すべてを競技に捧げることを美徳とする文化，社会的規範が一般化しています。

　このため選手は，引退後の事前準備が必要であるという認識と一意専心に取り組むべきといった観念との葛藤に苦しむことになります。また周辺の人やメディアからも，プロ選手としての活躍が先決であり，活躍前から引退後の準備をすることはすでに逃げの姿勢を示しているという評価が与えられる傾向にあります。[8]これは単なる制度や組織の問題ではなく，日本スポーツ文化の基底にある社会的規範の問題です。

　近年，スポーツ選手のライフコースを充実したものとするためには，「選手としてのキャリア形成」だけではなく，選手自身の人間形成，自己実現にむけた「人としてのキャリア形成」の双方に，同時に取り組むべきといったデュアルキャリアの考え方とその支援がはじまっています。[9]この考え方を生かすためにも，その基盤として，スポーツ競技のみに専心することを強いる一元的なシステムや価値規範とは異なるワーク（スポーツ）・ライフ・バランスを可能にするスポーツ界の取り組みが不可欠です。

（松尾哲矢）

▷8　高校野球で活躍した菊池雄星投手がプロ野球の西武に入団すると同時に東北福祉大学通信教育学部に入学し，保健体育教員になるための準備をすることに対して，メディアは「早過ぎるセカンドキャリア計画」として，「若いうちに勉強しておいた方が得策だが，今やるべきことは，プロ野球人としての強い自己を確立させることにある」というように，必ずしも肯定的な意見ばかりではなかった。

▷9　第2期スポーツ基本計画（文部科学省，2017）。スポーツ基本計画とは，スポーツ基本法の規定に基づき策定されたもので，国のスポーツ施策推進の基本的な計画のこと。

おすすめ文献

†エルダー，G.H.・ジール，J.Z.編著／正岡寛司・藤見純子訳（1998=2003）『ライフコース研究の方法——質的ならびに量的アプローチ』明石書店。

†森岡清美（1996）「ライフコースの視点」井上俊ほか編『ライフコースの社会学』岩波書店。

†プラース，D.W.／井上俊・杉野目康子訳（1980=1985）『日本人の生き方——現代における成熟のドラマ』岩波書店。

†プティパ，A.・シャンペーン，D.・チャルトラン，J.・デニッシュ，S.・マーフィー，S.／田中ウルヴェ京・重野弘三郎訳（1997=2005）『スポーツ選手のためのキャリアプランニング』大修館書店。

スポーツ指導者

▷1　グートマン，A.／清水哲男訳（1978=1981）『スポーツと現代アメリカ』TBSブリタニカ。

▷2　ケニヨン，G.S.（1981=1988）「スポーツとのかかわり合い」ロイ，J.W.・ケニヨン，G.S.・マックファーソン，R.D.編／粂野豊編訳『スポーツと文化・社会』ベースボール・マガジン社，456-475頁。

▷3　荒井貞光（1987）『「コートの外」より愛をこめ──スポーツ空間の人間学』遊戯社，183-201頁。

▷4　第19条には市町村教育委員会の非常勤職員として体育指導委員（現在は，「スポーツ推進委員」）が委嘱されるとある。なお2011年に制定された「スポーツ基本法」においても，スポーツ推進のための基礎的条件整備として指導者の養成・配置等が記されている。

▷5　この制度は，スポーツ団体が実施するスポーツ指導者育成事業のうち，文部省が設けた指導者育成カリキュラム等の基準を満たす事業を認定するもの。

▷6　「おすすめ文献」中の粂野（1988）参照。

▷7　2020年度にスポーツ指導者基礎資格として「コーチングアシスタント」を創設し，「スポーツリーダー」は段階的に休止し，新資格へ移行した。

▷8　指導員は地域スポーツクラブにおける指導，コーチは競技者育成のための指導，教師は商業スポーツ施設における指導をおこ

1　リーダーとしてのスポーツ参与

　近代スポーツの特徴のひとつに専門化があります[1]。スポーツに関する役割が専門分化するなかで，スポーツ指導者が生まれてきました。G.S.ケニヨンは，スポーツとのかかわり合い（スポーツ参与：sport involvement）における社会的役割を表XI-1のように示しています[2]。二次的参与は，消費者としてスポーツにかかわるものと，生産者としてスポーツにかかわるものに大別され，スポーツ指導者（リーダー）は後者に含まれます。

　スポーツに関する3つの空間に対応して，スポーツリーダーにもタイプが存在すると荒井貞光はいいます[3]。「コートの中」とは実際にプレイがおこなわれている空間です。スポーツは遊戯的な性格を持つ文化であり，「コートの中」は「実社会」とは異なるルールによって構成されています。そして，「実社会」と「コートの中」の間に「コートの外」があります。「コートの中」のスポーツリーダーは「コーチ」です。そして「コートの外」からプレイヤーを統括するのが「マネージャー」であり，実社会に対してチームやクラブを代表する役割を持つのが「オーナー」となります（図XI-2）。このように，スポーツリーダー（スポーツ指導者）も機能分化していることがわかります。

2　スポーツ指導者の育成

　日本のスポーツは第二次世界大戦後の経済復興とともに高度化・大衆化しました。そして，スポーツ行政のよりどころとなる「スポーツ振興法」が1961年に制定されました。この法律の第11条には，国や地方公共団体がスポーツ指導者の養成に努めなければならないことが記してあります[4]。

表XI-1　スポーツ参与における社会的役割

一次的	二次的					
	消費者		生産者			
	直接	間接	リーダー	判定者		企業家
・競技者 ・アスリート ・プレーヤー	・観衆	・視聴者 ・リスナー ・読者	・インストラクター ・コーチ ・マネージャー ・チーム・リーダー	・スポーツ統括メンバー ・ルール委員会の委員 ・レフリー ・アンパイア ・スコアラー ・その他の競技役員		・製造業者 ・プロモーター ・卸売業者 ・小売業者

出所：ケニヨン（1988）。

　文部省（当時）は，スポーツ指導者の資質の向上とその養成を目的に「社会体育指導者の知識・技能審査事業」（文部大臣事業認定制度）を1987年に創設しました。この認定に関する規程では，指導者を「地域スポーツ指導者」「競技力向上指導者」「商業スポーツ施設における指導者」に区分していました。スポーツが高度化し，大衆化した状況に対応するよう，スポーツ指導者も専門分化していることがわかります。

❸　スポーツ指導者資格の多様性

　㈶日本体育協会（現在は，「公益財団法人 日本スポーツ協会」）は，文部省（当時）の認定制度を導入した「公認スポーツ指導者制度」を1988年度から実施しました。公益法人に対する行政の関与のあり方の改革から，2005年度末をもって文部科学大臣事業認定制度に基づく指導者養成事業は廃止されましたが，同年，日本体育協会は「公認スポーツ指導者制度」を改革し，その資格を次のように定めました。スポーツ指導者基礎資格として「スポーツリーダー」，競技別指導者資格として「指導員」「上級指導員」「コーチ」「上級コーチ」「教師」「上級教師」，フィットネス系資格として「ジュニア指導員」「スポーツプログラマー」，メディカル・コンディショニング系資格として「スポーツドクター」「アスレティックトレーナー」「スポーツ栄養士」「スポーツデンティスト」，マネジメント資格として「アシスタントマネジャー」「クラブマネジャー」といった資格が設けられており，スポーツ指導者資格が多様化していることがわかります。

❹　職業としてのスポーツ指導

　近年，スポーツ指導の社会的需要の増大から，スポーツや健康科学を専門領域とする学部を創設する大学がみられるようになりました。そこでは，ビジネスやマネジメント，スポーツ医学や栄養学，社会福祉といった領域にまたがる形でカリキュラムが用意されています。かつてはスポーツ指導にかかわる職業としては保健体育の教員が主要なものでしたが，アスレティックトレーナー，インストラクター，スポーツ栄養士，クラブマネジャー，スポーツプロモーター，スポーツ治療家（柔道整復師等）といった選択肢も増えています。

　また，1980年代以降，スポーツがグローバルな形でビジネス化することにともない，スポーツ代理人が重要な役割を果たすようになりました。表XI-1では企業家に分類されますが，球団や所属企業と契約をするときにより良い条件を引き出してくれる代理人は，プロ野球にとってリーダー的な存在です。日本では，プロ野球やサッカー選手の国際移籍で注目されるようになり，サッカーではFIFA公認代理人の資格制度がありましたが，2015年3月末に廃止され「仲介人制度」が導入されました。

（高橋豪仁）

図XI-2　スポーツ空間におけるリーダーのタイプ

出所：荒井（1987）。

なう。なお，2019年度より，「指導員」→「コーチ1」，「上級指導員」→「コーチ2」，「コーチ」→「コーチ3」，「上級コーチ」→「コーチ4」に名称変更となった。

▷9　日本のスポーツ振興施策は，文部科学省による「第2期スポーツ基本計画」と厚労省による「健康日本21（第二次）」に大別され，スポーツ指導者育成制度は主に前者によるもの。健康づくりの手段としての運動という観点からスポーツ振興にかかわる後者にあっては，1988年から厚生省（当時）の認定事業として「健康運動指導士」の養成がおこなわれている。2006年度から公益財団法人 健康・体力づくり事業財団の独自事業となった。

▷10　「おすすめ文献」中のサイモン（1988）参照。

おすすめ文献

†粂野豊編著（1988）『現代スポーツ指導者論──その社会学的見方・考え方』ぎょうせい。

†サイモン，R.／武田薫訳（1993=1998）『スポーツ代理人』ベースボール・マガジン社。

†平田竹男（2017）『スポーツビジネス最強の教科書〔第2版〕』東洋経済新報社。

企業（実業団）スポーツ

▷1　どの競技でも，日本リーグ，実業団リーグなどといったトップレベルのグループは，ひとつの競技あたり10から20チーム程度。170ものチームが活動をやめたということが，いかに日本のスポーツ界にとって衝撃的だったかがわかる。左近充輝一（2000）「不況とともに崩壊──企業スポーツ（上）トップレベルの177チームが撤退」『朝日総研リポート』145，朝日新聞社総合研究センター，を参照のこと。
▷2　ただし利潤を追求する営利法人だけが企業スポーツにかかわっていたわけではない。以前であれば，日本電信電話公社（現在のNTT）などの公共企業体も，スポーツ活動をおこなっていた。また，警察や自衛隊におけるスポーツ活動も無視できない。
▷3　ちなみに2019年「学校基本調査」によれば，中学校卒業者の高等学校等進学率は98.8％である。
▷4　企業がスポーツを活用した根拠に，経営学の人間関係論があった。人間関係論によれば，従業員は，賃金や職場環境などの客観的条件を合理的に判断するだけでなく，職場のなかの人間関係といった非合理的な側面に影響を受けている。経営者がスポーツ活動を推奨したのは，健全なからだをつくるというだけでなく，スポーツを通じて人間関係を発展させ，それを生産性につなげる目的があった。

1　企業スポーツとは何だろう？

企業スポーツとは何でしょうか。プロ・スポーツチームを所有するのも，ワールドカップやオリンピックのスポンサーも企業です。しかし，こうしたケースは，企業スポーツではありません。企業スポーツとは，スポーツ活動を本業としない会社の従業員が，会社支援のもとでおこなうスポーツ活動のことです。

働く合間のスポーツ活動だからといって，同好会レベルというわけではありません。1984年のロサンジェルス・オリンピックまでは，プロ選手が参加できないこともあり，企業スポーツが日本のエリートスポーツの一翼を担ったのです。

ただ，日本の企業スポーツは，バブル景気の崩壊もあって，1990年代から急速に衰えます。1990年代の10年間で，170以上ものトップレベルの企業チームが活動を止めました。企業スポーツの衰えは，高校や大学でプレイする一流選手にとって，わずかな進路先のひとつを失うことを意味しました。

企業がスポーツ活動を止めたのはけしからん，と思う方もいるでしょう。ですが企業は，利潤の確保が本来の目的であり，従業員のスポーツ活動は二の次のはずです。企業スポーツには広告効果があるはずだと考える人もいるでしょう。しかし，広告効果を求めるならばスポーツにこだわる必要はありませんし，プロ活動を支援すれば済むはずです。こうした点をふまえれば，エリートスポーツ選手を従業員として抱えた時代の方が，かえって不思議に思えます。

2　企業スポーツの成立

それでは，なぜこれまで企業スポーツが盛んだったのでしょうか。

まず，確認しておきたいのは，高度成長以前の日本では，義務教育を終えたばかりの若者が，生産現場で働いたという事実です。1935（昭和10）年での義務教育卒業者（12歳）の中等学校進学率はわずか18.5％，1950（昭和25）年でも高等学校進学率は45.5％と，義務教育修了者の半数が仕事をしている状況でした。

12歳はもちろん15歳であっても，からだは発育途中です。そうした若い人たちが肉体労働に従事していたわけです。企業が従業員にスポーツをすすめたのは，発育中の若者のからだを壊さないようにという配慮があったのです。

からだを健全にするという以外にも，スポーツには次の意義が考えられていました。すなわち，ルールを守り，節制を守る意識が身につくこと。みんなが

たのしく参加できること。プレイや観戦を通じて仲間意識ができること。まとめるとスポーツには，(1)身体の健全性，(2)規律・訓練性，(3)娯楽性，(4)共同・協同性，の４つの意義があるとみなされました。企業が福利厚生の一環としてスポーツを取り入れたのは，相応の理由があったのです。

③ 企業スポーツのエリートスポーツ化

こうして企業スポーツは，高度成長期に「黄金の時代」が到来します[6]。ただ，「黄金の時代」は，企業スポーツの矛盾が広がった時期でもありました。

ここからは繊維業界を例にして話を進めます。日本経済を牽引してきた繊維業界では，義務教育を終えたばかりの女性たちが，工場で働いていました。こうした若い女性たちにバレーボールが勧められます。その結果，1950年代の全日本総合女子選手権大会では，出場50チームのなかに大手繊維企業だけで約20チームも出場することになります[7]。

その絶頂が1964年の東京オリンピックでした。日本代表チームは，「ニチボー貝塚」というひとつの企業チームだけで構成されて，金メダルまで獲りました。このチームは，今でも「東洋の魔女」の愛称で知られています[8]。

しかし，東京オリンピックをきっかけに，一般従業員とエリート選手との間に距離が出ます。それまで，工場の空き地や食堂の一角でバレーボールをしていたのが，東京オリンピック以後は，最新のスポーツ施設・用具が用意されるのです[9]。企業スポーツは，思わぬ成功を収めたことで，コストのかかる代物となったのです。

企業スポーツの「黄金の時代」は，バブル経済と同時に崩壊します。経営の悪化に苦しむ日本企業は，スポーツチームを廃部させるだけでなく，福利厚生施設としてのスポーツ施設を売りに出します。行き場を失った企業スポーツ関係者は，生き残りをはかろうとします。1993年のサッカーのJリーグ創設も，企業スポーツの苦境から生まれたものでした。

④ 企業スポーツ研究からスポーツチームの動態的研究へ

バブル崩壊後の企業スポーツは，大きく３つの方向に展開しています。一つめが，Jリーグに代表される「プロ・スポーツ化」の流れです。二つめは，企業チームを，周辺の企業従業員や市民に開いていく「地域スポーツクラブ化」の流れです[10]。三つめは，企業側にとって過大な負担とならないよう，同好会レベルにスポーツ活動を抑制するという流れです。

つまり，企業スポーツは，関係者の働きかけ（あるいはあきらめ）によって，「プロ・スポーツ」にもなるし，「同好会」にも変化するわけです。スポーツチームの変化や動態を理解したい人は，企業スポーツというテーマに向き合うことをおすすめします。　　　　　　　　　　　　（新　雅史）

▷5　労働者の生活安定のために，企業が費用を負担して実施・運営する福利厚生施設や各種福祉活動のこと。賃金とは異なる給付のため，付加給付（フリンジ・ベネフィット）とも呼ばれる。
▷6　その詳細は，新雅史（2013）『「東洋の魔女」論』イースト・プレス，を参照のこと。
▷7　新，同上書。
▷8　ニチボー貝塚とは，「大日本紡績株式会社（後にユニチカ）貝塚工場」の略称のことである。1964年の東京オリンピック当時（正確にいえば，1950年代終わり頃から），繊維業界の一工場チームが世界一の強さを誇っていたのである。
▷9　東京オリンピックの３年後におこなわれた企業のスポーツ施設調査によれば，回答した255の事業所のうち，体育館が53館，陸上競技場が46箇所，野球場が229面，庭球場が408面，バレーボールコートが316面，保養所が241箇所もあった。それはまさしく企業スポーツの「黄金の時代」だった。スポーツ振興資金財団（1968）『職場スポーツ・レクリエーションの実態』スポーツ振興資金財団を参照。
▷10　男子バレーボールの「堺ブレイザーズ」などが有名である。

おすすめ文献

†新雅史（2013）『「東洋の魔女」論』イースト・プレス。
†ジャコービィ，S.M.／内田一秀ほか訳（1998＝2003）『会社荘園制――アメリカ型ウェルフェア・キャピタリズムの軌跡』北海道大学図書刊行会。
†間宏（1989）『経営社会学――現代企業の理解のために』有斐閣。

5 プロ格闘技の世界

▷1 小島一志・塚本佳子 (2006)『大山倍達正伝』新潮社。
▷2 ただし, 辞書においては, 「格闘技」よりも「格技」が掲載されているケースが多いようだ。講談社の『日本語大辞典』(1989) でようやく「格闘技」が登場する。なお, 『広辞苑』にはいまだに「格闘技」という項目はなく, 「格技」の同義語として紹介されているのみである。
▷3 小島・塚本, 前掲書。
▷4 松原隆一郎 (2006)『武道を生きる』NTT 出版。
▷5 八島一郎 (1955)「日本一の空手チョップ 大山倍達七段」『丸』4月号, 潮書房, 64-78頁。
▷6 ぴあ総研は同白書の発行を2009年で打ち切った。「格闘技」を研究するには, ㈳中央調査社の「人気スポーツ」調査があるが, プロ野球などメジャー競技を関心の対象にしており, 「格闘技」の人気のなさを確認するには格好の資料である。同調査ではプロボクシング, プロレスの項目はあるが, いまだにK-1などを表す項目がない。
▷7 ぴあ総合研究所 (2009)『ぴあライブ・エンタテインメント白書2009』。ここでいう「市場規模」とは, 入場料売上げをさしている。ただし, 入場料売上げを網羅的に公表しているデータは存在しないので,

1 「格闘技」という言葉

「格闘技」という言葉を最初に誰が使ったかは定かではありません。ただ, 小島一志は梶原一騎が「格闘技界」という言葉を初めて使ったと指摘しています。小島は, 「映画プロデューサー, 格闘技プロモーターとして梶原が関わりを持った世界」を梶原自身が「格闘技界」と呼んだとしています。具体的に, 梶原が関係をもったジャンルは極真空手, キックボクシング, プロレスでした。劇画原作者・梶原は『少年マガジン』に1971-78年に連載された『空手バカ一代』(つのだじろう, 73年より影丸譲也・画) において極真空手の大山倍達をフィクショナルに描きました。75年には映画会社を設立し, 『地上最強のカラテ』などを制作しました。一方で, キックボクシングやプロレスの興行, たとえばプロレス対極真空手の「異種格闘技戦」に深くかかわりました。「異種格闘技戦」は新日本プロレスが76年からはじめた企画であり, アントニオ猪木対モハメッド・アリが最も有名です。梶原の言動や猪木の試合を通じて70年代に「格闘技」という言葉が浸透していったと考えられます。

その後, 極真との関係が悪化した梶原はプロレス界へのかかわりを深め, 81年には梶原原作の「タイガーマスク」が実際のレスラーとして登場し, ブームを巻き起こしました。小島は, 梶原が「格闘技」を「観て楽しむエンタテインメント」にしてしまったと批判しています。小島の梶原批判には, 極真の実践者として「格闘技」は本来「武道」であるべきだという主張があるように思われます。

2 プロレスについての困惑

プロレスは「武道」の実践者に困惑を与える存在です。小島は「本来なら格闘技ではないプロレスもまた『格闘技界』の一大勢力だ」と書いていますし, 松原隆一郎 (大道塾実践者) は「プロレスは八百長というよりも, 格闘技をまねた一種の演劇」と単刀直入に語っています。1955年にある地方都市の空手演舞会で, 商工会議所会頭が力道山の空手チョップのお陰で空手の威力が浸透したと挨拶したところ, 日本空手協会関係者が次の挨拶で, 空手はそんなものではないと力説したといわれています。真剣勝負ではないプロレスを「格闘技」視してほしくないという気持ちは「武道」実践者の多くに共通しているでしょ

う。しかし，実践者はあくまで少数派です。圧倒的多数の観客は，「格闘技」は観て楽しめばそれでいいと考えています。かといって，観客にも観客なりの真剣勝負へのこだわりはあります。プロレスは88年に地上波テレビのゴールデンタイムから姿を消し，90年代以降K-1や総合格闘技にその座を譲りました。

「格闘技」に「武道」のような真剣勝負性を求める限り，プロレスなどの扱いをめぐって複雑な説明が必要となってしまいます。そこで，よりシンプルなのは，プロレスを「格闘技」に組み入れてしまう，たとえば『ぴあライブ・エンタテインメント白書』の立場でしょう。[6]

ぴあ総合研究所が発行していたこの白書は格闘技をマーケットとして捉え，その現状を明らかにしていきます。この白書においては，格闘技市場は，プロレス，ボクシング，「その他格闘技」の3つのサブジャンルから成り立っています。「その他格闘技」にはK-1，総合格闘技などが含まれています。

表XI-2を見てください。2003年と2008年を比較すると，プロレスとその他格闘技の落ち込みが目立ちます。[7]それに比べてボクシングは健闘しているといえますが，そもそもの市場規模の小ささを意外に思う人も少なくないでしょう。

表XI-2　プロ格闘技市場規模

（単位：億円。（　）は市場全体に占める比率（％））

	2003年	2008年
プロレス	88.8 (59.3)	55.5 (56.5)
ボクシング	14.3 (9.5)	13.2 (13.4)
その他格闘技	46.5 (31.0)	30.0 (30.5)
計	149.6	98.2

出所：ぴあ総合研究所（2009）をもとに作成。

3　ボクシングの問題点

3つの「格闘技」のうち，一般紙で「スポーツ」として報道されているのはボクシングのみです。『朝日新聞』はプロレスラー三沢光晴の死亡を扱ったコラムのなかで，プロレスを朝刊スポーツ面で扱わない理由として，「興行性」の強さをあげています。[8]これに対して，ボクシングは競技性が最も確立したプロ格闘技といえるでしょう。しかし，それにもかかわらずというよりも，それゆえに地味なジャンルです。[9]「観て楽しむエンタテインメント」という観点からいうと，技術性の高さは一般の観客には届きにくいものです。そして致命的なのが，ヘビー級のような大型選手がいないことではないでしょうか。かつて力道山はボクシング界進出を画策したことがありました。彼には軽量級が大半を占める日本ボクシング界を侮蔑したような発想がありました。[10]プロレス界には大男同士がぶつかる迫力に対する信仰のようなものがあるのです。ここには格闘を見せてお金をとるという行為の本質があります。興行性の追求のためにどれだけ競技性を犠牲にするか，そのことを徹頭徹尾おこなってきたプロレスと競技性を守ってきたボクシングの間には大きな距離があるものの，どちらも「プロ格闘技」の世界を構成していることには変わりがないのです。[11]

（岡村正史）

動員数に平均入場料を乗じて推計している。また，動員数は主催団体の公表値が上ぶれしている可能性があるため，修正係数を乗じている。

▷8　『朝日新聞』2009年6月16日付。

▷9　『朝日新聞』が2003年に実施したスポーツに関する世論調査において，「最も印象に残ったスポーツ選手」として3票以上獲得した選手のなかに，プロレス，「その他格闘技」はそれぞれ2名含まれていたが，ボクシングはひとりもいなかった。ただし，『読売新聞』が2015年に実施した世論調査では「見るのが好きなスポーツ」として，ボクシングはプロレスの3倍の数字をマークしている。なお，K-1などの項目はない。

▷10　結局，力道山のプロボクシング進出は，力道山本人がプロボクシングの興行に関与しないという条件付きで承認された。力道山がハワイから招へいしたのが，名トレーナー，エディ・タウンゼントである。

▷11　日本ボクシングコミッションが設立されたのは1952年だが，財団法人として文部省（当時）から認可されたのは78年だった。また，プロレスは1954年に財団法人化をめざしたが，文部省より却下された。

おすすめ文献

†後藤正治（2002）『遠いリング』岩波現代文庫。
†松原隆一郎（2002）『思考する格闘技』廣済堂出版。
†岡村正史（2008）『力道山──人生は体当たり，ぶつかるだけだ』ミネルヴァ書房。
†岡村正史（2018）『「プロレス」という文化──興行・メディア・社会現象』ミネルヴァ書房。

応援の文化

1 秩序と無秩序

多くの観客がつめかけるスタジアムでは，ゲームのなりゆきに応じて歓声や拍手が起こり，「興奮のるつぼ」とたとえられる状況になります。その場にいると，日常生活から切り離された集合的沸騰状態，文化人類学などでいう「コムニタス」だと感じることもあるでしょう。感情が高ぶって暴れ出す人もいます。フェンスを乗り越え，フィールドに飛び出してしまうファンもいないわけではありません。自制がきかなくなった人の暴力が感染，連鎖して大きなトラブルに発展することもあります。そのような状況は，いっけん無秩序に映ります。けれども，スタジアムの観客の行動には秩序が認められます。たしかに行動は多様で，まとまりがあると思えないかもしれません。しかし，プロ野球ファンが応援歌に合わせてメガホンを叩いたり，サッカーのサポーターがチャントを歌ったりすることは，リーダーの指示のもとで協力してなしとげられる，統制された行動です。応援行動に関心をもつ人は，バラバラにみえる行動のなかにルールや秩序があることを見落としてはなりません。応援が「文化」だといえるのは，秩序があり，ルールやパターンにしたがう行動があるからです。

2 応援の規制と規格化

現在の応援行動がよく統制されているのは，トラブル回避のためのルールがつくられてきたからです。手拍子は，訓練や学習の結果として獲得された行動です。敵チームから距離をとってトラブルを起こさないよう自制するといった，暗黙のルールもありました。しかし，暗黙のルールやファンの自制に任せていては，トラブルが減りません。警察力の介入を避けたいスポーツ興行主催者は，観戦や応援のルールを明文化するようになりました。

たとえば，Jリーグのホームページを見ると，応援マナーについての説明があります。「試合運営管理規程」と呼ばれるもので，統一禁止事項（フィールドへの飛び降りなど）が定められ，違反者には入場禁止の措置がとられると明示されています。同様に，日本野球機構も「試合観戦契約約款」や，応援団に関する遵守事項を定めた「特別応援許可規程」をつくりました。スタジアムが独自のルールを課すばあいもあって，場内に持ちこめる応援用具の大きさや数，応援旗を振るタイミングまで細かく決めている球場もあります。応援団は，けっ

▷1 **コムニタス**
文化人類学でつかわれる概念。「コムニタス」状況では，日常的な秩序がこわれ，地位の逆転などがおこる。この概念をひろく捉えると，スポーツ・イベントなどで，参加者が日常の社会構造のなかで占めている地位をはなれ，たがいに平等な感覚を共有する現象を考えることが可能である。

▷2 Jリーグ「試合運営管理規程」，Jリーグ「安全理念」および「観戦マナー」https://www.j-league.or.jp/aboutj/control
▷3 日本野球機構「試合観戦契約約款」http://npb.jp/npb/kansen_yakkan.html 日本野球機構「特別応援許可規程」http://npb.jp/npb/kansen_kitei.html
▷4 千葉ロッテマリーンズ「ZOZO マリンスタジアムプロ野球観戦ルール」https://www.marines.co.jp/expansion/rule.html

して好き勝手に行動しているのではありません。

3　応援行動とジェンダー

　かつての観客席では，女性は目立ちませんでした。少数派だった女性ファンが応援の表舞台に登場したのは，チアリーダーからです。社会人野球や高校野球などアマチュア・スポーツの分野からひろがりました。男性の応援と，女性によるチアとは，ジェンダーによる役割分担だったといえます。サッカーのゴール裏やプロ野球のホーム側外野席では男の応援スタイルが優先され，女性が応援に参加するばあい，男なみの行動が求められることもありました。

　しかし，スタジアムに女性の姿が増加するにつれ，事態は変わりました。女性が男性的な応援行動に合わせるのではなく，女性独自の応援スタイルをとることが支持されひろがりました。プロ野球では，ピンク色のユニフォームを着こみ，アイドル選手に声援を送る女性ファンがいます。サッカーでは，プレイよりも容姿に魅せられて特定の選手のおっかけをする「顔サポ」と呼ばれる一団が認められます。もちろん，年長の女性たちのチームや選手とのつきあいかたは，若い世代とはちがいます。様々なスタイルの混在こそが，現在のスタジアムの応援状況を特徴づけています。

4　調査と記録

　客席で，ファンの「熱狂」的な応援行動を体験すると，この集合的現象について研究したいという好奇心も生まれるでしょう。しかし，応援行動に関して，調査に基づいた客観的データを集めるのは，実に困難です。様々な属性を持つファンの，どこに注目するべきかを絞りこむことがむずかしく，何万人もの人の行動は，個人が観察できる規模を超えています。録画して分析するにしても，途方もない時間がかかるでしょう。けれども，地道な記録を作成し，分析していく以外に方法はありません。そのためには，そこで何が起こっているのかを理解できるまで「現場」すなわちスタジアムに出かけ，日常的な風景と，特別な出来事や突発的な事件とのあいだにあるちがいを区別できるようにする必要があります。いつもの応援パターンをよく知ったうえで，いつもとはちがう行動や，ルールに従わない行動がどのように生じるのかを，きちんと観察し記録することが，分析の基礎なのです。

　応援行動に関する記録は，東京六大学の応援団の部史などをのぞき，まとまったものが残されていません。選手やチームに関心を抱く人が圧倒的に多く，観客という存在が軽視されてきたからです。スポーツの世界の半分はプレイヤーが担っていますが，あとの半分は観客がつくるものです。スポーツ報道は試合結果や戦評に偏りがちですが，スポーツ研究の分野では，ファンの応援行動にも注目するべきです。　　　　　　　　　　　　　　　（永井良和）

▶5　チアリーディングは，応援団に従属していたバトントワラーたちの所作が，ポンポンダンスやアクロバティックな演技などの要素をくわえて発達してきたものである。男子も参加している。現在では，国際的な大会もある競技スポーツになった。もともとスポーツの応援の一要素だったものが，競技に発展した興味深い例である。

▶6　「カープ女子」や「オリ姫」など各チームの女性ファンを示す言葉もひろがった。また女性リーダーが応援行動の指揮をとることや，チャンステーマで女性と男性とがそれぞれのパートを交互に歌うことも，しばしば見うけられる。

▶7　永井良和（2010）「観察法　まず「日常」を記録しよう」工藤保則・寺岡伸悟・宮垣元編『質的調査の方法』法律文化社，31-44頁。

おすすめ文献

†永井良和・橋爪紳也（2010）『南海ホークスがあったころ——野球ファンとパ・リーグの文化史』河出文庫。

†永井良和（2008）『ホークスの70年』ソフトバンククリエイティブ。

†高橋豪仁（2011）『スポーツ応援文化の社会学』世界思想社。

つくられるスポーツ・ファン

① スポーツ・ファンとは

　一般的に特定のチームや贔屓のスポーツ選手に対して，熱狂的（fanatic）に応援する人びとをスポーツ・ファン（fan）といいます。また，サッカー・ファン，高校野球ファン，オリンピック・ファンのような，特定のスポーツ種目や大会をこよなく愛する人も，スポーツ・ファンと呼ばれます。

　チームのファンはサポーター（supporter）とも呼ばれ，日本では1993年のプロサッカー J リーグの誕生とともに有名になりました。ヨーロッパのサッカーでは，サポーターは12番目のプレイヤーといわれるほどで，単なる観客（spectator）ではなく，選手の士気を鼓舞する応援によって間接的にチームの勝利に貢献します。ホームゲームが有利なのは，ホームチームのサポーターが競技場を埋め尽くすからです。しかも，このサポーターはそのチームがある地域に密着したファンなので，地域愛をともなって非常に熱狂的なのです。

② スター，タレント，ヒーロー，アイドル

　スポーツ選手のファンは，時代にともなって選手に求めるイメージが変わっていくのです。

　ある時期は，スポーツ選手は神格化され，われわれには手の届かない聖なる存在として「スター」の称号を与えられました。日本では，1960年代にプロ野球ジャイアンツで活躍した**長嶋茂雄**は，まさにこのスターの座を射止めた人です。彼の奇跡的なプレイや派手なパフォーマンスは，当時の多くのファンを魅了し，スターとしてのカリスマ性をもっていました。

　ところが，ドラフト制度に異議を唱え，職業選択の自由を訴えて，1979年にジャイアンツに入団した**江川卓**は，プロ野球選手も職業として野球をしているにすぎないという印象をわれわれに与え，身近で俗なる存在としての「タレント」と評価されました。また，この頃から現役を引退後，メディアの世界でタレントとして活躍するスポーツ選手も多く出てきました。

　1995年，**野茂英雄**は近鉄球団が提示した額の10分の1にも及ばない年俸で，アメリカプロ野球ロサンジェルス・ドジャースとマイナー契約を結び，メジャーリーグに挑戦しました。そして，そのシーズン13勝を記録し，ナショナル・リーグ新人王と最多奪三振のタイトルを獲得し，オールスターの先発投手

▷1　**長嶋茂雄**
ジャイアンツのV9に王貞治との ON コンビで貢献した。1959年の日本プロ野球史上初の天覧試合では，サヨナラホームランを放ち，スターとしての地位を不動のものとした。

▷2　**江川卓**
1978年のドラフト会議の前日（空白の一日）にジャイアンツと契約するが無効となり，一旦タイガースに入団してからトレードでジャイアンツへの入団を果たした。

▷3　**野茂英雄**
アメリカプロ野球メジャーリーグで活躍した日本人選手の草分け的存在。大きく振りかぶって背中を打者に向ける独特のトルネード投法で人気を博した。メジャーリーグ在籍の10年間で，2度のノーヒットノーランを達成している。

にも選ばれ，メジャーリーグの「ヒーロー」になりました。ヒーローインタビューは，まさにメディアがスポーツ選手をヒーローに仕立てる仕掛けなのです。

　また，スポーツ選手は「アイドル」としてもてはやされることもあります。とりわけ若い世代のスポーツ選手はその傾向にあります。たとえば，高校野球では「こーちゃん」の愛称で親しまれた**太田幸司**[4]や，「ハンカチ王子」の**斉藤祐樹**[5]，ゴルフでは「ハニカミ王子」の**石川遼**[6]のように，アイドルになるためのキャッチフレーズが付与されます。

　このようにスポーツ選手は，メディアによって，スター，タレント，ヒーロー，アイドルとして社会的意味が付与され，ファンを獲得します。

❸ スポーツ・ファンの多元化

　ところが，1990年代後半からメディアによるスポーツ・ファンの多元化現象が起きました。それは，衛星放送のBSデジタルやCSデジタルのスポーツ専門チャンネルで，自分の見たいスポーツ番組にお金を払う「ペー・パー・ビュー」が登場したからです。それによって世界のスポーツを常時見ることができるようになり，ヨーロッパ・サッカーやアメリカ・メジャーリーグなどの「ディープなスポーツ・ファン」は，専門的にゲームを楽しむことができるこれらのチャンネルを選ぶようになりました。

　一方，地上波は一般大衆をターゲットとしてスポーツ番組を制作します。タレントを使ってエンターテイメント化したり，解説者がまるでファンのように贔屓（ひいき）のチームを応援したり，スポーツをひとつの祝祭空間としてイベント化し，大衆を惹きつけようとします。つまり，スポーツそのものではなく，付加価値をつけたスポーツ番組を提供することで，「一過性のスポーツ・ファン」を獲得しようとするのです。

　これらメディアによって囲い込まれたスポーツ・ファンが，近年再び競技場へ戻ってくるようになりました。それは，もちろん生で見た方が興奮するということもありますが，ファン自身が応援のパフォーマンスをすることによって，プレイヤーと同じように，そのスポーツに参加（participant）することができるようになったからです。プロ野球では7回にジェット風船を上げたり，みんなで応援歌を歌ったり，同じレプリカのユニフォームを着て応援することで，ファン同士の一体感を味わうこともできます。

　また，実際に競技場に行くことができない場合は，大画面のテレビをみんなで観戦する「パブリック・ビューイング」に行き，この応援のパフォーマンスを楽しむファンも増えてきました。

　このように，スポーツ・ファンは時代とともに，スポーツへのかかわり方を変えてきたといえるでしょう。

（杉本厚夫）

---

[4]　**太田幸司**
1969年，全国高校野球選手権大会決勝戦で，三沢高校の投手として松山商業高校の井上明投手と投げ合い，延長18回引き分け再試合は高校球史に残る名勝負といわれる。女子高校生に人気があり，高校野球のアイドルの元祖。

[5]　**斉藤祐樹**
早稲田実業高校の投手として，2006年の全国高校野球選手権大会決勝戦で，駒大苫小牧高校の田中将大投手と投げ合い，37年ぶりの再試合の末，優勝投手となった。試合中にハンカチで汗を拭う仕草から，メディアが「ハンカチ王子」と命名した。

[6]　**石川遼**
2007年の日本プロゴルフツアーで15歳8カ月の史上最年少優勝を達成。また，プロに転向した2年目の2009年に賞金王の最年少記録をつくった。インタビューの時にはにかむことから，「ハニカミ王子」とメディアが名づけた。

（おすすめ文献）
✝杉本厚夫編（1997）『スポーツファンの社会学』世界思想社。
✝杉本厚夫（2005）『映画に学ぶスポーツ社会学』世界思想社。
✝早稲田大学スポーツナレッジ研究会編（2016）『スポーツ・ファン・マネジメント』創文企画。

3　スポーツ・ボランティア

1　スポーツ・ボランティアのルーツ

　スポーツは，もともと自由時間における「自発的行為（voluntary action）」によって生まれた人類固有の文化です。近代スポーツは，18世紀から19世紀にかけて英国で誕生しましたが，ヨットやクリケットなどにおいては，愛好者が自分たちでクラブ（club）を設立しています。スポーツ愛好者が集まり，自分たちで会費を集め，会員のなかから役員を選び，クラブを運営するというスポーツクラブ運営の基礎がここからはじまります。スポーツ競技団体は，ボランタリー・アソシエーション（voluntary association）と呼ばれており，自発的行為としてのスポーツ団体も，ボランティアが中心であったことが読みとれます。

2　スポーツ・ボランティアとは

　わが国では1980年代まで，スポーツの世界において"ボランティア"という言葉はなく，大会や行事の補助員は「団体依頼型」でした。地域のスポーツ少年団やクラブ・サークルにおいては，技術の優れた愛好者や家族が無償で指導や世話をするのがふつうでした。ボランティアが本格的に公募されるようになったのは，1985年のユニバーシアード神戸大会が最初でした。

　スポーツ・ボランティアとは，「地域社会やスポーツ団体・クラブ，スポーツ・イベントなどにおいて，個人の自由意志に基づき，その技能や時間などを進んで提供し，社会に貢献する活動」です。スポーツ・ボランティアの種類と役割は，大きく3つに分けることができます（表XII-1）。日常的な「クラブ・団体ボランティア」と，非日常的な「イベント・ボランティア」，そしてプロ・スポーツ選手やトップアスリートによる「アスリート・ボランティア」です。

　「クラブ・団体ボランティア」は，地域スポーツクラブやスポーツ団体

▶1　大会ボランティア
スタジアムやアリーナ，メディアセンターなどの大会

表XII-1　スポーツ・ボランティアの種類と役割

クラブ・団体ボランティア （クラブ・スポーツ団体）	ボランティア指導者 （監督・コーチ，指導アシスタント）
	運営ボランティア （クラブ役員・幹事，世話係，運搬・運転，広報・データ処理， 競技団体役員等）
イベント・ボランティア （地域スポーツ大会， 国際・全国スポーツ大会）	専門ボランティア （審判員，通訳，医療救護，大会役員，情報処理等）
	一般ボランティア （給水・給食，案内・受付，記録・掲示，交通整理，運搬・運転， ホストファミリー等）
アスリート・ボランティア	プロ・スポーツ選手，トップアスリート （スポーツクラブ・福祉施設訪問，イベント・スクール参加等）

出所：筆者作成。

におけるボランティアで，「ボランティア指導者」と「運営ボランティア」に分類できます。「イベント・ボランティア」は，地域における市民マラソン大会や運動会，また国体や国際大会において，大会を支えるボランティアです。「イベント・ボランティア」は，専門知識や技術が必要な「専門ボランティア」と「一般ボランティア」に分けることができます。「アスリート・ボランティア」は，社会貢献活動としての，プロ・スポーツ選手やトップアスリートによるボランティア活動です。

表XII-2　イベント・ボランティアの概要		
大会名	開催年	ボランティア数
〈国際大会〉		
ユニバーシアード神戸大会	1985	8,300人
広島アジア大会	1994	約10,000人
ユニバーシアード福岡大会	1995	12,500人
長野冬季五輪大会	1998	32,579人
シドニー五輪大会	2000	46,000人
大分国際車いすマラソン大会	2000	約3,000人
FIFA ワールドカップ（JAWOC）	2002	14,655人
IAAF 世界陸上2007大阪	2007	28,000人（延べ）
東京オリンピック・パラリンピック2020	2020	80,000人（大会ボランティア）
〈地方大会〉		
指宿菜の花マラソン大会	2000	約1,000人
東京マラソン	2009	12,000人
神戸マラソン	2017	7,500人

出所：筆者作成。

❸　スポーツ・ボランティアの広がり

　表XII-2は，主要な国際大会と地方大会におけるボランティア数を示しています。オリンピックなどのメガイベントにおいては，公募・選考され，研修を受けてから活動に入ります。地域における生涯スポーツ・イベントにおいても，地元のボランティアが大会運営を支え，参加者との交流を深めることにより，イベントの成功に貢献しています。今では，「ボランティアによるサポートなしには，スポーツ・イベントは成功しない」といわれています。

　ロンドン・オリンピック・パラリンピック大会（2012年）においては，「ゲームズメーカー」（7万人）と呼ばれる**大会ボランティア**と「ロンドンアンバサダー」（8000人）といわれる**都市ボランティア**が，大会を支えました。東京2020においては，大会ボランティアは「フィールドキャスト」（8万人）と呼ばれ，都市ボランティアは「シティキャスト」（3万人）といわれます。フィールドキャストの活動分野は，案内，競技，移動サポート，アテンド，運営サポート，ヘルスケア，テクノロジー，メディア，式典の9つがあります。また，共通研修，役割別研修，リーダーシップ研修などが用意されています。

　近年では，自治体やスポーツ団体・NPOにおいて，**スポーツ・ボランティアバンク**の設置が広がってきました。そのきっかけは，国体やワールドカップのボランティアを組織化したり，スポーツ・ボランティア養成講座の修了生を組織化したもの，県内のイベント開催の人材確保など，多様です。現在，12都道府県，6政令指定都市，59市区町村にスポーツ・ボランティアバンクが設置されています（笹川スポーツ財団，2017）。スポーツ・ボランティアは，「支えるスポーツ」としての補助的な役割にとどまらず，これまでになかった「するスポーツ」や「見るスポーツ」をつくるという役割も担っており，新しいスポーツ文化を創造する可能性が期待されます。　　　　　（山口泰雄）

▷1　**大会ボランティア**
会場のなかにおいて，運営をサポートするボランティアのこと。組織委員会によって，募集・選考，研修などがおこなわれる。

▷2　**都市ボランティア**
会場の周辺や駅，空港，観光地など，大会（競技）会場の外において，観戦者や関係者をサポートするボランティアのこと。大会会場のある自治体によって，募集・選考，研修などがおこなわれる。

▷3　**スポーツ・ボランティアバンク**
スポーツ・ボランティアの登録制度で，ボランティアの紹介や派遣などをおこなっている。事務局は，自治体やスポーツ振興財団のなかだけでなく，法人格を取得している団体もある。

おすすめ文献

†山口泰雄編著（2004）『スポーツ・ボランティアへの招待──新しいスポーツ文化の可能性』世界思想社。

†笹川スポーツ財団（2017）『スポーツ白書──スポーツによるソーシャルイノベーション』。

†笹川スポーツ財団（2004）『スポーツ・ボランティア・データブック』。

4 消費者としてのスポーツ・ファン

1 スポーツの楽しみ方の広がり

　スポーツの楽しみは，することを楽しむもの（直接的参与）と，観戦や視聴を楽しむもの（間接的参与）に大別できます。さらに後者は，スタジアムなどのライブ観戦とテレビなどのメディア観戦に分類されます（表XII-3）。わが国では，するスポーツの参加率（運動・スポーツ実施率）が74.0%（推定7844万人）に対して，見るスポーツについては，ライブ観戦率31.8%（推定3371万人），メディア観戦率89.9%（推定9530万人）であることが報告されています。プロ野球には年間約2653万人が，Jリーグには1095万人が観戦に行きました。このように生活文化の内容としてスポーツは，広く私たちの日常に浸透しています。本項では，間接的参与の側面から消費者としてのスポーツ・ファンを扱い，プロ・スポーツを題材に，ファンの動機とそれに対応したサービス，そしてスポーツ文化とのかかわりについて考えます。

2 スポーツ・ファンが求めるもの

　先行研究は，スポーツ観戦には多様な動機があることを明らかにしてきました（表XII-4）。ファンの多様な欲求を満たすために，主催側は様々な工夫をしています。特定の選手に焦点をあてた宣伝広告をおこない，その選手に興味を持った人たちの来場を促す取組みや，新たに来場した人を対象に，その種目の魅力の理解を促したり，球団・クラブへの興味を喚起したりするための学習支援的な働きかけは，プロ・スポーツに広くみられるようになりました。アトラクションや飲食サービスを充実させ，娯楽や気晴らしを求めるファンのニーズに応える取組みも一般的になっています。交流を求める人たちに，ファンクラブのサービスを，さらに会員制のサイトやツイッターなどを用いてネット上のコミュニティを設けるサービスなどを提供するようになりました。

▷1　Lee, B. A. and Zeiss, C. A.(1980) "Behavioral Commitment to the Role of Sport Consumer," *Sociology and Social Research*, 64, pp. 405-419.

なぜ，スポーツのファンがこのように分かれるのかについては，楽しみの志向の違いなどの主体的要因や，観戦にかかる費用などの経済的要因，スタジアムへの距離などの地理的要因など，様々な背景がある。

▷2　笹川スポーツ財団（2019）『スポーツライフ・データ2018』をもとに，成人のうち，過去1年以内にスポーツをした人の割合を「スポーツ参加率」，観戦に行った人の割合を「ライブ観戦率」，テレビで観戦した人の割合を「メディア観戦率」とした。

▷3　日本野球機構および日本プロサッカーリーグのデータによる（2019年）。

▷4　Funk, D.C., Mahony, D.F., Nakazawa, M. and Hirakawa, S. (2001) "Development of the Sport Interest Inventory (SII): Implications for Measuring Unique Consumer Motives at Sporting Events," *International Journal of Sports Marketing & Sponsorship*, 3 (3), pp.291-316.

表XII-3　間接的参与の分類

		ライブによる観戦	
		高頻度	低頻度
メディアによる観戦	高頻度	ファン（fan）	フォロワー（follower）
	低頻度	スペクテイター（spectator）	オンルッカー（onlooker）

出所：Lee and Zeiss（1980）より。

表XII-4 スポーツ観戦の動機

特定の種目が好きだから（sport preference）
好きな選手の応援のため（player attachment/interest）
チーム・クラブの応援のため（team attachment/interest）
地域（community pride）や国（national identity）を代表しているから
応援の対象に自分を重ね合わせたいから（vicarious achievement）
人々と交流したいから（socialization）
非日常を味わいたいから（escape）
娯楽や気晴らしのため（entertainment value）
興奮を楽しみたいから（excitement）
筋書きのないドラマを楽しみたいから（drama）
友人・知人・家族のつきあいで（passive attendance）

出所：Funk *et al.* (2001) より。

3 スポーツ消費の二面性──生産と消費の融合

　スポーツ・ファンがチケットや応援グッズを買い求めるように，スポーツ消費者とは，対価を支払い，欲しいものを入手したりサービスを受けたりする者を意味します。一方，リーグやクラブ・球団などの主催側は，試合を開催し，観戦にともなうサービスを提供するスポーツ生産者と理解することができます。

　一般に消費者は，生産者と対を成す概念ですが，スポーツ消費については，消費が生産をともなう場合が数多くあります。テニスレッスンの受講者は，レッスン料を支払い，テニス指導というサービスを提供されながらも，レッスンに主体的にかかわることによって，指導者とともに，よりよいテニスの時間をつくり出そうとします。スポーツ・ファンの例でも，オーガスタ・マスターズ・ゴルフ・トーナメントでは，「目利き」とも称されるゴルフへの造詣の深いギャラリーが，世界最高のゴルフの舞台をつくり出すといわれています。これはスポーツを含む多くの文化的消費の場面でみられ，消費者の主体的・能動的なかかわりが，その文化の理解や享受をより豊かなものにしている例です。

4 文化の担い手としてのスポーツ・ファン

　スタジアムにおけるアトラクションの充実は，スポーツ観戦の付加価値を高めていますが，ややもすればスポーツの楽しみ方に制限を加えてしまうという懸念もあります。たとえば，MC（スタジアム司会者）のトークと効果音によるプロ野球の試合進行は，受動的なファンを生み出し，スポーツのよりよい時空間をみずから生み出そうとすること，つまりスポーツ・ファンとして自立していくことを妨げてしまうかもしれません。主催側は，消費者としてのファンの多様な欲求に応えながらも，文化のビジネスにかかわるものとして，ファンの享受能力を高め，文化の担い手としてのスポーツ・ファンを育てる責務を負っているのです。そのような主催側の取組みは，スポーツ文化の発展と，スポーツ・ファン市場の安定的で永続的な発展に重要です。

（仲澤　眞）

▷5　オーガスタ・マスターズ・ゴルフでは，その入場券は一般の市場にはほとんど出回らない。購入する権利を持った支援的なファンが，毎年，継続的に観戦に訪れる。

▷6　仲澤眞（2000）「ザ・マスターズの権威──マスターズ・ゴルフトーナメントと米国オーガスタ市」佐伯聰夫編『スポーツイベントの展開と地域社会形成』不昧堂出版，63-84頁。

▷7　トフラーは，生産活動をおこなう消費者として，プロシューマー（生産消費者，pro-sumer）という造語をもとに，生産と消費の融合を指摘している（トフラー，A.／徳岡孝夫訳（1980=1980）『第三の波』中公文庫など）。

おすすめ文献

†橋本純一編（2010）『スポーツ観戦学──熱狂のステージの構造と意味』世界思想社。
†佐伯年詩雄監修，菊幸一・仲澤眞編（2006）『スポーツプロモーション論』明和出版。
†トフラー，A.／岡村二郎訳（1964=1997）『文化の消費者』勁草書房。

スポーツ嫌いの視点

1 スポーツ嫌いはスポーツをしない人か

　何かを嫌いだとか，それに興味が持てないという人の話をよくよく聞いてみると，案外，まったく逆のように思えてくることがあります。スポーツ嫌いも然り。筆者の友人はスポーツが大嫌いといいながら，市民ランナーでもあります。筆者自身もオリンピックがテレビ中継されている時期でも，いつ始まっていつ終わったかにも気づかないほどスポーツにはまったく興味がないと自負していますが，月に二度は職場の同僚とバドミントンで汗を流します。スポーツ好きの人びとは，喜んで「スポーツ好き」の一員に入れてくれるかもしれませんが，当人としてはやはりスポーツを好きだということに躊躇（ためら）いがあります。おそらく，スポーツ好きを自称する人や最近スポーツにハマっているという人のなかには，スポーツ観戦は好きだけれども自分ではしない人だとか，競技ではなく散歩やヨガを趣味としている人もいるでしょう。スポーツの楽しみ方やスポーツとして語られる活動の範囲が広がる今日，スポーツが嫌いだとかスポーツに無関心であると主張するには，理由の説明が必要とされるようになってきました。

2 スポーツ体験

　スポーツ好きな人が思い浮かべるスポーツ体験とはどのようなものでしょうか。筆者自身がスポーツといわれて真っ先に思い浮かべるのは，「坂ダッシュ」です。スポーツの楽しさよりも，部活動で寒い日に凍える思いで体操着に着替えたことだとか，怖かった先生や先輩の顔，トレーニングの厳しさをまず思い浮かべてしまいます。もちろん，楽しい思い出もないわけではないですが，少なくともスポーツは学校生活の一部であり，「まじめ」な活動として体験してきました。

　ところが，最近のスポーツ用品店では，バットやラケットなどのスポーツに必要不可欠な道具を探すために，ファッショナブルなジャージやTシャツをかき分けて進まないと見つからないという目にあうことがあります。カラフルなジャージに心惹かれながらも，おしゃれさを重視するようなスポーツへのかかわり方をなんとなく「邪道」だなと思ってしまう人も少なくないのではないでしょうか。気晴らしを目的としているのであれば，スポーツを通しておしゃ

れを楽しもうと，仲間との歓談を楽しもうと構わないはずなのに，「邪道」なスポーツブームには乗り切れず，かといって「まじめ」なスポーツの敷居はまたげず，とりあえず無関心へと帰ってしまうのです。

　先の友人は，スポーツの競争としての側面，勝敗の強調されるオリンピックのような大会は「嫌い」ですが，マラソンは集中力が増し「自分から自分を遠ざける」ことができるのが魅力であるといいます。スポーツの楽しみ方が多様化している現在では，各々のスポーツ体験も異なり，何をスポーツの本質として捉えるのかも多様化しています。

③　興奮の共有

　スポーツに無関心な立場からみると，スポーツについて語る人びとの表情は「熱血」そのものです。オリンピックやワールドカップについて語る人の顔には，高揚感がみて取れます。勝敗はもとより，ゲームの難しさや選手の成長についてなど，人によって様々な視点から語られますが，その語り口は手に汗にぎる興奮が呼び起こされるように楽しげです。しかし，その話題についていけない者は，その興奮による連帯をにこやかに見守りながらも，心は別のところに泳がざるをえません。

　ある女子大のゼミで，スポーツ好きを自認する学生とそうでない学生に質問をしたところ，スポーツが好きな理由は「技の凄さなどが見ていて楽しい」とか「テンションが上がる」「興奮する」等の答えがあがり，またほとんどの学生が１日あたり数時間はテレビを視聴すると答えました。スポーツに関心のない学生の場合は，アルバイトで忙しくテレビの視聴時間は１日あたり数十分以下と答える者が多く，「テンションが上がる」のはどんな時か尋ねると「友人と話しているとき」と答える学生が何人かいました。スポーツ好きの学生が家でテレビを何時間も見ており，スポーツに関心のない学生がアルバイトや女子会にいそしんでいるのであれば，後者の方が社交的ともいえるでしょう。

　女子会でも，自分だけが知らない先生の話で盛りあがっている間は，目の前のコーヒーカップをもてあそぶしかないかもしれません。スポーツの話題も，前提となる試合のルールや選手の人物像について今さら尋ねることは興奮に水を差すようで憚られ，仮に解説してもらっても，結局，想像上の試合で臨場感を味わうことは難しいでしょう。テレビやラジオの中継となれば解説者がいるものですが，解説者自身が興奮してしまっていると，かえってその興奮から自分が疎外されていることを意識せずにはいられません。テレビに映る観衆は，そしておそらくはテレビには映らない多くの視聴者たちも，自分の知らない何かを共有しているからこそ一体感を得て興奮しているようにみえるのに，興奮に乗り遅れてしまう事実が，自分がその何かを知らないことを示しているように思えるからです。

（野田さやか）

（おすすめ文献）
†井上俊（2000）『スポーツと芸術の社会学』世界思想社。
†井上俊・亀山佳明編（1999）『スポーツ文化を学ぶ人のために』世界思想社。
†谷口雅子（2007）『スポーツする身体とジェンダー』青弓社。

スポーツの美学

1　スポーツの美学とは

　美の本質や構造を解明する美学（aesthetics）という学問があります。その美学という学問の視点からスポーツについて研究する領域が，「スポーツの美学」と呼ばれています。1970年代の初めに，スポーツを哲学的に研究するために国際スポーツ哲学会がアメリカで結成されますが，スポーツの美学はスポーツ哲学の問題のひとつとして研究がはじまりました。[1]

　スポーツには，様々な美を発見することができます。スポーツにみられる美はどのような構造を持っているのか，多くのスポーツは美を最初からねらうのではないのになぜ美が現れるのか，といった問題をスポーツの美学では研究するのです。

　ここで「美学」という言葉について注意を促さなければなりません。というのは，美学という語は，上に述べた学問としての美学を意味するだけでなく，「美しさに関する独特の価値観やこだわり」といった意味も持っているからです。「長嶋茂雄の美学」といったいい方をして，長嶋選手・監督の野球に対する価値観やこだわりを表現することができるでしょう。むしろ，美学という語のこの使い方のほうが一般的です。そうした意味でのスポーツの美学は，『スポーツ・グラフィック・ナンバー』といったスポーツ雑誌などで，一流選手の競技への思いや打ち込み方といった物語として，スポーツライターによって綴られることがあります。それは，学問としてのスポーツの美学とは異なりますが，スポーツ文化論の興味深い考察対象となる可能性があることを，ここでは指摘しておきます。[2]

2　スポーツの美の広がり

　スポーツの美といったとき，多くの人が思い浮かべるのは，フィギュアスケートの浅田真央選手の華麗な演技などでしょう。たしかにそれはスポーツの美の典型的な例です。しかし，美学が対象とする美はもっと広く，陸上競技の短距離走のスタートの「すばやさ」，バレーボールのスパイクの「強さ」，柔道の寝技の「しぶとさ」といったものも，スポーツの美に含められるのです。[3]

　美という語は，「美しい」を意味するだけでなく，「よいこと」「りっぱなこと」「みごとなこと」も意味します。スポーツ選手のすぐれたプレイは，美と

▷1　The Philosophic Society for the Study of Sport（PSSS）として1972年に発足。初代会長はポール・ワイス（Paul Weiss）。1999年に International Association for the Philosophy of Sport（IAPS）と組織の名称を変更した。

▷2　樋口聡（2004）「美学とスポーツ」『体育の科学』54(8)，609-612頁。

▷3　勝部篤美（1972）『スポーツの美学』杏林書院。

なる可能性があるのです。また，すばらしい美的なプレイを見たとき，私たちは感動します。したがって，美は感動を引き起こすこととも関係があります。スポーツにおける感動は，どのようなスポーツにおいても可能性がありますから，スポーツの美は大きな広がりを持っているのです。美学では，「感性的直観にうったえかける価値」を美と捉えます。私たちの感性を刺激し，直接的に私たちを惹きつけるものが，美学が対象にしようとする美なのです。

③　スポーツと芸術の関係

　スポーツの美学では，スポーツを芸術とみなすことができるかどうか，ということが問題のひとつとして議論されてきました[4]。というのは，これまでの美学という学問の研究対象の中心は芸術であり，スポーツの美学が成立するためには，芸術の問題を考慮に入れることを避けることはできないからです。

　スポーツと芸術を比較したとき，たとえば，「砲丸投」と「ピアノの演奏」の間には大きなイメージの違いがあり，スポーツと芸術には関係などないように思われるというのが一般的な見方でしょう。しかし，少し深く考え，たとえば「マリナーズのイチロー選手のバッティングは芸術ではないか」などといってみると，ほとんどの人が「そうだ」と答えるのでないでしょうか。このようにして，「スポーツは芸術である」という見解が，スポーツの美学の研究では多く出されました。しかし，この「スポーツは芸術と見なすことができるか」という問いに答えるためには，「芸術」とは何かが明らかになっていなければなりません。「芸術」をどう捉えるかによって，答えはイエスともノーともなるのです。

　近代的な芸術概念を前提にしますと，スポーツは芸術とみなすことはできません。芸術家の意図的な表現という要素を，スポーツは欠いているからです。他方，芸術をそのもともとの意味である「**テクネー**[5]」に帰って，「技術的なわざ」と捉えると，スポーツは独特の芸術となってきます。この2つの意味を区別するために，後者をカタカナで「アート」と表記することができます。スポーツは，近代の一般的な意味での芸術ではないとしても一種のアートである，ということができるのです。この捉え方は，現代アートにみられるような芸術概念の変容をも説明することができます。芸術の現実が，近代的な芸術概念から現代的なアートへという変容を起こしており，その変容のあり方に，スポーツは重要な意味を持つ可能性があるのです。スポーツは人間の身体のみごとさを開花させる，現代のアートなのです[6]。

　スポーツと芸術の関係のあり方のひとつとして，芸術がスポーツをその表現の対象とすることがあります。文学，映画，マンガといった芸術ジャンルで描かれるスポーツによって，私たちは，スポーツの新たな側面を発見し，それがスポーツの深い理解につながる可能性があるのです[7]。　　　　　　（樋口　聡）

▷4　樋口聡（1994）「スポーツは芸術か？──ワーツ-ベスト論争」『遊戯する身体──スポーツ美・批評の諸問題』大学教育出版，147-171頁。

▷5　**テクネー**
技術一般を意味するギリシア語。ローマ字表記にすると technē となる。technique の語源。

▷6　樋口聡（2003）「スポーツの美学とアート教育」佐藤学・今井康雄編『子どもたちの想像力を育む──アート教育の理論と実践』東京大学出版会，190-207頁。

▷7　樋口聡（1987）『スポーツの美学──スポーツの美の哲学的探究』不昧堂出版，75-82頁。

おすすめ文献
†樋口聡（1987）『スポーツの美学──スポーツの美の哲学的探究』不昧堂出版。
†樋口聡（1994）『遊戯する身体──スポーツ美・批評の諸問題』大学教育出版。
†佐藤学・今井康雄編（2002）『子どもたちの想像力を育む──アート教育の理論と実践』東京大学出版会。

2 美を競うスポーツ

▷1　オリンピックの第5回大会（1912年）から第14回大会（1948年）まで「芸術競技」があった。

▷2　町田樹が，採点競技のなかでも「音楽に動機づけられた表現行為が内在するスポーツ」をアーティスティック・スポーツ（AS）と定義。舞踊学会ニューズレター，第16号 2019年，4-5頁。

▷3　シンクロナイズドスイミングは，芸術的な水泳という意味で2017年名称変更。

▷4　音楽やファッション文化が結びつき，Extreme sports, X sports とも。

▷5　正式名称は，ブレイキン（Breaking）。

▷6　ユース・オリンピックは15～18歳対象。2010年第1回夏季大会。

▷7　「ブーイングで競技中断　採点に抗議，五輪体操」『共同通信』2004年08月24日付。

▷8　「体操を AI 採点，20年までに実用化　富士通と体操連盟」『日本経済新聞』2018年11月20日付。

▷9　木幡順三（1980）『美と芸術の論理──美学入門』勁草書房，122頁。

▷10　1980年代の SFX，1990年代の CG・VFX，3D・4D，2018年の4K・8K，5G。

▷11　「（科学の扉）五輪・パラ観戦に新技術」『朝日新聞』2019年7月29日付。

▷12　グルーペ，O.／永島惇正ほか訳（1987=1997）『文化としてのスポーツ』ベースボール・マガジン社，93頁。

1 採点競技の今

　スポーツには，(1)タイムや距離を争い，人の主観なく記録が評価される競技，(2)個人もしくはチームが対戦した結果で勝利者が決定される競技，(3)審判が技術や芸術性，技の出来栄えを評価する「採点競技」があります。オリンピックの採点競技には（表XIII-1参照），主に，美しい技と表現を求める競技，たとえば，体操競技，飛込，フィギュアスケート，新体操，アーティスティックスイミング等と，近年では，スノーボード，スケートボード，サーフィン等の速さや高さ，華麗さなどのアクロバット的なパフォーマンスを披露する競技があります。ブレイクダンスも，ユース・オリンピックで2018年から正式競技になり，2024年パリ開催予定のオリンピックでも，追加種目の候補として承認されています（IOC 2019年6月25日発表）。

2 採点をめぐる出来事と客観化

　採点競技は判定・評価の客観化を進めてきました。たとえば，2002年のソルトレイクシティ・オリンピックのフィギュアスケートの採点・判定の疑惑から，旧採点法の「芸術点」は，「スケート技術」「演技力」等の演技構成点として細分化され，絶対評価の採点に変更，また，2004年のアテネ・オリンピック体操競技の鉄棒でもアレクセイ・ネモフ選手（ロシア）の採点に観客から抗議の大ブーイングがあり得点が修正され，2006年から10点満点という相対評価ではなく，技に対する採点基準による絶対評価にルール変更されました。体操競技は「誤審を減らし競技の魅力を向上するために」，2016年より自動採点の開発に取り組み，国際試合での利用が間近です。採点競技の評価の客観化は，技術レベルの具体化・階層化なので，技術偏重主義に陥らないようアスリート・ファーストを期待したいところです。

3 美・芸術性そして個性豊かなスポーツのこれから

　木幡順三は，「『美的』は asthetisch であって，（中略）いかなる芸術も直感性を欠くことはない」と述べます。美的判断を含む採点競技は「スポーツは明確な勝敗が基本」との立場からネガティブにいわれます。近年台頭するスノーボード，BMX 等の X sports も，個人技を最大限に表現する特性から，万人

表XⅢ-1　オリンピックにおける主な採点競技とその視点（2019年7月現在）

競技名 （　）はオリンピック種目となった時期	採点のポイント
体操競技（1896）	演技価値点と，演技の美しさや出来栄え点等の合計得点を争う。
飛込（1904）／シンクロナイズドダイビング（2000）	助走，踏切り，高さ，フォームの美しさ，入水姿勢，入水角度等を採点。シンクロでは同調（シンクロ）性も採点。
馬場馬術（1912）	アリーナで，馬の様々なステップや動きの正確性と美しさを採点。
フィギュアスケート（1920）	技の基礎点，出来栄えの「技術点」と，スケート技術，要素のつなぎ，演技力，振付け，曲の解釈等の「構成点」，他に減点等で採点。
スキージャンプ（1924）	「飛距離点」とジャンプ，着地の美しさの「飛型点」で採点。
新体操（1984）	手具を使用した演技で技術，スピード，柔軟性，芸術性等を採点。
アーティスティックスイミング（1984）2017名称変更	技の完遂度，同調性，難易度等の技術的評価と演技構成，音楽の解釈等の芸術的評価等で採点。（旧シンクロナイズドスイミング）
フリースタイル・スキー（モーグル1992／エアリアル1994）	モーグルは，ターン点，エア点およびスピード点の合計で採点。エアリアルは，エア点，フォーム点とランディング等で採点。
スノーボード（ハーフパイプ（1998）	ハーフパイプのなかでジャンプ，トリック，技を連続しておこない演技の難易度，エアの高さ等を採点。
トランポリン（2000）	技の美しさ・高さ・技の難易度・雄大さ・安定性等を採点。
スキーハーフスタイル／スキースロープスタイル（2014）	演技の完遂度・難易度・高さ・多様性・発展性の5つの基準から相対評価で採点。
スノーボード（ビッグエア）（2018）	スキージャンプのような急斜面から滑り降り，踏み切り台から飛び出し，ジャンプ後の滞空時間の技の難易度，完成度等を採点。
BMX・フリースタイル・パーク（2020から新種目）	曲面やスロープを複雑に組み合わせた施設，1分間にトリック（技・テクニック）をおこない，点数を競う採点競技。
スケートボード（パーク・ストリート）2020追加種目	パークは窪地状のコースで，ストリートは直線的な構造物を配したコースでおこない，独創性・構成・スタイル・完成度を評価。
サーフィン（ショートボード）2020追加種目	競技としてのサーフィンは，波を乗りこなすライディングテクニックを採点し，難易度が高く創造的な技かどうかを評価。
空手（形）2020追加種目	攻撃技と防御技の演武。技術面と運動能力面を採点。
ブレイキンユースオリンピック新種目（2018）	身体的（技能／多様性），解釈的（能動性／音楽性），芸術的（創造性／個性）視点から採点され，積極性，自信，自発性等も含め評価。

出所：各協会 WEB，Tokyo2020公式 WEB，関連資料等より作成。

に理解される競技になるには少し時間が必要かもしれません。

　しかし，この20年の映像技術と AI の進歩は，見える物・理解できる物事を劇的に変化させ，2020年の東京オリンピック・パラリンピックには，情報技術を駆使した観戦スタイルが提案されています。採点競技の「美しい技・恰好良い妙技」の公正・平等な採点も近々可能になるでしょう。

　オモー・グルーペは「スポーツが存在しなければ，恐らく美を感じる機会は極めて少なくなるであろう」と述べます。地上デジタル放送開始の2003年頃，元 NHK プロデューサーの杉山茂が，テレビ時代のスポーツは「テレビ的に映えるか」が重要であり，見る側がジャッジの視点をもつ「厳しい勝負を競うコンテスト」として採点競技の存在を位置づけました。手の平サイズの映像の時代，採点競技のアスリートたちの個性・表現性溢れるパフォーマンスは，人びとの美意識と遊び心を拡張するコンテンツになっていくことでしょう。

（矢島ますみ）

▷13　杉山茂編（2004）「テレビはここに注目する」『図解 ザ・採点競技』青春出版社，94-95頁。

（おすすめ文献）
†グルーペ，O.／永島惇正・市場俊之・岡出美則訳（1987=1997）『文化としてのスポーツ』ベースボール・マガジン社。
†清水諭責任編集／友添秀則編集（2016）「特集：近代オリンピックにおける文化と芸術」『現代スポーツ評論』35，創文企画。

文学のなかのスポーツ

① 文学とスポーツとの結びつき

　身体活動であり，基本的に言語を用いない（non-verbal）活動であるスポーツの本質や身体感覚を，文学という言語を介する（verbal）活動によって謳い，語り，伝えることは，古くから取り組まれてきました。散文による記述文学が登場する以前の時代でも，競技の様子を伝える叙事詩や，勝利を称える祝勝歌などが，韻を踏む原初的な詩の形態で口づてに伝承されていました[1]。文学は，スポーツを言語にいわば「転写」することで，生命の躍動する喜びや運動することで得られる独特の高揚感，勝利の感興などを再現し，多くの人びとが言葉を通してそれらに共感したり，共鳴したりすることを可能にします。文学とスポーツとの結びつきは，身体活動を言語化する能動的な取り組みであり，人類の文化をより豊穣なものにする力を持っているのです。

② 近代文学におけるスポーツ

　近代のヨーロッパでは，活版印刷技術の発明とともに本の大量発行が可能になり，文学の世界では散文による「小説」という新しいジャンルが登場します。一方，各種の遊戯や球技，身体運動は，統一のルールがつくられ，組織化，競技化が進み，近代スポーツとしての形態を整えて広く普及しました。とくに，イギリスのパブリック・スクール（私立寄宿制中等学校）では，19世紀半ばより課外活動としてスポーツが盛んになり，漕艇，クリケット，フットボールなどのチームスポーツは，男らしく公正な態度，自己統治や相互信頼の精神を養うものとして，人格形成にも重要な教育手段になると考えられ奨励されました。この時代の人気ジャンルであった学校小説にも，スポーツの場面描写が数多くみられ，作中人物たちにとってのスポーツの意義が熱心に語られています[2]。

　19世紀後半から20世紀初頭にかけては，テニスやゴルフなど，かつて貴族階級だけの楽しみであったスポーツが徐々に大衆化し，また，女性もスポーツを楽しむようになりました。鉄道網の発達，自動車や自転車の発明・普及，余暇時間ができたことにより，戸外の遠出や郊外への小旅行を楽しむレジャーの概念も浸透し，身体を動かす楽しさ，いわばスポーツ気分とでもいうような新しい感性が人びとにもたらされます。スポーツは時代の最先端にある活動として流行し，同時代の小説のなかにもしばしば風俗として描かれました。

▷1　代表的な叙事詩として，ホメロスの『イーリアス』第23巻「パトロクレスの葬送および競技」，祝勝歌では，ピンダロスの「オリュンピア第1歌」などがある。稲垣正浩（1993）『スポーツを読む』三省堂選書を参照。

▷2　最も有名なパブリック・スクール・ストーリーとしては，ヒューズ，T.／前川俊一訳（1857=1952）『トム・ブラウンの学校生活』（上・下）（岩波文庫）があげられる。

　また，スポーツをテーマにした文学作品も登場するようになりました。1920年代のフランス文学には，作家たちがみずからスポーツに取り組み，その実体験をもとに，スポーツ活動がもたらす快楽や興奮，陶酔，達成感を注意深く言葉で分析しようとする特徴的な作品がみられます。それまでの文学では注目されなかった身体や身体活動を意図的にテーマにしたこれらの作品で試みられたのは，「スポーツ文学」という新しいジャンルの可能性を探ることであったといえるでしょう。また，ベースボールの誕生した国，アメリカでは，この国民的娯楽をテーマにした様々な手法による文学作品が数多く生まれています。9人の選手，攻守の交代，3つのベースをまわってホームへ帰還する得点形式といったゲームの特徴が，それぞれのプレイヤーの思いや一球ごとの展開を語ることで物語を成立させ，「家族」や「旅」という大きなテーマをも喚起する点で，ベースボールは文学と親和性のあるスポーツであるといえます。日本でも，明治期以降の欧米からの近代スポーツ移入にともない，大正から昭和初期（1920〜30年代）にスポーツブームが到来します。スポーツは目新しくモダンな風俗の代表格として，同じ時期にブームを迎えたモダニズム文芸の格好のテーマとして取りあげられています。

　このようにスポーツは，社会や時代の空気を敏感に読み取ったり，あるいは人間存在を深く探求したりすることを本質とする文学の世界で，近代という時代の生み出した新しいテーマとして注目され，受け入れられていったのです。

❸ 現代のスポーツと文学

　現代では，スポーツ選手を通じて個人と社会（国家）との関係を映し出す，あるいはスポーツするなかでの自己の身体との対話を綴るなど，多様な視点と入念な構成のもとに，緻密に描写され洗練された作品が，言語や地域を問わず増えています。アメリカでは，スポーツについて書くこと（sports writing）が社会的に評価されてきた伝統があり，フィクションだけでなくスポーツ詩の創作や朗読，スポーツ批評コラムの執筆なども活発に行われています。

　日本では，1980年代に入ってから「スポーツ・ノンフィクション」のジャンルが発達し，実在するスポーツ選手や実際の試合が，丹念なインタビューや取材をもとに人物伝や物語として再構築され，「読むスポーツ」の楽しさが開拓されてきました。また1990年代以降は，とくに女性作家たちによってすぐれたスポーツ小説が書かれていることが注目されます。いずれの作家も，みずからは経験したことのないスポーツを題材にして，世代も性も，さらには時代も超えて，若い男性たちを主人公に，彼らの身体感覚や運動感覚を適確に言葉で捉え，躍動する肉体を描き出しています。言葉を紡ぎながら身体やスポーツ活動に豊かな想像力をはたらかせる文学による越境行為は，書き手，読み手双方の身体に，生きることの手ごたえを実感させてくれます。　（小石原美保）

▷3　シャールトン，P.／三好郁朗訳（1985=1989）『フランス文学とスポーツ』法政大学出版局を参照。

▷4　たとえば，マラマッド，B.／鈴木武樹訳（1952=1984）『ナチュラル』角川文庫；クーヴァー，R.／越川芳明訳（1968=1990）『ユニヴァーサル野球協会』新潮文庫；ロス，P.／中野好夫・常磐新平訳（1973=1978）『素晴しいアメリカ野球』集英社文庫；キンセラ，W.P.／永井淳訳（1982=1989）『シューレス・ジョー』文春文庫など。

▷5　疋田雅昭・日高佳紀・日比嘉高編著（2009）『スポーツする文学』青弓社を参照。

▷6　あさのあつこ（1996-2005）『バッテリー』全6巻，教育画劇（角川文庫）；森絵都（2000-2002）『DIVE！』全4巻，講談社（角川文庫，上・下巻）；佐藤多佳子（2006）『一瞬の風になれ』全3巻，講談社；近年では，瀬尾まいこ（2015）『あと少し，もう少し』新潮文庫；木内昇（2017）『球道恋々』新潮社などがある。

（おすすめ文献）

†稲垣正浩（1993）『スポーツを読む』三省堂選書（続編に『スポーツを読むⅡ』『スポーツを読むⅢ』）。

†シャールトン，P.／三好郁朗訳（1985=1989）『フランス文学とスポーツ』法政大学出版局。

†疋田雅昭・日高佳紀・日比嘉高編著（2009）『スポーツする文学』青弓社。

④ スポーツと映画

▷1　**T.エジソン**（Thomas A. Edison, 1847-1931）
電球，電話や蓄音機など生涯で約1300もの発明をしたアメリカの発明王。

▷2　**キネトスコープ**（kinetoscope）
エジソンが1891年に発明したのぞきめがね式の映画の原型装置。

出所：多摩美術大学HPより。

▷3　**シネマトグラフ**
スクリーンに投影して多くの人が同時に鑑賞できる，現在の映画の基礎となるシステム。

▷4　**三大喜劇王**
アメリカのサイレント映画時代の喜劇役者たち。チャップリン（Charles Chaplin），キートン（Buster Keaton），ロイド（Harold Lloyd）の3人をさす。

▷5　**ベーブ・ルース**（George Herman Ruth, 1895-1948）
ニューヨーク・ヤンキースで活躍した大打者。大リーグの伝説のホームランバッター。童顔のため「ベーブ」と呼ばれたが愛称は「バンビーノ」。

▷6　**ルー・ゲーリック**（Henry Louis "Lou" Gehrig, 1903-1941）
ニューヨーク・ヤンキース

① 映画とスポーツの共同歩調

　スポーツと映画は19世紀末から共に歩み発展してきました。両文化の結びつきは古く，1891年**エジソン**がキネトスコープというのぞき込み式の映画を発明すると，1894年にはボクシングが映画の題材になり，1898年には初めてベースボール映画が制作されました。キネトスコープは当時の人びとののぞき見趣味を満たすものでもあり，男性が裸で闘うボクシングが貴婦人たちの興味をそそったのです。フランスではリュミエール兄弟が1895年**シネマトグラフ**を公開し，大勢が一度に鑑賞できる映画の基礎を築きました。当時，人間や動物の動きは，それだけで格好の娯楽になったのです。スポーツも絶好の被写体であり，1896年第1回アテネ・オリンピック大会も動画で記録されています。

　この後，オリンピックや自動車レースの速報映画のように，スポーツはニュース映画の題材となります。さらに映画のなかのスポーツは物語性を帯び，チャップリンら**三大喜劇王**の喜劇映画の題材になっていきます。移民時代のアメリカでは，言葉の理解が不要なサイレント喜劇映画が大人気を博したのです。

　さらに，**ベーブ・ルース**や**ルー・ゲーリック**のような野球ヒーローたちの伝記映画も人気を博していきました。その後，スポーツ映画はテレビの発展にともない，表現技法や内容の改善を迫られた時代がありました。そこでドキュメンタリーとしての事実の記録や芸術的な映像表現，あるいは社会問題などの内容を盛り込むことで，スポーツ映画はその存在意義を保ってきたのです。

　オリンピック公式記録映画もスポーツ映画の世界を切り開いていきました。短編は1896年のアテネ大会から，長編は1912年ストックホルム大会から制作されています。1936年ベルリン大会の**レニ・リーフェンシュタール**監督の長編記録映画『オリンピア』（『民族の祭典』『美の祭典』（1938）の2部作）が名作として名高いものです。**市川崑**監督の1964年東京大会記録映画『東京オリンピック』（1965）とともに記録映画の二大名作とされています。IOCはオリンピックの公式記録映画の制作を開催都市に義務づけていますが，1984年ロサンジェルス大会以降は，**バド・グリーンスパン**監督によるヒーローや敗者の人間物語を描いた作品が多くなっています。1998年長野大会の記録映画も，残念ながら日本人監督ではなく，グリーンスパン監督が制作しています。

　スポーツ・ドキュメンタリーは，単なるスポーツ中継や結果の速報を中心と

するスポーツニュースと違い，またテレビのスポーツドラマとも異なり，制作者の意図が強固に反映された映像作品として確たる地位を築いていきました。そこには，時代の感性やスポーツ思想のような精神文化が，制作者たちの意図としてしっかりと描かれているのです。

② スポーツ映画のサブジャンル

　スポーツ映画も映画ジャンルのひとつですが，さらにジャンルを細分化することができます。たとえば，スポーツ喜劇，青春ドラマ，スポーツ・ファンタジーのようなフィクション系とヒーローの伝記，オリンピック記録，スポーツ・ドキュメンタリーのようなノンフィクション系という（虚構 vs 現実の）ジャンル分け，ボクシング，野球，フットボール，バスケットボール，陸上競技，ゴルフなどの種目ジャンル，邦画，洋画，香港・中国・韓国のアジア映画といった制作地ジャンルなどです。ハリウッド映画ではハッピーエンドが多いのに対し，欧州では『長距離走者の孤独』(1962) のように問題告発や芸術志向が強いともいえます。『炎のランナー』(1981) や『タイタンズを忘れない』(2000) のように実在のプレイヤーや実話に基づいたドラマ映画もありますが，それらも娯楽映画として脚色されていることを忘れてはなりません。

③ 映画に描かれたスポーツ文化事象

　ハリウッド映画には，大試合の終了間際の大逆転勝利というラストシーンが多いのですが，『ナチュラル』(1984)，『フィールド・オブ・ドリームス』(1989) のような野球ファンタジーや『オールド・ルーキー』(2002) は実話に基づいてアメリカン・ドリームを描いています。『タイタンズを忘れない』『エニイ・ギブン・サンデー』(1999) はフットボール人気に乗じて人種問題を描いています。代理人やキャディに焦点を当てた『ザ・エージェント』(1996) と『バガー・ヴァンスの伝説』(2000) は異色作です。女子サッカーを描いた『ベッカムに恋して』(2003) は，ジェンダー問題と小民族コミュニティを描き出します。ワールドカップを題材にしたネパール映画『ザ・カップ』(1999) はヨーロッパ中心主義やチベット問題を描いた心打つ作品です。『フィニッシュ・ライン』(1989) は勝利至上主義に陥った学生ランナーのドーピング問題を描きます。南国ジャマイカのボブスレーを描いた『クール・ランニング』(1993) は喜劇映画ですが，**オリンピズム**[10]と**ラスタファリアニズム**[11]がさりげなく描かれた佳作です。邦画では『シコふんじゃった』(1992)，『ウォーターボーイズ』(2001)，『ピンポン』(2002) のように題材に意外性を持たせた佳作がありますが，エンターテインメント性が強く，芸術性や問題提起が弱いといえます。最近，日本では漫画を原作としたスポーツ娯楽作品が多くなっています。

(舛本直文)

で活躍した伝説のバッター。愛称は「鉄の馬 (Iron Horse)」。1925年から14年間で2130試合連続出場を果たした。

▷7 **レニ・リーフェンシュタール** (Berta Helene "Leni" Amalie Riefenstahl, 1902-2003)
ベルリン生まれの舞踏家，女優，映画監督，写真家。1936年ベルリン大会公式記録映画『オリンピア』はドキュメンタリー映画の傑作。

▷8 **市川崑** (1915-2008)
日本映画の名監督の一人。代表作に『ビルマの竪琴』『犬神家の一族』『細雪』『東京オリンピック』など。

▷9 **バド・グリーンスパン** (Bud Greenspan, 1926-2010)
エミー賞を8回受賞した映画監督。「ミスター・オリンピック」の異名をとり，1984年ロサンゼルス大会以降，人間物語としてオリンピックの公式記録映画を撮り続けた。

▷10 **オリンピズム**
近代オリンピックを復興したクーベルタンが唱えたオリンピックの根本精神。スポーツを通じた教育と世界平和を希求する思想。

▷11 **ラスタファリアニズム** (ラスタファリズム)
アフリカ回帰運動を唱えるジャマイカの黒人たちによる宗教・政治・文化運動。赤・黒・緑がラスタカラー，レゲエは代表的なラスタ音楽。ドレッド・ヘアーなどのファッションも特徴的。

（おすすめ文献）

†舛本直文 (1999)「映画の中のスポーツ」『現代スポーツ評論』1，創文企画，122-135頁。

†舛本直文 (2000)『スポーツ映像のエピステーメー』新評論。

†杉本厚夫 (2005)『映画に学ぶスポーツ社会学』世界思想社。

スポーツマンガ

① マンガとスポーツ

　現代の**ポップカルチャー**において，スポーツが占める位置は小さくありません。また，スポーツ中継などメディアを媒体としたスポーツの楽しみは，現代社会における主要な娯楽形態のひとつともなっています。情報化社会はスポーツを，「する」だけでなく「見る」文化（**スペクテイター・スポーツ**）としても拡大させます。そして，「見る」スポーツ文化は，もちろん「する」スポーツ文化にも影響を与えていきます。この意味で，情報化社会におけるスポーツは，メディアによって伝えられる情報であるという以上に，メディアと一体となって創られる新しい娯楽文化そのものであるという特質をももっています。このとき，スポーツを媒介する大きなメディアのひとつとしてあげられるのが，日本発の現代文化でもある「マンガ」です。このスポーツマンガの移り変わりをたどっていくと，背景となる社会の変化があたかも「鏡」のように写し出されています。

② スポーツマンガと戦後

　戦後の高度経済成長下で，大衆メディアとしてのマンガは飛躍的な発展をとげます。このなかで，とくに60年代後半，リアリズムを導入した「劇画マンガ」が発展し，「スポ根マンガ（スポーツ根性マンガ）」として名高い『巨人の星』が生み出されました。「大リーグボール」という魔球をめぐる戦いを通して，「貧しさ」からの脱出，社会的上昇へのあくなき意欲が重ね合わされて物語は展開します。ほぼ同時期に，『あしたのジョー』『タイガーマスク』『アタックNo.1』『エースをねらえ！』などもやはり人気を博しました。これらの作品のなかのスポーツは，社会を「強者／弱者」「金持ち／貧乏」という枠組みから捉えさせ，そのうえで「勝利」をキーワードに，社会における生き方に基準を与える，ひとつのイデオロギーや倫理として作用しています。マンガに描かれたのは，この意味で人生の指針，人生のメタファー（比喩）としてのスポーツであったといってよいと思います。

　その後，1973年のオイルショックを契機に，日本は安定成長期に入ります。それと同時に社会は大衆化し，人びとの関心は，世界観やイデオロギーといった**大きな物語**から，「人並みの生活」を指向する「小さな物語」に焦点を

▶1　**ポップカルチャー**（pop culture）
ポピュラーカルチャー（popular culture）ともいう。1970年代には，「大衆文化」という言葉がよく使われていたのに対して，マスメディアに媒介されるものに限定せずにより広く，また価値評価をあまり含まないものとして使われるのがこの言葉である。
▶2　**スペクテイター・スポーツ**（spectator sport）
興行として，観客が楽しむスポーツのことをいう。もともとイギリスのパブリック・スクールを発祥に近代化が進んだスポーツは，アメリカに渡って，第二の発展を遂げていく。とくに黄金時代といわれる1920年代に，アメリカでは数々のスポーツ・ヒーローが生まれた。スタジアムにおいて楽しまれたり，マスメディアによって配信されるスポーツは，もちろん，本人が「する」ことを前提にしたものではない。日本では学校体育によってスポーツが広がったため，スポーツは「するもの」という意識が強く持たれがちだが，スペクテイター・スポーツは，日常生活におけるスポーツ文化の広がりを改めて考えさせるものとなっている。
▶3　**大きな物語**
J.F.リオタールが『ポスト・モダンの条件』で使った言葉。キリスト教などの宗教やマルクス主義などの

合わせはじめます。このような社会の変化と並行して，スポーツマンガは，個人の成長や社会的上昇という観念を描くことから，消費文化が開花する日常生活に合わせて微細な差異化によって個性を演出するエピソードへと中心を移していきます。たとえば『ドカベン』という野球マンガは，ライバルたちとの対決にこそ物語の中心はありますが，『巨人の星』にみられたような「金持ち／貧乏」といった対立軸，あるいは根性・忍耐という要素は薄くなり，現実的な人間ドラマがその主題となっています。また『キャプテン』のように，等身大の主人公がスポーツマンガにも登場します。ここで問われるのは，日常生活の機微です。

③　リアリティの受け皿としてのスポーツマンガ

　その後，1980年代のスポーツマンガは，より日常化が進むとともに，生活場面でのマニュアルをイメージさせるものとなります。たとえば，この時期の代表作『タッチ』は，恋愛の三角関係をベースにした主人公の心の揺らぎを描く一種のメロドラマです。野球は日常生活の細部のひとつでしかなく，読者の日常と微妙に重なり合っていくことで，物語の緊張感が保たれています。このマンガでは，スポーツは恋愛や日常生活の「アイテム」として描かれていることが重要です。「スポーツ」という生活の中にあるアイテムを，恋愛や友情といった人間関係にどんなふうに使えばよいのか，その効果的な利用のモデル＝マニュアルが示されているわけです。

　これに対して『炎の闘球児ドッヂ弾平』は，90年代以降の日本のスポーツマンガの特徴を最も顕著に示したマンガです。このマンガが掲載され人気を博すにつれて，子どもたちのあいだに，それまでどちらかというとマイナーであったドッチボールが，マンガのあとを追いかける形で流行し，全国大会までもが開催されるという現象を生み出しました。つまりフィクションであったはずのマンガが，現実のスポーツ現象をつくりだしたのです。こうした傾向は，柔道＝『YAWARA！』（やわら！），バスケットボール＝『スラムダンク』のヒットへとつながっていきます。『スラムダンク』の名言＝「あきらめたら，そこで試合終了だよ」（安西先生，第8巻，＃69）「天才とは99％の才能と1％の……努力」（桜木花道，第18巻，＃153）は，多くの若者を支えた言葉でした。登場人物の「キャラ」[4]は，実生活の必須ツールであり，「キャラ」を利用し演じることなくしては円滑な社会生活を送れません。また，2000年代から2010年代にかけてのマンガ[5]は，「萌え」の要素を含んだ「キャラ」というフィクションのなかにこそ，現実のもつ「現実性」が露わにされる傾向を強めています。それは，マンガをフィルターにして現実を消費するとともに，スピンオフやサイドストーリーのなかにこそ，現実の心地よさが広がる感性を現しているのかもしれません。

（松田恵示）

思想は，多くの人びとを巻き込み，価値観を共有させる壮大なイデオロギーの体系にもなっている。しかし，これこそがモダン（近代）の特徴であり，ポスト・モダンとはこのような「大きな物語」から解放される時代だと論じている。

▷4　キャラ
キャラクターとは，マンガ作品やドラマ作品など，フィクションに登場する人物や動物の性格（character）のことをいうが，「キャラ」という言葉は，これとは区別して，たとえば東浩紀などは，作品＝コンテクストを離れても自立して成立するものとして使っている。「キャラがかぶる」「キャラが立つ」など，現代の人間関係の構築になくてはならない言葉のひとつかもしれない。

▷5　2000年代から2010年代にかけてのマンガ「テニスの王子様」「アイシールド21」「ハイキュー」「ダイアのAシリーズ」「弱虫ペダル」など，主題となる競技も拡散している。

おすすめ文献
†松田恵示（1999）『交叉する身体と遊び』世界思想社。
†宮台真司（1997）『世紀末の作法』リクルートダ・ヴィンチ編集部。
†宮原浩二郎・荻野昌弘編（2001）『マンガの社会学』世界思想社。

1 「国技」としての相撲

1 「国技」となったきっかけ

相撲が日本の国技とされているのは，なぜでしょうか。

1909（明治42）年に大相撲興行のための常設館が東京都墨田区に初めて建設されました。その名前が「国技館」に決まったのは，相撲が日本の国技と広く認識されていたからでしょうか。そうではありません。名前がなかなか決まらず，開館する直前の会合でなじみがあまりなかった「国技」を館名にする案が出され，決定となりました。その「国技館」の命名によって相撲は日本の国技と一般的に認識されるようになったわけです。[1]

2 相撲の前史

歴史的にみると，平安朝廷の年中行事のひとつとして「相撲節（すまいのせち）」がおこなわれていました。[2] 朝廷の支配が及ぶ諸国から相撲人（すまいびと）を招集することによって権力を誇示する効果はありました。しかし，相撲節は現在の大相撲と直接に継続しているわけではありません。[3] そして現在の大相撲とは違って土俵はありませんでした。現在の柔道のように，投げ技が中心でした。

朝廷の力が弱くなるにつれ相撲節がおこなわれなくなりました。その後も各地の村落で寺社のお祭りの際，相撲は半ば余興としておこなわれたり，[4] 武士の娯楽としておこなわれたりしました。[5]

江戸時代では相撲を興行とする集団が各地で活躍しました。[6] 江戸が日本列島の経済的・政治的中心になるにつれて江戸の相撲がもっとも繁盛しました。江戸で春夏の本場所を開くほか，いくつかの班に分かれて地方を巡業しました。[7] 興行の都合上，競技者とお客を分けるために土俵が設けられました。[8]

興行権をめぐる訴訟などのトラブルを有利に解決するために興行集団は「本朝相撲司（ほんちょうすまいのつかさ）」を名乗る吉田司家と手を組んで，史実には必ずしも基づかない相撲の「故実」とそれをまつわる儀式をこしらえました。[9] 重要な契機となったのは1790年前後の横綱の創出と上覧相撲の実現でした。1789（寛政元）年に横綱を腰につけた力士1人による土俵入りを導入しましたが，第11代将軍徳川家斉（いえなり）は江戸っ子の話題をさらったこの新しい出し物に関心をもち，1791（寛政3）年に江戸城吹上苑（ふきあげえん）で相撲の上演を要請しました。相撲興行集団は幕府のお墨付きを得たわけです。[10]

▷1　風間明（2002）『相撲，国技となる』大修館書店，99-104頁。

▷2　宮中の年中行事として「射礼」と「騎射」もおこなわれていた。

▷3　新田一郎（2010）『相撲の歴史』講談社学術文庫，79-114頁。

▷4　新田，同上書，136頁。

▷5　新田，同上書，141-164頁。

▷6　新田，同上書，167-216頁。

▷7　新田，同上書，219-244頁。

▷8　新田一郎（2016）『相撲　その歴史と技法』日本武道館，76-88頁；リー・トンプソン（1990）「スポーツ近代化論からみた相撲」亀山佳明編『スポーツの社会学』世界思想社，73-75頁。

▷9　新田，前掲書，247-274頁。

▷10　新田，同上書，219-226。

③　近代以降の大相撲

　明治以降の相撲は，欧米から取り入れられた近代スポーツの影響を受けました。その顕著な表れは優勝制度でしょう。江戸時代から明治時代にかけて大相撲には優勝制度はありませんでした。優勝制度が導入されたのは1909（明治42）年でしたが，その導入に新聞社が大きな役割を果たしました。読者の関心を煽り，それを販売促進につなげようと，新聞社は場所を通して最も良い成績をあげた1人の力士を表彰しはじめました。優勝者を確定するために他の改革もおこなわれました。たとえば「引き分け」や「預かり」のような曖昧な勝負結果が廃止され，勝ちと負けしか残りませんでした。

　マスメディアがスポーツのあり方に介入することは100年以上も前からおこなわれていたわけです。そしてその介入は新聞社にとどまりません。ラジオの相撲放送は1928（昭和3）年にはじまりましたが，放送時間内になかなか取組が終わりません。それは，立ち合い前に繰り返される仕切りに制限がなかったからです。全取組をラジオの放送枠内に収めるために，仕切り時間に制限が設けられました。力士にとっても観客にとっても大きな改革だったはずです。

　テレビも大相撲のあり方に大きな影響を与えました。テレビが取組のスローモーションリプレイをはじめたことで，誤審があった場合，茶の間の視聴者にすぐばれます。横綱大鵬の連勝が誤審のため45で止まったことが物議をかもすと，1969（昭和44）年に大相撲を統括する日本相撲協会はビデオ判定を導入しました。世界で最も早くビデオ判定を導入したスポーツはおそらく大相撲でしょう（国際サッカー評議会がビデオ判定を正式に導入したのでは2018〔平成30〕年です）。

④　「伝統」の演出

　このように大相撲はスポーツとしての形を整えてきました。それと同時に「伝統的な」様子を強調したり，あるいは新たに導入したりしてきました。先ほど言及した横綱もそうです。興行を盛り上げるために導入されましたが，その後30年間以上廃れ，復活したのは1828（文政11）年です。幕末まで9人の力士にしか横綱免許が与えられませんでしたが，明治以降現在までは61人が誕生しています。番付に「横綱」が載るようになったのは1890（明治23）年ですし，日本相撲協会によって地位として承認されたのは1909（明治42）年です。行司の服装が現在の「素襖と烏帽子」になったのも1909年，土俵の屋根が伊勢神宮に学んで「神明造」になったのは1931（昭和6）年です。

　大相撲はスポーツとしての形を整えながら伝統文化である様式を強調し取り入れてきました。そういう意味では伝統文化を守りながら近代化していく新日本を象徴する国技としてふさわしい営みです。あるいはふさわしくあるように形を変えてきたといえましょう。　　　　　　　　　（L. トンプソン）

▷11　リー・トンプソン「伝統スポーツとメディア」（2012）黒田勇編著『メディアスポーツへの招待』ミネルヴァ書房，152-159頁。

▷12　トンプソン，同上書，160-163頁。

▷13　トンプソン，同上書，164-165頁。

▷14　トンプソン，前掲書，85-91頁。

おすすめ文献

†風間明（2002）『相撲，国技となる』大修館書店。
†新田一郎（2010）『相撲の歴史』講談社学術文庫。
†新田一郎（2016）『相撲その歴史と技法』日本武道館。

武術と武道

1 武術・武芸の「近代化」

　武術や武道というと，古い歴史をもつ伝統文化と考える人が多いかと思います。たしかに，武術（あるいは武芸）と呼ばれるものは古い歴史をもっていますが，「武道」は少し違います。剣道・柔道・弓道などを含む武道は，明治になってから形成された比較的新しい文化です[1]。明治初期の文明開化の時代，剣術・柔術・弓術・杖術・居合術などを含む伝統的な武術・武芸[2]は，新しい文明社会には無用のものとされ衰退しますが，この衰えゆく武術・武芸を近代化し，新しい社会にふさわしい形に再構成したものが武道なのです。

　この武術・武芸から武道への転換の過程を先導したのは，講道館柔道の創始者，嘉納治五郎（1860-1938）でした。1882（明治15）年に講道館という小さな道場を開いた嘉納は，当時一般にやわらと呼ばれていた伝統的な柔術を近代化し，名称も柔道と改めました。嘉納による「近代化」の試みは多岐にわたり，また多年にわたるので，簡単にまとめるのはむずかしいのですが，たとえば(1)従来の柔術各派の様々な技を比較検討し，理論的に体系化したこと，(2)危険な当身技の禁止なども含めて試合のルールと審判規程を確立したこと，(3)修行者のモチベーションを高めるために段級制を導入したこと，(4)柔道修行の教育的価値を強調し，柔道が近代社会にふさわしい身体文化であることを主張したこと，(5)講演や著作，雑誌の発行などを通して，講道館柔道を広めるための言論活動に力を入れたこと，(6)早くから柔道の「国際化」を構想し，海外への紹介・普及に努力したこと，などを指摘することができるでしょう。

　こうした近代化によって講道館柔道は広く世間に受け入れられ，入門者も増加していきます。さらに，この成功に刺激されて剣術や弓術など他の武術も近代化への道を進み，剣術は剣道に，弓術は弓道へと脱皮していき，全体として「武道」という新しい文化が形成されていくのです[3]。それは，ある意味で，旧来の武術や武芸が，文明開化という大きな歴史的流れのなかで変容を遂げていく過程であり，また欧米からの輸入文化である近代スポーツに多少とも近づいていく過程でもありました[4]。

2 武道のイデオロギー化

　武道は1930年代に大きく発展したといわれます。1929年の御大礼（昭和天皇

即位）記念天覧武道大会を皮切りに，1930年から開始される全日本柔道選士権大会など，大規模なイベントが次々と開催され，また1931年からは学校体育のなかに武道が組み込まれ，必修化されることになります。

　この発展はしかし，武道のイデオロギー化をともなうものでもありました。1931年の満洲事変から翌年の満洲国建国，そして日中戦争（1937-45年），さらにアジア太平洋戦争（1941-45年）へと進んでいく時代の情勢のなかで，武道は国粋主義思想と結びついて，戦争への国民総動員のための国家的イデオロギー装置の一部に組み込まれていきます。この当時，日本の体育界では，スポーツも武道精神をもっておこなうべきであるという議論が盛んでした。[5]もともと欧米からの輸入文化であるスポーツの根底には自由主義や個人主義の思想がひそんでいるので，伝統的な武道の精神によってこれを矯正し，スポーツを武道化＝日本化しなければならないというのです。ここでは，武道はひたすら日本古来の伝統文化とされ，ほんらい一種のハイブリッド文化として武道が誕生したこと（つまり伝統的な武術・武芸が輸入スポーツなどの影響も受けながら近代化されたものが武道であること）は忘却されてしまいます。そして，この頃に形成されたイメージが今日の私たちの武道観にも強い影響を残しています。[6]

③　戦後の危機と復興

　1945年の敗戦と占領は武道に大きな危機をもたらしました。占領軍による「民主化」政策のもとで武道はファシズムや軍国主義とのかかわりを問われ，武道の統括団体であった大日本武徳会は解散に追い込まれ，[7]学校での武道も全面的に禁止されてしまいます。一方，スポーツは平和な民主社会にふさわしいものとされ奨励されましたので，武道が生き残りをはかるためには，そのルール，組織，イデオロギーなどにおいてスポーツ化（＝民主化）を進める以外に道はありませんでした。こうして，かつての「スポーツの武道化」とは逆に，「武道のスポーツ化」が求められることになったのです。

　各種の武道はそれぞれに工夫してスポーツ化を進め，復活をめざします。戦前から国際化の実績があった柔道は少し有利でした。占領軍関係者のなかにも理解者や支援者があり，ほかの武道に先がけて1948年には全日本大会の再開が認められ，50年には学校柔道も解禁されます。[8]その後，占領の終結（1952年）によって剣道や弓道の復興も進み，1964年東京オリンピックでの柔道の正式種目採用決定（1961年）を契機に，財団法人日本武道館の発足（1962年）など，武道は生き残りの段階を脱して新たな発展と国際化の段階を迎えます。しかし同時に，グローバル化の進展にともなう新たな問題——たとえば競技スポーツ化の傾向への対応，[9]武道関連組織のコンプライアンスや運営の透明化，体罰・パワハラ・セクハラへの対処など——も生み出され，武道はそれらの課題への適切な対応を迫られることにもなったのです。　　　　　　（井上　俊）

▷5　たとえば，前川峯雄（1942）『新日本体育』教育科学社，など。

▷6　2004（平成16）年の教育基本法改正によって，2014年度から中学校での武道必修化が実施されたが，この場合にも「日本古来の伝統文化」という武道イメージが重要な役割を果たした。

▷7　大日本武徳会はもともと民間団体であったが，当初から警察組織との結びつきが強く，1942年3月からは政府の外郭団体となり，戦時武道の普及・振興を統括した。

▷8　一方，剣道は「撓競技」という独特のスポーツ的形式を工夫し，これを手がかりに復活をはかった。

▷9　それは，たとえば柔道における細かいポイント制の導入，カラー柔道着の使用，延長戦のルール改正（ゴールデンスコア方式へ）などをめぐる国際柔道連盟と全日本柔道連盟との意見の相違などにも示されている。

†井上俊（2004）『武道の誕生』吉川弘文館。
†中嶋哲也（2017）『近代日本の武道論』国書刊行会。
†坂上康博編（2010）『海を渡った柔術と柔道』青弓社。

運動会と国民体育大会

① 運動会とは──国民国家の儀礼戦略としての学校行事

　運動会とは，修学旅行とともに，私たちにとってなじみ深い日本特有の学校行事の一つですが，それは一体どのようにして誕生し普及したのでしょうか。

　日本全国の小中学校に普及した運動会の発端は，1884（明治17）年に神田の体操伝習所でおこなわれた東京体育会（春季大演習会）だといわれています。[1]実際これ以降，体操演習会や体育奨励会などを介して運動会はすぐに全国的な広がりをみせ，日清・日露戦争後の1900年代にはどの小中学校でもおこなわれる主要な学校行事として定着しました。初期には県や郡単位の連合運動会が多かったのですが，1900（明治33）年の小学校令で運動場（屋外体操場）の設置が[2]義務化されると，学校ごとの校庭運動会がやがて主流となりました。

　では，なぜ運動会はかくも短期間に全国的に普及したのでしょうか。それには山本信良らの先駆的研究が示すように，明治政府の強力な後押し，とくに森[3]有礼を中心とする文部省の教育政策がありました。[4]初代文部大臣である森有礼の教育思想は，国民国家の担い手として主体＝臣民（国民）を育成し，忠君愛国の理念のもとで天皇中心の国家体制へと編成することをねらいとしていましたが，その顕著な特徴は，後に教育勅語と結びつく御真影の下賜をはじめ，運動会や修学旅行など学校行事の制度化のように，学校空間のイデオロギー装置としての効果を最大限に活用した点にあります。森自身はとくに運動会と直結する身体教育に熱心であり，1886年の学校令で体操を必修科目として兵式体操の導入を進めるとともに，1880年代後半には精力的に地方巡視をおこない，全国各地で体操や運動会の普及に寄与しました。その延長線上で1891年，祝祭日儀式規程が制定されると，全国の小学校では祝祭日が儀式開催日となり，このうち秋の天長節には運動会が好んで開催されるなど，運動会は学校儀礼の一角に組み込まれました。[5]こうして運動会は集団間の競争という論理を伴いつつ，一連の学校儀礼をとおして児童一人ひとりの身体をくり返し主体＝臣民へと訓育し形成する学校制度の内部で，その一翼を担う要素になったのだといえます。

　もっとも民衆の側では，ちょうど物日（盆・正月・祭日・節句など）のムラ祭りのように，地域ぐるみで運動会のマツリ＝祝祭的側面を受容したのであり，しばしば行政当局の注意を受けるほどの盛況ぶりをみせました。[6]逆にいえばこうした祝祭性をこそ内発的な魅力としながら，政府の意図と一定の乖離をはら

▷1　なお日本初の運動会は，1874年に海軍兵学寮で競闘遊戯会として開催された。1878年には札幌農学校，1883年には東京大学で開催されたが，いずれもイギリス由来のエリートによるアマチュア・スポーツの競技会であった。

▷2　そのほか初期（明治20年代）の運動会の特徴として，行進や隊列運動を主体とする遠足運動といまだ区別がつかず，場所も校外の海辺や川原，丘，神社の境内などで実践されていた点があげられる。

▷3　山本信良・今野敏彦（1987）『近代教育の天皇制イデオロギー』新泉社。学校行事を中心に，戦前日本の教育制度と天皇制イデオロギーとの結びつきを丹念に実証した金字塔的な研究である。大正・昭和編（1986）も参照。

▷4　森有礼は，1885年に伊藤内閣で初代文相に就任，翌年に学校令を公布し，固有の教育思想と近代的「制度」観に基づき，天皇制イデオロギーに貫かれた戦前日本の教育制度の骨格を築いた。身体能力論と兵式体操論は有名である。

▷5　規程では，紀元節（神武天皇即位の2月11日）や天長節（明治天皇誕生日の11月3日）などの祝祭日に，御真影（天皇の肖像）の拝賀と教育勅語の奉読，君が代ほか唱歌の斉唱など，一連の祝賀儀式がおこなわれることとなった。

▷6　運動会のプログラム

みつつ，運動会は国民国家の儀礼戦略のひとつとして実践されてきたのです。

❷　国民体育大会とは——ナショナリズムのスポーツ・イベント

　国民体育大会は，いわば国家規模でおこなわれる総合運動会です。戦後1946（昭和21）年の第1回大会から，全国都道府県のもちまわりで毎年開催され，多くのオリンピック選手や一流選手を輩出しつつ，2018年現在で第73回目を数えますが，その前史としては明治神宮競技大会が知られています。

　明治神宮競技大会は，1924（大正13）年から1943年まで計14回開催された戦前最大の国内スポーツ大会です。神宮外苑競技場の竣工を機に，内務省の発案で国民の身体鍛練と精神の作興（鼓舞）を目的として開始されました[7]。当時のスポーツ熱とも共振しつつ，全国12区の地方予選をともなう各大会は，参加者約2-3万人，関係者のべ数十万人にも及ぶ近代スポーツの一大祭典でした。しかしそれはまた，明治天皇の聖徳に捧げられた神事的行事であり，青年団との協力関係をはじめ，地方予選に朝鮮や台湾など植民地も含まれたように，ナショナリズムのスポーツ・イベントと呼ぶべき性格を強く宿していたといえます。

　国民体育大会の構想は，終戦直後の1945年末，スポーツの普及をつうじて国民生活を明るく豊かにすることを念頭に生まれました[8]。戦時体制への反省が強い占領下で新しい日本建設が進められるなか，国民体育大会は逆に戦前との接点を早くから示す形となりました。実際，第2回石川国体での天皇訪問をはじめ，第4回東京国体からは公式に天皇・皇后両陛下が開会式に臨席するなど，国民体育大会は非政治的な外観のもとで，むしろ国民統合の象徴という象徴天皇制の正当性を周期的に全国に呈示してまわる政治的イベントであったともいえます[9]。もっとも戦前との相違点として，都道府県もちまわりでの地方開催ということから，たとえば第5回愛知国体では多くのスポーツ施設が新設され，都市計画事業など公共事業も並行して進められたように，国民体育大会は新たに地域のスポーツ振興や経済振興が推進される機会にもなったといえます。

❸　現状と開かれる課題

　運動会と国民体育大会は現在，以前ほどの熱狂や盛り上がりをみせていないといわれています。しかし，ではなぜ両者が近代日本の局面でこれほど全国的な広がりと盛況を獲得したのかという問題を，あらためて問う必要があるでしょう。たとえばオリンピックやレクリエーションとの関連も含めて，なぜ国民国家の形成過程でかくも国民の心身向上が政策的な対象となり，国民の側でも一定の受容をみせたのかという問題を，近代社会一般とか天皇制イデオロギー一般に回収するのではなく，個々の儀礼戦略が担うテクノロジーと矛盾をはらんだその受容とのダイナミックなせめぎあいを重層的に解きほぐす形で，具体的な次元から問うていく必要があるといえます。　　　　　　（小澤考人）

▷も，当初の兵式体操など軍事教練種目に加えて，やがて近代スポーツや見物客の期待に応えるユニークな遊戯的競争種目が増加した。また戦時期には集団体操や武術など，時局を反映する種目が増加した。

▷7　内務省は第1-2回明治神宮競技大会を主催した。第3-9回明治神宮体育大会は明治神宮体育会，第10-14回明治神宮国民体育（練成）大会は発足後の厚生省が主催した（第14回大会は地方予選のみ）。

▷8　国民体育大会は，日本体育協会の理事たちの懇談により誕生した経緯から，当初は日体協の主催であったが，第5回愛知国体から文部省，第10回神奈川国体から地方自治体が加わり，三者共催となった。

▷9　この点については，坂本孝治郎（1988）『象徴天皇がやって来る』平凡社，また「おすすめ文献」にあげた権学俊（2006）を参照。なお資料として日本体育協会監修（1978）『国民体育大会の歩み』都道府県体育協会連絡協議会も参照。

おすすめ文献

†吉見俊哉ほか編（1999）『運動会と日本近代』青弓社。

†入江克己（1991）『昭和スポーツ史論』不昧堂出版。

†権学俊（2006）『国民体育大会の研究』青木書店。

4　ラジオ体操と甲子園野球

▷1　高橋秀実（1998）『素晴らしきラジオ体操』小学館。

▷2　津金澤聰廣（1998）『現代日本メディア史の研究』ミネルヴァ書房。

▷3　黒田勇（1999）『ラジオ体操の誕生』青弓社。

▷4　坂上康博（1998）『権力装置としてのスポーツ──帝国日本の国家戦略』講談社。

▷5　佐々木浩雄（2016）『体操の日本近代──戦時期の集団体操と〈身体の国民化〉』青弓社。

▷6　連合国軍最高司令官総司令部の略。

▷7　敗戦後1945（昭和20）年8月23日にラジオ体操は放送されたが，1947（昭和22）年9月1日から放送中止になった。1951（昭和26）年5月6日に現在の体操がつくられ放送を再開した。

▷8　**野球害毒論争**
『東京朝日新聞』が1911（明治44）年8月から連載した，学生野球界の弊害を批判するキャンペーンと，『読売新聞』をはじめとする野球界擁護の論調が新聞紙上で展開された論争。石坂友司（2003）「野球害毒論争（1911年）再考──『教育論争』としての可能性を手がかりとして」『スポーツ社会学研究』11，115-127頁。

▷9　有山輝雄（1997）『甲子園野球と日本人──メディアのつくったイベン

1　国民的体操の誕生──ラジオ体操

　メディアが媒介した日本の独特なスポーツ文化にラジオ体操があります。ラジオ体操は1928（昭和3）年11月1日，昭和天皇の即位を祝う御大礼記念に，国民の健康状態改善と幸福増進を目的とした国家的事業として，逓信省簡易保険局，日本放送協会，文部省などが協力して放送を開始しました。日本人の多くが経験し，音楽を耳にすると自然に身体が動き出すといわれているこの体操は，日本人の時間感覚や近代的身体を形成するのに重要な役割を果たしました。[1]

　1925（大正14）年からはじまったラジオ放送は，電波網の活用により，瞬時にして日本中を覆う全国的文化形成の媒介機能を果たし，甲子園野球やオリンピックといったスポーツに対する国民の熱狂を生み出していきます。[2]ラジオは一定の放送時間に人びとを集めることで，国民の生活時間を管理していったのです。なかでもラジオ体操は，規則正しいリズムを持ち，ラジオさえあればどこででもできる身体運動となりました。これは近代的生産様式が要求する規律的身体に適合し，個々の身体を社会的な身体に変換する仕掛けとなりました。[3]

　やがて，ラジオ体操は1930年代の共産主義に対する思想善導の一環として，[4]あるいは，戦争に向けた総動員体制へと国民を取りこむ装置として位置づけられていきます。[5]このことは，個々の身体感覚が共同化し，「国家的なもの」に同化していく仕掛けとして，ラジオ体操が利用されたことを意味します。

　戦後，GHQ[6]の干渉を受けながら，ラジオ体操は新たにつくりなおされ，現在に至ります。[7]様々な役割を担いながらも，ラジオ体操は健康運動としての側面を維持し，日本人に受け入れられてきました。今でも多くの人びとがラジオを聞きながら体操をおこなっているのです。

2　日本特有のスポーツ文化──「夏の風物詩」甲子園野球

　甲子園野球と呼ばれる高校野球大会は，「国民的行事」と称されるほど，日本人の間に広く定着したメディア・イベントです。「夏の風物詩」ともいわれる夏の甲子園野球大会は，朝日新聞社が主催し，全国中等学校優勝野球大会という名称で1915（大正4）年にスタートしました。第1回大会は豊中球場でおこなわれ，甲子園球場が使用されるようになったのは1924（大正13）年の第10回大会からです。同じ1924年からは，毎日新聞社が主催する春の選抜野球大会

もはじまりますが，これも翌年から甲子園球場でおこなわれるようになりました。

学生野球に生じる弊害の有無が新聞紙上で議論された，1911年のいわゆる「**野球害毒論争**」[8]の影響を受け，弊害の大きさを訴えた朝日新聞社が，学生を教育的に善導するという趣旨で甲子園野球をはじめました。そこでは武士道的精神が基調とされ，試合前に両チームが整列する儀礼の創出や，自己を捨ててチームのために尽くす「犠牲的精神」，「敢闘精神」（フェアプレイ）などが賛美されていったのです[9]。その結果，現代にいたるまで，甲子園野球には常に教育的言説がつきまとうことになったのです。たとえば，暴力事件など不祥事が起こったときにはチーム全体が出場を辞退するなどといった過剰な連帯責任が，教育の名のもとに正当化されてきました[10]。

③ 甲子園野球と高校生らしさ

甲子園野球はラジオで流され，さらには，戦後のテレビ放送によって国民的人気を獲得してきました。なかでも，プロ野球と違う醍醐味は，高校生らしさをアピールする独特の「型」の存在です。坊主頭で，額から汗を流して攻守に全力疾走し，１塁へのヘッドスライディングを試みるさま，そして試合に敗れて流す涙は，私たちに感動と青春のすがすがしさを感じさせてくれます。

一方で，送りバントやスクイズを多用し勝利に固執する姿からは，個人としてではなくチームとして，母校や後援会，そして郷土の期待を背負ってプレイする高校生の集団性[11]と，そのことで集団の繁栄を演出する儀礼性が読みとれます[12]。それらを賛美し，心を熱くする日本人の精神構造を考察するとき，甲子園野球は出場校が代表する地域にとどまらず，日本人としてのアイデンティティを確認させてくれる「祭り」＝国民的宗教儀礼として機能しているのです[13]。

さらに，**野球留学**[14]や軍隊的といわれる練習の横行，プロからの裏金や特待生制度をめぐる問題が発生するなど，高校野球そのものがビジネス化しているといわれるなかで，メディアによって強調される高校生らしさは，現実とのギャップをぼかしているのです[15]。そして，これら高校生らしさが努力，一生懸命さ，郷土意識などと結びついていくとき，甲子園野球は多くの日本人に共有される意味＝「神話」性を帯びていることに気づかされます[16]。すなわち，歴史的に紡がれ，何の疑問もなく受け入れられる甲子園野球の「神話」によって，私たちのスポーツを見る解釈枠組みそのものがつくり出されているといえます。

夏の大会は2018（平成30）年に100回大会を迎え[17]，現代的課題をふまえた見直しがおこなわれています。たとえば，故障予防の観点などから，**タイブレーク制**[18]の導入や休養日の設定がおこなわれ，投手の球数制限の議論も続けられています。また，甲子園での女子マネージャーの練習参加が条件付きで認められる[19]など，少しずつ変化をとげています。このように，甲子園野球は日本のスポーツ文化を探求する，実に示唆に富む題材なのです。

（石坂友司）

▷10　中村哲也（2010）『学生野球憲章とはなにか――自治から見る日本野球史』青弓社。

▷11　本書の「集団主義と精神主義」（152-153頁）を参照。

▷12　作田啓一（1967）『恥の文化再考』筑摩書房。

▷13　江刺正吾・小椋博編（1994）『高校野球の社会学――甲子園を読む』世界思想社。

▷14　**野球留学**
強豪校の多い地域を避ける目的などで，出身地とは違う高校に進学すること。

▷15　氏原英明（2018）『甲子園という病』新潮社。

▷16　清水諭（1998）『甲子園野球のアルケオロジー――スポーツの「物語」・メディア・身体文化』新評論。

▷17　朝日新聞「白球の世紀」取材班（2019）『白球の世紀――高校野球100回秘史』朝日新聞出版。

▷18　**タイブレーク制**
均衡した試合において，決着がつきやすくするために走者を置いて攻撃をはじめる制度。選抜野球大会で2018（平成30）年から導入された。

▷19　高井昌史（2018）「高校野球部マネージャーの系譜――男子マネから女子マネへ」白川哲夫・谷川穣編『「甲子園」の眺め方――歴史としての高校野球』小さ子社，236-263頁。

（おすすめ文献）

†白川哲夫・谷川穣編（2018）『「甲子園」の眺め方――歴史としての高校野球』小さ子社。

†清水諭（1998）『甲子園野球のアルケオロジー――スポーツの「物語」・メディア・身体文化』新評論。

†黒田勇（1999）『ラジオ体操の誕生』青弓社。

（1行目冒頭の参照）ト』吉川弘文館。

5　駅　伝

1　駅伝とは

　今や日本の正月の風物詩となった「箱根駅伝」[1]。東京と箱根を2日間かけて往復するこの大会は，日本が初めて参加した第5回ストックホルム・オリンピック（1912年）でマラソンを走った金栗四三の発案によって，1920（大正9）年にはじめられました。そのため，最優秀選手には「金栗四三杯」が贈呈されます。ちなみに，この「駅伝」という名称は都が京都から東京へ遷都された50周年を記念した大博覧会の一環として，1917（大正6）年におこなわれた「東海道駅伝徒歩競争」で使われ，京都・三条大橋から東京・不忍池までの東海道の宿場（駅）を襷でつなぐ（伝）という意味で命名されたといわれています。

　表XIV-1は，現在（2019年7月）の主な駅伝の全国大会です。この他に，地方で開催される駅伝は約460大会にのぼります。一方で，「国際千葉駅伝」[2]や「横浜国際女子駅伝」[4]の国際大会は参加国が減少したことで中止になり，駅伝が日本のスポーツ文化にとどまり，国際化しなかったことがわかります。

2　日本のスポーツ文化としての駅伝

　このように日本のスポーツ文化として駅伝が人気スポーツとなったのは，次の特徴をもっているからだと考えられます。

　一つ目は，駅伝が一人で走るマラソンという個人スポーツをリレー形式にす

▷1　正式名称は「東京箱根間往復大学駅伝競走」で，第1回は明治大学，早稲田大学，慶應義塾大学，東京高等師範学校（現：筑波大学）の4校が参加した。

▷2　リレーマラソンという名称で，マラソン大会の一部門でおこなわれている場合を含む。
▷3　1988年から2014年まで開催され，2007年からは男女混合の国際駅伝としての特徴をもっていた。
▷4　1983年から2009年まで開催されたが，「横浜国際女子マラソン」の開設と同時に終了になった。

表XIV-1　駅伝の主な全国大会（2019年7月時点）

対象	大会名	距離	区間	開催地	TVメディア	備考
実業団	全日本実業団対抗駅伝大会（ニューイヤー駅伝）	100.0km	7区間	群馬県	TBS系列	
	全日本実業団対抗女子駅伝競走大会（クイーンズ駅伝）	42.195km	6区間	宮城県	TBS系列	※1
大学生	全日本大学駅伝対校選手権大会（全日本大学駅伝）	106.8km	7区間	愛知県・三重県	テレビ朝日系列	
	出雲全日本大学選抜駅伝競走（出雲駅伝）	45.1km	6区間	島根県	フジテレビ系列	
	全日本大学女子駅伝対校選手権大会（杜の都駅伝）	38.0km	6区間	宮城県	日本テレビ系列	※1
	全日本大学女子選抜駅伝競走大会（富士山女子駅伝）	43.4km	7区間	静岡県	フジテレビ系列	※1
高校生	全国高等学校駅伝競走大会（男子）	42.195km	7区間	京都府	NHK	
	全国高等学校駅伝競走大会（女子）	21.0975km	5区間	京都府	NHK	
複　合	天皇盃全国都道府県対抗男子駅伝競走大会	48.0km	7区間	広島県	NHK	※2
	皇后盃全国都道府県対抗女子駅伝競走大会	42.195km	9区間	京都府	NHK	※2
身体障害者	天皇盃全国車いす駅伝競走大会（男・女）	21.3km	5区間	京都府	NHK	

※1　次年度のシード権がある。
※2　中学生，高校生，大学生・社会人によるチーム編成となる。
出所：筆者作成。

ることでチーム（集団）スポーツに変えたことです。これまで，日本のスポーツ文化は学校を中心に普及してきました。それゆえ，駅伝にはチームでの個々の役割を果たすことで集団に貢献するという教育的意義が必要だったのです。

二つ目は，距離と形状の異なる区間に分けられていることです。そこを能力の異なるランナーが走ることで，順位が目まぐるしく変わります。さらに，どの区間にどのランナーを配置するかというチームの作戦を立てることもできます。また，区間賞を設けることで個人スポーツの性格を担保しています。

三つ目は，大会によって走る距離が異なることです。それにより，参加者に合わせて大会をマネジメントすることができます。しかも，大会を開催する地域の実情に合わせてコースを設定することもできるのです。

四つ目は，地方都市で大会が開催されることです。市街地を走るランナーと応援する住民によって，地方創生や地域活性化に貢献します。そして，「出雲駅伝」や「杜の都駅伝」などのネーミングや，高校駅伝といえば京都というように地方都市が駅伝の「聖地」となります。

❸　メディア・イベントとしての駅伝

表XIV-1のように，駅伝はテレビ各局が競って放送します。それは，実際に沿道に見に行けば一瞬でランナーは走り去るだけですが，テレビではレース展開を見ることができ，メディア・イベントとしては最適なコンテンツで，ある程度の視聴率が期待できるからです。なかでも「箱根駅伝」は，関東学生陸上競技連盟が主催する地方大会であるにもかかわらず，全国ネットで放送され，第95回大会（2019年）の関東の視聴率は，往路が30.7％，復路が32.1％と驚異的な数字をたたき出しました。ではなぜ，こんなに人気があるのでしょうか。

それは，最も歴史のある伝統的な大会であるということです。また，往路優勝，復路優勝と総合優勝，そして10位以内に入れば来年度の出場権（シード権）を得ることができるという4つのレースを楽しめるからです。さらに，東京と箱根間の自然環境の変化に富んだコースに特徴があり，山登りの区間の速いランナーには「山の神」といった愛称が付されます。しかも，お正月の2日，3日という華やかな雰囲気のなかでおこなわれ，外出せず家でテレビを見る機会が多い日程に開催されます。そして，何よりも「襷をつなぐ物語」としてメディアによってドラマ化されることです。そこでは，中継点で倒れこむようにして襷をつなぐ姿がチームメートへの友情物語として描かれ，あるいは襷をつなげず繰り上げスタート◁5という悲劇が同情を誘います。さらには，ランナーを支える仲間，家族への感謝のサイドストーリーが大会をドラマ化します。

（杉本厚夫）

▷5　それぞれの中継点で，先頭のチームが襷をつないでから一定の時間を経過したら，一斉にスタートを繰り上げることになる。

（おすすめ文献）

†生島淳（2011）『箱根駅伝』幻冬舎新書。
†池井戸潤（2016）『陸王』集英社。

日本のスポーツ組織

1　スポーツ組織とは

　日本のスポーツ組織には，学校の組織（サークルや運動部など），企業の組織（同好会や実業団など），地域の組織（スポーツ少年団やクラブなど），全国組織（競技スポーツ団体やレクリエーションスポーツ団体[1]，それらの統括団体など），特定の人を対象とした組織（障がい者の組織，女性の組織，プロフェッショナル・スポーツの組織など），商業的な組織（フィットネスクラブなどの商業スポーツ団体[2]），その他様々な組織があります[3]。また，それらの組織は法人格[4]（公益財団法人，公益社団法人，一般財団法人，一般社団法人，特定非営利活動（NPO：Non-Profit Organization）法人，株式会社など）をもつ組織ともたない組織（任意団体）があります。このように，スポーツ組織といっても性格や特徴が異なる多くの組織があるため，ここでは，主に「日本における各スポーツ競技を統括する権限と義務をもつ各スポーツ競技の国内統括団体」[5]，すなわち，スポーツの種目別競技団体である中央競技団体（NF：National Federation）[6]を中心に説明します。

2　スポーツ組織の現状と課題

　笹川スポーツ財団が2019年1‐2月に実施した中央競技団体現況調査によると，回答があった63団体における正規雇用者数（役員・評議員を除く）は1団体あたり平均9.2人[7]ですが，正規雇用者1‐4人の団体が21団体（33.3％）で最も多く，1人も正規雇用者がいない団体は10団体（15.9％）もありました。一方で，役員・評議員を除いた職員等の1団体あたりの平均は14.3人であり，約3分の1（35.7％）が非正規雇用者（非常勤職員や契約職員等）でした。また，組織の意思決定権をもつ役員は，1団体あたりの平均が22.0人で，そのうち約8割は非常勤となっています。役員を性別でみると，7団体（11.1％）では女性役員が存在せず，36団体（57.1％）では女性役員が2人以下であり，役員の9割弱が男性で占められている[8]という特徴があります。さらに，スポーツ組織の登録競技者数について，個人登録制度のある55団体の平均は1団体あたり13万6829人ですが，最小では50人，最大では約191万人と大きなバラつきがあり，1万人未満の団体は約半数（26団体），5000人に満たない団体は約3割（18団体）でした。財政面では，回答があった71団体における収入平均は10億7200万円ですが，最大値である日本サッカー協会の年間収入（234億200万円）が平均を押

▷1　杉浦善次郎（2006）「レクリエーションスポーツ団体の組織化の現状と課題」佐伯年詩雄監修／菊幸一・仲澤眞編集『スポーツプロモーション論』115-128頁。

▷2　山本理人（2006）「商業スポーツ団体の組織化の現状と課題」佐伯年詩雄監修／菊幸一・仲澤眞編集『スポーツプロモーション論』129-141頁。

▷3　宮内孝知（1988）「日本的スポーツ組織の歴史的・社会的性格」森川貞夫・佐伯聰夫編著『スポーツ社会学講義』80-89頁。宮内は，「スポーツに関する特定の目標をもつ複数の個人，集団，団体を内包するもの」をスポーツ組織と定義し，「スポーツ集団を統括・統制する上位の組織体」として捉えている。また，宮内によれば，スポーツに関する特定の目的をもった複数の人びととの間の相互作用に着目した場合を「スポーツ集団」，目的達成のための役割・人的配置・活動などに注目した場合を「スポーツ組織」というように，集団と組織は概念的に区別できるという。

▷4　人（自然人）と同様に法律行為などをおこなう権利・義務を有する主体となるために，人ないし財産から成る組織体に与えられる資格。

▷5　笠野英弘（2012）「スポーツ実施者からみた

し上げており，中央値は３億3500万円，最小値の団体の収入は1400万円です。このように，一部の団体を除いて多くのスポーツ組織は，全国組織としては人的にも財政的にも脆弱だといえるでしょう。

スポーツ組織は，各スポーツ競技を統括する権限と義務をもつにもかかわらず，この脆弱さゆえに，近年噴出しているスポーツ界の様々な問題，たとえば，収賄や助成金・補助金の不正受給，体罰・パワハラやドーピング，セカンドキャリア問題などへの十分な対応が難しくなっています。この状況に対して，スポーツ庁は，2019年６月10日にスポーツ団体ガバナンスコード〈中央競技団体向け〉を策定し，とくに企業組織でも同様に指摘される組織内のガバナンスやコンプライアンスなどの観点からスポーツ組織改革を求めています。

３ スポーツ組織の統括性をめぐる問題

明治期に西欧から日本に移入された当初のスポーツは，学校という教育機関において，西欧人教師と学生がともに楽しむものでした。そして，スポーツを愛好する者たちによって自主的・自律的な同好会がつくられましたが，それが次第に学校を代表する運動部となっていきました。しかし，その学校運動部では，対抗戦の勝利をめざして，選手（競技者）を鍛えて選抜するような練習がおこなわれることにより，愛好者はふるい落とされてしまい，愛好者の減少につながりました。また，学校と同様に日本のスポーツを支えてきた企業においても，福利厚生の一環としてはじまった職場の同好会は，その取り組みが活性化するにつれて学校運動部モデルに近づき，結局，全国実業団大会に出場するような競技者が中心となる企業スポーツになりました。さらに，日本では，欧州とは反対に，地域の組織よりも先に全国組織が結成され，地域の愛好者組織を束ねるものとしてではなく，日本代表選手を選抜するための競技大会を開催する組織として発展してきました[9]。したがって，日本のスポーツ組織は，全国選手権や国際競技大会で活躍することをめざす選手が，学校や企業の運動部を通じて競技会に参加するのに必要な選手登録をさせる組織となったのです[10]。

以上のように，わが国のスポーツ組織は，選手の育成や活動環境の整備などを学校や企業に依存し，愛好者のための組織というよりも選手（競技者）のための統括組織として発展してきたといえるでしょう。この依存体質が，上述した組織自体の脆弱さや，それにともなうスポーツ界の様々な問題を主体的に解決していくことができない状況をもたらした大きな原因のひとつとなっています。したがって，これからのスポーツ組織は，競技者に加えて，愛好者をも包摂しながら，主体的にスポーツを統括していくことが求められます。それは，中央競技団体を種目横断的に統括する組織である公益財団法人日本スポーツ協会（JSPO：Japan Sport Association）などについても同様です。

（笠野英弘）

新たなスポーツ組織論とその分析視座」『体育学研究』57(1)，83-101頁。

▷6 日本スポーツ協会に加盟している中央競技団体は2019年７月８日時点で64団体（うち３団体は準加盟），日本オリンピック委員会に加盟している中央競技団体は2019年５月８日時点で67団体（うち５団体は準加盟，７団体は承認団体）。また，国内競技団体のNFに対して，スポーツの種目別国際競技団体はIF（International Federation）という。

▷7 正規雇用者が飛び抜けて多い団体（158人）である公益財団法人日本サッカー協会を除いた平均は6.8人。

▷8 男性役員の合計が1200人であるのに対して女性役員は187人。

▷9 日下裕弘（1996）「スポーツ組織」『日本スポーツ文化の源流』25-63頁。

▷10 佐伯年詩雄（2004）「わが国スポーツ体制の特徴と問題」『現代企業スポーツ論』60-65頁。

おすすめ文献

†佐伯年詩雄（2004）『現代企業スポーツ論』不昧堂出版。

†中村敏雄（2015）「学校・クラブから協会・連盟の設立へ」中村敏雄ほか編集主幹『21世紀のスポーツ大事典』大修館書店，729-734頁。

†笠野英弘（2019）『スポーツ組織の社会学——日本サッカー協会の制度』不昧堂出版。

7　集団主義と精神主義

① 「スポ根」マンガと日本的精神主義

「思いこんだら試練の道を／行くが男のど根性／真っ赤に燃える王者のしるし／巨人の星をつかむまで／血の汗流せ涙をふくな／行け！行け！飛雄馬／どんと行け」。これはいわずと知れたアニメ『巨人の星』の主題歌の一番の歌詞です。

スポーツマンガは1960年代後半から70年代にかけて『アタック No.1』『空手バカ一代』など，いわゆる「スポ根もの」（スポーツ根性マンガ）としてずいぶん流行りました。戦前から続く独特の鍛錬主義と結びついたある種の精神主義，加えて「縦の人間関係」です。たとえば「１年奴隷，２年平民，３年天皇，４年神様」という言葉を知っていますか？　いわゆる体育会系運動部の一部で今も続いている隷属的な人間関係を表現した言葉です。

なぜこのようなスポーツ集団，スポーツにおける精神主義が今なお一部とはいえ残存しているかが問われる必要があります。大相撲の「死のしごき」事件のようにマスコミを賑わせたときだけ問題になりますが，実際には未だに大学体育会系運動部や一部のプロ・スポーツの世界で，社会的に問題になるような類似の事件が起きています。

② 日本的スポーツ集団の形成とその特色

外来文化としての近代スポーツは，明治の初め頃に日本に輸入・紹介されました。最初にスポーツを生活のなかに取り入れたのは将来国を背負って立つ特権的なエリート学生たち＝「国士」でしたが，それは遅れて出発した日本資本主義が先進諸外国に「追いつき追い越す」ために雇い入れた外国人教師たちによる紹介・導入によるものでした。彼らは母国でおこなっていたスポーツを同僚や学生たちとともに楽しみ，やがてクラブ（倶楽部）ができていきました。ですから最初のスポーツクラブは，文字通り「同好の士」の集まりであり，自分たちで代表や役員を選び，自分たちで金を出し合い運営する，「クラブ自治」を尊重した西欧的なクラブでした。

ところが日清・日露の２つの戦争を契機に，明治政府は「学生の気質鍛錬」のためにスポーツを積極的に奨励しはじめました。学校当局はスポーツを教育課程に取り込み，運動部活動を推進・支援するだけでなく，それを体育会・校友会として組織し，みずからの管理下に置き，またスポーツの普及とともに盛

んとなった「対抗（対校）競技」に特別の役割を与え，学校の雰囲気を盛り上げていく「校風運動」の担い手としました。

その結果，運動部員たちは全校生徒を代表する「選手」として学校当局の手厚い庇護の下に育成・強化されるようになり，最初の頃の「クラブ自治」は影をひそめ，日本的なスポーツ集団が形成されました。そして学校運動部の財政的自立度の著しい低さは，学校当局・校友会・地元有力者・先輩団の発言権の巨大さによってますます極端な支配・服従の関係を生み出し，先輩や顧問教師の発言権を強め，さらに運動部学生たちは全校を代表するエリートであり，同時に校風運動の担い手としての「特権意識」（「志士気取り」）を持つようになります。

3　スポーツにおける集団主義再考

1945年の敗戦を境に日本社会全体の「民主化」が進んだのですが，スポーツも例外ではなかったはずです。しかしスポーツ界では「戦争反省」もあいまいなまま，都道府県体協および全国的な競技団体統轄組織としての（大）日本体育協会が，国民体育大会をはじめオリンピック大会参加など，競技力向上を主たる事業として再建されました。その結果，勝利至上主義や競技中心主義を許容する支配的なスポーツ観がしだいに形成されていきます。

なぜ戦後も戦前の封建的なスポーツ観や集団主義が残存したのかといえば，国際スポーツ界への復帰を果たしていく過程で，十分な科学的指導法も確立しないままに，戦前の古い指導法（勝利至上主義・競技中心主義と結びついた鍛練主義，あるいは家父長制を想起させるような指導者絶対主義）が競技成績の向上に一定の成果をあげたからです。東京オリンピックで女子バレーボールチームを優勝に導いた大松博文監督は「俺についてこい」と豪語し結果を残したわけです。

その後，科学的なトレーニング法の開発，スポーツ科学の進歩・発展にともない今日のスポーツ界はかなり変わってきたと思われますが，一部で未だ「しごき」や「セクハラ」「パワハラ」まがいのスポーツ指導が現場に残っているのも事実です。しかし一方では「一人はみんなのために」「みんなは一人のために」という，ラグビー界から広がったチームづくりの考え方や一人ひとりの個性に合った練習法の導入，あるいは体力・技術も異なるプレイヤー同士がいかにコミュニケーションをとりながら，どのようなコンビネーション・プレイを発揮するかなど，これまでの日本的集団主義を越える新たな対人・集団関係，チームづくりも進んできています。

ましてや日本スポーツ界に外国人選手が数多く参加してくる時代ですから「以心伝心」「言外の言」「和の精神」などといってもはじまらず，自己と他者との関係も，互いに自己主張しつつ相手の主張も尊重していくという新たな集団主義が求められてくるのは必然でしょう。　　　　　　　　　（森川貞夫）

▷1　城丸章夫（1962）『集団主義と教科外活動』明治図書，194-199頁。

▷2　大松博文（1963）『おれについてこい！──わたしの勝負根性』講談社。

おすすめ文献

†濱口恵俊・公文俊平編（1982）『日本的集団主義』有斐閣。
†作田啓一（1967）『恥の文化再考』筑摩書房。
†森川貞夫（1980）「スポーツにおける『根性論』の歴史的社会的背景」『スポーツ社会学』青木書店，41-56頁。

イギリスから世界へ

① イギリスにおける近代スポーツの誕生

「18世紀から20世紀の半ばにかけて，近代スポーツの発展にイギリスが果たした役割は，他のいかなる国よりも重要なものであった」[1]。イギリスにおける近代スポーツの発展には2つの側面を指摘することができます。第一に，サッカーや陸上競技の各種目など多くのスポーツ種目がイギリスで発展し制度化されました。しかしそれだけではなく，第二に，スポーツとは何かという「原理」もまずイギリスで形成されたといえます。

　そして19世紀以降，大英帝国の役人や商人，宣教師や教育家が帝国の植民地と世界のあらゆる地域にスポーツを伝搬しましたし，世界各地からの留学生もイギリスで学んだ新しい遊びの形態を自国に持ち帰りました。

② 世界への普及

　18世紀にルールが明文化されたクリケットは，米国にも普及し，19世紀までそれなりの人気を博しましたが，南北戦争後は野球の人気に押されました。英領西インド諸島には入植者のイギリス人がクリケットを持ち込みましたが，その後全階層に普及し，当地は現在クリケット強国になっています[2]。

　多くの宗教やカーストに分かれていたインドの社会をまとめるにはスポーツが役に立つと考えられ，イギリスが設立した学校ではクリケットが奨励されました。イギリス人の軍人や警察官もクリケットの普及に努めました。英国インド植民地の歴代総督の二人は退役後にクリケットの総本山であるマリルボーン・クリケット・クラブの会長に就任するほどでした。そして現在のインドでは，クリケットは最も人気のあるスポーツになっています[3]。

　中世ヨーロッパの各地でおこなわれていた民俗フットボールは，19世紀の半ばにイギリスの大学生によってルールが明文化され，近代のサッカーになりました[4]。19世紀の後半に，サッカーをはじめとするイギリスのスポーツは，留学生や商人によってヨーロッパ各地に運ばれました[5]。中南米においては，イギリスの商社や鉄道会社の社員とその子弟のために設立された学校が，サッカーをはじめとするスポーツの普及の原動力になりました[6]。

　アフリカの植民地統治の役員選定には，パブリック・スクールでのスポーツ経験が重視されました。アフリカでのイギリス人は自分たちのためのスポーツ

▷1　グットマン，A.／谷川稔ほか訳（1994=1997）『スポーツと帝国――近代スポーツと文化帝国主義』昭和堂，3頁。

▷2　グットマン，同上書，33-37頁。

▷3　グットマン，同上書，37-48頁。

▷4　ルールに関する意見の相違からラグビーという別形式の種目が生まれた。
▷5　グットマン，前掲書，52-68頁。
▷6　グットマン，前掲書，68-76頁。

施設をつくりましたが，アフリカ人のための施設はつくりませんでした。ただし，アフリカ人の兵隊と警察官は体育の一環としてスポーツをおこなったし，宣教師が設立した学校では，地元でエリートとなる現地の子どもがスポーツを学びました。[7]

3　近代スポーツ（原理）の世界制覇

イギリスで出来上がった種目が世界に普及しただけではなく，それをもとにして新しいスポーツも誕生しました。サッカーとラグビーという2つのスポーツに発展したフットボールは，旧植民地のアメリカとオーストラリアで独自なスポーツに発展しました。野球もおそらくクリケットと同じ系統のゲームから発展したのでしょう。バスケットボールとバレーボールは19世紀末にアメリカで発明されました。

いわゆる「伝統」スポーツのなかにも近代スポーツの影響を受けているものがあります。[8]日本の大相撲は20世紀に優勝制度を導入し，仕切りに制限時間を設けるなど「近代化」を図っています。嘉納治五郎によって開発され，のちにオリンピック種目になった柔道も，近代スポーツとして発展しています。[9]

イギリスで発達したスポーツ以外に，大陸で発達した体操（gymnastics）があります。体操とスポーツの目的は，重複する面もありますが，その手段・方法は少し違います。体操の支持者は，スポーツの競技性や記録の追求等に対して反感を抱き，多人数で同時におこなう集団体操を好みます。北ヨーロッパや東ヨーロッパでとくに人気があり，移民とともにアメリカにも普及しました。

仮に体操とスポーツをライバルとみるなら，体操はスポーツに負けたといえるかもしれません。勝敗を決めず集団演技を中心とする体操の大会はありますが，オリンピック種目となった体操競技では，複数の審判が技の難度などによって演技を採点し，結局スポーツ化されています。[10]

4　文化帝国主義？

近代スポーツの普及は一種の文化帝国主義として非難されることがあります。帝国主義とは，ひとつの国家が他の国家を政治的経済的に支配することです。したがって，文化帝国主義とはひとつの国の文化が他の国の文化を支配することを意味します。近代スポーツが大英帝国の力によって世界中に広まった結果，土着のスポーツが衰退するということは，一種の文化帝国主義だといわれます。

たしかにそういう面もありますが，状況はもっと複雑でしょう。柔道やラクロスのように，国家間の力関係に逆らって普及したスポーツもあります。また元植民地の代表チームが旧宗主国を倒すことによって国威を発揚することもあります。[11]近代スポーツの受容者は自分たちなりの意味づけでプレイしている，ということを忘れてはなりません。　　　　　　　　　　（L.トンプソン）

▷7　グットマン，前掲書，76-84頁。

▷8　騎手が子牛か山羊の死骸を奪い合うアフガニスタンの伝統スポーツ「ブズカシ」に近代バージョンが生まれている。グットマン，前掲書，183-184頁。

▷9　井上俊（2004）『武道の誕生』吉川弘文館。

▷10　グットマン，前掲書，164-180頁。

▷11　インドの代表チームがクリケットでイギリスに勝ち，ブラジルがサッカーのワールドカップで優勝するなどである。

おすすめ文献
†グットマン，A.／谷川稔・池田恵子・石井昌幸・石井芳枝訳（1994=1997）『スポーツと帝国——近代スポーツと文化帝国主義』昭和堂。
†坂上康博・中房敏朗・石井昌幸・高嶋航編著（2018）『スポーツの世界史』一色出版。

グローバルなスポーツ・イベント

1　世界三大スポーツ・イベント

　世界三大スポーツ・イベントとは何か，ということが話題になることがあります。別に決まった答えがあるわけではありませんが，必ず入るのはオリンピックと，サッカーのワールドカップでしょう。もうひとつは，ラグビーのワールドカップ，世界陸上，ワールド・ベースボール・クラシック，ツール・ド・フランスなど，人によって様々なものが選ばれるようです。

　加盟国数でみても，2019年8月現在で，IOC（国際オリンピック委員会）には206の国・地域が，またFIFA（国際サッカー連盟）には211の国・地域が，それぞれ加盟していますが，これは，国連加盟国数が193であることを考えれば，かなりの数だといえるでしょう。

　現代世界には，オリンピックやサッカー・ワールドカップをはじめとして，数多くのグローバルなスポーツ・イベントが存在しています。

2　オリンピックとワールドカップ

　ここでは，グローバルなスポーツ・イベントの代表例として，オリンピック（五輪）と，サッカーのワールドカップ（W杯）に注目し，それらがどのぐらい「グローバル」なのか，数字で見てみましょう。新聞発表などによると，2016年のリオ五輪の，全世界でのテレビおよびインターネットでの放送時間は約35万時間（2012年ロンドン大会の約20万時間を大幅に上回る）で，世界人口の半数近くの約36億人が視聴しました。また2018年のW杯ロシア大会も約35億人の人びとに視聴され，決勝のフランス-クロアチア戦だけでも，11億人以上の人が視聴したといいます。

　多くの視聴者を集めるようになれば，当然放映権料も上がっていきます。近年放映権料は高騰しており，日本ではNHKと民放でつくるジャパンコンソーシアム（JC）が，2014年ソチ冬季オリンピックと2016年リオ・オリンピックの放映権を合計360億円で取得，2018年の平昌冬季オリンピックと2020年東京オリンピックについては，その約1.8倍の660億円を支払うことでIOCと合意したと発表しています。

　ワールドカップの放映権料については，金額は正式発表されていませんが，各種のメディアによれば，JCがFIFAに支払った額は，2002年の日韓大会で

▷1　FIFAでは歴史的な経緯から，サッカーの「母国」であるイギリスが，イングランド，スコットランド，ウェールズ，北アイルランドという，4つの協会に分かれて所属している。

▷2　ここであげている数字の出典は以下。『朝日新聞』（2014年6月28日付朝刊，2016年12月7日付朝刊，2017年4月25日付夕刊），『読売新聞』（2018年12月23日付朝刊），『日本経済新聞』（2017年3月7日付朝刊）。

約60億円だったものが，2014年ブラジル大会では約400億円，2018年のロシア大会では約600億円だったということです。

経済効果も莫大で，東京都の試算によると，2020年東京オリンピック・パラリンピックの経済効果（日本全国・直接的効果とレガシー効果[3]の合計）は32兆円を超えるといいます。

③ 現代世界におけるグローバル・スポーツ・イベントの重要性

参加国の数や，それを視聴する人の数，そしてそれをめぐって動くお金の額，どれをとっても，オリンピックやワールドカップなどがグローバルなイベントであることがわかります。このふたつを代表として，現在世界で開かれているビッグイベントの多くが，スポーツ関連のものです[4]。

では，なぜ現代のグローバル・イベントのほとんどがスポーツがらみのものなのでしょうか。その最大の理由は，スポーツが，世界中のあらゆる人びとと，つまり貧富の差や，思想・信条のいかん，政治的な立場の違いなどを超えて，皆が一様に楽しめるものだということです。

もちろん，これまでスポーツ・イベントが，政治的に利用されたり，対立のもととなったことは何度もあります。古くはナチス・ドイツがオリンピックを国威発揚のために利用しましたし[5]，1980年のモスクワ・オリンピックは，ソ連によるアフガン侵攻に抗議する西側諸国によってボイコットされました。また，オリンピックがテロの舞台になったり[6]，ワールドカップの予選の結果がもとで本当の戦争が起こってしまったこともありました[7]。最近でも，国際的なスポーツ・イベントは，とりわけ若者などのなかに，過度なナショナリズムを引き起こす誘因になっていることが指摘されています。

そうした負の側面があるにもかかわらず，スポーツはこれからの世界にとって，ますます重要な役割，様々な国の人びとの間の相互理解を深め，人びとのあいだをつなぐ役割を果たすようになるでしょう。

④ スポーツとグローバル化

グローバル化という言葉が一般に使われるようになったのは，1990年頃，冷戦体制が終結して以降のことです。それまでは米ソ二大陣営の間で二分されていた世界が，ひとつになる可能性が現実のものとなってきたからです。

しかし，そのはるか以前から，国際的なスポーツ・イベントは世界の人びとを結びつける役割を果たしてきました。オリンピックやワールドカップによって，私たちは世界の様々な国の存在や文化を知り，それらの国の人びとと触れ合ってきました。その意味で，スポーツはグローバル化の先導者だったといえるかもしれません。そして，この世界をひとつに結びつけるものとしてのスポーツの重要性は，今後ますます増大していくと考えられるのです。 （沼尻正之）

▷3 大会後2030年までにレガシー（遺産）として生じる経済効果のこと。

▷4 世界の多くの人びとが注目する，スポーツと関係のないイベントとしては，たとえば万国博覧会がある。しかし万博で盛り上がるのは基本的に開催都市だけで，現地を訪れる人以外がテレビなどを通してそれを楽しむということは，あまりない。

▷5 1936年のベルリン大会は，ナチス・ドイツの力を誇示するために利用された。本書の「ヒトラーのオリンピック」（44-45頁）を参照。

▷6 1972年のオリンピック・ミュンヘン大会で，パレスチナ武装組織が選手村に侵入し，イスラエル人選手11人を殺害した。「黒い九月」事件と呼ばれる。

▷7 1970年ワールドカップ・メキシコ大会への出場権をかけた予選の試合結果がもとで，1969年7月にエルサルバドルとホンジュラスの間で戦争が勃発した。これは「サッカー戦争」と呼ばれる。

おすすめ文献

†石坂友司（2018）『現代オリンピックの発展と危機 1940-2020——二度目の東京が目指すもの』人文書院。

†ベーリンガー，W.／髙木葉子訳（2019）『スポーツの文化史——古代オリンピックから21世紀まで』法政大学出版局。

†田崎健太（2016）『電通とFIFA——サッカーに群がる男たち』光文社新書。

アメリカ型スポーツの発展

 アメリカ型スポーツとは

　イギリスが近代スポーツ発祥の地であり，そのローカルな文化的特徴を国際的に受容されるスポーツ文化へと普遍化し発展させてきたとすれば，アメリカはこの近代スポーツを現代化し，「するスポーツ」から「見るスポーツ」へとその価値を広げて，プロ・スポーツやスポーツ・ビジネスの世界を切り拓いてきたと言えるでしょう。アメリカ（あるいは北米地域）でもっとも人気の高いプロ・スポーツと言えば，アメリカンフットボール，野球，バスケットボール，ホッケーの4つが挙げられますが，その経済的規模とオーディエンス（観客や視聴者）の熱狂は他国とは比べものになりません。プロ予備軍である大学スポーツを管轄する全米大学体育協会（National Collegiate Athletic Association, NCAA）でさえ，アメリカンフットボールを中心にその主催大会の放映権料として年間5-6億ドル（550-660億円）相当の契約を結んでいます。

　ところで，アメリカ型スポーツの代表としては，野球やアメリカンフットボール，バスケットボールやバレーボールなどが挙げられますが，例えばその原形は，野球であればラウンダーズ，アメリカンフットボールであればラグビーというようにイギリスで生まれたスポーツに求めることができます。また，バスケットボールやバレーボールは，主に学校体育や女性のために室内スポーツとして独自に開発されたものです[1]。いずれにしても，アメリカ人の生活環境の変化や教育的必要に応じてこれらのスポーツは改変され，開発されてきたと言えるでしょう。

　では，アメリカ型スポーツに共通する特徴や考え方（思想）とは何でしょうか。それらは，概ね次の5つにまとめることができます[2]。(1)選手交代という考え方に基づいてベストなメンバー構成によるゲームがめざされること，(2)自己主張（クレーム）が認められ，審判への抗議が可能なこと，(3)勝利のためには手段を選ばない勝利至上主義への合理的選択が浸透していること，(4)機動力のあるスピーディーなゲーム展開が好まれ，それによってゲームが組み立てられること，(5)情緒的な表現が受け入れられ，プレイヤーと観客とをつなぐ興奮状態が演出されること，等です。いずれも，現代スポーツでは当たり前になっているような内容にも思われますが，このような特徴はメディア化されたスポーツがプロ化し，ビジネス化していくためには必要な文化的条件とも考えられま

▷1　バスケットボールは，1891年にマサチューセッツ州の国際 YMCA トレーニングスクールの体育教員であったジェームズ・ネイスミスによって，またバレーボールは1895年に同じくマサチューセッツ州にある別の YMCA 体育教員であったウィリアム・モーガンによって，それぞれ開発された。

▷2　小田切毅一（2015）「アメリカのスポーツ思想」中村敏雄・高橋健夫・寒川恒夫・友添秀則編著『21世紀スポーツ大事典』大修館書店，640-643頁。

▷3　本書の「スポーツ文化論の視点」（2-5頁）を参照。

▷4　コスモポリタニズム（cosmopolitanism）とは，全世界の人びとを自分の同

す。すなわち，アメリカ型スポーツとは，スポーツが大衆化し，それが大衆によって消費され経済化するためのスポーツ文化として意図的に形成されてきたと言えるのです。この言わば「剝き出し」の消費文化としての現代スポーツの中心的な担い手が，イギリスのような上流階級が歴史的に不在である，アメリカの中産（ミドル）階級ということになります。[3]

2 ナショナルなスポーツ文化の新世界

ところで，このようなアメリカ型スポーツに共通する文化的思考は，他方で世界的にみれば歴史も浅く，多様な民族や出自の集合体である「アメリカ」というローカリティ（地域性）がナショナリティを超えてコスモポリタニズム化[4]する機能を果たしています。たとえば，アメリカ大リーグ野球の頂上決戦は，せいぜいカナダを含めた北米大陸のスポーツ・イベントにすぎませんが，その名称は「ワールド・シリーズ」となります。このようなアメリカ型スポーツの経験を通じて，新世界（ニューワールド）と名付けられたアメリカは，アメリカというナショナリティ自体がひとつのワールド（我が同胞）を形成しているという，ある種の偏狭な世界観に基づく意識をさらに強化していくと考えられます。

また，野球をはじめとするスポーツには，主に1920年代以降，メディアの発達とともにホームラン王ベーブ・ルースや打撃王ルー・ゲーリック，あるいは近年ではボクシングのモハメッド・アリなど数多くのヒーローが誕生してきました。アメリカにおけるスポーツ・ヒーローの誕生は，多民族の集合体であるアメリカの聖なる統合的な象徴として機能すると同時に，そのヒーロー物語はスポーツをアメリカ社会における機会均等のデモクラシー実現のモデルに仕立て上げることにもなります。このような「アメリカ人に求められるアイデンティティの次元がビジネスの対象」[5]となって，さらにアメリカ型スポーツを発展させていると言えるでしょう。

3 アメリカ型スポーツの文化的影響

すでに，現代スポーツとしてのアメリカ型スポーツは，グローバルな文化的影響力を発揮しています。とくに，世界的なメガ・スポーツイベントは，アメリカのテレビ局の三大ネットワーク[6]によって大きな影響を受けています。たとえば，夏季オリンピック競技大会の開催時期は，IOCとアメリカのテレビ局独占による莫大な放映権料契約の縛りを受け，アメリカンフットボールの開催時期を外すという措置から，北半球では真夏となる7〜8月に限定される事態[7]となっています。その一方で，アメリカの四大プロ・スポーツの各種開催は，共存共栄が図られるように調整されています。このようにビジネス化したアメリカ型スポーツは，メディア資本を介して自国中心的な文化的影響力を発揮しているのです。 （菊　幸一）

胞ととらえる思想で，世界市民主義あるいは地球市民主義とも呼ばれる。ここでは，アメリカという地域（ローカリティ）が世界からみればひとつの国家（ナショナリティ）を形成しているにすぎないはずなのに，そのナショナリティ自体が世界に共通する普遍性を持つのだという独善的で孤立的な行動にすり替えられてしまうことを指している。

▷5　内田隆三（2007）『ベースボールの夢——アメリカ人は何をはじめたのか』岩波新書，6頁。

▷6　アメリカには，大小さまざまなテレビ局やネットワークがあるが，その中でもとくにビッグ3と言われているのが，CBS（CBS Broadcasting, Inc.），NBC（National Broadcasting Company），ABC（American Broadcasting Company）である。

▷7　2020年7‐8月の開催を控えた東京オリンピック・パラリンピック競技大会の陸上競技におけるマラソンと競歩は，2019年11月にIOCによる決定を受けて急遽，開催地が東京から札幌に変更された。アスリートの健康状態を最優先した真夏の暑さ対策のためだが，そもそもの原因はIOCが開催時期をずらすことができないことにあるのは明らかであろう。

おすすめ文献

†Coakley, J. (2017) *Sports in Society : Issues and Controversies* (12th ed.), McGraw Hill.

†内田隆三（2007）『ベースボールの夢——アメリカ人は何をはじめたのか』岩波新書。

†小田切毅一（1982）『アメリカスポーツの文化史』不昧堂出版。

グローバル化の光と影

① グローバル化するスポーツの二面性

　スポーツがグローバルな規模で展開することで，人びとのスポーツとの付き合い方に大きな変化が生じています。衛星放送やインターネットのおかげで，情報は瞬時に世界中を駆け巡り，世界のスーパースター，スーパープレイ，スーパーイベントを，自分の部屋に居ながらにして楽しむことができます。また，大リーグ（米・野球）やプレミアリーグ（英・サッカー）の観戦，日本代表チームの応援などで，多くの人が気軽に国境を越える時代です。

　しかし，グローバル化するスポーツには，他の文化や社会的な事象と同じく，「地球的規模での経済・文化享受の平等化」と「強者による弱者への資本の論理（利潤の追求）による，地球的規模での搾取」という二面性があります。

▷1　深澤宏（2000）「サッカーボールは誰が作るのか──搾取されるアジアの子どもたち」平井肇編『スポーツで読むアジア』世界思想社，21頁。

② 国境を越える選手たち

　ここで，スポーツがグローバルに展開することで，プレイをする選手の間で起きている変化について少しみてみましょう。

　台湾では野球が盛んで，オリンピックやワールドカップ，リトルリーグでも好成績を収めてきました。1990年にはプロのリーグも発足しています。国際舞台で活躍する代表チームや海外で活躍する選手たちは，台湾の人たちにとって誇りです。しかし，その台湾の野球が，チーム数の減少や八百長事件，国際大会での不振などで危機に直面しています。その原因のひとつとして，選手の海外流出があげられています。経済規模がそれほど大きくない台湾では，優秀な選手はより高給を求めて，若い選手はプレイする機会を求めて，日本やアメリカなどへ渡っていきます。海外で活躍する台湾人選手がテレビで放映されると，ファンの目も企業のお金も台湾の野球から次第に離れていき，人気の低下と競技レベルの低下を招いたといわれています。

　同じような現象が，サッカー王国ブラジルでも起きています。ブラジルは，ワールドカップでも最多の優勝回数（5回）を誇り，世界的に有名なクラブも多数あります。サッカー選手の宝庫ブラジルは，世界的な名選手を多数輩出し，ブラジル出身の選手は世界中でプレイしています。最近は，ヨーロッパだけでなく，資金力の豊富な中東やアメリカ，日本などのサッカー新興国でも多数プレイしています。そのため，国内リーグのレベルが低下し，ファンやスポン

サーの国内のクラブ離れにもつながっていると指摘されています。

さらに深刻なのが、カメルーンやガーナ、コートジボアールなどのアフリカ諸国のケースです。ヨーロッパのクラブでは、アフリカ出身のサッカー選手が多数在籍し、スター選手も少なくありません。これらの国々では、優秀な選手が国内にとどまることはありません。選手は雇用主であるヨーロッパのクラブの都合を優先する（せざるを得ない）ため、代表チームは安定的に好成績を残すことができません。ファンの関心も、自国のクラブではなく、もっぱら自国の選手が活躍するヨーロッパに向けられます。

ラグビーでは、南太平洋のフィジーやトンガ、サモアなどの出身者やニュージーランドなどに移住したその子孫が、ラグビーを職業として、または教育を受けるための手段として国境を越えて移動します。日本のプロチームや大学、高校、さらには日本代表チームでも、その数は増加の傾向にあります。[2]

陸上競技の中長距離でも、とくにアフリカの国々では、自国での代表争いが激しいため、トレーニングの拠点にしている国やスポンサーになってくれる国に国籍を変更する選手が目立つようになってきました。多くの場合、国際舞台でみずからの商品価値を高めようとする選手の打算と、自国の選手の活躍で知名度アップを目論む国家の思惑が一致した結果だといわれています。

❸ グローバル化するスポーツの功罪

スポーツがグローバルな規模で伝播・普及することで、プラスになることはたくさんあります。たとえば、より多くの人がより手軽にスポーツ観戦ができるようになったり、新しいスポーツに接することで競技人口が増加したりしています。また、選手や指導者が流動化することで、新しい戦術やコーチング、トレーニング・メソッドが紹介され、競技力向上につながります。グローバル化は、世界の多くの場所で、スポーツ環境の改善に貢献しています。

しかし、問題や課題も多く、かつ深刻化していることも事実です。グローバル化の問題点は、人、もの、資本、情報の原材料となるものが、より強大で魅力のあるところへと流入し、そこで加工されたものが逆流することです。サッカーでは南米やアフリカとヨーロッパの間で、野球ではドミニカ共和国など中米や台湾などの東アジアとアメリカの間でこのようなことが起きています。中南米やアフリカでは、人びと、とくに子どもたちにとって、スポーツは楽しむためのもの（目的）ではなく、物質的な自己実現の達成の手立て（手段）となっているのです。今日のグローバル化したスポーツの世界では、種目やレベル、場所などに関係なく、19世紀英国のアマチュアリズムではなく、20世紀米国的なプロフェッショナリズムとコマーシャリズムの論理の下で物事が動いているのです。その結果、スポーツとその周辺でいろいろな課題や問題が生じていることに気づくことが大切です。 （平井　肇）

▷2　たとえば、2019年ワールドカップに出場した日本代表チームの選手31名のうち、外国籍の選手は7名、日本に帰化し日本国籍を取得した選手は8名である。このなかには、南太平洋の国々にルーツをもつ選手も多数含まれている。

おすすめ文献

✝グットマン、A.／谷川稔・石井昌幸・池田恵子・石井芳枝訳（1994=1997）『スポーツと帝国——近代スポーツと文化帝国主義』昭和堂。
✝千葉直樹（2014）『グローバルスポーツ論——「越境スポーツ選手」の社会学』デザインエッグ社。

5 ローカル・スポーツへの関心

1 ローカル・スポーツとは

　ローカル・スポーツという語には今のところ明確な定義があるわけではありません。では「ローカル（local）」ときいて，どのようなことを思い浮かべるでしょうか。「地方の」とか「田舎の」ということをまず思い浮かべるのではないでしょうか。これは「牧歌的である」ということを含意し，「メジャー（major）ではない」「一流ではない」などの意味も持たされるかもしれません。しかし，英語の「ローカル」は「その土地と関係のある」あるいは「ある特定の地域に限られた」といった意味で使用されており，「都会」に対する「いなか」といった意味は含んでいません。ここではそれに従って，ローカル・スポーツを「ある特定の地域に根ざしたスポーツ」として扱っていきたいと思います。

▶1　佐山和夫（2009）『古式野球　大リーグへの反論』彩流社。

2 ヴィンテージ・ベースボール（古式野球）への回帰 [1]

　1980年代頃からアメリカ各地でヴィンテージ・ベースボール（vintage baseball），すなわち1800年代後半当時のユニフォームを身につけ，古いルールでプレイする野球が見直され，1996年にはヴィンテージ・ベースボール連盟が設立されています。また，2008年8月段階で，全米32州，チーム数は223におよぶとされています。

　ではなぜ，古式野球が見直されてきたのでしょうか。第一の理由としては，自分たちが生まれ育ってきた町の歴史の再評価ということがあげられるでしょう。1800年代にすでに野球チームが存在していたということは，それを持たなかった他の町に対して自分たちの町の歴史を誇示する機会となるでしょう。さらに，あまりにも巨大なビジネスとなった大リーグ野球における，薬物乱用問題などに対する批判や抵抗の意味を持つともいえるでしょう。

　古式野球のグランドには，以下のような標語が掲げられています。

　　《No spitting.》　　　「つばを吐くな」
　　《No cursing.》　　　「悪態をつくな」
　　《No gambling.》　　 「賭けるな」

3 日本におけるローカル・スポーツ

　日本の例として注目したいのは，「マレットゴルフ」です。マレットとは

「木づち」のことです。ゲートボールのスティックを改良したものを，1本だけ使用しておこなうゴルフです。

㈶日本マレットゴルフ協会[2]によると，その誕生は1977年に福井県福井市の運動公園指導普及課職員の考案によるもので，当初はゲートボール用のスティックとボールでおこなわれていました。その後，1981年以降，長野県体育センターの職員により講習会等がおこなわれ，長野県各地に普及していったとされています。

2019年10月段階で，協会への加盟団体は全国29都道府県協会にわたり，全国への普及が図られています[3]。しかし，ここでさらに注目すべきなのは，福井で生まれ長野で育ったスポーツとはいえ，定期的にプレイする人口や施設が長野県，とくに松本市を中心とした地域に限られているという事実です。松本市のマレットゴルフ協会関係者によれば，県内での愛好者数は，協会未登録者を含めると10万人以上と見積もられています。施設についても，公設・私設（山林や河川敷などに愛好者が手づくり）あわせて百数十におよぶとされています。また，普及の理念についても，チャンピオンシップをめざさず，ルールとマナーを重視し，フレンドシップに徹しているということです。

図XV-1　オハイオ州コロンバスでのヴィンテージ・ベースボール

出所：佐山（2009）。

▷2　一般財団法人日本マレットゴルフ協会公式ホームページ。http://www.jm-ga.jp/tanjou.html

▷3　同上 http://www.jm-ga.jp/kameidantai.html

④ グローバル化するスポーツとの関係

これまでアメリカと日本のローカル・スポーツについてみてきましたが，共通するのはお仕着せの商業化されたスポーツ状況を脱して自然を享受し，施設の建設なども含めて，個人が主体的にそれらのスポーツに参与していくということであると思われます。このような動きが今後どこまで広がるかについては予測がむずかしいですが，少なくとも現代におけるスポーツと人間とのかかわりについて何らかの示唆を与える動きとみることはできるでしょう。

このような動きはまた，スポーツのグローバル化に対するリアクションと考えることもできます。スポーツのグローバル化は，一方でたとえば巨大なスポーツ・イベントを盛り上げるために国家間の競争意識を利用しますが，他方では国境を越えて人びとの移動を促進し，また民族や宗教の多様化や流動化を促進することによって国家的な枠組みを弱体化し，ローカルな文化への関心を高めます。このように，スポーツのグローバル化とローカル化が同時進行する現象は，スポーツの「グローカリゼーション」とも呼ばれています。

（市毛哲夫）

おすすめ文献

†佐山和夫（2009）『古式野球──大リーグへの反論』彩流社。
†リースマン, D.／國弘正雄・牧野宏訳（1954=1974）「アメリカにおけるフットボール──文化伝播の研究」『個人主義の再検討』（上）ペリカン社，377-406頁。
†吉見俊哉・白幡洋三郎・平田宗史・木村吉次・入江克己・紙透雅子（1999）『運動会と日本近代』青弓社。

6　日本のスポーツ文化の不思議

① 外国人は日本や日本人をどうみているか

　近年の日本において，「**クールジャパン**（Cool Japan）[1]」という言葉をよく耳にすることがあります。日本の文化面が国際的なレベルで肯定的に評価されているという現象であり，この名称のもとで，日本政府は対外文化宣伝として様々な情報を日本から積極的に発信しています。

　一方，諸外国には「**ジャパノロジー**（Japanology）[2]」という学問分野があります。これは，外国籍の研究者が日本の様々な事柄や現象，または日本人の精神や考え方などを幅広く研究するものです。そのなかでは，多くの外国人が日本の文化や日本人の生き方，および考え方に憧れや魅力を感じてはいるものの，ときには日本人の行動や態度を不思議に思うことがあるとされています[3]。しかし，多少理解に苦しむことがあっても，多くの外国人は，以下のような日本のスポーツをめぐる武道の事例が示すように，日本や日本人について肯定的な見方をしていることが多いようです。

② 諸外国における武道人気の不思議

　日本のスポーツといえば，多くの外国人はまず武道を思い浮かべるでしょう。この武道は，ジャパノロジーのなかでも中心的な研究対象のひとつとなっています。とくに，「ジャパニーズ・マインド（Japanese Mind）」という文脈で，「武士道」や「道」に基づく日本的な考え方とその背景にあるものがよく取り上げられています[4]。それは，諸外国において武道の精神や思想などへの興味や関心が高いことを示しています。多くの外国人は「人間形成の道」としての武道をひとつの生き方として捉えて実践に生かそうとしているようです[5]。

　他方，現在オリンピック種目として注目されている柔道競技にみられるように，武道はスポーツとしても世界的に広く普及しています。それだけではなく，フランスの柔道人口が日本より多いことからもわかるように，その人気が日本以上に高いというのは不思議なことではあります[6]。

　そして海外においては，日本の武道から発展している競技種目に対して，欧米生まれのスポーツとは異なっているという認識が浸透しているように思われます。なぜなら，そこには礼儀や相手への気遣いに重点をおくという意味で，「ただのスポーツ」ではなく，それ以上の「何か」があるという解釈があるか

▷1　**クールジャパン**
2002年にアメリカのジャーナリストによって発明された言葉。その後，日本政府が経済成長を実現するためのブランド戦略として使用し，外国人がクールと考える日本の魅力に関する情報を発信していく政策キャンペーンとなっている。

▷2　**ジャパノロジー**
日本学とも呼ばれ，16世紀より日本を訪れた多くの外国人によって進められた研究がその起源であるとされているが，第二次世界大戦後に経済大国にまで発展した日本への世界的注目から，日本研究にさらなる関心が向けられるようになり，学問分野として成立した。

▷3　Hendry, J. (2013) *Understanding Japanese Society*, Routledge.

▷4　Davies, R. J. and Ikeno O. (2002) *The Japanese Mind : Understanding Contemporary Japanese Culture*, Tuttle.

▷5　Bennett, A. (2013) *Bushido and the Art of Living : An Inquiry into Samurai Values*, Japan Publishing Industry Foundation for Culture.

▷6　全日本柔道連盟の登録者数が約17万人（2012年現在）であるのに対して，フランス柔道連盟登録者数が約60万人（2011年現在）である。フランスにおいて柔道は，登録者数から考えると，サッカーやテニスな

らです。そこでは，礼儀や気遣いを生活のなかでの具体的な態度や行動に移すことが求められていると受け止められています。このようなことから諸外国において武道種目は，親が子どもに勧めるスポーツとして高く評価されています。[7]

❸ 外国人からみた日本的スポーツと日本人アスリートにおける不思議

このように外国人からみると，日本の武道から発展してきた種目は，それ自体が特徴的なものとして認識されていますが，日本においてはそれがほかのスポーツへの取り組み方にも影響している点が不思議なところです。

たとえば，学校の運動部活動に象徴される長時間の練習や継続的な声出しなどは，多くの競技に共通してみられます。また，武道種目に多少限定されるかもしれませんが，試合で勝っても負けた相手を思いやって勝った喜びを表現しないというのも日本人選手ならではの謙虚さであるように思われます。かと思えば，逆に試合前後のインタビューにおいて，対外的にメダルを宣言して，負けたら必要以上に謝ったり，あるいは相手を称えようとしなかったりする日本人選手の姿もよくみかけます。これらの立ち居振る舞いは，外国人選手において，極めて例外的なケースであるという点で，日本とは異なっています。[8]

その他，海外において到底考えられないであろうと思われる日本のスポーツ制度に関する不思議もあります。まずは，スポーツ推薦制度にみられるようなスポーツ成績のみが評価されて学校や大学へ入学し，卒業後の企業への就職までもが認められる仕組みです。逆にいうと，若手アスリートが引退後のセカンドキャリアに大きな影響を与える自分自身の教育や学業をスポーツだけで決めたり，決められたりすることは，外国人にとって不思議なことに違いありません。これに関連して，スポーツ特待生や公欠といった「学力無視－競技力優先」という考え方に基づいた，教育機関におけるアスリートの特別扱いが許されるようなことも，日本ならではの不思議な特徴といえるでしょう。

このように諸外国のスポーツと比較すると，日本的スポーツの不思議というのは，そもそも武道として「人間形成」を重んじることを強調しながら，他方では諸外国のスポーツ以上に極端な勝利至上主義に偏ったスポーツの捉え方や制度があるということです。日本では，小学生の年代から全国大会が頻繁に開催され，多くの大会がよりプレッシャーがかかるトーナメント方式によっておこなわれることが当たり前になっています。勝利のみにこだわるようなユーススポーツは，海外においてはまれなケースであるといえます。

日本人にとっては当たり前のように受け止められる行動や態度，および制度でも，外国人からすると文化的な背景やスポーツの捉え方による違いから不思議に感じることが多くありますが，これらに対する評価は多様であり，肯定的に受け止める場合もあれば，そうではない場合もあるということでしょう。

(K.J.ライトナー)

どに続いて，5位以内に入る人気競技としてあげられる（溝口紀子（2015）『日本の柔道フランスのJUDO』高文研）。

▷7 ライトナー，K.J.（2017）「外国人からみた日本のスポーツにおける『不思議』——2016リオ五輪における日本人アスリートの立ち居振る舞いに着目して」『立教大学コミュニティ福祉研究所紀要』5，139-146頁。

▷8 ライトナー，同上書。

【おすすめ文献】

†ホワイティング，R.／松井みどり訳（1977=2005）『菊とバット』早川書房。
†ホワイティング，R.／玉木正之訳（1989=1992）『和をもって日本となす』角川文庫。
†ベネット，A.（2013）『日本人の知らない武士道』文藝春秋。
†ライトナー，K.J.（2017）「外国人からみた日本のスポーツにおける『不思議』——2016リオ五輪における日本人アスリートの立ち居振る舞いに着目して」『立教大学コミュニティ福祉研究所紀要』5，139-146頁。

XVI　スポーツをめぐる社会問題

1　暴力・フーリガニズム

図XVI-1　ラグビー日本代表とケンブリッジ大学のテストマッチ

出所：*The Observer Sport Monthly*, August（2003）.

▷1　「エンフォーサー」（強盗），「ポリスマン」（警官），「ゴーン」（暴力団員）という，敵のポイント・ゲッターの威嚇や，「壊し屋」同士の乱闘が専門の選手の役割。

▷2　プロ選手として必須のスケーティングとスティック操作の技術に加えて，ボディ・チェックで負けない強靭な肉体と攻撃的精神を身につけること。

▷3　スコットランドのD.ファーガソンが，相手選手に頭突きを加えて，出場停止12試合，禁錮３カ月の有罪判決を受け，イギリスで最初のフィールド上の暴力で投獄された事件。

▷4　北米プロバスケットボール・リーグ（National Basketball Association, NBA）では90年代に「汚いプレイ」で「ヒール役」を演じたシカゴ・ブルズのD.K.ロドマンが，サッカーでは2006年W杯決勝で「頭突き」事件を引き起こ

1　暴力はゲームの一部か

　激しい肉体の「当たり」がプロ選手の職業的な技能となっているラグビーやサッカー，アイスホッケーなどのゲームでは，「ラフ・プレイ」は構造的に避けられません。それゆえ，しばしば裁判で「暴力はゲームの一部か否か」というスポーツの本質にかかわる議論が交わされてきました。「ボディ・チェック」（ディフェンスの激しい体当たり）の迫力がファンを魅了している北米プロアイスホッケー・リーグ（National Hockey League, NHL）では，ラフ・プレイが「象徴的な役割」にすらなっています。カナダでは，ホッケーは最も男らしいスポーツであり，プロ選手は少年たちの憧れの的でもあります。その一方で，プロ選手になる「職業的社会化」の過程で，そのような暴力的なプレイが少年たちの心身に大きな損傷を与えることが，大きな社会問題となってきました。

　ヨーロッパのプロサッカー界では，1995年の「ファーガソン事件」をきっかけに「有罪」のケースも出てきましたが，一般にゲーム中の暴力が原因で重傷を負っても，被害者が裁判に訴えることはまれです。球団やリーグに紛争処理の機能があるため法律家が介入に消極的であるうえに，組織内部にラフ・プレイを「ゲームの一部」として正当化し，もめごとは内輪で処理して運命共同体である選手とリーグの利益を守るべきという「慣習的申し合せ」があることや，メディアが暴力的な選手を「アンチ・ヒーロー」として神話化していることなどが，その理由としてあげられます。

　これらの事実は「スポーツ・バイオレンス（sports violence）」という固有の文化領域の存在を暗示しています。「暴力はゲームの一部ではない」と結論するには，暴力をゲームの一部とするスポーツ文化を根底から変えねばなりませんが，現実には，そのような文化は社会に深く根差しており，容易に解体することはできません。

2　フーリガニズムとは何か

　2009年４月15日，「ヒルズボロの悲劇」から20年目のこの日，イギリスのプロサッカー・チーム「リバプール」の本拠地アンフィールドで，96人の犠牲者を追悼する式典が営まれました。式典では「皆さん，４月15日を忘れないでください」とイギリス全土に呼びかけられ，「フーリガニズム」（「フーリガン」と

呼ばれる過激な集団の暴力行動）を排除する宣言がなされました。

　イギリスでは，1970年代から80年代にかけてフーリガニズムが深刻な社会問題となりました。1985年5月29日，ベルギー・ブリュッセルのエイゼル・スタジアムでおこなわれたヨーロッパ選手権決勝において，リバプールのフーリガンがイタリアのユベントス・ファンを襲撃し，死者39人，負傷者400人を超える大惨事を引き起こしたため，その後5年間，イギリスのクラブはヨーロッパ選手権への出場停止処分（リバプールは7年間）を受けました。当時の保守党政権サッチャー首相が「イギリスの恥」と呼んだこの事件は，サッカーとフーリガニズムの連鎖を断つために「身分証明書の提示」を義務づける「フットボール観客法案」（Football Spectator Act 1989）を成立させるきっかけとなりましたが，その法案が議会での読会を経て11月16日に国王の裁可を受ける前に，皮肉にもヒルズボロの悲劇が発生してしまいました。

　「悲劇」から9カ月後の1990年1月，事件の調査報告書『テイラー・レポート[6]』が議会に提出され，フーリガニズムの温床となっていたゴール・マウス裏の「立見席の暴力的文化」をなくすために，警察の監視強化や「立見席」の「座席化」への改良などが勧告されました。これに対して，立見席での観戦が文化への郷愁とアイデンティティの根源となっていた労働者階級の「保守的な層[7]」は反発しましたが，「プレミア・リーグ」の創設（1992年）を前に各クラブは勧告に従い，警察と共同で安全対策を進め，徐々に彼らをスタジアムの外へ排除していきました[8]。その後，スカイ放送によるテレビ中継で「パブ」や「バー」でも観戦できるようになったこともあり，今日では，フーリガニズムは「スタジアムからストリートへ」と発生の場を変えるようになりました。

　80年代からヨーロッパや南米各地でフーリガン現象が多発し，「フーリガン」や「フーリガニズム」という言葉は，もはやイギリスだけのものではなく，世界中の攻撃的サポーターと彼らの引き起こす暴力行動の代名詞にもなりました。

❸　スポーツと暴力

　スポーツにおける暴力の歴史は長く，それについての考え方も多面的です。「フェアプレイを信条とするスポーツにおいて暴力は許されない」——私たちは普段，このことを信じて疑いませんが，一歩現実に足を踏み入れると，直ちに期待は裏切られます。古代のスポーツが，高度に文明化した現代では想像できないほど「暴力への寛大さ[9]」に支えられていたからといって，そのようなスポーツ文化を単純に「野蛮」と決めつけることはできません。なぜなら，時代や社会，文化によって暴力を許容する水準は異なるからです。むしろ私たちは，感情を高度に自己抑制する社会と道徳を発達させ，暴力を巧みに飼い馴らすことにより，今日のようなスポーツをつくり上げてきた先人の営みに目を向けるべきです。

（根上　優）

したZ.Y.ジダン（仏）とM.マテラッティ（伊）が有名である。
▷5　1989年4月15日，FAカップ準決勝リバプール対ノッティンガム・フォレストの試合で，警察がスタジアムの外にいた約3000人の群集を立見席に入れたため，将棋倒しになった観客96人が死亡，重軽傷者200人を超えた大惨事。
▷6　事件の真相究明にあたった裁判官テイラー卿の報告書。その結果，「全座席化」と「金網フェンス撤廃」がプレミア・リーグの規則となった。
▷7　大英帝国の繁栄から取り残された貧困層でフーリガンの中心。労働者階級の中でも中産階級への上昇志向が強い「上品な階層」（respectable class）は彼らとは一線を画している。
▷8　警察はフーリガンの情報をデータベース化し，3つのカテゴリー——A：未確認だが監視が必要，B：暴力をふるう可能性あり，C：騒動の中心的リーダー——に分け，監視カメラで入場を阻止している。
▷9　エリアス，N.／桑田禮彰訳（1976=1986）「スポーツと暴力」『身体の政治技術』（叢書　社会と社会学3）新評論，93-130頁。

【おすすめ文献】
†井野瀬久美恵（1999）『フーリガンと呼ばれた少年たち——子どもたちの大英帝国』中公文庫。
†エリアス，N.・ダニング，E.／大平章訳（1986=1995）『スポーツと文明化——興奮の探究』法政大学出版局。
†清水諭（2001）「サポーターカルチャーズ研究序説」『スポーツ社会学研究』9，日本スポーツ社会学会，24-35頁。

ドーピング

1　ドーピングの定義とその問題

　スポーツにおける薬物使用をドーピングといい，その内容は反ドーピング組織によって定義されています。組織の中心は1999年にスイスで設立された世界アンチ・ドーピング機構（WADA：World Anti-Doping Agency）です。その目的は「スポーツ固有の価値を保護すること」であり，これは「スポーツ精神」と呼ばれます。言い換えると「各人に自然に備わった才能を磨き上げることを通じ，人間の卓越性を追求すること」とされています。この目的のために規定された「反ドーピング規程（Code）」の十条項のひとつにでも当てはまる活動をドーピングと呼びます。それらの条項はそれぞれ，より具体的な検査と判定手続きを定めた項目によって規定されています。

　しかしながら規程を細かく見ると，競技とは関係のない大麻なども禁止されており，上記の「スポーツ精神」の不明瞭さとともに，ドーピングが社会的なイメージによって左右されている恣意的な部分をもつことが垣間見られます。

　また，「反ドーピング規程」の禁止物質は毎年見直しがおこなわれ，現在ではスマートフォンのアプリでも検索できますが，そのさいには監視物質として，禁止されてはいないものの検査によって使用動向を監視し，禁止するかどうかを検討する物質も定められます。たとえば，2010年にはプソイドエフェドリンが禁止リストに再導入されました。この物質は鼻づまり用の内服薬として広く使われているものです。この物質に対する5年間の監視プログラムの結果，高濃度の乱用がみとめられるとして，WADAは2004年に禁止から除外されていたこの物質を，再度禁止リスト入りさせました。

　このような，競技者の使用動向によって禁止リストが更新される経緯と現状が示しているのは，ドーピングが終わりなきイタチごっこだということです。実際のところ，ドーピングをまず概括的に定義し，そこに当てはまる物質をリスト化するという手法は，1970年代以来の麻薬などの薬物取締りの法制度と共通のものです。遺伝子技術などもすでにその対象となっており，終わりのない取締りが予想される一方で，より検出しにくく，より危険な薬物の使用へとシフトする傾向にあり，競技者の健康被害が大きくなることも危惧されます。

2　ドーピングに関する2つのイメージ

▷1　日本でも2001年に日本アンチ・ドーピング機構が設立された。

▷2　日本アンチ・ドーピング機構（2015）『日本アンチ・ドーピング規程2015』4頁。

▷3　反ドーピング規程（翻訳版）。
1．競技者の身体からの検体に禁止物質，その代謝産物あるいはマーカーが存在すること。
2．禁止物質，禁止方法を使用する，または使用を企てること。
3．検体の採取の回避，拒否又は不履行。
4．居場所情報関連義務違反。
5．ドーピング・コントロールの一部に不当な改変を施し，又は不当な改変を企てること。
6．禁止物質又は禁止方法を保有すること。
7．禁止物質若しくは禁止方法の不正取引を実行し，又は不正取引を企てること。
8．競技会（時）において，競技者に対して禁止物質若しくは禁止方法を投与すること，若しくは投与を企てること，又は競技会外において，競技者に対して競技会外で禁止されている禁止物質若しくは禁止方法を投与すること，若

現代の競技スポーツは，多くの場合，マスメディアにおける表象と切り離して考えることは難しいですが，ドーピングも同様です。ドーピングがマスメディアで表象されるさいには，主として2つのパターンが使用されてきました。

まずひとつは，特定競技者による「個人的行為としてのドーピング」です。これが広く注目されたのは，1988年ソウル・オリンピックでの男子陸上100mです。決勝ではカナダのベン・ジョンソン選手が9秒79の世界新記録で優勝し，金メダルを獲得しました。しかし検査によって禁止物質である筋肉増強剤が検出され，金メダル剥奪と選手資格の2年間停止となりました。この事件は主としてジョンソン選手個人の逸脱と報道されました。[4]2007年にはアメリカ大リーグの有名選手たちの，ドーピング蔓延事情が報道されました。

もうひとつは「国家的な取り組みとしてのドーピング」です。とくに旧東ドイツによるものが有名です。この場合ドーピングは過去の共産主義国特有の逸脱行動としてだけでなく，男性ホルモン系筋肉増強剤を継続的に投与された女性競技者が男性化し，性転換して生きていかざるを得なくなったなど，その後の経緯なども含めて問題とされ，[5]競技者はドーピングの被害者として位置づけられます。しかしながら，旧西ドイツにおいてもすでに1950年代中頃には筋肉増強剤の使用を医師によって勧められたという証言もあり，[6]ドーピングは特定の政治体制がおこなう逸脱というわけではありません。1980年代までに多くの国の多くのスポーツでドーピングが広まっていたとされています。[7]

❸　近代競技スポーツとドーピング

問題は，これらのメディア・イメージがより重要なことを隠してしまうことです。そもそもドーピングは，逸脱的傾向のある個人や国家が，自らのためにおこなう行為と言い切れるものではありません。それをおこなう動機が成立し，維持される過程を考えると，ドーピングが社会現象であることは明白ですし，それは近代競技スポーツ自体の社会的な成り立ちと深く結びついています。

ベッテ（Bette, K.-H.）とシマンク（Schimank, U.）は，近代競技スポーツにおいて，ドーピングは必然的な結果であると指摘しています。[8]近代競技スポーツでは勝利が最重要の価値であり，選手自身だけでなくその支援者周辺を社会的にも経済的にもまきこんで，勝つことが非常な圧力に，ときに絶対条件にさえなります。これは競技スポーツが社会のなかの機能的な分化によって相対的に自律性を獲得し，それ独自の価値や規範，さらには制度をもつような領域として成立したことによります。そのような状況にある競技スポーツでは，ドーピングさえもが勝利のための手段として選ばれ，ときに正当化さえされるのです。ドーピングは競技スポーツの現代的変化，とくに医療化や脱アマチュア化，政治化や商業化などにより加速したと考えられ，[9]個人の利得や国家の威信にのみ還元できる問題ではなく，極めて社会的な問題なのです。　　　　　（佐藤哲彦）

しくは投与を企てること。
9．違反関与。
10．特定の対象者との関わりの禁止（日本アンチ・ドーピング機構（2015）『日本ドーピング防止規程』10-14頁）。

▷4　しかしその後の調査で，これが組織ぐるみのものであったことが明らかになった（友枝秀則・近藤良享（2000）『スポーツ倫理を問う』大修館書店）。
▷5　Singler, A. and Treutlein, G. (2006) "Doping in West Germany," in G. Spitzer, ed., *Doping and Doping Control in Europe*, Meyer and Meyer Sport, 89.
▷6　たとえば，『朝日新聞』2009年11月3-7日付，連載「消えぬ薬の傷」などを参照。
▷7　ウォディングトン，I.・スミス，A.／大平章・麻生享志・大木富訳（2009=2009）『スポーツと薬物の社会学』彩流社。
▷8　ベッテ，K.-H.・シマンク，U.／木村真智子訳（1995=2009）『ドーピングの社会学——近代競技スポーツの臨界点』不昧堂出版。
▷9　ウォディングトン，スミス，前掲書。

（おすすめ文献）

†近藤良享編著（2004）『スポーツ倫理の探求』大修館書店。
†ベッテ，K.-H.・シマンク，U.／木村真知子訳（1995=2001）『ドーピングの社会学——近代競技スポーツの臨界点』不昧堂出版。
†ウォディングトン，I.・スミス，A.／大平章・麻生享志・大木富訳（2009=2009）『スポーツと薬物の社会学』彩流社。

3　賭　け

1　野球賭博と「黒い霧事件」

　1970年頃，何人もの現役プロ野球選手が永久追放などの厳しい処分を受ける事件が起こりました。野球賭博にかかわる暴力団に誘われ，試合でわざと負けるようにプレイしたことが明らかになったのです（通称「黒い霧事件」）。戦後，文字通り「国民的スポーツ」になっていたプロ野球での八百長事件は，当時の社会に大きな衝撃を与えました。2010年には，大相撲の現役力士や親方が数多く野球賭博に参加していたことが発覚し大問題になりました。現役の大関がひとり解雇され，NHK はテレビ生中継を一場所中止しました。この時の大相撲に対する社会的制裁の大きさは，やはり「黒い霧事件」のイメージが関係していると思われます。暴力団とのつながりに加え，スポーツへの賭博にスポーツ選手がかかわったこと自体が，非難を大きくしたのではないでしょうか。[1]

2　スポーツと賭け

　今日，スポーツと賭博は正反対の社会的評価をうけています。しかし，スポーツが古来より賭けの恰好の対象として楽しまれてきたのも事実です。R. カイヨワは「遊び」を 4 つ（競争・偶然・模倣・眩暈）に分類しましたが，賭けは「偶然の遊び」にあたります。[2]賭けではサイコロやルーレットなど偶然の結果を生み出すための道具がよく利用されますが，勝敗を競うスポーツはそれらの道具と同じ役割が果たせます。やってみなければ結果がわからないのがスポーツの面白さです。これは賭けの面白さにもつながります。スポーツが公正な真剣勝負であることは，賭けの対象としても求められる条件なのです。

　野球賭博は非合法ですが，日本には合法でおこなわれているスポーツ賭博も存在します。競馬や競輪などの公営競技です。[3]これら合法賭博でも，その歴史の初期には，不正レースが摘発されることがたびたびありました。そのため，各競技の運営団体は，公正なレースを維持するべく，様々な対策を講じてきました。また，実際に不正レースであるかどうかにかかわらず，不正の疑いを持たれる可能性があることはできるだけ排除するようにしてきました。賭博を運営するとき，客から信用を獲得することは，絶対に必要なのです。

▷1　現在の日本では，賭博行為は原則違法であるが，花札や麻雀で賭博をしたことを認めた関係者は軽いペナルティで済んだ。野球賭博は，とくに悪質だと判断されたのである。

▷2　カイヨワ，R. ／多田道太郎・塚崎幹夫訳（1958=1990）『遊びと人間』講談社学術文庫。

▷3　「競馬法」（中央競馬，地方競馬），「自転車競技法」（競輪）などの，特別な法律に基づいておこなわれている公営の賭博。売上金を，公益に活用することを目的にしている。

③　管理される選手たち

　公営競技のなかで，最も不正の疑惑がもたれやすかったのが競輪でした。競輪は，選手の運動能力が勝負に直結します。その点が，馬やモーターが動力である他の競技と大きく違います。それが疑念につながりました。選手の意思ひとつで結果はどうにでもできるのではないか。公営競技のなかで普通のスポーツに最も近かったからこそ，賭けの対象として疑惑のまなざしが向けられやすかったといえるでしょう。

　競輪は，競馬をモデルに戦後の日本で生まれました。すぐに爆発的人気となり，1950年代に急成長を遂げます。スタート当初は選手の需要も多くプロのレベルに達していない者でも比較的容易に選手になれる状態でした。玉石混淆の選手たちのなかには，実際に不正レースに関与してしまう者もいました[4]。結果に納得しない客が暴動を起こす事件も頻発します。改善策の中心は選手管理の強化でした[5]。厳しい訓練を課す選手養成学校がつくられ選手は選別されるようになっていきました。また，レース開催中の選手は，外部との接触を厳格に禁じられるようになりました。たとえば1970年代頃まで，選手はレース後にガッツポーズをとることも禁じられていました。客席にいる誰かに何らかの「サイン」を送っているのではないか，という疑惑を呼ばないためです。選手は，いわば，サイコロに徹することを求められていたのです[6]。

④　合法／非合法の境界線

　公営競技だけが合法で，その他の賭博は違法──。ここに矛盾があるのは確かです。そもそも，賭博というものは本当に「悪事」なのでしょうか。この問いは，社会学的にはナンセンスです。E.デュルケームがいうように，犯罪は「われわれがそれを非難するから犯罪」なのです[7]。スポーツ賭博が非難されるとすれば，そこから，この社会がスポーツに付与している価値が読み取れるでしょう。賭けの対象にすること，すなわち，不正の疑惑を抱かれやすい状態におくことは，スポーツの価値を毀損する行為だと考えられているのです。

　しかし，非難の対象や強度は，時代と共に変化します。公営競技の社会的イメージはかつてに比べてずいぶん良くなっています。選手たちも，スポーツ選手としてみられることが増えました。一方で，売上が低迷する状況が続き，「特例」の根拠となってきた存在意義（公的事業への寄与）は形骸化し，レジャー産業としての経営努力不足が批判されるようにもなっています。そろそろ合法／非合法の線の引き方そのものを再考するべき時がきているのかもしれません。

　　　　　　　　　　　　　　　　　　　　　　（古川岳志）

[4]　1948年に誕生した競輪は，数年のうちに6000人ものプロ選手を抱える規模にまで発展した。現在は，2300人程度。不正レースが摘発されることは，1970年代以降，ほとんどなくなっている。

[5]　ルールや競技形態の整備も進んだ。その過程で，勝敗に関係しないペースメーカーがレース途中まで誘導する「先頭固定競走」が生まれた。自転車競技特有のかけひきが客の不信を招かないように工夫された競技形態である。これをもとに，スポーツとしての自転車競技種目「ケイリン」がつくられ，2000年のシドニー五輪以降，正式種目として採用されている。

[6]　このように公営競技の選手とファンとの間には大きな壁が設けられていたのだが，競技イメージの良化にともない，その壁は徐々に低くなってきている。今日では，選手とファンの交流イベントも頻繁におこなわれており，個々の選手がSNSを活用してファンに直接メッセージを伝えるようなPR活動も積極的になされている。

[7]　デュルケーム，E.／井伊玄太郎訳（1893＝1989）『社会分業論』（上・下）講談社学術文庫。

おすすめ文献

†谷岡一郎・仲村祥一編（1997）『ギャンブルの社会学』世界思想社。

†エリアス，N.・ダニング，E.／大平章訳（1986＝1995）『スポーツと文明化──興奮の探求』法政大学出版局。

†古川岳志（2018）『競輪文化──「働く者のスポーツ」の社会史』青弓社。

セクシュアル・ハラスメント

▷1　必ずしも性的な含みは持たないが、ジェンダーによる固定観念に基づく差別的言動のことをさす。
▷2　新入りに対しておこなわれ、性的な要素を持つ虐待的な儀式のことをさす。
▷3　レズビアン、ゲイ、バイセクシュアルの人びとへの偏見や差別的言動のことをさす。
▷4　いわゆる性同一性障害（性別違和）と称されている人びとがこれらに該当するが、多様な性を認める社会であれば、これは障がいにあたらない。
▷5　生物学的・身体的に男女両性の性的特徴を併せ持つ人びとのこと。
▷6　ブラッケンリッジ、C.／吉川康夫ほか訳（1997=2004）「私は彼の所有物だった…──スポーツにおける性的虐待に関する女性たちの経験」『スポーツとジェンダー研究』1、日本スポーツとジェンダー学会、75-90頁。
▷7　熊安貴美江（2008）「IOC声明文『スポーツにおけるセクシュアル・ハラスメントと性的虐待』報告」『スポーツとジェンダー研究』（6）、日本スポーツとジェンダー学会、85-89頁、およびこの声明文の拡張版としてのMountjoy, M.et al.（2016）"The IOC Consensus Statement : harassment and abuse（non-accidental violence）in sport," British Journal of Sports Medicine.（2019年7月29日閲覧）を参照。

1　セクシュアル・ハラスメントとは

　セクシュアル・ハラスメントは、相手の意に反する性的言動であり、当事者間の力関係が対等でなく、上位者がその権力を乱用しておこなう行為です。

　セクシュアル・ハラスメントには、ジェンダー・ハラスメント[1]、新入りいじめの儀式[2]、同性愛嫌悪[3]が含まれます。また、最近では、トランス・ジェンダーやトランス・セックスの人びと[4]、インターセックスの人びと[5]の人権侵害も視野に入れる必要が出てきました。

　セクシュアル・ハラスメントがより深刻化したものに、性的虐待があります。性的虐待は、被害者が加害者によって手なづけられ、陥れられ、抵抗できない状態（グルーミング・プロセスと呼ばれる）で生じる性的行為や性交であり、被害者みずからが望み同意しているようにもみえると定義されています。性暴力加害は、日常にみられる性差別からセクシュアル・ハラスメント、性的虐待へとエスカレートしますが、各カテゴリーは断絶したものでなく連続しています[6]。

2　調査研究によるスポーツ界の現状と特殊性

　IOC（国際オリンピック委員会）の声明文「スポーツにおけるセクシュアル・ハラスメントと性的虐待」（2007年2月）[7]によると、加害者は女性よりも男性に多く、競技者の周囲にいる権威者が最もセクシュアル・ハラスメントや虐待を起こします。次に、競技者仲間があげられています。

　セクシュアル・ハラスメントは、あらゆるスポーツのどのレベルでも生じていますが、競技レベルが高くなるほど発生率が高くなっています。思春期にエリートレベルに到達する直前の若年競技者は、身体的精神的に最も不安定で、加害者のターゲットとなりグルーミング・プロセスの影響を受けやすいとされています。これらが生じる場面は、更衣室、競技場、遠征、指導者の自宅や車の中、アルコールが出されたイベントなどで、チームの儀式やシーズン終了の宴においてリスクが高くなっています。

　被害者への影響は、心身症、不安、うつ病、薬物乱用、自傷行為、自尊心やボディイメージへの否定的な影響、自殺など深刻であり、競技に対しては、離脱、パフォーマンスの低下といった弊害をもたらします。被害者は、通常、沈黙を守ります。それは、競技界への忠誠心や、加害者である指導者との関係を

崩したくないためです。たとえ被害を訴えても，加害者の否認や被害の矮小化による言い逃れ，あるいは被害者への非難や加害者に同情する発言などの二次被害が予想されます。性的虐待の被害者のなかには，加害者に対し，相手を傷つけてしまったのではないかという罪の意識を持ち続けている例もみられます。

　日本の調査結果では，一般女子学生に比較し体育・スポーツ系女子学生はセクシュアル・ハラスメントに対する認識が低いことが明らかにされています。また，セクシュアル・ハラスメントになりうる行為に関して，男性指導者よりも女性競技者の方に評価が甘いという結果が示されています。そして，ハイレベル女性競技者は男性指導者から「挨拶やマッサージでさわる」「容姿に関する発言」「ひわいな発言」「お酌をさせる」「月経について聞く」という行為を約40-60%，「一人だけ部屋に呼び出す」という行為を約35%が経験しています。[8]

　女性競技者の評価の甘さや認識の低さは，高い割合で起こる経験と連鎖させて読み解く必要があり，スポーツ場面では，指導における身体接触や個室指導がセクシュアル・ハラスメントになる可能性があるグレーゾーンといえます。

❸　安全なスポーツ環境をめざす防止対策

　上述のように IOC の声明文をはじめとして，海外では優れた防止対策が報告されています。[9] 日本では2013年により充実した「スポーツ指導者のための倫理ガイドライン」（公益財団法人 日本体育協会）[10]が作成されました。ここでは，セクシュアル・ハラスメントや性暴力だけでなく，性的指向や性自認による差別も反倫理的言動として追加し，スポーツ界においてこれらの問題が生じやすく，しかも表面化しない構造的要因について言及しています。しかし，上記の反倫理的言動を含めたジェンダー課題に対する国内各競技団体の取り組み状況をみるとその低調さがうかがえます。[11]

　現状の調査・分析をふまえた策定の趣旨，定義，防止・対策の基本的考え方，教育と研修，解決のための手続きと方策等が含まれた有効的で充実したガイドラインの作成が急がれます。[12] 環境整備への積極的な取り組みは，当事者双方の人権やスポーツ組織を守り，スポーツにかかわるすべての人びとが安心して競技にたずさわるために与えられた日本のスポーツ界の課題といえます。

❹　セクシュアル・ハラスメントとスポーツ文化の関係

　スポーツ界にセクシュアル・ハラスメントが多発し，しかも被害が顕在化せず，防止対策もはかどらない要因は，近代スポーツがジェンダー差異化の手段として生み出され，発展してきた経緯と関連しています。つまり，スポーツという文化が異性愛男性優位の支配構造になっているということです。この点に関しては，本書の「Ⅴ　スポーツとジェンダー」（50-59頁）を読み，スポーツとジェンダーおよびセクシュアリティの関係についての理解を深めてください。　（飯田貴子）

[8]　日本スポーツとジェンダー学会編（2016）『データでみるスポーツとジェンダー』八千代出版，130-149頁。

[9]　高峰修（2016）「海外文献紹介　スポーツにおけるセクシュアル／ジェンダーハラスメントと虐待の予防」『スポーツとジェンダー研究』（14），146-168頁を参照。

[10]　日本体育協会は2018年に（公財）日本スポーツ協会と名称変更し，『スポーツ指導者のための倫理ガイドライン』（2019年8刷）が発行されている。

[11]　（公財）日本スポーツ協会 スポーツ医科学専門委員会（2019）「平成30年度　日本スポーツ協会スポーツ医科学研究報告Ⅰ　スポーツ指導に必要なLGBTの人々への配慮に関する調査研究―第2報」30-41頁。

[12]　セクシュアル・ハラスメント防止対策に必要な観点は，熊安貴美江（2018）「暴力・性暴力の防止指針」飯田貴子・熊安貴美江・來田享子編著『よくわかるスポーツとジェンダー』ミネルヴァ書房を参照。

（おすすめ文献）

†飯田貴子・熊安貴美江・來田享子編著（2018）『よくわかるスポーツとジェンダー』ミネルヴァ書房。

†日本スポーツとジェンダー学会編（2016）『データでみる　スポーツとジェンダー』八千代出版。

†牟田和江（2013）『部長，その恋愛はセクハラです！』集英社新書。

体罰・パワハラ

① 「体罰」という名の暴力とそのメカニズム

　一般社会における暴力は，人間の心身を傷つける行為とみなされ，法的には明らかな「犯罪」として扱われます。ところが，それと同じ行為だと誰もが感じているはずの「体罰」が，これまであまり問題にされてこなかったのはなぜなのでしょうか。そこには，体罰を一般社会の暴力とは違って容認しようとする（してきた）潜在的な社会意識のようなものが垣間見えます。

　ところで，体罰は「学校が出現してはじめて常規となり，訓練法の基礎となったのであって，数世紀にわたって体罰は学校と共に発展していった[1]」といわれています。つまり，学校を成立させる教育制度の発展が，むしろ学校内での暴力（＝体罰）を助長させてきたというのです。これに対して，戦後わが国の学校教育法第11条においては，「校長及び教員は，教育上必要があると認めるときには，文部科学大臣の定めるところにより，児童，生徒及び学生に対する懲戒を加えることができる。ただし，体罰を加えることはできない」と，明確に体罰を禁止しています。

　しかし，2012年12月には，大阪市立桜宮高校バスケットボール部員が指導者による体罰によって自殺し，社会に大きな衝撃を与える事件が起こりました。その後も文部科学省の統計[2]にあるように，とくに中学校や高校の体育授業時や運動部活動におけるスポーツ活動時の体罰は，今も後を絶ちません。なぜ，体育やスポーツには，このような体罰が生じやすいのでしょうか。

　一般に体育や運動部活動で求められる教育的成果は，身体の動きそのものに求められる傾向があります。ですから，その成果は，他教科や他の教育活動よりもすぐに可視化され，評価される特徴があります。また，そこでの一斉指導では，指示・命令が中心にならざるをえません。このような指導では，「言うことを聞かせる」強制性が強く働くと同時に，人間の身体が周囲からすぐに評価される対象として可視化されています。ですから，このような文脈では，熱心なスポーツ指導者ほど自分の意にそぐわない動作やパフォーマンスを瞬時に評価したくなりますし，その結果，すぐにこれを矯正する強制性を強く働かそうとします。つまり，スポーツにおける可視化された身体は，指導者に冷静な言葉を介した説得や納得を導く時間を与えない評価行動，すなわち感情的な言葉や物理的な力の行使といった暴力＝体罰，に依存してしまう状況をつくり出

▷1　デュルケーム，E.／麻生誠・山村賢明訳（1964=1977）『道徳教育論』(2)明治図書，70頁。
▷2　2017（平成29年）度に国公私立学校全体で起こった体罰のうち約2割が部活動時であり，発生場所の27%が運動場や体育館であることから，体育授業時や運動部活動におけるスポーツ活動時における体罰が全体の約4分の1を占めていることがわかる。部活動がない小学校を除くと，中学校では26.7%，高等学校では30.2%が部活動時に体罰が発生しており，その割合は学年が進むに従って高まっている（文部科学省，2018，『体罰の実態把握について（平成29年度）』による）。
文部科学省 HP：
http://www. mext. go. jp/component/a_menu/education/detail/__icsFiles/afieldfile/2018/12/25/1411826_10.pdf#search=%27%E6%96%87%E9%83%A8%E7%A7%91%E5%AD%A6%E7%9C%81+%E4%BD%93%E7%BD%B0+%E8%AA%BF%E6%9F%BB%27（2019年11月9日検索）

しやすいということになるのではないでしょうか。このような文脈におかれた体育やスポーツにおける指導場面や人間関係において，試合での勝利が現実のメリット（例えば，指導者の名誉やスポーツ推薦の獲得等）に結びつけば，自ずとその強制性は高まり，暴力の発動へと向かいやすいと考えられます。

2 スポーツにおけるパワハラ（パワー・ハラスメント）

　一般にパワー・ハラスメント（PH）とは，社会的地位や職位などの優位性（パワー）を利用して，適正な範囲を超えた業務や行動を強制したり，命令に従わせたりして，継続的に相手の人格や尊厳を傷つける言動や行為を指します。

　スポーツでは，例えば指導者がその地位を利用して自分の意のままにならない被指導者に暴言を吐いたり，常識の範囲を超えた練習量（時間）を課したり，ときにはレギュラーにさせないなどといった脅しをかけたりする等の言動や行為が当てはまります。そのような状況は，(1)公開での叱責や人格否定，(2)剝き出しの感情，(3)脅し，(4)無視，(5)わざと過剰なノルマを課すことによる低評価，などのような形で現れます。

　また，このようなPHは，学校運動部成員の上下関係（先輩―後輩関係）をきっかけにして行われることがあります。とくに，中学校・高校・大学といった学齢期における年齢（エージング）差や学年差をきっかけとしたハラスメントが問題となるのは，各校種別に多くの全国大会が開催され，指導者のみならず部員までもが勝利至上主義に陥りやすいスポーツ環境の中にいるからだと考えられます。例えば，高校野球では，部員同士のいじめや暴力が2012年までの10年間で計1382件に上ると報告されており，その実態の深刻さをうかがい知ることができます。

3 体罰やパワハラのないスポーツ文化の構築に向けて

　体育界やスポーツ界では，体罰やパワハラに対する問題意識が一般社会と比べると未だに希薄なように思われます。その背景には，勝利をめざすという明確な目標が，その明確さゆえに，それを達成するためなら多少の体罰やパワハラは許されるとする斯界の意識やしくみがあるようです。しかし，今日では社会のなかの文化としてスポーツの存在が意識されていますから，このような問題に対する社会からの批判がますます高まっていることは周知の通りです。

　体罰やパワハラは，受け手側の意識も問題にされます。ですから，なぜこれまで受け手側にそのような意識が希薄であったのかを，その背景を含め考えていく学習の機会が必要です。また，そのための条件整備や防止策は，個人や個人間の注意や配慮だけでは限界があり，その環境を形成している学校や競技団体が積極的にこの問題に対処するしくみを考えていくことが求められます。

（菊　幸一）

▷3　菊幸一（2008）「スポーツ社会学における身体論」池井望・菊幸一編『からだの社会学』世界思想社，67-94頁。

▷4　『朝日新聞』（朝刊，2013年7月2日付14版18面）。記事の見出しには「部員間上下関係，悪循環に懸念」とある。

▷5　桜宮高校での体罰による生徒の自殺事件を受ける形で，2013年3月には全国高等学校体育連盟会長及び日本中学校体育連盟会長による「体罰根絶宣言」が出され，同年4月には公益財団法人日本体育協会をはじめとする計5つのスポーツや体育の統括団体が「スポーツ界における暴力根絶宣言」を，また同年5月には文部科学省が「運動部活動での指導のガイドライン」をそれぞれ公表するに至っている。しかし，その具体的な実践の効果や成果については，未だ今後の課題として残されている。

おすすめ文献

†友添秀則編著（2017）『よくわかるスポーツ倫理学』ミネルヴァ書房。

†本村清人・三好仁司編著（2013）『体罰ゼロの学校づくり』ぎょうせい。

†池井望・菊幸一編著（2008）『からだの社会学』世界思想社。

†菊幸一（2001）「体育と暴力」杉本厚夫編著『体育教育を学ぶ人のために』世界思想社，104-122頁。

6 スポーツと自然環境

▶ 1　本項で取り扱うスポーツ活動は，とくに戸外・屋外で行うスポーツを射程としている。近年注目されているｅスポーツなどの活動はここでは取り扱わないこととする。

① スポーツによる環境負荷

　本項では，「スポーツをすること[1]」と自然環境とのかかわりについて考えてみましょう。多くの人々はスポーツ活動が健康的なものと捉えていますし，それゆえスポーツ活動は自然環境に優しく，自然環境を破壊することは少ないと考えられており，海洋や山林でのスポーツ活動が，オルタナティブ・ツーリズムという新たな観光のひとつとして脚光を浴びています。このような思潮はスポーツのもつ肯定的なイメージと強く結びついています。

　しかし，このような肯定的な印象がすべてではありません。ここでは，スポーツと自然環境のかかわりについて，具体例を見ながら考えてみましょう。

② リゾートと地域振興の観点

▶ 2　戦前に存在した省庁のひとつで，日本の鉄道業務や運輸業務を管轄した行政機関。
▶ 3　1927（昭和２）年に芥川龍之介が，上高地にある河童橋を題材にした小説『河童』を発表したことも上高地人気に拍車をかけたともいわれている。
▶ 4　砂本文彦（1997）「観光地・上高地の形成過程と国際観光委員会における議論」『日本建築学会技術報告集』５，社団法人日本建築学会，252-256頁。

　槍ヶ岳への登山ルートとして今日も名高い長野県上高地は，イギリス人宣教師によって紹介され，その後，景勝地としての地位は確たるものになりました。この人気の高騰と当時の登山ブームが相まって，1931（昭和６）年に当時の鉄道省[2]に設置された国際観光局の国際観光委員会において，外貨獲得の目的で外国人観光客を誘致するために上高地を観光開発することになりました。このとき議論となったのが，上高地の最深部となる河童橋[3]まで自動車道を設置するかどうかでした。委員のひとりは自然の維持を第一として設置に反対しましたが，結局は当時の県知事が主張した通りに自動車道が設置され，その後上高地にホテルが建設されるに至りました[4]。こうして，上高地は有数の観光地として開発され，今日でも観光ピーク時の交通渋滞が地元の人びとを悩ませています。

　次に，スポーツ活動がリゾートと結びついたことにより，地域の自然環境に多大な負荷がかかった例について見てみましょう。

　1980年代後半，空前の好景気（バブル景気）に日本中がわきました。1987（昭和62）年，政府は「総合保養地域整備法（リゾート法）」を制定しました。リゾート法のねらいは，喧騒に疲れた都市住民が癒しを求めて地方でスポーツ活動をすることにありました。その結果，森林や山地や海岸部がリゾート地として開発され，そこでゴルフ，スキー，マリンスポーツを楽しむようになりました。景気のいい頃は，幾分か地域社会も経済的にうるおいました。しかし，利潤の多くをホテルやスポーツ施設を経営するリゾート会社が得る仕組みになっ

ており，本当のうま味は地域社会には還元されませんでした。そして，バブル経済が去った後にこれらの会社が手を引いてしまうと，残ったのは施設の維持費と荒廃した自然でした。

この2つの事例からわかることは，スポーツと観光が経済的側面から手を結ぶことは，決して自然環境にとって優しいことばかりではないということです。

③　地球環境問題の観点

近年，**マイクロプラスチック**[5]による海洋汚染が取り沙汰されるようになりました。一見すると，この問題とスポーツを結びつける接点はないように見えますが，意外なものの使用に待ったがかかっています。ここ数年校庭などで急速に普及している人工芝です。一度敷設してしまえば長期間使用でき，天候にあまり左右されないなどの利点が人工芝にはあります。そのため多くの土や砂のグラウンドが，人工芝へと切り替えられています。ところが，すでに人工芝が環境汚染の一因と指摘されており，実際に衆議院でもこの問題が質問されています[6]。

ゴルフについても同様のことがいえます。ゴルフ場を形容する典型的な表現に「緑に囲まれた大自然の中で」がありますが，この表現から読み取れるのはゴルフ場と自然の親和性です。しかし，ゴルフ場での農薬使用が自然環境に悪影響を与えるという皮肉な現象が起こっています。具体的には，天然芝を管理するために使用した農薬が近くの河川や井戸などに染み出し，自然環境に悪影響を与えていると指摘されたのです。現在でも，ゴルフ場にかかわる農薬使用について環境省による水質調査が行われています。

これら2つの事例は，スポーツ実践の場を整備することが地球環境問題の引き金につながる可能性があることを示しています。

④　今後の課題

本項で触れた4つの事例は，一見すると何の脈絡もないように思えます。しかし，これらの事例に通底するのは，スポーツすることは決して自然環境に負荷をかけずにおこなえるわけではなく，とうぜん無垢で無害な活動ではないということです。むしろスポーツ以外の諸活動と同様，自然環境を改変しながら営まれる以上，自然環境に何らかの負荷を与えながら活動していることがわかります。

スポーツするという微視的な場面のみに限定して捉えるだけではなく，スポーツが周辺の環境にどのような負荷をかけているのかという巨視的な観点から考察する必要があります。また，過去にどのような環境問題を引き起こしてきたのかについて学ぶとともに，それを糧にして将来どのような問題が生じるのかについて想像することも重要になるでしょう。　　　　　　　　　（江南健志）

▷5　**マイクロプラスチック**
5mm以下の大きさのプラスチックを指し，それら微小な廃プラスチックが河川や海洋に流れ込むことで海洋環境や生態系に影響を与えているという報告がなされている。

▷6　衆議院ホームページ，「人工芝による河川汚染に関する質問主意書」（http://www.shugiin.go.jp/internet/itdb_shitsumon.nsf/html/shitsumon/a197007.htm, 2019.8.20）

（おすすめ文献）
†松村和則編（1997）『山村の開発と環境保全――レジャー・スポーツ化する中山間地域の課題』南窓社。
†古川彰・松田素二編（2003）『観光と環境の社会学』新曜社。
†村田周祐（2017）『空間紛争としての持続的スポーツツーリズム――持続的開発が語らない地域の生活誌』新曜社。

差別と排除に抗して

① スポーツにおける差別・社会的排除

　オリンピック競技大会における日本女子マラソン選手の活躍は，1992年バルセロナ大会における有森裕子選手の銀メダル，さらに2000年シドニー大会での高橋尚子選手による日本女子初の金メダル獲得，続く2004年アテネ大会での野口みずき選手の金メダルと続きました。

　今でこそ女子選手が42.195kmのマラソンを走ることは当たり前になっていますが，長い間，「女子にはマラソンは生理的に無理だ」という理由で女子選手のマラソン参加は禁止されていました。オリンピック大会と並ぶほどの伝統を誇るボストンマラソン（1897年創設）でも，女子の参加は長らく認められず，ようやく1960年代に入って女性の社会参加や女性解放運動などの影響を受けて，参加のための様々な努力がおこなわれたのです。ときに実力行使で出場を試み主催者側から拒否されたり，あるいは変装して仲間の応援で無理矢理ゴールしたりということもありました。初めて女子選手の出場が正式に許可されたのは1972年のことでした（オリンピックでは1984年のロサンジェルス大会から）。

　このようにこれまでのスポーツの歴史には，性差別をはじめとして階級，人種，民族，その他様々なかたちでの「差別と排除」が存在していました。たとえば19世紀から20世紀にかけてはアマチュアリズムによる労働者への差別と排除がありました。また2010年の新聞で報じられたのですが，1936年ベルリン・オリンピック大会では，当時ドイツ女子走り高跳びで最高記録を持ちメダル獲得まちがいなしといわれていたマーガレット・ベルクマン選手が，ユダヤ人であるがゆえにナチス政権から出場を取り消されました。彼女はベルリン大会直後にホロコースト（ユダヤ人虐殺）を逃れてニューヨークに渡り，アメリカに定住しましたが，アトランタ・オリンピック（1996年）を契機にアメリカ・オリンピック委員会と IOC に手紙を送り，2009年，念願かなって「名誉回復」となり，彼女の記録がドイツ陸上競技連盟によって正式に認められました。

　日本では1920（大正9）年の第8回陸上競技大会マラソン競走で1位から5位までに入った人力車夫・郵便配達夫などが，「脚力を業とする故を以て除外」され，6位以下の選手が繰り上げ入賞するという「車会党事件」が起きています。この頃から労働者のスポーツをする権利が主張され，「大正デモクラシー」や労働運動をはじめとする民主主義的な運動の高揚によって労働・青年運動の

▷1　『毎日新聞』2010年4月23日付。

▷2　大日本体育協会編（1936）『大日本体育協会史』（上）大日本体育協会，273頁。

なかで「スポーツの大衆化」を求める運動が進展しました。

❷ スポーツにおける差別・社会的排除との闘い

　第二次世界大戦が終わって世の中はすっかり変わりましたが，スポーツの世界では戦前からの体質をひきずりながら今日に至っています。たとえば今日では，スポーツの世界における黒人選手の活躍は当然のように受け入れられていますが，アメリカでは長らく黒人やヒスパニック系人種への差別，とくに黒人選手への差別問題がありました。

　プロ野球では，かつてメジャーリーグから黒人選手が排除されていたため，アフリカ系アメリカ人による「ニグロ・ナショナル・リーグ」がアメリカ北西部を中心に1920年に発足，続いて1924年にはアメリカ東部を中心に「イースタン・カラード・リーグ」が発足し，「ニグロ・リーグ」による「ワールドシリーズ」も開催されていました。これら2つのリーグは，大恐慌などの影響で1931年に一時破綻しましたが，1933年に再び「ニグロ・ナショナル・リーグ」が結成され，「オールスターゲーム」などもおこなわれるようになりました。その後，ジャッキー・ロビンソン選手などがメジャーリーグのチームに入団（1947年）するなど，黒人選手の活躍の場ができあがるにつれてニグロ・リーグは消滅しました。しかし，移動のための交通機関やホテルや食堂で，黒人選手が白人選手との同席を拒否されるなど，差別は残りました。その後，キング牧師たちの公民権運動などに支えられて，しだいに黒人選手への表面的な差別はなくなったように考えられていますが，完全になくなったとはいえません。

　オリンピック大会における黒人選手たちの差別に対する闘いでは，かつてはベルリン・オリンピック大会におけるナチスによる差別に対して，アメリカのオーエンス選手が陸上競技4個の金メダル獲得でみごとに応えた例，あるいは1968年メキシコ大会で男子200mに優勝したスミス選手が，銅メダルのカルロス選手とともに，表彰台で黒の皮手袋をはめて頭はうつむいたまま高くこぶしを上げて「黒人差別」への怒りを表現した姿が今も思い出されます。

　ごく最近でも，内外のサッカー大会その他で，人種差別的な野次や侮蔑的な言葉が投げつけられるなどの事実が，差別問題の根深さを物語っています。そのため，国際サッカー連盟（FIFA）が「反人種差別デー」を設けたり，差別的なサポーターたちへのペナルティとしてゲームを没収したりしています。またFARE（欧州におけるサッカーの人種差別反対行動）の運動や，国連やユネスコの反人種主義・反差別の取り組みも進んでいます。日本国内でも，在日外国人や身体障害児・者スポーツなどへの差別問題がいまなお存在しています。

（森川貞夫）

▶3　2009年ダーバンレビュー反人種主義・人種差別撤廃世界会議の「宣言」「行動計画」など参照。ヒューマンライツ大阪HPを参照。
http://www.hurights.or.jp/archives/opinion/2009/08/post-8.html

おすすめ文献

†川島浩平（2002）「アメリカスポーツと人種——日米両国における研究の動向と展望」『武蔵大学人文学会雑誌』33（4）。

†ホバマン，J.／川島浩平訳（1997=2007）『アメリカのスポーツと人種』明石書店。

†関川夏央（1984）『海峡を越えたホームラン』双葉社。

2 パラリンピックとスペシャルオリンピックス

1 パラリンピック

　現在では，パラリンピックは"もうひとつのオリンピック"として，オリンピック同様，4年に一度，オリンピックの開催終了後に同じ都市でおこなわれていますが，このふたつの大会は，はじめから一連の大会として開催されていたわけではありません。第1回大会がおこなわれた時期も異なっています。なぜなら，パラリンピックは，戦傷者へのリハビリテーションとしておこなわれた病院内でのスポーツの大会が原点となっているからです。

　第二次世界大戦で脊髄損傷を負って対麻痺（両脚が麻痺している状態）となった兵士への治療と社会復帰とを目的に，イギリスのストーク・マンデビル（Stoke Mandeville）病院内でスポーツ大会がおこなわれ，そこに海外の選手が参加し国際大会となりました。1960年からはオリンピック大会後に開催国で大会後におこなわれるようになり，その後，対麻痺者だけではなく他の身体障害を持つ人も参加して国際身体障害者スポーツ大会へと発展していきました。

　現在のパラリンピックのパラという言葉には，parallel（並立の，同様の）という意味がありますが，このような意味で使用されるようになったのは，1985年にIOC（国際オリンピック委員会）が国際身体障害者スポーツ大会にオリンピックという名称を使用することを正式に認めて以降のことです。それまでのパラリンピックという名前は愛称であり，paraplegic（対麻痺者の）の意味で使用されていました。

　このように，第二次世界大戦の傷病兵のリハビリテーションに起源を持つパラリンピックですが，平和の祭典といわれるオリンピックと並立するもうひとつのオリンピックとなった現在，大会への参加選手に戦傷者は含まれていないのでしょうか。そんなことはありません。2010年のバンクーバー・パラリンピックには，近年のイラクやアフガニスタンでの戦争で被弾して脚を失ったアメリカの傷病兵の選手も参加しています。ここには，パラリンピックが真にもうひとつの平和の祭典とはなりえていないことがうかがえます。

2 スペシャルオリンピックス

　スペシャルオリンピックスとは，知的発達障害のある人たちに，日常的なスポーツトレーニングの機会とその成果を発表する場としての競技会を年間を通

▷1　オリンピック競技大会の第1回大会は1896年にアテネで開催されたが，パラリンピック競技大会は，その64年後の1960年第17回ローマ大会の時に第1回大会が開催された。
▷2　グットマン医師によってはじめられたこの大会は，病院の名前をとってストーク・マンデビル競技大会と呼ばれている。1952年にオランダから選手が招かれ第1回国際大会となった。
▷3　その後，知的障害者にも参加の道が開かれたが，2000年シドニー大会で，男子バスケットボールで優勝したスペインチームの選手のなかに健常者が出場していたということがわかった。以後，知的障害者の種目はパラリンピックの正式競技の種目から除外されていたが，2012年のロンドン大会から，陸上競技，水泳，卓球については復活した。
▷4　アルペンスーパー大回転（座位）に出場し8位に入賞したカルフーン選手（アメリカ）は，増え続ける若い傷病兵に希望を与えたいと願っての出場であると同時に，自分も含めた傷病兵がチームに増えることは，正直いって複雑な思いがあると述べている（『北陸中日新聞』2010年3月23日付）。

180

じて提供し，知的発達障害のある人たちの成長や家族，地域の人びととの分か
ち合い等の機会を生み出す，スポーツ組織やスポーツ活動をさす言葉です。オ
リンピックではなく，オリンピックスと複数形で表わされているのは，大会名
を指す言葉ではなく，このような日常的な活動が，世界のあちこちでおこなわ
れていることを意味しているからです。スペシャルオリンピックスにも，オリ
ンピック大会やパラリンピック大会のように，4年に一度夏季と冬季に世界各
国からアスリートが集まる大規模な世界大会がありますが，この大会はオリン
ピック大会やパラリンピック大会とは大きく異なる点があります。それは，予
選をおこなって選手を振り落とし，決勝によって1人あるいは1チームのチャ
ンピオンを決めるための大会ではないという点です。ルールを厳格に守って真
剣に戦う場であることは変わりませんが，ディビジョニングという制度によっ
て予選の記録や得点等をもとにほぼ同等の技術レベルになるようにグループ分
けがおこなわれた後，すべてのアスリートが決勝に臨んで日頃の練習の成果を
競います。そして，競技に参加したすべての人が表彰されます。このことは世
界大会に限らず，すべての競技会において共通しています。スペシャルオリン
ピックスの理念を表す言葉に「Let me win. But if I cannot win, let me be brave
in the attempt.」（わたしを勝たせてください。たとえ勝てなくても，挑戦する勇気を
与えてください）という言葉があります。戦う相手は自分であり，アスリート
自身が自分自身へ挑戦することに価値をおいた大会であることが表れています。
　スペシャルオリンピックスには，他にも特徴的な制度があります。ユニファ
イドスポーツです。ユニファイドスポーツとは，知的発達障害のある人（アス
リート）と知的発達障害のない人（パートナー）とが一緒にトレーニングプログラ
ムに参加し，競技会にもチームとして一緒に参加する制度です。パートナーは，
アスリートと同程度の年齢，競技力を持ち，チームの場合にはアスリートとほ
ぼ同数のパートナーが入ってチームを構成することもあります。アスリートと
パートナーがチームメイトとなることで，知的発達障害のある人とその兄弟姉
妹とが一緒に競技会に参加できたり，アスリートとパートナーとの間で友情を
育むことができたりするなど，ユニファイドスポーツは，ノーマライゼーショ
ン社会を促進させていくことに貢献する制度でもあるといえそうです。

❸　共通する課題

　ここまでみてきたように，パラリンピックとスペシャルオリンピックスとで
は大会の実施方法や活動の趣旨は異なりますが，抱えている課題には共通して
いる面もあります。大会や活動を支えるスタッフや資金が集まりにくいことで
す。このことは，障害者スポーツにどのような価値を見出すのかに大きくかか
わっています。スポーツを楽しむ気持ちやチャレンジしようという気持ちに共
感できることが，解決への第一歩になるのではないかと思います。（奥田睦子）

▶5　1988年に国際オリン
ピック委員会から，オリン
ピックの名称を使用するこ
とを正式に認可された。

▶6　スペシャルオリン
ピックスでは，練習や競技
会に出る人のことをアス
リートと呼ぶ。

（おすすめ文献）
✝藤田紀昭（2008）『障害
者スポーツの世界——アダ
プテッド・スポーツとは何
か』角川学芸出版。
✝中村太郎（2002）『パラ
リンピックへの招待——挑
戦するアスリートたち』岩
波書店。
✝遠藤雅子（2004）『スペ
シャルオリンピックス』集
英社新書。

３　生涯スポーツ

▷1　エリクソンによれば，人間は，生涯にわたってみずからのアイデンティティを追求する存在である。8つのステージそれぞれの危機をのりこえ，発達課題を達成することによって，最終的には「英知」という「ほんとうの自分」を確立する。それは，歴史的・社会的・心理的・身体的存在としての人間の一生を通じた可能性の追求の過程である。
この考え方は，わが国の生涯学習や生涯スポーツの基本的な枠組みとして重要である。

▷2　スポーツ基本法
2011年6月，わが国のスポーツ施策の根幹をなす「スポーツ基本法」（奨励法）が公布された。そこでは，スポーツが世界共通の人類文化であり，人びとの幸福で豊かな生活に貢献するという理念がかかげられている。

▷3　スポーツ基本計画
スポーツ基本法に基づき，2012年3月，「スポーツ基本計画」が策定された。この考え方や方針は，全国の都道府県や市区町村のスポーツ推進に根本的な重要性をもっている。そこでは，「スポーツを通じすべての人々が幸福で豊かな生活を営むことができる社会（『生涯スポーツ社会』）の実現・共創」がめざされている。

１　生涯スポーツの理念

　生涯スポーツ（Life Sports）のスローガンは，「いつでも，どこでも，だれでも，なんでも，いつまでも」です。その理念は，性や年齢（世代・ライフステージ），発育・発達，興味・関心，技術レベルを問わず，子どもからシルバー世代まで，だれもが，その心身の状況に応じた運動・身体活動（遊び，軽スポーツ，スポーツ，レクリエーション，健康運動など）を，主体的・継続的に実践し，みずからの生・生活・人生（ライフ）をより豊かにしていこう，すなわち，「自分らしい」「豊かなスポーツライフ」を「エンジョイしよう」ということにあります。

２　ライフステージとスポーツ

　ここでは，E.H.エリクソンの生涯発育発達・ライフサイクル・アイデンティティに関する理論，および，わが国の「**スポーツ基本法**」や「**スポーツ基本計画**」を参考に，子ども，青年，成人，シルバー世代の4つのライフステージに分けて，その内容（実現方法）を概観しましょう（表XVII-1）。

　表XVII-1の「考え方」のところには，エリクソンによる発達課題（人間としての活力），および，その時期のスポーツ・ライフスタイルの位置づけを，また，「キーワード」には，それらの考え方を実現するための指針を，そして，「実現方法」には，そのおすすめの具体的内容が，それぞれ示してあります。

３　総合型地域スポーツクラブ

　総合型地域スポーツクラブは，こうした生涯スポーツの理念を実現し，人びとが豊かなスポーツ・ライフをエンジョイするためのひとつの「社会的しくみ」です。そこでは，多様なニーズを持つ人びとが，クラブハウス（住民の居場所）に集まり，お気に入りの運動施設で，お好みのスポーツを，自分なりに継続的に実践し，様々な人びとと交流します。また，公共の精神を持つ会員が協力して，主体的にクラブを運営します。そうした成熟した健康意識・スポーツ意識・社会意識を持つ住民の営みは，結果として「地域づくり」にも貢献することになります。したがって，その実現には，地域住民と行政との「新しい協働システム」が重要になりますし，その地域に根ざした個性豊かな総合型地

表XVII-1　ライフステージと生涯（ライフ）スポーツ

	考え方	キーワード	おすすめの実現方法	
子ども 0〜12歳頃	スポーツ・ライフの「萌芽期」 子どもらしい自己表現・「有能感」（僕はデキル）	様々な遊び体験 ファミリーでスポーツを 大勢の仲間と自然の中・「外」で思いっきり楽しく遊ぼう	・安全・安心・信頼できる身近な場所で，様々な「運動遊び」を体験しよう（全身を使って）。 ・家族や3世代のファミリー・スポーツで，「愛」と「存在」を確認しよう。 ・たまには遠出して，ファミリー・キャンプもいい。 ・校庭での「自由遊び」：ドッジボール，鬼ごっこ，ブランコ。 ・ランドセルを脱ぎ，友達と，自由に，外で遊ぼう！ ・地域の異年齢の仲間と「自然遊び」：山・川・海へ。 ・家庭・学校・地域が連携した（一体となった）遊びや遊戯スポーツの「時間」「空間」「仲間」の大人による「しかけ」。 ・仲間との自然体験学習で生きる力を育もう。	総合型地域スポーツクラブ
青年 13〜25歳頃	スポーツ・ライフの「形成期」 「若いアイデンティティ」の形成	様々なスポーツ体験 可能性の追求 技術の向上 好きな・得意なスポーツをつくろう	・学校体育で「豊かなスポーツ・ライフ」を形成しよう。 ・小学校の高学年頃から，様々なスポーツを体験し，その中から自分にあったスポーツを選択していこう。 ・スポーツの楽しさ・おもしろさを体験しよう。 ・仲間との交流を大切にするスポーツもいい。 ・青年期は「役割実験」の時期。夢中になってスポーツに没頭しよう。イチローのように競技で自己実現（自分・世界探し）するのも，また，いい。 ・学校の運動部や地域のスポーツクラブで実践しよう。 ・文武両道（多少とも「傾く」のが人間です）。 ・自分なりに打ち込んだ，大好きなスポーツを自分なりに実践しよう！	
成人 20代後半〜60歳頃	スポーツ・ライフの「充実期」 「愛」 「世話」	ライフをエンジョイしよう 健康運動の主体的・継続的実践 総合型地域スポーツクラブで地域の仲間と共に	・体力に応じた健康運動を日常，規則的に実践しよう。 ・ウォーキング，ジョギング，水泳などの軽運動がいい。 ・好きな・得意なスポーツを継続的に実践しよう。 ・家庭・職場・地域で，主体的なスポーツ・ライフをつくっていこう。 ・ファミリー・スポーツを忘れずに。 ・民間のクラブで，快適でスポーティーなライフスタイルを持つのもいい。 ・地域スポーツ（地域の仲間との主体的なクラブ生活）をエンジョイしよう。総合型地域スポーツクラブは「第二の家」（居場所）です。「お気に入りの」スポーツを，気のあった仲間と，自分らしく実践しよう。 ・家庭・学校・地域で，リーダーシップを発揮しよう！	
シルバー・実年・熟年 60歳〜	スポーツ・ライフの「享受期」 「英知」 （本当のアイデンティティ）	健康寿命をのばそう 自立したライフスタイルを仲間と 自分らしい生きがいを持とう	・夫婦で，仲間と，アクティブな健康生活を楽しもう。 ・体操，ウォーキング，水泳などの軽運動もいい。 ・無理をせず，これまでの「英知」を生かし，楽しく実践しよう。 ・家に引きこもらずに，プラス志向で社会参加しよう。 ・「ビーイング（Being）」，すなわち，「生きていること（to be）＋共に在ること（to be with）」の偉大さ・ありがたさに感謝し，それを享受しよう。 ・仲間と共存する「ビーイング・スポーツ」を！ ・好きな・得意なスポーツを継続的に実践しよう。 ・自分らしいスポーツの意味を持とう。 ・地域の仲間に「知恵」を貸そう。 ・介護生活が始まっても，「リハビリ運動」と「生きる喜び」を！	

出所：筆者作成。

域スポーツクラブを創造していくことが期待されています。

　「総合型」とまではいきませんが，筆者自身の経験を記させていただけるなら，私はテニスと温泉を第二の人生の楽しみとしています。年を重ねても自分なりに課題をもってボールを打つテニスと，仲間との温泉への企画旅行がなんとも楽しく，やりがいもあるし，生きがいにもなりそうです。

（日下裕弘）

おすすめ文献

† 日下裕弘・加納弘二（2015）『（改訂）生涯スポーツの理論と実際──豊かなスポーツライフを実現するために』大修館書店。
† 『生涯スポーツ研究』日本生涯スポーツ学会（Japanese Society of Life-long Sports）学会誌。

レジャーとしてのスポーツ

① レジャーとスポーツ

　レジャーとは，私たちが学業や仕事，家事や育児に費やす義務的な時間，あるいは睡眠などの生理的必要時間以外の自由時間をさします。そして自由時間は行動に移して活用され，その行動・活動は生活の豊かさをもたらすことで意味を持ちます。レジャー活動が大衆化するためには，産業化にともなう都市化や，消費化の進展によるライフスタイルの多様化を待たなければなりません。

　こうして生み出されるレジャーの構成要因をJ.デュマズディエは，(1)職場や学校という制度からの解放性，(2)レジャー活動そのものを目的とするために必要な非利害性，(3)活動することによって幸福や喜びなどがもたらされる楽しみ指向性，(4)あくまでも個人が欲する活動を第一の条件とする個体性，にみました。[1]

　では，スポーツがレジャー活動で重要な位置を占めるのはなぜでしょうか。スポーツといえば，素質に恵まれた人たちが身体能力の極限を超えて鍛錬し，記録や勝利に挑むという禁欲的な活動を連想するかもしれません。しかし，

▷1　デュマズディエ，J.／寿里茂監訳，牛島千尋訳（1974=1979）『レジャー社会学』社会思想社。

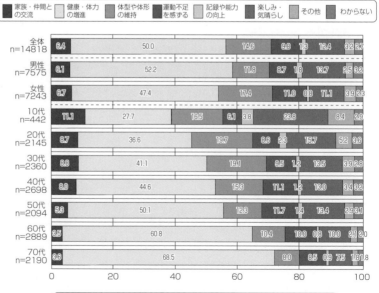

図XVII-1　この一年間にスポーツを実践した最も大きな理由

出所：スポーツ庁（2018）『スポーツの実施状況等に関する世論調査』（119-120頁）より作成。mext.go.jp/sports/　登録2018年3月。

sportという語はもともと，娯楽や楽しみ，戯れや気晴らしなどの行動を意味します。その意味でスポーツの普及は，純粋に楽しみのために時間を過ごすこと，すなわち「遊び」の精神を実施者たちに浸透させるのです。レジャー活動としてのスポーツは，こうした楽しみを基本としますが，同時に健康や体力の維持や増進，友人や家族とのコミュニケーション，気分転換やストレスの解消などにも役立つと考えられています（図XVII-1参照）。

このようにレジャーとは，自由時間を前提として，その時間を利用した活動や，それがもたらす生活の豊かさに比重をおくものといえます。ただし，人びとそれぞれの経済的・社会的条件によって，自由時間の量や活動の内容，得られる生活の豊かさは同じではありません。

2 スポーツの社会性

スポーツには様々な種類・種目がありますが，それらの具体的なあり方は社会的に形成されます。たとえば健康維持のための代表的なスポーツであり，また子どもの習い事で最も多い水泳には，古くから様々な泳法がありますが，現代ではクロールという泳法が中心になっています。目的地点に到達するために最も能率的な泳法がクロールだからです。能率的な泳法を身体に覚えさせるために，教育による訓練，伝達，習得がおこなわれ，やがてそれが社会的規範となっていきます。こうしてスポーツは，社会的に規範化されている一定の訓練法にしたがった動作を繰り返すことで，その技法をそなえた身体をつくりだすのです。

また，多くのスポーツでは，プレイヤーがルールに基づいて競技し，勝敗を決します。ルールを無視するとスポーツ競技は成り立ちません。スポーツの世界では一般社会よりもルールはよく守られますので，私たちはそこで公正な競争，競争相手への敬意，フェアプレイの精神などを経験することができます。それは一種の理想社会なのです。

3 フロー体験

スポーツに没頭しているとき，人は自意識から解放され，時間を忘れて夢中になります。この楽しい没入感をM.チクセントミハイは「フロー」と名づけました。彼によれば，フローは，解決すべき「課題（挑戦）」とそのための「能力」との適切なバランスから生み出される経験です。ですからそれは，実際的な活動のなかでも生じますが，とりわけ遊びやスポーツのなかで生じやすいと考えられます。経済的格差の拡大にともなう社会的不平等が憂慮される現在，レジャー活動としての遊びやスポーツは，普段の自分を変容させ，また非経済的・非生産的な視点から現実社会を照らしだすことで，みずからの生き方を見直すきっかけとなる可能性を持っているといえるでしょう。（杉座秀親）

▷2 スポーツ庁（2018）『スポーツの実施状況等に関する世論調査』。

▷3 チクセントミハイ，M.／今村浩明訳（1990=1996）『フロー体験──喜びの現象学』世界思想社。

おすすめ文献

†長田弘編（1995）『中井正一評論集』岩波文庫。
†チクセントミハイ，M.／今村浩明訳（1990=1996）『フロー体験──喜びの現象学』世界思想社。
†井上俊・伊藤公雄編（2010）『身体・セクシュアリティ・スポーツ』（社会学ベーシック8）世界思想社。

ニュー・スポーツとスロー・スポーツ

1　注目されるニュー・スポーツ

　文部科学省は，「国民がいつでも，どこでも，いつまでもスポーツができる生涯スポーツ社会の実現」をめざして，「**スポーツ基本計画**」を策定しました。中長期的なスポーツ政策の基本方針として，(1)スポーツで「人生」が変わる，(2)スポーツで「社会」を変える，(3)スポーツで「世界」とつながる，(4)スポーツで「未来」を創るを掲げ，「スポーツ参画人口」を拡大し，「一億総スポーツ社会」の実現に取り組んでいます。そして，全国の各市区町村においては総合型地域スポーツクラブの育成に努めてきました。そこでは，地域に住むすべての世代の参加が可能で，いろいろな種目のなかから好きなスポーツ種目を選択することもでき，それぞれのレベルに応じた指導が受けられるような配慮がなされています。また，東京2020オリンピック・パラリンピックの開催が決まってから，年齢や体力，性別などの違いにかかわらず，あらゆる人がスポーツに親しむ機会を増やそうという機運も高まっています。そういった背景のもと，ニュー・スポーツは，「誰でも，どこでも，いつでも，簡単に楽しめる」といったレクリエーション性の高い簡易スポーツ（レクリエーションスポーツ）として，これからますます注目されていくと考えられます。

2　いろいろなニュー・スポーツ

　ニュー・スポーツは，現在500種目以上あるともいわれていますが，歴史的に古くからあるスポーツも含まれており，単に新しいスポーツであるとはいえません。本来の「遊び」としてのスポーツ観のもとに集約されたスポーツであるといえます。日常生活のなかに，気軽に楽しくスポーツを取り入れることができるように成立してきたスポーツの総称といえるでしょう。さらには，オリンピックや国民体育大会などの公式種目をメジャーなスポーツというのであれば，ニュー・スポーツはマイナーなスポーツであるともいえます。そして，ニュー・スポーツの大会は，交流を主目的として開催されており，多くの人が気軽に全国大会に出場できるという側面も持ち合わせています。

　また，ニュー・スポーツの愛好者は，既存のスポーツ愛好者とは違った意識を持っていると考えることもできます。これまでのスポーツに散見された必要以上の精神性の強調や教育性の主張は，スポーツ本来の楽しみの部分を覆い隠

▷1　**スポーツ基本計画**
1961年に制定されたスポーツ振興法を50年ぶりに改正し，スポーツに関する基本理念や施策の基本となるスポーツ基本法が2011年に公布された。それに基づいて，5カ年ごと（第1期：2011～2015年，第2期：2016～2021年）に策定されたのがスポーツ基本計画である。

▷2　野々宮徹（2000）『ニュースポーツ用語事典』遊戯社。

▷3　杉山茂（1983）「ニュースポーツ誕生にみるスポーツの未来図」『体育科教育』31(1)，21-23頁。

し，スポーツによって「根性を養う」ことに傾き，選手の育成は果たしたものの，真の愛好者は育てられなかったともいわれているからです。[3]

ニュー・スポーツをその成立過程で整理すると，以下のようになります。[4]

・遊びから発展したスポーツ……スポーツチャンバラ，インディアカなど

・既存のスポーツに工夫を加えた新しいスポーツ……タグラグビー，グランドゴルフ，ディスコン，ターゲットバードゴルフ，カローリングなど

・メジャーなスポーツの練習法にヒントを得たスポーツ……ティーボール，トスボールなど

・まったく新しい発想で生み出されたスポーツ……**キンボール**（図XVII-2），[5]チェックボール，ディスゲッター，スポーツ吹矢など

・特定の地域でスポーツとして行われていたスポーツ……**ローンボウルズ**，[6]クロリティー，クッブ，囲碁ボールなど

・2種目以上のスポーツを複合したスポーツ……**ディスクゴルフ**（図XVII-3），[7]セパタクロー，アルティメットなど

❸ スロー・スポーツ

近年では，食の分野において，アメリカのファストフードに対抗してヨーロッパで登場した「スローフード」という食の考え方を見直す運動がはじまっています。各地方で伝統的に栽培され食されてきた固有の食文化を尊重し，地産地消を奨励する生活スタイルをめざしていこうといった動きが高まってきています。これをスポーツの分野にあてはめたものがスロー・スポーツという考え方です。過度に競い合うスポーツから，「その土地に根ざしたスポーツ」「自然にやさしいスポーツ」「手軽に，楽しく，誰でもできるスポーツ」を時間をかけてゆっくり楽しもうというもので，これまでのスポーツの概念の転換にもつながるものとしてとらえられます。[8]

つまり，スロー・スポーツはニュー・スポーツと同じようなスポーツ観から生まれてきたと考えられます。スロー・スポーツの種目は，ニュー・スポーツの種目のなかに含まれていると考えてもいいでしょう。

❹ これからのニュー・スポーツ

後発であるニュー・スポーツを継続して実施していくには課題もあります。スポーツ施設は，既存のスポーツ関係者によって独占されている傾向にあり，一般の人たちが体力づくりのために運動をしたり，ニュー・スポーツをしたりする環境はまだまだ整ってはいません。今後は，スポーツ施設の確保だけではなく，クラブ組織や健康スポーツの専門的指導者，レクリエーション指導者など，マネジメント能力のある指導者の確保や育成が重要な課題となってくるでしょう。

（山本　存）

図XVII-2　キンボール

図XVII-3　ディスクゴルフ

出所：図XVII-2，3ともに筆者撮影。

▷4　北川勇人・日本レクリエーション協会（2000）『ニュースポーツ事典』遊戯社。

▷5　キンボール
直径122cm 約1kgのボールを3チームでサーブとレシーブをしあいながら競う競技。

▷6　ローンボウルズ
スコットランドで生まれた，芝生のコートで偏心球を転がして目標球に近づける競技。

▷7　ディスクゴルフ
フライングディスクを目標のゴールに何投で入れることができるかを競う競技。

▷8　田里千代（2003）「スローフードならぬスロースポーツ!?」『スポーツジャスト』402，日本体育協会日本スポーツ少年団，22-23頁。

おすすめ文献
†酒井青樹・峯岸純子（2004）『スロースポーツに夢中！』岩波アクティブ新書。
†前山亨監修（2006）『小学生熱中！ニュースポーツ事典』明治図書。
†高橋義雄監修（2017）『NEW スポーツを学ぼう！ 1 的をねらうニュースポーツ』ベースボール・マガジン社。

福祉社会におけるスポーツ

① 福祉社会とは

　福祉社会とは，国家をはじめ公的機関・組織が社会保障政策と雇用政策に責任をもつ社会です。市場経済システムを基礎としていますが，政府支出とその財源となる税金や社会保険料の国民負担も大きい**混合経済**の社会といえます。民主主義が発達し，経済的に成熟し，生活水準も比較的高いというのが一般的です。

　国民の最低限の生活を保障するということに加え，今日ではすべての市民の生活の質と生活の喜びを積極的に追求しようとする社会をさすようになってきました。また，そうしたサービスを提供するのは，政府等の公的な機関だけではなく，民間企業や家族，ボランティアなどもその担い手と理解されます。

② 福祉社会におけるスポーツ

　福祉社会においてスポーツは重要な役割を果たしますが，その捉え方は時代によって変遷してきました。たとえば戦争のための体力の強化・管理の時代を経て，戦後は教育の一環としての「社会体育」。経済成長の歪みを背景に，それを是正しようと登場した「コミュニティ・スポーツ」。生活の質を向上させる手段としての「生涯スポーツ」や「スポーツ・フォー・オール」といった考え方。そして，新自由主義の台頭，不況による財政危機のもとに現れた住民の自主的運営による「総合型地域スポーツクラブ」。これらは，生活の質と喜びを求め，公的機関からだけではなく多様な形でのサービス提供をめざす福祉社会実現のなかでのスポーツの捉え方の変遷といえます。

③ 福祉的スポーツのあり方

　生活の質の向上をめざす手段と理解されるスポーツは，対象を障害のない人たちに限ってきました。「平等な競争」を重視する近代スポーツでは条件の違う障害者が同じ土俵に上がることはないし，上がったとしても競争にならないと考えたからです。その意味で障害者はスポーツから排除されていました。

　その後，国際障害者年（1981年）などにみられる障害者の権利擁護の流れのなかで障害者のスポーツも存在が認められ，障害者がスポーツをすることも受け入れられるようになりました。2001年，IOCと**IPC**の合意により，オリン

▷1　**混合経済**
市場経済を基本としつつも政府が大規模かつ積極的に市場経済に介入する経済体制のこと。

▷2　**IPC**（国際パラリンピック委員会：International Paralympic Committee）
1989年設立。各国のパラリンピック委員会，障害別国際競技団体，国際競技連盟などによって構成されている。本部はドイツのボンにある。

ピック開催後に同じ都市でパラリンピックを開催するようになったことはその象徴的な出来事です。障害者スポーツは，平等な競争の下でより高いパフォーマンスをめざすという価値を共有することでメインストリーム化されたのです。

しかしながら，近代スポーツと同じひとつの価値を追うことは，障害者のパフォーマンスが障害のない人のパフォーマンスよりも劣ること（つねに例外はありますが），その結果，障害者が障害のない人よりも一段低い地位にあること，障害のない人とは違うということを印象づけることになります。また，障害者もつねに同じ価値を追い続け，頑張らなくてはならず，そのことを窮屈に感じる障害者も多いのです。

こうした状況から解放されるひとつの方法は，近代スポーツとは別の価値基準を持つことです。たとえば片脚が義足の人の走り方はぎこちなく，スピードも障害のない人より劣るかもしれません。しかし，左右動きの違う脚で転ばずに走れるという点で非常にバランスの良い走り方と解釈できます。また車いすダンスは，スタンディングの人には真似のできないスムーズな移動や回転を駆使したダンスです。このように別の価値規準をもつことで，どちらが速いか，どちらが美しいかという比較はあまり意味がなくなり，それぞれが独自の価値となるのです（図XVII-4参照）。

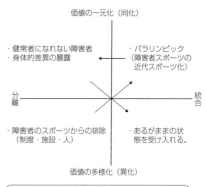

図XVII-4　障害者スポーツのスポーツへの統合の方向と手段

出所：石川准（2000）「ディスアビリティの政治学——障害者運動から障害学へ」『社会学評論』50(4)をもとに筆者が修正のうえ作成。

4 アダプテッド・スポーツの思想

アダプテッド・スポーツという言葉があります。これは運動やスポーツのルール，用器具，技術等を一人ひとりの身体状況等に適応させるという考え方です。障害者をはじめ，女性や子ども，高齢者のスポーツにも該当する言葉です。

オリンピックに代表される近代スポーツの価値，すなわち速さや高さや力強さを人間の限界まで極めようとすることは，「卓越性」に対する可能性の追求です。今日まで人類の発展を支えてきた価値に通じるものです。

しかしながら，これだけではスポーツに参加できない多くの人をつくり出してしまいます。片腕のない人がどうやって平泳ぎをするのか？　どのように効率よく息継ぎをするのか？　電動車いすに乗っていて言語によるコミュニケーションが十分にとれないような重度障害のある人が，どのようにすればスポーツに参加できるのか？　これらはスポーツにおける人間の「多様性」に対する可能性の追求といえます。これこそがパラリンピックなどのアダプテッド・スポーツがもつ独自の存在価値なのです。

スポーツに多様な価値をもたせ，すべての人びとがスポーツを通して自己実現，自己表現できることが，福祉社会におけるスポーツのあり方だといえるでしょう。

（藤田紀昭）

おすすめ文献

†石川准・長瀬修（1999）『障害学への招待』明石書店。
†渡部憲一（2005）『身体障がいとジェンダーにスポーツを読む』高菅出版。
†藤田紀昭（2013）『障害者スポーツの環境と可能性』創文企画。

機能主義

① 構造‐機能主義 (structural-functionalism)

　たとえば人体という有機体システムは，心臓や脳や肺などの各器官（システムの構成要素）がそれぞれの働き（機能）を果たしながら相互に連携して活動することによって，全体としてうまく作動し生命を維持しています。社会科学，とくに社会学や文化人類学における「機能主義」は，社会もまた有機体と同じような形で作動しているという素朴な類比（社会有機体説）から出発し，E.デュルケーム，A.R.ラドクリフ＝ブラウン，B.マリノウスキーらによる洗練を経て，T.パーソンズらの「構造‐機能主義」でひとつの理論的完成に達します。

　パーソンズは，行為論とシステム論を統合し，あらゆる社会現象を説明しうる一般理論を構築することを企てました。彼はまず，行為論の観点から「パーソナリティ・システム」「社会システム」「文化システム」を分析的に区別しながら，社会システムを「複数の行為者の相互行為のシステム」と定義します[1]。このシステムが秩序を保ち，安定性を保っている時，そこにはその安定を支えている「構造」があると考えられます。構造とは，システムを構成する諸要素の配置・連関のパターンです[2]。

　「構造」は特定の社会システムの安定性を支えますが，安定を保っている社会システムは多様ですから，その「構造」もまた多様です（たとえば，安定している独裁国家の「構造」と安定している民主主義国家の「構造」は違います）。ですから，「構造」によってシステムの安定性一般を説明することはできません。それを説明するのは「構造」ではなくて「機能」，とくに「機能要件」と呼ばれる要因です。

　パーソンズによれば，あらゆるシステムは，その安定的な維持・存続のための条件として，(1)外的環境への適応 (Adaptation)，(2)目標の達成 (Goal-attainment)，(3)内的な統合 (Integration)，(4)型（パターン）の維持と緊張の処理 (Latency) という必須の機能（機能要件）を充足しなければなりません。これが，いわゆる AGIL 理論です。

　これらの機能要件との関連（システム全体に対する貢献または阻害，つまり順機能と逆機能）を重視しながら，特定の社会システムを構成する諸要素間の相互作用，システムと外部環境との動的関係などを分析していくのが「構造‐機能主義」の具体的・経験的な研究領域ということになります。

▷1　具体的には，友人関係や家族関係から集団や組織，国家などまで，様々なレベルで「社会システム」を考えることができる。なお，「パーソナリティ・システム」は「単独の行為者の諸行為のシステム」である。「文化システム」は「行為を方向づけるシンボル（意味）のシステム」であるが，「パーソナリティ・システム」に内面化され，「社会システム」に制度化されることによって，規範的にパターン化された行為の構成要素ともなるから，その種の行為様式のシステムとみることもできる。

▷2　具体的には主として役割，集団，規範，価値などの配置・連関パターンとして捉えられる。

▷3　パーソンズ，T.／佐藤勉訳（1951=1974）『社会体系論』青木書店；マートン，R.K.／森東吾ほか訳（1949=1961）『社会理論と社会構造』みすず書房，など。

❷　スポーツ社会学への導入

　パーソンズやR.K.マートンらによって展開された構造-機能主義は，第二次世界大戦後の日本の社会学界にいちはやく紹介・導入され，1950年代から60年代にかけて，マルクス主義と並ぶ二大パラダイムとして大きな影響力を発揮しました。[3]

　スポーツ社会学の領域では，1970年代初頭に近藤義忠や菅原禮らによって紹介され，[4]山本清洋や多々納秀雄らによってスポーツ現象への適用が図られ，理論的成果が示されました。たとえば山本は，スポーツ現象を行動とシンボルの二側面に分けて捉え，「スポーツ行動」を「シンボルとしてのスポーツによって統制されている社会行動」と定義し，スポーツ行動の特質と類型について検討しました。[5]また多々納は，経験概念と分析概念との区別に留意しながら，「スポーツにおけるシンボル-意味体系の構造と機能」を検討し，スポーツ現象の分析のための一般モデル（「スポーツ体系」モデル）を考えました。[6]

❸　「機能主義遺産」の活用

　しかし，戦後の日本社会学をリードしてきた構造-機能主義とマルクス主義は，1970年代に入るころからしだいに弱体化し，[7]代わってシンボリック・インタラクショニズム，現象学的社会学，社会構築主義，エスノメソドロジー，解釈学的方法，カルチュラル・スタディーズ，ライフヒストリー研究など，さまざまな観点や方法がいわば乱立する状況があらわれてきます。

　スポーツ社会学の場合，親学問（＝社会学一般）の状況が反映されるまでにタイム・ラグがあり，構造-機能主義が弱体化しはじめるころになって導入されたという事情があったため，構造-機能主義の影響は親学問の場合ほど大きくはありませんでした。むろん一定の成果はありましたし，理論的検討や概念枠組みの重要性を認識させる効果はありましたが，たとえばパーソンズ流の構造-機能主義がN.ルーマンのシステム論に批判的に受け継がれて議論されるというような展開はほとんど見られませんでした。

　たしかに，すべての社会現象を統一的に説明できる一般理論（general theory）としての構造-機能主義は挫折したといえるでしょう。しかし，構造-機能主義がその発展の過程で開発し，洗練してきた概念や分析図式――たとえば「順機能と逆機能」「顕在的機能と潜在的機能」「予言の自己成就」「準拠集団と相対的不満」「かくれたカリキュラム」「個別主義と普遍主義」「属性本位と業績本位」「制度的文化と理念的文化」などなど――は，現在でもスポーツ現象やスポーツ文化の社会学的分析にとって有効です。これらの「機能主義遺産」を，構造-機能主義以後の多様な研究や調査のコンテクストのなかで柔軟に活用していくことが望まれます。　　　　　　　　　　　（井上　俊）

▷4　近藤義忠（1972）「体育研究における社会学の役割――体育社会学の方法論的課題」『体育社会学研究1』道和書院；菅原禮編（1975）『体育社会学入門』大修館書店。

▷5　山本清洋（1978）「スポーツ行動モデル構築の方向と手順」『岡山県立短期大学研究紀要18』および「おすすめ文献」中の山本論文。

▷6　「おすすめ文献」中の多々納の著作（とくに1970年代後半から80年代前半期に書かれた第1章「スポーツ社会学における概念規定と方法論」および第2章-Ⅰ〈文化としてのスポーツ〉に関するモデル構成」）。なお，構造-機能主義的な観点を基本として編集された代表的な教科書に，森川貞夫・佐伯聰夫編（1988）『スポーツ社会学講義』大修館書店がある。

▷7　構造-機能主義に対しては，その過度の抽象性や客観主義（個々の行為者の主観的意味世界の軽視），社会変動の説明の不十分さ，対立や闘争を軽視し調和や均衡を重視するイデオロギー性などに関する批判があり，さらにその論理構成上の難点なども指摘されるようになり，しだいにその影響力は衰えた。

⬛おすすめ文献

✝山本清洋（1979）「スポーツ行動モデル構築の基礎作業――役割と価値」『体育社会学研究』8，道和書院。

✝多々納秀雄（1997）『スポーツ社会学の理論と調査』不昧堂出版。

✝菊幸一（1999）「理論的アプローチ」井上俊・亀山佳明編『スポーツ文化を学ぶ人のために』世界思想社。

マルクス主義

1　マルクス主義とは

　マルクス主義の立場からのスポーツ研究は，諸外国や日本でもこれまでかなりの蓄積があります。とりわけ批判理論といわれる研究には何らかの意味でマルクス主義の影響がみられますが，マルクス主義自体，20世紀の政治過程のなかで様々な考え方に分かれてきていますので，マルクス主義のスポーツ研究は，今日では文化批判や権力論，ヘゲモニー論など，他の様々な諸思潮と結びついて多様に現れています。

　マルクス主義は本来，資本主義社会の解剖学として，資本主義という特有の歴史的社会形態とその原理が，人びとの生活やそこでの文化，政治などをどのように規定しているのかを解明しようとするものです。とくに階級というカテゴリーを中心に，資本主義社会の矛盾として現れている搾取関係や支配─被支配の関係を，それぞれの社会がおかれている歴史的な状況のなかで分析し，変革していくことをめざしています。そのためスポーツを資本主義社会というマクロな文脈とかかわらせて批判的にみていく際には，このようなマルクス主義の政治経済的な理論フレームが使われることが多いのです。

2　マルクス主義のスポーツ研究

　では具体的にどのような研究があるのでしょうか。マルクス主義のスポーツ研究は，主にその時々の政治経済的な状況とかかわらせてスポーツの具体的分析をおこなうものと，もっとマクロな，資本主義というシステムとスポーツとの関連を究明しようとするものとがあります。初期のマルクス主義的スポーツ研究では後者が多くみられます。たとえばA.ヴォールや[1]，日本でも山本正雄の研究[2]などはマルクス主義の中心となる考え方のひとつである**史的唯物論**[3]の枠組みから近代スポーツの歴史的性格を考察した代表例です。これらの著作では，近代スポーツの重要な規範であるアマチュアリズムが，当時の階級構造との関係から分析されていますが，その視点はスポーツの研究を社会との関連で考えることを促すことになり，その後のスポーツ研究に影響を与えました。

　B.キャリントンとI.マクドナルドら[4]は，英語圏でのマルクス主義的なスポーツ研究についてまとめています。それによるとマルクス主義的なスポーツ研究は，学生運動，反戦運動，反植民地運動など多様な社会運動が高揚した

▷1　ヴォール，A.／唐木國彦・上野卓郎訳（1973＝1980）『近代スポーツの社会史──ブルジョア・スポーツの社会的・歴史的基礎』ベースボール・マガジン社。

▷2　山本正雄著／森川貞夫編（1975＝再録／初出は1949-1950）『スポーツの社会経済的基礎』道和書院。

▷3　**史的唯物論**
社会は一定の発展法則により必然性を持って変化するとみる歴史観。これによると階級社会は社会主義，共産主義という無階級社会の段階に発展するとみる。

▷4　Carrington, B. and McDonald, I., eds. (2009) *Marxism, Cultural Studies and Sport*, Routledge, pp. 1-12.

1960年代に現れたスポーツのラディカルな批判的研究に，マルクス主義的な見方が取り入れられたことがその端緒となりました。初期の10年間は近代スポーツの資本主義的文化としての性格を告発する研究が多く，スポーツは搾取的な社会構造を維持，再生産するための文化装置であるという点が強調されました。J.-M.ブロームの『スポーツ——計られる時間の奴隷』[5]という表題にそのことが象徴的に示されています。また J.O.ベーメ[6]らのように，急進的な学生運動などとも結びつき，資本主義体制下でのスポーツの役割を明らかにしようとする研究も現れました。

1970年代中葉以降，英国カルチュラル・スタディーズの勃興と呼応して，主体やヘゲモニー[7]という考えを強調し，抵抗や変革の可能性や逆にそれが巧妙に制限されていることを分析するスポーツ研究が登場します。その代表例としてJ.ハーグリーヴス[8]などがあげられます。これらの研究は，いままでのマルクス主義はあらゆる社会事象を経済的動態を中心とした歴史法則に規定されているとみる決定論的な考え方に立っていると批判し，それに対して歴史のなかに存在する人びとの能動性と変革のための主体的契機とを見出していくことを強調するものでした。この種の研究がマルクス主義の枠内にあるのか，それを超えたものであるのかは議論の余地がありますが，少なくとも階級以外のエスニシティやジェンダーといった重要な要因がスポーツ分析に加えられるようになったことや，スポーツを常に変革の能動性と支配とがヘゲモニーを巡って闘争を繰り広げるダイナミックな場として捉えようとしたことも，その後の研究に大きな影響を与えています。

③ 日本や欧州大陸の研究

このような新しい傾向に対して，欧州やまた日本においても，オーソドックスなマルクス主義的研究は，よりスポーツ自体の変革をめざす実践性をともなって展開される傾向を持っています。それは欧州では労働者スポーツ運動[9]などの実践的経験の基盤があったからと考えられますが，日本でもすでに1930年代には『プロレタリアスポーツ必携』[10]という著作が現れており，大衆のスポーツ参加の物的・社会的抑圧の問題の分析がおこなわれています。その後もマルクス主義の立場に立つ研究者によってスポーツの具体的な分析と政策提起がおこなわれますが，日本や欧州のマルクス主義的研究は，スポーツを民衆の立場からどのように発展させるかという実践性を持ち，その観点から文化批判よりもスポーツの社会的基盤の分析がより進められる傾向があったといえます。

先にあげたキャリントンらも指摘しているように，批判理論の批判性が鈍っている今日，マルクス主義的スポーツ論の課題は，あらためて政治経済的な分析と結びつけたスポーツの現状分析とスポーツの変革という実践性を，スポーツ研究に提示していくことではないでしょうか。 （山下高行）

▷5 Brohm, J.-M. (1978) *Sport : A Prison of Measured Time*, Pluto Press.

▷6 ベーメ，J.O.ほか／唐木國彦訳（1974=1980）『後期資本主義社会のスポーツ』不昧堂出版。

▷7 ヘゲモニー
イタリアの共産主義者 A.グラムシが，革命戦術を考案するうえでとくに文化の役割を分析するために使った概念に由来する。概ね支配階級が権力を維持するために，文化を通して知的・道徳的・イデオロギー的影響を駆使し，その指導性や支配力を確保することをさす。

▷8 ハーグリーヴス，J.／佐伯聡夫・阿部生雄訳（1986=1993）『スポーツ・権力・文化』不昧堂出版。

▷9 クリューガー，A.・リオーダン，J.編／上野卓郎編訳（1985=1988）『国際労働者スポーツ』民衆社。

▷10 沢田敏雄（1930）『プロレタリアスポーツ必携』同人社（原本：国立競技場図書館所在）。

（おすすめ文献）

†グルノー，R.／岡田猛・多々納秀雄・菊幸一訳（1983=1998）『スポーツの近代史社会学』不昧堂出版。

†伊藤高弘・草深直臣・金井淳二編著（1986）『スポーツの自由と現代』（上・下）青木書店。

†ジェリー，D.・ホーン，J.・清野正義・山下高行・橋本純一編（1995）『スポーツ・レジャー社会学——オールターナティヴの現在』道和書院。

3　文化史・文化社会学

① スポーツの歴史と近代

　スポーツの歴史を考える際，その見方は大きく分けて3つに分類できます。最も一般的なのは，スポーツ文化は古代ギリシアの運動競技を起源とし，肉体を軽視した中世を騎士の競技（槍試合など）を通じて生き延び，ルネッサンスを経た近代で復興したとする見方です。[1] これに対して，西洋中心的な世界観が批判され，他の地域にも世界史を動かす力を認める意見が強まった昨今では，スポーツの起源を人類普遍の民俗遊技文化に求める人が増えてきました。[2]

　この2つの見方に加えて，スポーツを，近代のイギリスから派生し，アメリカが世界への普及を完成させた新奇でユニークな文化だとする立場も存在します。

　まずA.グットマン[3]は，近代のスポーツが「進歩」という理念にとらわれている点で古代や中世の運動競技と異なると主張します。たとえば古代ギリシアのオリンピア競技では，その時々の勝者が誰だったかは記録されても，現在と過去の勝者の記録を比較して，どちらがどれだけ優れていたかを測ることはありませんでした。「世界新記録」の達成をめざすという現代アスリートの動機づけが成立するには，試合の舞台やルールを毎回同じに調整する近代的な定量化の技術を前提としますが，それ以前に「人類は常に自己の能力を改善できるし，そうすべきである」という思想を必要とします。ヨーロッパに限らず近代以前の社会では，人間は自然と一体化し神の力を宿すことで最大の力を発揮すると考えられていましたから，競技記録が無限に向上するように期待されてはいませんでした。[4]

　またN.エリアス[5]は，近代以前の運動競技が軍事訓練と結びつき，しばしば流血をともなう暴力を肯定していたのに対して，近代スポーツは闘争を昇華し，暴力性を遊技の枠内に収まるよう飼い慣らしたことを強調します。彼はスポーツ文化の発達をイギリスがリードした議会制民主制度の発展と結びつけ，勝敗の結果生じる優劣を勝者が乱用せず，将来的に平和裏にリベンジ可能なものとして敗者が受け入れられる社会環境の整備と関連づけました。グットマンも近代スポーツの普及が産業資本主義の発達とデータ的に比例することを示しました[6]が，個人の自由と（成功の）機会の平等が保証されるには，勝利に対する熱意と同時に敗北がもたらす不利益を敗者に納得させる文化装置が必要です。[7] スポーツ文化は敗北を糧に次の勝利をめざすメンタリティを養成する点で，近

▷1　トマ，R.／蔵持不三也訳（1991=1993）『スポーツの歴史［新版］』白水社；ボフス，J.／稲垣正浩訳（1986=1988）『入門スポーツ史』大修館書店などを参照。

▷2　たとえば寒川恒夫（1991）『図説スポーツ史』朝倉書店；稲垣正浩・谷釜了正編（1995）『スポーツ史講義』大修館書店を参照。

▷3　グートマン，A.／清水哲男訳（1978=1981）『スポーツと現代アメリカ』TBSブリタニカを参照。なお，著者名の日本語表記については，グートマンと直接面識を持つ別の訳者の意見を本文では採用した。

▷4　桜井万里子・橋場弦編（2004）『古代オリンピック』岩波新書などの資料によると，古代ギリシアでは主神ゼウスと人間との間に生まれたヘラクレスがアスリートの理想とされ，オリンピア祭は彼に近づくための（達成不可能な）努力をおこなう場と位置づけられていた。

▷5　エリアス，N.・ダニング，E.／大平章訳（1986=1995）『スポーツと文明化——興奮の探求』法政大学出版局。

▷6　グットマン，前掲書，104頁。

▷7　大村英昭（2004）「『鎮めの文化』としてのスポーツ」『スポーツ社会学研究』12を参照。

代的な産業社会に不可分の要素となっています。[8]

② スポーツ文化に対する評価と批判

　スポーツ史の見方が何通りに分かれていても，現代スポーツが西洋的な価値観に染められていることを否定するのは難しいです。しかし，産業主義的な価値観との関係については，近代オリンピックの創設者ド・クーベルタン男爵をはじめ，認めない人が少なくありません。スポーツから経済的利益を引き出すことを拒むアマチュアリズムの信奉者はとくにそうでしょう。その場合，スポーツは精神修養の場として評価され，スポーツ選手は（理想化された）騎士道にも似た闘争の作法を期待されることになります。[9]

　その一方で，そうしたスポーツの「真面目さ」に対しては，社会学者を中心とした文化研究者の多くから批判があります。たとえばテオドール・W.アドルノには，プロでもないのに決められたルールの下で勝利をめざして努力するスポーツ選手は，産業的な合理性の奴隷にみえるようです。[10]

　こうした批判を理解するには，西洋における遊びと仕事の位置づけが日本や東アジアとは違うことをまず理解する必要があります。"school"の語源になったギリシア語の"scholē"が暇な時間を意味していたように，西洋では真に人間らしい「文化的な」生活は，仕事ではなく，ある種の遊びから導かれます。近代でも，J.C.F.シラー[11]やJ.ホイジンガ[12]は，「自由を求めて現実の拘束と闘う」活動の一環として遊びを位置づけたうえで，人間の可能性を広げる遊びと必要に迫られておこなう仕事を区別し，前者を高く評価しています。時代的にシラーは近代スポーツを知りませんが，ホイジンガは上記のような意味で，スポーツを遊びより仕事に近い「真面目さ」をもつものと考え，問題視していました。

　さらに，ホイジンガの研究を引き継いで遊びを4種類に分類したR.カイヨワは，人間の社会が進歩するのと並行して「ミミクリー（虚構，真似）」や「イリンクス（めまい）」的な遊びは二次的なものになり，「アゴン（闘戯）」や「アレア（偶然，賭け）」的な遊びが発達すると主張しました。[13]さらに現代では，アゴンとアレアを比べてもアゴンが優位を占めるようになったと彼は言いますが，スポーツはもちろんアゴンに含まれます。カイヨワは，ホイジンガのようにスポーツを直接否定しませんが，それがあまりに現代生活と合致しているため好意が持てないようです。実際，彼がスポーツに言及する際は，選手の活躍を自分のことのように喜ぶファンに注目し，それがアゴンというよりミミクリーの堕落した形態である「代理」の喜びであると指摘しています。[14]

　これらの文化研究者によるスポーツ批判は当たっている部分もありますが，P.ブルデュー[15]が示唆するように，そこには身体活動より言説を好む「文化人」の偏見があるかもしれません。

（西山哲郎）

▷8　この点について詳しくは本書の「近代スポーツとは」（8-9頁）を参照。

▷9　グレーダー，E.A.／四国スポーツ研究会訳（1978=1986）『アマチュアリズムとスポーツ』（不昧堂出版，24頁）には，「ミスター・アマチュア」と呼ばれたIOC会長ブランデージがスポーツを神聖化しようとした実例が引用されている。

▷10　アドルノ，テオドール・W.／渡辺祐邦・三原弟平訳（1955=1996）『プリズメン』ちくま学芸文庫，111頁を参照。

▷11　シラー，J.C.F.／清水清訳（1795=1952）『美的教養論——人間の美的教養について』玉川大学出版部。

▷12　ホイジンガ，J.／高橋英夫訳（1956=1973）『ホモ・ルーデンス』中公文庫。

▷13　カイヨワ，R.／多田道太郎・塚崎幹夫訳（1967=1990）『遊びと人間』講談社学術文庫，180-185頁を参照。

▷14　カイヨワ，同上書，201-205頁を参照。

▷15　この偏見については，ブルデュー，P.／田原音和監訳（1984=1991）『社会学の社会学』藤原書店を参照。

おすすめ文献

†グートマン，A.／清水哲男訳（1978=1981）『スポーツと現代アメリカ』TBSブリタニカ。
†寒川恒夫編（1991）『図説スポーツ史』朝倉書店。
†多木浩二（1995）『スポーツを考える——身体・資本・ナショナリズム』ちくま新書。

4　スポーツ人類学

① 多様な価値観に基づくスポーツの探究

　スポーツ人類学は，スポーツ科学と文化人類学の両方の理論と方法によって展開される複合的かつ学際的な学問領域です。したがって，方法や分析においては，人類学がその先駆けとなって確立させたフィールドワークや，これまでのスポーツ科学や体育学の研究を基盤とした問題設定，分析方法などを折衷的に用いながら，「スポーツ文化」の理解を深めます。

　対象として扱う「スポーツ」は，その語源的な解釈に基づき，「遊び，気晴らし，慰み，休養」などを含め，最広義に捉えます。ヨーロッパ社会に限ってみても，約200年以上前までは，狩猟や気晴らし，賭け事などをスポーツと呼んでいた時代もありました。したがって，スポーツ人類学であつかうスポーツとは，将棋などのような盤上遊戯，鬼ごっこなどの子どもの遊び，闘牛のように動物を楽しみのために用いた**動物スポーツ**▷1，さらには**国際／現代スポーツ**▷2に至るまでの広義な意味合いとして捉え，研究対象としています。

　また，「文化」とは，社会や民族，集団が共通してもつ価値観に基づく自明の約束事と理解します。たとえば，スコットランドでは，ハイランドゲームズと呼ばれる競技会において，屈強な大男が伝統的な正装とされるキルトスカートを身につけて，丸太や砲丸を投げたりする競技に興じています（図XVIII-1）。私たちからみると，スカートをはいた競技者には違和感を覚えますが，彼らにとっては暗黙の約束事であり，正装で挑む競技には集団のアイデンティティの確認の意味合いがあるのです。

　このように，「文化としてのスポーツ」とは，それぞれの自然・社会環境のなかで，人が集団の成員として習得・獲得し，築き上げ，継承してきたスポーツにかかわる行動，象徴，観念，生活様式の体系をさします。それぞれの民族や集団に固有の価値観に基づいて展開され，過去とのつながりが認識され，かつ継承すべき価値が見出されたものを，**民族／伝統スポーツ**▷3と呼びます。

② エスノサイエンスからの身体へのアプローチ

　スポーツ人類学では，これまでのスポーツ科学や体育学での問題意識の根幹である身体についても研究の対象としています。そもそも，人がどのような身体を美しいと感じ，憧れの対象としてきたかなどは，じつは社会や集団によっ

<hr />

▷1　**動物スポーツ**
動物を人間の楽しみのために用いるスポーツのカテゴリー。生活の営み（生業や移動手段）において動物が不可欠であった地域には，闘牛，闘犬，闘羊，闘馬，犬ぞりレース，らくだレース，ロデオなどがあり，日本でも流鏑馬などが祭事のなかでおこなわれている。稲垣正浩ほか（1996）『図説スポーツの歴史』大修館書店。

▷2　**国際／現代スポーツ**
近代スポーツが世界に普及した後の，国際的合意としての共通ルールと，「平等」や「平和」などの共通価値や理念を基盤として展開されているスポーツ。

▷3　**民族／伝統スポーツ**
民俗，郷土スポーツとも表現される。

図XVIII-1　スコットランドのハイランドゲームズで錘投げに挑む競技者

出所：渡邉昌史撮影。

て異なります。また，状況に応じた身体の所作や身体の動かし方といった**身体技法**[4]も，文化的に暗黙の約束事に基づく自明のこととして特定の集団内で継承されています。身体も文化的な約束事といった制約を受けているという観点から，身体表現としてのダンスも，これらの身体観や身体技法といった切り口からの分析が可能です。

身体にかかわる研究では，**エスノサイエンス**[5]と呼ばれる，それぞれの地域や集団によって異なる認識の仕方を探る手法が用いられます。同じ人間の身体であっても，西洋医学と東洋医学での身体の理解の仕方は異なります。たとえば西洋医学では，解剖学に基づいた目に見える内臓であったり，身体部位であったり，そうした可視化された部位として身体の構造や働きを理解する方法をとります。一方で，東洋的身体の理解は，ツボや経絡などのように，東洋の観念に基づく認識の方法を用います。太極拳や気功なども，こうしたエスノサイエンスとしての観念に準じた身体技法を採用しているのです。

ダンスにおいても，目の動きや顔の表情はもちろんのこと，頭から手足の先に至るまでの動きは，それぞれの民族や集団によって異なります。何を表現する動作か，何を美しい動作とするのかなど，身体表現にかかわる身体所作や技法は，つまるところエスノサイエンスに依っています。北米の先住民族たちのダンスでは，自身を動物に見立てた動作が組み込まれています（図XVIII-2）。そうした身体動作や身体技法は，彼らが自然・動植物と共存しながら獲得し内在化してきた身体を理解する方法であり，また表現の仕方なのです。

③ 現代スポーツへの応用

スポーツと文化にかかわる独自の価値観を読み解くスポーツ人類学の研究には，比較的，民族／伝統スポーツを扱うものが多い傾向にありました。今では，国際／現代スポーツに焦点を当てた研究も盛んにおこなわれています。そのような研究では，スポーツにかかわる人びとが固有にもつ価値観を語りや記述などを手がかりとしながら，それを体現している身体所作や動作について考察します。たとえば，サッカーにおけるブラジルらしさやイングランドらしさを，仲間内で共有されている暗黙の約束事としての身体技法や所作などからそれぞれのサッカー文化として読み解くこともできるでしょう。サポーターと呼ばれるスポーツ観戦者を対象とした研究では，応援の仕方などからそれぞれのサポーター集団の価値観を読み解くこともでき，そこに観戦者の文化があることに気づきます。このように，現代スポーツにおける研究対象は，それこそ目のつけどころによって，いかようにも広がっていくことでしょう。

スポーツ人類学での多様な身体やスポーツのあり方の探究は，型にはまることのない人類の身体の知識や豊かな発想を改めて確認し，これからのスポーツのあり方にもひとつの指針となる素材を提供してくれます。　　　　（田里千代）

図XVIII-2 北米の北西沿岸地域に暮らす先住民のダンス。自身を鳥に見立てた動作

出所：渡邉昌史撮影。

▷4 **身体技法**
フランスの人類学者 M. モースは，人間の身体の姿勢や所作，動作は，社会的な制約を受けた慣習であることを，「身体技法（technique du corps）」という名称で説明している。

▷5 **エスノサイエンス**
「民族科学」であり，それぞれの民族の価値観に基づく理解の仕方。これまでは，動物や植物，自然環境などに対する独自の知識体系を示していたが，身体文化の理解の仕方として，スポーツ人類学においても用いられる概念である。

おすすめ文献

†田里千代・渡邉昌史（2019）『「ひと・もの・こと・ば」から読み解くスポーツ文化論』大修館書店。
†寒川恒夫編（2004）『教養としてのスポーツ人類学』大修館書店。
†宇佐美隆憲編（2004）『スポーツ人類学』明和出版。

5　カルチュラル・スタディーズ

1　カルチュラル・スタディーズのパースペクティブ

　カルチュラル・スタディーズ（以下，CS）は1970年代のイギリスにおいて左派の文芸批評家を中心に形成された学問的潮流で，労働者階級の文化やマスメディアの分析などを中心とした研究を生み出してきましたが，その後世界各国の多様な分野の研究者や活動家などを巻き込みながら，現在では様々な文化現象や政治・社会的出来事を幅広くテーマとする知的実践の集合体となっています。若者たちのファッションや音楽，アニメ，ゲーム，スポーツといった大衆文化から，ジェンダーやセクシュアリティ，人種，ナショナリズム，移民問題など政治的なイシューに至るまで，CS は文学や社会学，歴史学，哲学，政治学，精神分析その他様々な領域の知識を横断して分析します。したがって，CS はひとつの専門的学問分野ではなく，領域横断的な知的実践なのだといえるでしょう。

　CS の実践者たちはいくつかのパースペクティブを共有しています。ひとつは，CS にとって文化とは社会の様々な権力関係が上演される場であるといえます。たとえば CS の初期の優れた研究に中学校のいわゆる"不良"たちの文化を参与観察によって描き出したものがあります[1]。労働者階級の家庭で育った彼らは学校の権威である先生や校則に反抗し，机に向かって勉強するという規範に従わず，真面目な生徒を男らしくないといってバカにします。そして彼らの文化的価値観では，肉体的な強さ，男らしさが評価され，将来的には筋肉を使った仕事につくことが肯定されます。その結果，労働者階級に生まれた子は自ら労働者になることを選ぶという階級の再生産が生じるというのです。資本主義社会における階級の再生産はたんに経済的に決まるのではなく，男らしさといったジェンダー規範のように，自分の世界をどのように意味づけるかという文化領域にもかかわっているのです。

　CS の研究者がもつもうひとつの視点は，文化のなかに人びとの創造性が発揮されること，そして文化が世界を変容させる足掛かりになるというものです。たとえば1970年代のイギリスのパンクスは革ジャンにいくつもの安全ピンを付け，モッズはスクーターを集団のシンボルとしました[2]。既存の社会的価値観に反抗していたこうした若者集団は，安全ピンやスクーターといった「モノ」に通常とは異なる意味を付与したのです。これらは安定した意味（すなわち既存

▷1　ウィリス，P. ／熊沢誠・山田潤訳（1996）『ハマータウンの野郎ども』ちくま学芸文庫。

▷2　ヘブディッジ，D. ／山田淑子訳（1986）『サブカルチャー──スタイルの意味するもの』未来社。

の社会的価値観）に対する異議申し立ての行為だと考えられます。このように，人びとの日常を構成する行為や意味づけの諸実践を文化と捉え，そこで演じられる権力関係を分析すると同時に人びとの批判的かつ創造的な営みに光を当てるのが CS なのです。

2 ファン研究と集合的アイデンティティ

イギリスの CS はその初期からスポーツ文化を重要な研究対象とみなしてきました。荒々しいサッカーファン集団として知られる「フーリガン」については，その過剰なメディア報道が人びとの間に社会規範崩壊の不安を駆り立てることが論じられました[3]。また，スタジアムにおけるチャントなどファンの諸実践が，その地域やファンが属する社会階級やその他の属性に根付いた「私たち」の感覚（集合的アイデンティティ）を人びとに与えていることを明らかにした研究も数多くあります[4]。日本でもプロ野球やプロサッカーの試合では，ファンの人びとが同じ身振りをしながら同じ歌を歌って自分たちのチームを応援しますし，また国家代表チームをパブリックビューイングやテレビ観戦などで応援することもあるでしょう。そうした行為を通じてファンは身体的な興奮とともに「私は○○市民」であるとか「私は○○国民」だという集合的アイデンティティを獲得するのです。

3 カルチュラル・スタディーズと批判的スポーツ研究

現在スポーツは非常に複合的な文化現象になっており，そこで演じられる権力関係も複雑化しています。スポーツの現場では旧態依然とした人種差別やジェンダー／セクシュアリティをめぐる差別がいまだに生じていますし，国家代表の試合をめぐって，攻撃的なナショナリズムが表明されることもしばしばです[5]。他方，スポーツはグローバル企業にとって重要なコンテンツとなり，選手やビッグクラブは企業のブランディングに用いられます。また FIFA ワールドカップやオリンピックなどは国家規模のメガイベントとなり，それを口実に都市の再開発やジェントリフィケーション，さらに危機管理体制の構築が積極的に進められ，莫大な税金が投入されながら結局のところ土地開発業や建設業，警備業，人材派遣業など一部の業種が儲かるイベントになっているのです[6]。現代のスポーツをめぐる権力関係がこのような複合的な性格をもつのであれば，それを批判的に捉えていく研究者もまた，ひとつの視点・論点にとらわれない横断的な思考が必要になるでしょう。CS の立ち位置はまさにそうした批判的思考を可能にしてくれるでしょうし，同時にそうした横断的視野のなかからこそ，現代のスポーツがもちうる創造的な価値を立ち上げていけるのではないでしょうか。

（有元　健）

▷3　小笠原博毅（2016）「イギリスのサッカー研究の系譜とカルチュラル・スタディーズ」『スポーツ社会学研究』24(1)，日本スポーツ社会学会。

▷4　Brown, A. ed. (1998) *Fanatics! Power, Identity & Fandom in Football*, Routledge ; Robson, G. (2000) *'No One Likes Us, We Don't Care', The Myth and Reality of Millwall Fandom*, Berg. など。

▷5　バック, L.・有元健／有元健訳（2016）「なぜスポーツが問題なのか？──レス・バック氏との対話」『スポーツ社会学研究』24(1)，日本スポーツ社会学会。

▷6　ボイコフ, J./中島由華訳（2018）『オリンピック秘史──120年の覇権と利権』早川書房。

おすすめ文献

†有元健・小笠原博毅編（2004）『サッカーの詩学と政治学』人文書院。
†陣野俊史（2014）『サッカーと人種差別』文春新書。
†小笠原博毅・山本敦久（2019）『やっぱりいらない東京オリンピック』岩波ブックレット。

6　エスノメソドロジー

1　スポーツ社会学の困難

　スポーツ社会学の難しさは，分析するまえにはよくわかっていたはずのスポーツの面白さが，分析すると失われてしまうように見えることにあるのではないでしょうか。スポーツの面白さ，感動を，そのままに研究できる質的な研究手法が求められているように思います。スポーツをするということ，そして人びとがスポーツを見て，興奮し，感動し，落胆し，憤慨するという体験，私たちが普通におこなっている，そうしたことの成り立ちを明らかにしてくれる社会学がエスノメソドロジー研究なのです。

2　エスノメソドロジー研究の考え方

　エスノメソドロジー研究（以下，EM）とは仰々しい名前ですが，これはT.パーソンズに師事したH.ガーフィンケルがつくりだした，社会研究の手法です。日常生活や学校，病院，職場といった様々な現場でおこなわれている活動について，人びと（エスノ）がどのような「わざ」（メソッド）を駆使して，それを成し遂げているのかを明らかにするというのが研究の目的です。

　これまでの専門的な社会学の調査技法は，統計的な手法や理論によるメガネを透かして見ることで，複雑な現実の背後にある真の姿を見えるようにするというものでした。これに対してEMは，私たちが複雑な現実のなかで，それなりにうまくやっていけるのは，手元にある材料を用いて，様々な「わざ」を駆使して社会をつくりあげているからだと考えました。文化や心といった，それ自体を見ることができないものも，そのふるまいから観察や報告ができ（accountability），具体的にコミュニケーションのなかに見分けることができるので，人びとのやり方として研究することができます。EMは，言語学とは別の方法で言語を，心理学とは別の方法で心を，歴史学とは別の方法で歴史を扱うのです。

3　研究のモデル

　ガーフィンケルの理念を受け，会話分析という研究方法を開発したH.サックスは，人びとの社会生活を成り立たせている根本的な特徴として，互いに言葉を交わすことと，観察をおこなうことをあげます。彼は，会話という活動が

▷1　"Accountability" という言葉は，ふつう，説明責任と訳されている。この言葉は，EMにおいては，「観察でき報告できること」といい換えられる。発話や行為によって，その場面にいる人たちが「目の前の出来事を見分けることができ，それを伝え合うことによって見通しが与えられていること」をさす言葉である。
▷2　クルター，J.／西阪仰訳（1979=1998）『心の社会的構成』新曜社。

「一度に一人が話し，話し手の交代がある」ことによって成り立っているのを「発見」しました[3]。当たり前の事実だと感じるかもしれませんが，これらは，相互行為の基底にある「文法」のようなルールなのです[4]。私たちは，スポーツ文化についても，具体的におこなわれているやり方と，そこにある「文法」を分析することができるはずです。

　普段の会話には「質問」には「答え」をすべきといった規範的な結びつきがあります[5]。これは，「質問」の後に必ず「答え」がくるということではありません。「質問」に「質問」で答えるといったバリエーションもあるし，「質問」に「答え」がないこともあります。たとえば，ヒーロー・インタビューを受けている選手の心がわかるために，会話の知識が利用されているということが重要です。そして，選手がインタビューアーの質問に質問で返すとき，私たちは，そこに選手の「苛立ち」を聞き取るかもしれません。また，すぐに答えられない様子から，選手が「感極まっている」と感じるかもしれません[6]。このようにして，私たちは，どう話すかということから，選手の感情や心といったものを理解しているのです。

❹　研究手法のレパートリー

　先に示した会話分析は，スポーツを含む様々な実践において，参与者が，発話やジェスチャー，視線などによって，活動を成し遂げていく様子を研究するためのモデルを提示しています。これを援用して，サッカーやバスケットボールのパス交換など，実際にスポーツが実践されている場面を，身体の向きの変化や一瞥する視線や指差し，さらには掛け声や指導の言語なども含めて研究対象にすることができます。味方にパスが通るということは，お互いが目の前の出来事を見分けて，様々なモードで知らせあっているからこそできることだからです。一流の選手がパスの受け渡しをする際に交わす一瞥，それによって，彼らがその場で何をどうやって見分けて，判断を伝え合っているのかが研究できたら，どれほど楽しいことでしょう。

　近年，ヴィデオを駆使したEM（ヴィデオ・エスノグラフィー）が，コーチングの場面を扱うようになってきました。練習中，コーチは，きっかけを捉えてプレーを止め，手短に言葉をかけます。相手の位置どりや動きを見分ける際の目の付け所，それに応じた位置どりや動きのコツを教えられる選手には，同時に，言葉だけでなく，動き，姿勢，視線や指差し等によって，味方に明確な意思を伝える「わざ」が教えられます。

　EMについて，これ以上詳しい説明は，すでにある入門書や解説論文に譲ることにします[7]。EMは，みなさんの身の回りにあるスポーツ文化について，その面白さ，感動をそのままに研究しようとする手法なのです。

（岡田光弘）

▷3　サックス，H.・シェグロフ，E.・ジェファーソン，G.／西阪仰訳（1974=2010）「会話のための順番交替の組織——最も単純な体系的記述」『会話分析基本論集——順番交替と修復の組織』世界思想社，7-153頁。

▷4　「文法」というのは，どの言葉とどの言葉が一緒に現れることができ，どの言葉とは一緒に現れることができないのかということについてのルールである。行為についても同じように，どういった組み合わせが可能かということをみていくことができる。

▷5　「規範的」というのは，そこにルールがあるということ。ルールを参照することでルールに則った行為とルール違反が区別される。ルールを破ると罰があり，違反についての釈明が生じる。それによって，周りの人にもルール違反がみえるようになるのである。

▷6　岡田光弘（1999）「スポーツ実況中継の会話分析」橋本純一編『現代メディアスポーツ論』世界思想社。

▷7　前田泰樹・水川喜文・岡田光弘編（2007）『ワードマップ　エスノメソドロジー』新曜社。

（おすすめ文献）

†前田泰樹・水川喜文・岡田光弘編（2007）『ワードマップ　エスノメソドロジー』新曜社。

†倉島哲（2007）『身体技法と社会学的認識』世界思想社。

†海老田大五朗（2018）『柔道整復の社会学的記述』勁草書房。

量的調査法

量的調査としての社会調査

　スポーツの現場では，様々な社会的現象に対して，その実態を明らかにしたり，行動予測をおこないたいことがしばしばあります。そのようなとき，社会学的な調査手法が有効な手段となることはいうまでもありません。一般的に社会調査の目的は，社会学的・社会心理学的現象について，量的・質的アプローチから，その実態を記述したり，現象を説明したり，予測したりすることです。ここでは，量的調査法の特徴について述べてみます。

　社会調査の特色は，「既存の統計や資料を分析することではなく，社会の現実から，直接現地調査によってデータを集めること」にあるといわれます。[1] しかし，社会調査は自然科学の分野で実施される実験とは異なり，同様の結果を繰り返し再認することは難しく，社会の経済的状況，文化的価値観などによってその都度変化するという特徴があります。

　社会調査は，現象の実態把握を目的とした記述的研究（descriptive study）と，理論仮説の検証を目的とした説明的研究（explanatory study）とに大きく分かれます。また，これらの調査研究では，統計的な検定（t-検定，χ^2検定など）や分析が現象の検証にとって欠かすことができません。

② データの収集法

　量的社会調査では，データ収集の方法が次のように大きく5種類に分類されます。すなわち，(1)配票調査：質問紙を調査員が期間を決めて直接配布・回収，(2)集合調査：調査対象者が一堂に会し，調査員の説明とともにその場で配布・

▷1
福武直・松原治朗編（1979）『社会調査法』有斐閣双書，2-3頁。

▷2　悉皆調査
研究対象とする母集団の全数を調査対象とする場合のこと。少ない母集団では，こうした調査が可能となるが，大きな母集団では膨大な調査作業が派生するため，一般的には，ランダムなサンプリングを実施して母集団を代表する標本を抽出し，それらを調査対象とする。
▷3　代表的なものとして
次のような研究がある。

表XIII-1　調査方法による効率

	配票調査	集合調査	郵送調査	面接調査	電話調査
効率（時間）	◎	◎	◎	◎	◎
効率（サンプルサイズ）	◎	◎	◎	●	◎
効率（回収率）	◎	◎	●	◎	○
回答精度	◎	◎	●	◎	○
費用	◎	○	○	◎	◎
ランダムサンプリング可能性	◎	●	◎	○	◎
調査員トレーニング度	◎	◎	●	◎	◎
利便性	◎	◎	◎	●	○

出所：西田・新（1979）を参考に筆者作成。　　　達成程度：◎高い　○普通　●低い

回収，(3)郵送調査：質問紙を郵送によって配布・回収，(4)面接調査：調査対象との個別的な質問形式によってデータを回収，(5)電話法：担当者が質問形式でデータを回収，などです。それぞれの調査方法によるメリットやデメリットを表XVIII-1にまとめておきます。サンプルサイズでは面接法が最も少なく，回収率や回答精度では郵送法が最も低いといわれています。

表XVIII-2　サンプリング

1. 有意抽出（purposive selection）
2. 無作為抽出（random sampling）
　　単純無作為（台帳，番号布置，乱数）
　　系統抽出（台帳，番号布置，抽出間隔）
　　層化抽出（母集団の層化，層別標本数）
　　層化多段抽出（抽出単位の決定）

出所：西田・新（1979）を参考に筆者作成。

3 サンプリング

　データの分析結果の一般化に最も影響を与えるのが，いかに母集団を代表する標本抽出（サンプリング）を実施するかです。特定集団に絞った調査対象では有意抽出法が使用されますが，ほとんどの場合には，**悉皆調査**とは異なり，調査効率を考慮して最低限のサンプルサイズで母集団を代表するサンプルを，サイコロやランダム抽出法（乱数表）を使って無作為に抽出する方法が一般的です。その方法は，表XVIII-2に示すように，その簡便性に応じて，単純無作為サンプリングから，母集団の地域性，性別特性，年齢特性などを反映する層化ランダムサンプリングまで様々です。

4 成果と課題

　量的調査法を使って社会学的な現象を明らかにするには，間隔尺度や連続変量などの平均値の比較や，質的カテゴリー間の比率の比較をおこなうほか，多くの独立変数によって従属変数となる現象を明らかにする統計的手法として多変量解析が用いられます。これまでのスポーツ研究では，たとえば判別分析，林の数量化理論II類・III類，パス解析，因子分析やクラスター分析などを用いた量的調査がおこなわれてきました。これらの研究は，多くの変数と複雑な分析手法を用いて，シンプルな理論仮説の検証や類型化，さらには規定要因の解明を可能にし，人びとのスポーツ行動を社会現象として記述・説明し，また予測をするうえで有用な成果を示しています。

　もちろん，母集団の設定やサンプリングの偏りなどによって調査結果の一般化が適切性を欠いたものになることはありますが，緻密で客観性の高い分析手法を用いて全体的傾向を把握するという点で，量的調査法はすぐれています。質的調査にくらべて，母集団の共通的な特性把握や現象説明に適していることが量的調査の利点です。

　今日，調査によって得られたデータはSPSSなどのコンピュータ分析ソフトで容易に分析されますが，そうした分析の前に，データ化される数値の基礎特性を熟知し，かつ要因間の関連性などを十分に把握することからスタートすることが重要です。

（川西正志）

池田勝（1969）「レクリエーション活動と職業的地位・役割因子との関係に関する分析的研究」『体育の科学』19，175-179頁；多々納秀雄（1997）「スポーツ参加の多変量解析——数量化理論第II類による要因分析」『スポーツ社会学の理論と調査』不昧堂出版，196-221頁；粂野豊・池田勝・山口泰雄（1979）「パス解析によるスポーツ参与の分析」『筑波大学体育科学系紀要』2，23-30頁；山口泰雄・土肥隆・高見彰（1996）「スポーツ・余暇活動とクオリティ・オブ・ライフ」『スポーツ社会学研究』4，2-34頁；金崎良三（1984）「社会体育指導者の指導行動に関する研究(2)——指導スポーツ種目のパターン分類とその関連要因」『体育・スポーツ社会学研究』3，道和書院，119-144頁；川西正志・長ヶ原誠・北村尚浩（1993）「マスターズスイマーのスポーツ的ライフスタイル——過去のスポーツ経験の影響を中心に」『スポーツ社会学研究』1，49-61頁。

おすすめ文献
†福武直・松原治朗編（1979）『社会調査法』有斐閣双書。
†西田春彦・新睦人（1979）『社会調査の理論と技法I・II』川島書店。
†多々納秀雄（1997）『スポーツ社会学の理論と調査』不昧堂出版。

質的調査法（フィールドワーク）

1　スポーツ文化のフィールドワークとは

　スポーツ文化の質的調査をおこなう際，その中心的方法となるのはフィールドワークです。フィールドワークとは，調査者が関心を持つ事柄に参与して，その事柄の本質を全身の皮膚感覚で体得する営みのことです。スポーツ文化のフィールドワークとは，トップアスリートの日常に迫ったり，学校部活動の生徒文化を解読したり，またアフリカのローカルサッカーの模様を注視することなど，様々なスポーツ活動のありようを調査者が微細に読み解く営為をさします。

2　対象との距離

　こうしたフィールドワークの具体的方法については，社会学者・人類学者によって書かれた良質な著作があります[1]。では，スポーツ文化を対象とする際に，独自に必要となるフィールドワーク法とは何でしょうか。

　大学の一般教養の授業でスポーツ文化論を開講した場合，それを履修する多くがスポーツ好きの学生たちです。今，この本を手に取っているあなたもスポーツが大好きな学生のひとりかもしれません。そうした学生に向かって，フィールドワークについて論議する際に重要となる点があります。それは対象との距離です。

　スポーツ好きの学生たちは，関心を寄せているスポーツの事柄について，多くの情報を手にしています。選手の出身地やプレイの特徴，あるいは競技の歴史やスタジアムの神話など，百科全書的な情報を披露してくれる学生も珍しくありません。しかしながら，そうしたスポーツ好きの位相に止まったまま膨大な情報を呈示しても，スポーツ文化を研究したことにはなりません。スポーツ文化研究をおこなうためには，スポーツ好きの位相から別の位相へと視線を自覚的に移したうえで，スポーツについて再度考える必要があります。

　たとえば，ボクシング観戦が好きな学生がいたとします。彼がフィールドワークを試みるのであれば，次の2つの位相のどちらかへと視線を移す必要が出てきます。ひとつは，自らジムに入門して，サンドバッグを叩きスパーリングで鼻血を出すような経験をすることです。これは，スポーツ好きの視点に止まっていては決して見えてこない，生身のボクサー世界の情報をからだで了解する方法です。この営為は，対象との距離を，現在の一観戦者としての視点か

▷1　菅原和孝編（2006）『フィールドワークへの挑戦──〈実践〉人類学入門』世界思想社；岸政彦・石岡丈昇・丸山里美（2016）『質的社会調査の方法──他者の合理性の理解社会学』有斐閣など。

らぐっと縮めるための試みといえるでしょう。

　もうひとつは，ボクサーやボクシング観戦者を「なぜ，あんな血みどろの行為に身を投じたり，応援したりするのか？」と対象化し，徹底した傍観者の視点に立ってみることです。これは，先ほどとは逆に，対象との距離を広げる試みです。スポーツ好きの観戦者には，「なぜ観戦にハマるのか」といった問いは，問うこと自体が無駄に思えるかもしれません。しかし，この傍観者の視点に立つことで，スポーツ好きの観戦者の視点では捉えられないスポーツファンの社会関係分析[2]やスポーツ観戦における集合感情の生成分析[3]が可能になるのです。

③ 現象の本質を観る眼

　このように，スポーツ文化のフィールドワークとは，単にスポーツ好きな学生が，さらなるスポーツ情報を得るためにおこなう行為とはまったく異なります。以下では，スポーツをめぐる二つのフィールドワークの成果を紹介しておきます。

　ブラジルのフットボールについて調査研究をおこなってきた今福龍太は，合理化された近代スポーツ制度の内部に位置づくサッカーの只中に，それとは別のモーメントをはらむ「無定型の下半身の衝動的な運動の欲望」を見出し，そこに「私たちが抑圧してきた潜在的な文化的可能性」を読み取っています[4]。今福のフィールドワークは，ブラジルの都市下層民の民衆娯楽の現場に分け入り，そこで客観的観察をするのではなく，そこの空気をまずは時間をかけてわが物とすることを試みたものでした。そうして身に刻んだその世界の空気を，今度は言葉として記述したのです。これは，徹底的に「距離をつぶす」フィールドワークの例です。

　一方で，「距離を打ち立てる」フィールドワークの例としては，オリンピックと都市空間の編成を考察した町村敬志の仕事があげられます[5]。町村は聞き取りや史資料の丹念な収集を積み重ねるフィールドワークをおこない，なぜオリンピック開催がグローバル・シティにおいて渇望されるのかという社会的文脈を論じました。町村の調査は，私たちが無自覚に参照しているIOCや各種メディア機関の流す情報と思考の枠組みとは異なった地平から，オリンピックについて考える視点を提示してくれるものです。

　スポーツ文化をフィールドワークするとは，ここまで述べてきたように，ひとりの人間がスポーツ好きの視点から脱却し，別の視点からスポーツを把握する営為です。フィールドワークは，スポーツ好きの目では見えないスポーツ現象の本質を観る眼を鍛え上げるための重要な営為として，これまでもこれからもあり続けることでしょう。

（石岡丈昇）

▷2　たとえば，高橋豪仁（2005）「スポーツ観戦を介した同郷人的結合」『スポーツ社会学研究』13，日本スポーツ社会学会，69-83頁。

▷3　たとえば，エリアス，N.・ダニング，E.／大平章訳（1986=1995）『スポーツと文明化――興奮の探究』法政大学出版局。

▷4　今福龍太（2008）『ブラジルのホモ・ルーデンス――サッカー批評原論』月曜社。

▷5　町村敬志（2007）「メガ・イベントと都市空間――第二ラウンドの『東京オリンピック』の歴史的意味を考える」『スポーツ社会学研究』15，日本スポーツ社会学会，3-16頁。

おすすめ文献

†松村和則編（2006）『メガ・スポーツイベントの社会学――白いスタジアムのある風景』南窓社。
†ボーデン，I.／齋藤雅子・中川美穂・矢部恒彦訳（2001=2006）『スケートボーディング，空間，都市――身体と建築』新曜社。
†倉島哲（2007）『身体技法と社会学的認識』世界思想社。

参　考　文　献

＊　本書において参照または推奨されている基本的文献を中心に，日本語文献（翻訳を含む）については著者名50
　音順に，外国語文献については著者名アルファベット順に配列した。

【日本語文献】

アドルノ，テオドール・W.／渡辺祐邦・三原弟平訳（1955＝1996）『プリズメン』ちくま学芸文庫。

阿部生雄（2009）『近代スポーツマンシップの誕生と成長』筑波大学出版会。

阿部潔（2008）『スポーツの魅惑とメディアの誘惑──身体／国家のカルチュラル・スタディーズ』世界思想社。

阿部珠樹（2005）『スタジアムの戦後史』平凡社新書。

新井貞光（1987）『「コートの外」より愛をこめ──スポーツ空間の人間学』遊戯社。

新井博（2011）『レルヒ　知られざる生涯──日本にスキーを伝えた男』道和書院。

新雅史（2013）『東洋の魔女論』イースト・プレス。

有賀郁敏ほか（2002）『スポーツ』（近代ヨーロッパの探究8）ミネルヴァ書房。

有元健・小笠原博毅編（2005）『サッカーの詩学と政治学』人文書院。

安家達也（2003）『ツール100話──ツール・ド・フランス100年の歴史』未知谷。

アンダーソン，B.／白石隆・白石さや訳（[1983] 1991＝2007）『定本　想像の共同体──ナショナリズムの起源と流行』書
　籍工房早山。

飯田貴子（2003）「新聞報道における女性競技者のジェンダー化」『スポーツとジェンダー研究』1，日本スポーツとジェン
　ダー学会。

─────・井谷惠子編著（2004）『スポーツ・ジェンダー学への招待』明石書店。

─────・熊安貴美江・來田享子編著（2018）『よくわかるスポーツとジェンダー』ミネルヴァ書房。

池井戸潤（2016）『陸王』集英社。

生島淳（2004）『世紀の誤審──オリンピックからW杯まで』光文社文庫。

─────（2011）『箱根駅伝』幻冬舎新書。

石川准・長瀬修（1999）『障害学への招待』明石書店。

石坂友司（2018）『現代オリンピックの発展と危機　1940-2020──二度目の東京が目指すもの』人文書院。

石田雄太（1998）『メダルへの伴走者──スポーツ用具開発に携わる者たちの熱きドラマ』出版文化社。

井谷惠子・田原淳子・來田享子（2001）『目でみる女性スポーツ白書』大修館書店。

伊田広行（2006）「性暴力から，非暴力とジェンダーについて考える」『続・はじめて学ぶジェンダー論』大月書店。

伊藤高弘・草深直臣・金井淳二編（1986）『スポーツの自由と現代』（上・下）青木書店。

稲垣正浩（1993）『スポーツを読む』三省堂選書。

─────・今福龍太・西谷修（2009）『近代スポーツのミッションは終わったのか──身体・メディア・世界』平凡社。

井上俊（1977）『遊びの社会学』世界思想社。

─────（2004）『武道の誕生』吉川弘文館。

─────・伊藤公雄編（2010）『身体・セクシュアリティ・スポーツ』（社会学ベーシックス8）世界思想社。

─────・亀山佳明編（1999）『スポーツ文化を学ぶ人のために』世界思想社。

井上智洋（2016）『人工知能と経済の未来』文藝春秋。

井野瀬久美恵（1999）『フーリガンと呼ばれた少年たち──子どもたちの大英帝国』中公文庫。

今福龍太（1997）『スポーツの汀』紀伊國屋書店。

─────（2008）『ブラジルのホモ・ルーデンス──サッカー批評原論』月曜社。

今村浩明・淺川希洋志編（2003）『フロー理論の展開』世界思想社。

伊村元道（1993）『英国パブリック・スクール物語』丸善ライブラリー。

入江克己（1991）『昭和スポーツ史論──明治神宮競技大会と国民精神総動員運動』不昧堂出版。

上杉正幸（2008）『健康不安の社会学』（改訂版）世界思想社。

ウィートン，B./市井吉興・松島剛史・杉浦愛監訳（2013＝2019）『サーフィン・スケートボード・パルクール──ライフスタイルスポーツの文化と政治』ナカニシヤ出版。

上野俊哉・毛利嘉孝（2002）『実践カルチュラル・スタディーズ』ちくま新書。

ウォディングトン，I，スミス，A./大平章・麻生享志・大木富訳（2009＝2009）『スポーツと薬物の社会学』彩流社。

ウォーラーステイン，I. M./川北稔訳（［1983］1995＝1997）『新版　史的システムとしての資本主義』岩波書店。

ヴォール，A./唐木国彦・上野卓郎訳（1973＝1980）『近代スポーツの社会史──ブルジョア・スポーツの社会的・歴史的基礎』ベースボール・マガジン社。

宇佐美隆憲編（2004）『スポーツ人類学』明和出版。

宇佐美陽（2001）『大リーグと都市の物語』平凡社新書。

氏原英明（2018）『甲子園という病』新潮新書。

内田良（2017）『ブラック部活』東洋館出版社。

内海和雄（2004）『プロ・スポーツ論──スポーツ文化の開拓者』創文企画。

─────（2005）『日本のスポーツ・フォー・オール──未熟な福祉国家のスポーツ政策』誠信堂。

─────（2007）『アマチュアリズム論──差別無きスポーツ理念の探究へ』創文企画。

─────（2009）『スポーツ研究論──社会科学の課題・方法・体系』創文企画。

江刺正吾・小椋博編（1994）『高校野球の社会学──甲子園を読む』世界思想社。

海老田大五朗（2018）『柔道整復の社会学的記述』勁草書房。

エリアス，N./桑田禮彰訳（1976＝1986）「スポーツと暴力」栗原彬・今防人・杉山光信・山本哲士編『身体の政治技術』（叢書　社会と社会学3）新評論。

─────，ダニング，E./大平章訳（1986＝1995）『スポーツと文明化──興奮の探究』法政大学出版局。

エルダー，G. H.，ジール，J. Z.編著/正岡寛司・藤見純子訳（1998＝2003）『ライフコース研究の方法』明石書店。

遠藤雅子（2004）『スペシャルオリンピックス』集英社新書。

大澤真幸（1990）『身体の比較社会学Ⅰ』勁草書房。

─────編（2002）『ナショナリズムの名著50』平凡社。

大住良之（1998）『新・サッカーへの招待』岩波新書。

大村英昭（2004）「『鎮めの文化』としてのスポーツ」『スポーツ社会学研究』12，日本スポーツ社会学会。

岡崎勝（1987）『身体教育の神話と構造』れんが書房新社。

小笠原博毅・山本敦久（2019）『やっぱりいらない東京オリンピック』岩波ブックレット。

─────・山本敦久編（2016）『反東京オリンピック宣言』航思社。

岡田功（2010）『メジャーリーグなぜ「儲かる」』集英社新書。

岡村正史（2018）『「プロレス」という文化──興行・メディア・社会現象』ミネルヴァ書房。

オコネル，N./手塚勲訳（1995＝1996）『ビヨンド・リスク──世界のクライマー17人が語る冒険の思想』山と渓谷社。

長田弘編（1995）『中井正一評論集』岩波文庫。

尾嶋義之（1998）『志村正順のラジオ・デイズ』洋泉社。

甲斐健人（2000）『高校部活の文化社会学的研究』南窓社。

─────（2008）「『からだ』と学校文化──農業高校サッカー部員の事例」『社会学論集』16，奈良女子大学社会学研究会。

カイヨワ，R./多田道太郎・塚崎幹夫訳（［1958］1967＝1971）『遊びと人間』講談社；（1990）講談社学術文庫。

筧誠一郎（2018）『eスポーツ論──ゲームが体育競技になる日』ゴマブックス。

影山健編（1984）『みんなでトロプス──敗者のないゲーム入門』風媒社。

笠野英弘（2019）『スポーツ組織の社会学──日本サッカー協会の制度』不昧堂出版。

柏原全孝（2018）「正しい判定を作り出すテクノロジー」『スポーツ社会学研究』26(2)，日本スポーツ社会学会。

風間明（2002）『相撲、国技となる』大修館書店。

勝部篤美（1972）『スポーツの美学』杏林書院。

亀山佳明（2012）『生成する身体の社会学』世界思想社。

――――編（1990）『スポーツの社会学』世界思想社。

川島浩平（2002）「アメリカスポーツと人種――日米両における研究の動向と展望」『武蔵大学人文学会雑誌』

川西正志・長ヶ原誠・北村尚浩（1993）「マスターズスイマーのスポーツ的ライフスタイル」『スポーツ社会学研究』1，日本スポーツ社会学会。

――――・野川春夫編（2006）『改訂　生涯スポーツ実践論』市村出版。

河原和枝（2005）「フィットネスの文化」『日常からの文化社会学――私らしさの神話』世界思想社。

菊幸一（1993）『「近代プロ・スポーツ」の歴史社会学』不昧堂出版。

――――（1999）「理論的アプローチ」井上俊・亀山佳明編『スポーツ文化を学ぶ人のために』世界思想社。

――――（2010）「アマチュアリズムとプロフェッショナリズムをめぐる現代的課題」『現代スポーツ評論』23，創文企画。

――――・仲澤真・清水諭・松村和則編著（2006）『現代スポーツのパースペクティブ』大修館書店。

――――・齋藤健司・真山達志・横山勝彦編（2011）『スポーツ政策論』成文堂。

菊池敏之（1994）『我々はいかにして「石」にかじりついてきたか』東京新聞出版局。

岸野雄三・松田岩雄・宇土正彦編（1977）『序説　運動学』大修館書店。

北川勇人・日本レクリエーション協会（2000）『ニュースポーツ事典』遊戯社。

ギデンズ，A.／秋吉美都ほか訳（1991＝2005）『モダニティと自己アイデンティティ――後期近代における自己と社会』ハーベスト社。

木下秀明（1970）『スポーツの近代日本史』杏林書院。

――――（1982）『兵式体操からみた軍と教育』杏林書院。

木村元彦（2011）『オシムからの旅』イースト・プレス。

金明美（2004）「ナショナルな契機となるローカルなスポーツ活動――清水市におけるサッカーの普及過程」『文化人類学』69(2)，日本文化人類学会。

権学俊（2006）『国民体育大会の研究――ナショナリズムとスポーツ・イベント』青木書店。

日下裕弘・加納弘二（2015）『生涯スポーツの理論と実際――豊かなスポーツライフを実現するために』（改訂版）大修館書店。

熊安貴美江（2004）「スポーツにおけるセクシュアル・ハラスメント」飯田貴子・井谷惠子編著『スポーツ・ジェンダー学への招待』明石書店。

粂野豊編（1988）『現代スポーツ指導者論――その社会学的見方・考え方』ぎょうせい。

グットマン（グートマン），A.／清水哲男訳（1978＝1981）『スポーツと現代アメリカ』TBSブリタニカ。

――――／谷川稔ほか訳（1994＝1997）『スポーツと帝国――近代スポーツと文化帝国主義』昭和堂。

クラカワー，J.／梅津正彦訳（1997＝1997）『空へ――エヴェレストの悲劇はなぜ起きたか』文藝春秋；（2000）文春文庫。

倉島哲（2007）『身体技法と社会学的認識』世界思想社。

グランヴィル，B.／賀川浩監修，田村修一・土屋晃・田邊正之訳（1973＝1998）『ワールドカップ全史』草思社。

厨義弘・大谷善博編（1990）『地域スポーツの創造と展開』大修館書店。

グルノー，R.／岡田猛・多々野秀雄・菊幸一訳（1983＝1998）『スポーツの近代史社会学』不昧堂出版。

グルーペ，O.／永島惇正・岡出美則・市場俊之訳（1987＝1997）『文化としてのスポーツ』ベースボール・マガジン社。

グレーダー，E. A.／四国スポーツ研究会訳（1978＝1986）『アマチュアリズムとスポーツ』不昧堂出版。

黒須充編（2007～2009）『総合型地域スポーツクラブの時代』（全3巻）創文企画。

黒田勇（1999）『ラジオ体操の誕生』青弓社。

――――編著（2012）『メディアスポーツへの招待』ミネルヴァ書房。

軍司貞則（2008）『高校野球「裏」ビジネス』ちくま新書。

源城恒人（2006）『サインの報酬』東京図書出版会。

ゴールドブラッド，D.／志村昌子・二木夢子訳（2016＝2018）『オリンピック全史』原書房。

コークリー，J.，ドネリー，P.／前田和司・大沼義彦・松村和則共編訳（2004＝2011）『現代スポーツの社会学——課題と共生への道のり』南窓社。

小路田泰直ほか編著（2018）『〈ニッポン〉のオリンピック——日本はオリンピズムとどう向き合ってきたのか』青弓社。

後藤正治（1989）『遠いリング』講談社：（2002）岩波現代文庫。

近藤良享編著（2004）『スポーツ倫理の探求』大修館書店。

斎藤健司（2007）『フランススポーツ基本法の形成』成文堂。

サイモン，R.／武田薫訳（1993＝1998）『スポーツ代理人』ベースボール・マガジン社。

佐伯聰夫・鈴木守・仲澤眞ほか編著（2000）『スポーツイベントの展開と地域社会形成——ウィンブルドンテニスからブンデスリーガサッカーまで』不昧堂出版。

佐伯年詩雄（2004）『現代企業スポーツ論』不昧堂出版。

————監修，菊幸一・仲澤眞編（2006）『スポーツプロモーション論』明和出版。

酒井青樹・峯岸純子（2004）『スロースポーツに夢中！』岩波アクティブ新書。

坂上康博（2001）『スポーツと政治』（日本史リブレット58）山川出版社。

————編（2010）『海を渡った柔術と柔道』青弓社。

————編（2019）『12の問いから始めるオリンピック・パラリンピック研究』かもがわ出版。

————・高岡裕之編（2009）『幻の東京オリンピックとその時代——戦時期のスポーツ・都市・身体』青弓社。

————・中房敏朗・石井昌幸・高嶋航編著（2018）『スポーツの世界史』一色出版。

榊原賢二郎編（2019）『障害社会学という視座——社会モデルから社会学的反省へ』新曜社。

坂本孝治郎（1988）『象徴天皇がやってくる——戦後巡幸・国民体育大会・護国神社』平凡社。

作田啓一（1967）『恥の文化再考』筑摩書房。

桜井万里子・橋場弦編『古代オリンピック』（2004）岩波新書。

笹川スポーツ財団（2004）『スポーツ・ボランティア・データブック』笹川スポーツ財団。

————（2019）『スポーツライフ・データ2018——スポーツライフに関する調査報告書』笹川スポーツ財団。

————（2017）『スポーツ白書——スポーツによるソーシャルイノベーション』笹川スポーツ財団。

佐々木浩雄（2016）『体操の近代——戦時期の集団体操と〈身体の国民化〉』青弓社。

佐藤郁哉（2006）『フィールドワーク——書を持って街へ出よう』（増補版）新曜社。

佐藤学・今井康雄編（2002）『子どもたちの想像力を育む——アート教育の理論と実践』東京大学出版会。

佐山和夫（2009）『古式野球——大リーグへの反論』彩流社。

ジェリー，D.，ホーン，J.，清野正義・山下高行・橋本純一編（1995）『スポーツ・レジャー社会学——オールターナティヴの現在』道和書院。

清水諭（1998）『甲子園野球のアルケオロジー——スポーツの「物語」・メディア・身体文化』新評論。

————（2001）「サポーターカルチャーズ研究序説」『スポーツ社会学研究』9，日本スポーツ社会学会。

————責任編集，友添秀則編（2016）「特集：近代オリンピックにおける文化と芸術」『現代スポーツ評論』35，創文企画。

ジャコビー，S. M.／内田一秀ほか訳（1998＝2003）『会社荘園制——アメリカ型ウェルフェア・キャピタリズムの軌跡』北海道大学図書刊行会。

シャールトン，P.／三好郁朗訳（1985＝1989）『フランス文学とスポーツ』法政大学出版局。

ジュスラン，J.-J.／守能信次訳（1901＝2006）『スポーツと遊戯の歴史』駿河台出版。

シラー，F. v.／小栗孝則訳（1795＝2003）『人間の美的教育について』法政大学出版局。

白川哲夫・谷川穣編（2018）『「甲子園」の眺め方——歴史としての高校野球』小さ子社。

ジレ，B.／近藤等訳（1949＝1952）『スポーツの歴史』白水社・文庫クセジュ。

城丸章夫・永井博（1973）『スポーツの夜明け』新日本出版社。

陣野俊史（2002）『フットボール都市論——スタジアムの文化闘争』青土社。

————（2014）『サッカーと人種差別』文春新書。

菅原和孝編（2006）『フィールドワークへの挑戦——〈実践〉人類学入門』世界思想社。

菅原禮編（1975）『体育社会学入門』大修館書店。

————編著（1984）『スポーツ技術の社会学』不昧堂出版。

杉本厚夫（2005）『映画に学ぶスポーツ社会学』世界思想社。

————編（1997）『スポーツファンの社会学』世界思想社。

————編（2001）『体育教育を学ぶ人のために』世界思想社。

杉本尚次（1992）『スタジアムは燃えている——日米野球文化論』日本放送出版協会。

鈴木慎一郎（2000）『レゲエ・トレイン——ディアスポラの響き』青土社。

鈴木秀人（2008）「子どもの現在と楽しい体育」全国体育学習研究会編『「楽しい体育」の豊かな可能性を拓く』明和出版。

————（2018）「運動・スポーツの『面白さ』からやる気を考える」佐藤善人編『子どもがやる気になる‼ スポーツ指導』学文社。

スポールストラ，J.／中道暁子訳（1997＝2000）『エスキモーに氷を売る』きこ書房。

諏訪伸夫・井上洋一・齋藤健司・出雲輝彦編（2008）『スポーツ政策の現代的課題』日本評論社。

関春南（1997）『戦後日本のスポーツ政策——その構造と展開』大修館書店。

関川夏央（1984）『海峡を越えたホームラン』双葉社。

セジウィック，E. K.／上原早苗・亀澤美由紀訳（1985＝2001）『男同士の絆』名古屋大学出版会。

千田有紀・中西祐子・青山薫（2013）『ジェンダー論をつかむ』有斐閣。

寒川恒夫編（1991）『図説スポーツ史』朝倉書店。

————編（2004）『教養としてのスポーツ人類学』大修館書店。

総務省情報流通行政局情報流通振興課（2018）『eスポーツ産業に関する調査研究報告書』（ホームページ）。

ターナー，G.／溝上由紀ほか訳（1996＝1999）『カルチュラル・スタディーズ入門』作品社。

高井昌吏（2005）『女子マネージャーの誕生とメディア』ミネルヴァ書房。

————・谷本奈穂編（2009）『メディア文化を社会学する』世界思想社。

高尾将幸（2014）『「健康」語りと日本社会——リスクと責任のポリティクス』新評論。

高橋幸一（2003）『スポーツ学のルーツ——古代ギリシア・ローマのスポーツ思想』明和出版。

高橋豪仁（2011）『スポーツ応援文化の社会学』世界思想社。

高橋秀実（1998）『素晴らしきラジオ体操』小学館。

高橋義雄監修（2017）『NEWスポーツを学ぼう！1　的をねらうスポーツ』ベースボール・マガジン社。

高峰修（2009）「女子大学生がスポーツ環境において経験するセクシュアル・ハラスメントの特性と構造」『スポーツとジェンダー研究』7，日本スポーツとジェンダー学会。

多木浩二（1995）『スポーツを考える——身体・資本・ナショナリズム』ちくま新書。

滝口隆司（2018）『情報爆発時代のスポーツメディア——報道の歴史から解く未来像』創文企画。

田崎健太（2016）『電通とFIFA——サッカーに群がる男たち』光文社新書。

田里千代・渡邊昌史（2019）『「ひと・もの・こと・ば」から読み解くスポーツ文化論』大修館書店。

多々納秀雄（1997）『スポーツ社会学の理論と調査』不昧堂出版。

田中研之輔（2003）「都市空間と若者の「族」文化」『スポーツ社会学研究』11，日本スポーツ社会学会。

谷岡一郎・仲村祥一編（1997）『ギャンブルの社会学』世界思想社。

谷口雅子（2007）『スポーツする身体とジェンダー』青弓社ライブラリー。

田原淳子（1999）「オリンピックと政治」池田勝・守能信次編『スポーツの政治学』（講座・スポーツの社会科学4）杏林書院。

玉野井芳郎〔鶴見和子・新崎盛暉編〕（1990）『地域主義からの出発』（玉野井芳郎著作集3）学陽書房。

ダヤーン，D.，カッツ，E.／浅見克彦訳（1992＝1996）『メディア・イベント——歴史をつくるメディア・セレモニー』青弓社。

チクセントミハイ，M.／今村浩明訳（1975＝[1979]2001）『楽しみの社会学』新思索社。

————／今村浩明訳（1990＝1996）『フロー体験——喜びの現象学』世界思想社。

千葉直樹（2014）『グローバルスポーツ論——「越境スポーツ選手」の社会学』デザインエッグ社。

津金澤聰廣編（1996）『近代日本のメディア・イベント』同文舘。

デュボス，R.／田多井吉之助訳（1959＝1977）『健康という幻想』紀伊國屋書店。

デュマズディエ，J.／寿里茂監訳，牛島千尋訳（1974＝1979）『レジャー社会学』社会思想社。

デュルケーム，E.／麻生誠・山村賢明訳（1925＝1964）『道徳教育論』明治図書。

友添秀則編著（2016）『運動部活動の理論と実践』大修館書店。

─────編著（2017）『よくわかるスポーツ倫理学』ミネルヴァ書房。

トフラー，A.／岡村二郎訳（1964＝1977）『文化の消費者』勁草書房。

トマ，R.／蔵持不三也訳（1991＝1993）『スポーツの歴史・新版』白水社・文庫クセジュ。

富田英典編（2016）『ポスト・モバイル社会──セカンドオフラインの時代へ』世界思想社。

富永茂樹（1977）『健康論序説』河出書房新社。

鳥居俊編（2005）『フィーメールアスリートバイブル』ナップ。

トンプソン，L.（1990）「スポーツ近代化論から見た相撲」亀山佳明編『スポーツの社会学』世界思想社。

中井正一［長田弘編］（1995）『中井正一評論集』岩波文庫。

永井良和（2008）『ホークスの70年』ソフトバンククリエイティブ。

─────・橋爪紳也（2010）『南海ホークスがあったころ──野球ファンとパ・リーグの文化史』河出文庫。

中小路徹（2018）『脱ブラック部活』洋泉社。

中澤篤史（2017）『そろそろ，部活のこれからを話しませんか』大月書店。

中嶋哲也（2017）『近代日本の武道論』国書刊行会。

中村太郎（2002）『パラリンピックへの招待──挑戦するアスリートたち』岩波書店。

中村哲也（2010）『学生野球憲章とはなにか──自治から見る日本野球史』青弓社。

中村敏雄（2015）「学校・クラブから協会・連盟の設立へ」中村敏雄ほか編集主幹『21世紀のスポーツ大事典』大修館書店。

西島央編（2006）『部活動』学事出版。

西田春彦・新睦人（1979）『社会調査の理論と技法Ⅰ・Ⅱ』川島書店。

西村清和（1989）『遊びの現象学』勁草書房。

新田一郎（2010）『相撲の歴史』講談社学術文庫。

─────（2016）『相撲その歴史と技法』日本武道館。

西山哲郎（2006）『近代スポーツ文化とはなにか』世界思想社。

日本スポーツ社会学会編（1998）『変容する現代社会とスポーツ』世界思想社。

日本スポーツとジェンダー学会編（2016）『データでみるスポーツとジェンダー』八千代出版。

日本体育・スポーツ経営学会編（2004）『テキスト　総合型地域スポーツクラブ』（増補版）大修館書店。

ニューマン，B. M., ニューマン，D. R.／福富護訳（1984＝1988）『新版 生涯発達心理学──エリクソンによる人間の一生とその可能性』川島書店。

野川春夫（2007）「スポーツ・ツーリズムのマネジメント」『体育の科学』57(1)，杏林書院。

バウマン，Z.／森田典正訳（2000＝2001）『リキッド・モダニティ──液状化する社会』大月書店。

ハーグリーヴス，J.／佐伯聰夫・阿部生雄訳（1986＝1993）『スポーツ・権力・文化』不昧堂出版。

ハート＝デイヴィス，D.／岸本完司訳（1986＝1998）『ヒトラーへの聖火──ベルリン・オリンピック』東京書籍。

間宏（1989）『経営社会学──現代企業の理解のために』有斐閣。

橋本純一編（1999）『現代メディアスポーツ論』世界思想社。

─────編（2010）『スポーツ観戦学──熱狂のステージの構造と意味』世界思想社。

濱口恵俊・公文俊平編（1982）『日本的集団主義』有斐閣。

早川武彦編著（2006）『グローバル化するスポーツとメディア，ビジネス』創文企画。

原田宗彦編（2015）『スポーツ産業論』（第6版）杏林書院。

─────・木村和彦編（2009）『スポーツ・ヘルスツーリズム』大修館書店。

─────・藤本淳也・松岡宏高編著（2018）『スポーツマーケティング 改訂版』大修館書店。

疋田雅昭ほか編（2009）『スポーツする文学』青弓社。

樋口聡 (1987)『スポーツの美学――スポーツの美の哲学的探究』不昧堂出版。

――――― (1994)『遊戯する身体――スポーツ美・批評の諸問題』大学教育出版。

平井肇編 (2000)『スポーツで読むアジア』世界思想社。

平田竹男 (2017)『スポーツビジネス最強の教科書』(第2版) 東洋経済新報社。

――――・中村好男編著 (2009)『トップスポーツビジネスの最前線2009――ドリーム・ジョブへの道』講談社。

広瀬一郎 (2012)『「スポーツビジネス論」講義――スポーツはいかにして市場の商品となったか』創文企画。

フィッシャー, G., リントナー, U.／田村光彰ほか訳 (1999＝2006)『ナチス第三帝国とサッカー――ヒトラーの下でピッチに立った選手たちの運命』現代書館。

フェザーストン, M.／川崎賢一・小川葉子監訳 (1991＝2003)『消費文化とポストモダニズム』(上・下) 恒星社厚生閣。

フォルタン, F.編／室星隆吾監訳 (2000＝2006)『図解スポーツ大百科』悠書館。

フォンダ, J.／田村協子訳 (1979＝1982)『ジェーン・フォンダのワークアウト』集英社。

深谷和子ほか編 (2008)「特集 子どもとスポーツ」『児童心理』金子書房。

福島真人 (2017)『真理の工場――科学技術の社会的研究』東京大学出版会。

福武直・松原治朗編 (1979)『社会調査法』有斐閣双書。

藤田紀昭 (2013)『障害者スポーツの環境と可能性』創文企画。

プティパ, A.ほか／田中ウェルヴェ京・重野弘三郎訳 (1997＝2005)『スポーツ選手のためのキャリアプラニング』大修館書店。

プラース, D. W.／井上俊・杉野目康子訳 (1980＝1985)『日本人の生き方――現代における成熟のドラマ』岩波書店。

古川彰・松田素二編 (2003)『観光と環境の社会学』新曜社。

古川岳志 (2018)『競輪文化――「働く者のスポーツ」の社会史』青弓社。

ブルデュー, P.／田原音和監訳 (1980＝1991)『社会学の社会学』藤原書店。

ブロイアー, C.編著／黒須充監訳 (2009＝2010)『ドイツに学ぶスポーツクラブの発展と社会公益性』創文企画。

ブロンバーガー, C.ほか／有元健訳 (1993＝2003)「花火とロバ」『現代スポーツ評論』8, 創文企画。

ベイル, J.／池田勝ほか訳 (1993＝1997)『サッカースタジアムと都市』体育施設出版。

ベーメ, J.-O.ほか／唐木國彦訳 (1974＝1980)『後期資本主義社会のスポーツ』不昧堂出版。

ベック, U., ギデンズ, A., ラッシュ, S.／松尾精文ほか訳 (1994＝1997)『再帰的近代化――近現代における政治, 伝統, 美的原理』而立書房。

ベッテ, K.-H., シマンク, U.／木村真知子訳 (1995＝2001)『ドーピングの社会学――近代競技スポーツの臨界点』不昧堂出版。

ベネット, A. (2013)『日本人の知らない武士道』文藝春秋。

ヘリゲル, E.／稲富栄次郎・上田武訳 (1948＝1981)『弓と禅』福村出版。

ベーリンガー, W.／髙木葉子訳 (2019)『スポーツの文化史――古代オリンピックから21世紀まで』法政大学出版局。

ペロテット, T.／矢羽野薫訳 (2004＝2004)『驚異の古代オリンピック』河出書房新社。

ホイジンガ, J.／高橋英夫訳 (1938＝1963)『ホモ・ルーデンス』中央公論社；(1973) 中公文庫。

ボーデン, I.／斎藤雅子ほか訳 (2001＝2006)『スケートボーディング, 空間, 都市――身体と建築』新曜社。

ホール, A.／飯田貴子・吉川康夫監訳 (1996＝2001)『フェミニズム・スポーツ・身体』世界思想社。

ボール, P.／近藤隆文訳 (2001＝2003)『バルサとレアル――スペイン・サッカー物語』日本放送出版協会。

ホバマン, J.／川島浩平訳 (1997＝2007)『アメリカのスポーツと人種』明石書店。

ボフス, J.／稲垣正浩訳 (1986＝1988)『入門スポーツ史』大修館書店。

ホブズボーム (ホブズボウム), E. W.／浜林正夫ほか訳 (1992＝2001)『ナショナリズムの歴史と現在』大月書店。

――――, レンジャー, T.編／前川啓治・梶原景昭訳 (1983＝1992)『創られた伝統』紀伊國屋書店。

堀内進之介 (2018)『人工知能時代を〈善く生きる〉技術』集英社。

堀繁・木田悟・薄井充裕編 (2007)『スポーツで地域をつくる』東京大学出版会。

ホワイティング, R.／玉木正之訳 (1989＝1992)『和をもって日本となす』角川文庫。

――――／松井みどり訳 (1977＝2005)『菊とバット』早川書房。

前田泰樹・水川喜文・岡田光弘編（2007）『ワードマップ　エスノメソドロジー』新曜社。

前山亨監修（2006）『小学生熱中！ ニュースポーツ事典』明治図書。

マカルーン，J. J.／柴田元幸・菅原克也訳（1981＝1988）『オリンピックと近代──評伝クーベルタン』平凡社。

マクルーハン，M.／井坂学訳（1951＝1968）『機械の花嫁』竹内書店。

増田昌文（2000）『果てなき渇望──ボディビルに憑かれた人々』草思社。

舛本直文（1999）「映画の中のスポーツ」『現代スポーツ評論』1，創文企画。

──── （2000）『スポーツ映像のエピステーメー』新評論。

町村敬志（2007）「メガ・イベントと都市空間──第二ラウンドの「東京オリンピック」の歴史的意味を考える」『スポーツ社会学研究』15，日本スポーツ社会学会。

────・西澤晃彦（2000）『都市の社会学』有斐閣。

松尾豊（2016）『ディープラーニングで日本のモノづくりは復権する』ダイヤモンド社。

マッキントッシュ，P. C.／飯塚鉄雄校閲，石川旦・竹田清彦訳（1970）『スポーツと社会』不昧堂出版。

──── ／寺島善一・岡尾恵市・森川貞夫編訳（1987＝1991）『現代社会とスポーツ』大修館書店。

松田恵示（1999）『交叉する身体と遊び』世界思想社。

松原隆一郎（2002）『思考する格闘技』廣済堂出版。

──── （2006）『武道を生きる』NTT出版。

松村和則（1993）『地域づくりとスポーツの社会学』道和書院。

──── （2006）『メガ・スポーツイベントの社会学──白いスタジアムのある風景』南窓社。

────編（1997）『山村の開発と環境保全──レジャー・スポーツ化する中山間地域の課題』南窓社。

ミア，A.／田総恵子訳，稲見昌彦解説（2018）『Sport 2.0──進化するeスポーツ，変容するオリンピック』NTT出版。

三浦雅士（1994）『身体の零度』講談社。

三菱総合研究所（2010）『総合型地域スポーツクラブの設立効果に関する調査研究報告書』三菱総合研究所。

宮川公男（2003）『政策科学入門』東洋経済新報社。

宮台真司（1979）『世紀末の作法──終ワリナキ日常ヲ生キル知恵』リクルート。

宮原浩二郎・荻野昌弘編（2001）『マンガの社会学』世界思想社。

牟田和江（2013）『部長，その恋愛はセクハラです！』集英社新書。

村上陽一郎（1979）『新しい科学論──「事実」は理論をたおせるか』講談社ブルーバックス。

村田周祐（2017）『空間紛争としての持続的スポーツツーリズム──持続的開発が語らない地域の生活誌』新曜社。

本村清人・三好仁司編著（2013）『体罰ゼロの学校づくり』ぎょうせい。

森貴信（2019）『スポーツビジネス15兆円時代の到来』平凡社新書。

森岡清美（1996）「ライフコースの視点」井上俊ほか編『ライフコースの社会学』（岩波講座現代社会学9）岩波書店。

森川貞夫（1980）『スポーツ社会学』青木書店。

森田浩之（2009）『メディアスポーツ解体──〈見えない権力〉をあぶり出す』NHKブックス。

山口真一（2018）『炎上とクチコミの経済学』新日新聞出版。

山口泰雄（1996）『生涯スポーツとイベントの社会学──スポーツによるまちおこし』創文企画。

────編（2004）『スポーツ・ボランティアへの招待──新しいスポーツ文化の可能性』世界思想社。

────・土肥隆・高見彰（1996）「スポーツ・余暇活動とクオリティ・オブ・ライフ」『スポーツ社会学研究』4，日本スポーツ社会学会。

山西哲郎編（2007）『ランニングの世界5』明和出版。

山本清洋（1979）「スポーツ行動モデル構築の基礎作業──役割と価値」『体育社会学研究』8，道和書院。

山本信良・今野敏彦（1987）『近代教育の天皇制イデオロギー』新泉社。

山本哲士（2009）『ミッシェル・フーコーの思想体系』文化科学高等研究院出版局。

山本正雄［森川貞夫編］（1975）『スポーツの社会経済的基礎』道和書院。

結城和香子（2004）『オリンピック物語──古代ギリシャから現代まで』中公新書ラクレ。

──── （2018）「女子800m走からマラソンまでの道」飯田貴子・熊安貴美江・來田享子編著『よくわかるスポーツとジェ

ンダー』ミネルヴァ書房。

ユベロス，P.／竹村健一訳（1985＝1986）『ユベロス』講談社。

吉見俊哉（1994）「運動会の思想」『思想』845，岩波書店。

――――編（2001）『知の教科書　カルチュラル・スタディーズ』講談社。

――――ほか（1999）『運動会と日本近代』青弓社。

來田享子（2015）「レースは過酷だったのか――アムステルダム五輪女子800m走のメディア報道がつくった『歴史』」井上邦子・竹村匡弥・瀧元誠樹・松浪稔編著『スポーツ学の射程』黎明書房。

ライトナー，K. J.（2017）「外国人からみた日本人のスポーツにおける『不思議』――2016リオ五輪における日本人アスリートの立ち居振る舞いに着目して」『立教大学コミュニティ福祉研究所紀要』5。

リーヴァー，J.／亀山佳明・西山けい子訳（1983＝1996）『サッカー狂の社会学』世界思想社。

リースマン，D.／國弘正雄・牧野宏訳（1954＝1974）「アメリカにおけるフットボール――文化伝播の研究」『個人主義の再検討』（上）ぺりかん社。

リメ，J.／牛木素吉郎監修，川島太郎・大空博訳（1955＝1986）『ワールドカップの回想』ベースボール・マガジン社。

レイダー，B. G.／河口智久監訳，平井肇訳（1983＝1987）『スペクテイタースポーツ――20世紀アメリカスポーツの軌跡』大修館書店。

ロイ，J. W.，ケニヨン，G. S. ほか編／粂野豊編訳（1981＝1988）『スポーツと文化・社会』ベースボール・マガジン社。

早稲田大学スポーツナレッジ研究会編（2016）『スポーツ・ファン・マネジメント』創文企画。

渡部憲一（2005）『身体障がいとジェンダーにスポーツを読む』高菅出版。

渡正（2012）『障害者スポーツの臨界点――車椅子バスケットボールの日常的実践から』新評論。

【外国語文献】

Avendon, M. and B. Sutton-Smith（1971）*The Study of Games*, John Wiley & Sons.

Brohm, J.-M.（1978）*Sport: A Prison of Measured Time*, Pluto Press.

Carrington, B. and I. McDonald, eds.（2009）*Marxism, Cultural Studies and Sport*, Routledge.

Christesen, P. and D. G. Kyle eds.（2014）*A Companion to Sport and Spectacle in Greek and Roman Antiquity*, Blackwell.

Coakley, J.（2017）*Sports in Society: Issues and Controversies*, 12th ed., McGraw Hill.

Collins, H., Evans, R. and Higgins, C.（2016）*Bad Call：Technology's Attack on Referees and Umpires and How to Fix It*, The MIT Press.

Featherstone, M.（1991）"The Body in Consumer Culture," in Featherstone, M. *et al.* eds., *The Body：Social Process and Cultural Theory*, Sage.

Fisher, D. M.（2002）*Lacrosse：A History of the Game*, Johns Hopkins University Press.

Kyle, D. G.（2007）*Sport and Spectacle in the Ancient World*, Blackwell.

Maguire, J.（1999）*Global Sport: Identities, Societies, Civilizations*, Polity Press.

Maguire, J. S.（2008）*Fit for Consumption：Sociology and the Business of Fitness*, Routledge.

Penn, R.（2010）*It's All about the Bike*, Particular Books.

Real, M. R.（1989）*Super Media*, Sage.

Sidewells, C.（2003）*Complete Bike Book*, Dorling Kindersley Limited.

Spitzer, G. ed.（2007）*Doping and Doping Control in Europe*, Meyer and Meyer Verlag.

Tulle, E. and Phoenix, C.（2015）*Physical Activity and Sport in Later Life*, Palgrave Macmillan.

Wheaton, B., ed.（2004）*Understanding Lifestyle Sports*, Routledge.

事　項　索　引

• 頁の**太字**は項目見出しであることを示す。

人　名　索　引

• 原則として（側注を含めず）本文中に登場する人名のみをあげる。

新　雅史 （あらた・まさふみ）
流通科学大学専任講師
XI-4

有元　健 （ありもと・たけし）
国際基督教大学上級准教授
IV-2, XVIII-5

飯田貴子 （いいだ・たかこ）
帝塚山学院大学名誉教授
XVI-4

石岡丈昇 （いしおか・とものり）
日本大学文理学部教授
XVIII-8

石坂友司 （いしざか・ゆうじ）
奈良女子大学研究院生活環境科学系准教授
XIV-4

市毛哲夫 （いちげ・てつお）
元東北大学大学院教育学研究科准教授
XV-5

稲葉佳奈子 （いなば・かなこ）
成蹊大学文学部准教授
V-4

＊井上　俊 （いのうえ・しゅん）
奥付編著者紹介参照
II-1, III-3, XIV-2, XVIII-1

上杉正幸 （うえすぎ・まさゆき）
香川大学名誉教授
VI-3

牛木素吉郎 （うしき・そきちろう）
スポーツ・ジャーナリスト
I-4

内海和雄 （うちうみ・かずお）
一橋大学・広島経済大学名誉教授
III-2

江南健志 （えなみ・けんじ）
仁愛大学准教授
XVI-6

海老島　均 （えびしま・ひとし）
成城大学経済学部教授
VIII-4, XI-1

大沼義彦 （おおぬま・よしひこ）
日本女子大学人間社会学部教授
X-4

岡崎　勝 （おかざき・まさる）
高度産業社会批判社・自由すぽーつ研究所長
IX-6

小笠原博毅 （おがさわら・ひろき）
神戸大学大学院国際文化学研究科教授
IV-3

岡田　桂 （おかだ・けい）
立命館大学産業社会学部教授
V-2

岡田光弘 （おかだ・みつひろ）
成城大学非常勤講師
XVIII-6

岡村正史 （おかむら・まさし）
プロレス文化研究会代表
XI-5

奥田睦子 （おくだ・むつこ）
京都産業大学現代社会学部教授
XVII-2

小澤考人 （おざわ・たかと）
東海大学観光学部教授
XIV-3

甲斐健人 （かい・たけと）
東北大学大学院教育学研究科教授
IX-5

執筆者紹介 （氏名／よみがな／現職／執筆担当）

笠野英弘 （かさの・ひでひろ）
　山梨学院大学スポーツ科学部准教授
　XIV-6

柏原全孝 （かしはら・まさたか）
　甲南女子大学人間科学部教授
　VII-3

亀山佳明 （かめやま・よしあき）
　龍谷大学名誉教授
　VI-1

川西正志 （かわにし・まさし）
　北翔大学特任教授・鹿屋体育大学名誉教授
　XVIII-7

河原和枝 （かわはら・かずえ）
　甲南女子大学人間科学部教授
　VI-5

*菊　幸一 （きく・こういち）
　奥付編著者紹介参照
　序, XV-3, XVI-5

木島由晶 （きじま・よしまさ）
　桃山学院大学社会学部准教授
　VIII-3

北村　薫 （きたむら・かおる）
　順天堂大学名誉教授
　X-3

日下裕弘 （くさか・ゆうこう）
　茨城大学名誉教授
　XVII-3

黒須　充 （くろす・みつる）
　元 順天堂大学スポーツ健康科学研究科教授
　X-2

小石原美保 （こいしはら・みほ）
　国士舘大学非常勤講師
　XIII-3

後藤貴浩 （ごとう・たかひろ）
　国士舘大学文学部教授
　X-5

齋藤健司 （さいとう・けんじ）
　筑波大学体育系教授
　IV-6

佐伯年詩雄 （さえき・としお）
　筑波大学名誉教授
　VI-2, VII-1

坂上康博 （さかうえ・やすひろ）
　一橋大学名誉教授
　I-3

佐藤哲彦 （さとう・あきひこ）
　関西学院大学社会学部教授
　XVI-2

杉座秀親 （すぎざ・ひでちか）
　尚絅学院大学名誉教授
　XVII-4

杉本厚夫 （すぎもと・あつお）
　(一社)子ども未来・スポーツ社会文化研究所代表
　京都教育大学・関西大学名誉教授
　XII-2, XIV-5

鈴木秀人 （すずき・ひでと）
　東京学芸大学大学院教育学研究科教授
　IX-2

高井昌吏 （たかい・まさし）
　東洋大学社会学部教授
　II-6

高尾将幸 （たかお・まさゆき）
　東海大学体育学部准教授
　VI-4

執筆者紹介 （氏名／よみがな／現職／執筆担当）

高橋幸一 （たかはし・こういち）
山形大学名誉教授
I-1, IV-1

高橋豪仁 （たかはし・ひでさと）
奈良教育大学教育学部教授
XI-3

高橋義雄 （たかはし・よしお）
筑波大学大学院人間総合科学学術院准教授
III-4, VII-4

高峰　修 （たかみね・おさむ）
明治大学政治経済学部教授
V-5

田里千代 （たさと・ちよ）
天理大学体育学部教授
XVIII-4

谷口雅子 （たにぐち・まさこ）
会社員
V-3

トンプソン，リー （Lee Thompson）
早稲田大学スポーツ科学学術院教授
XIV-1, XV-1

永井良和 （ながい・よしかず）
関西大学社会学部教授
XII-1

中江桂子 （なかえ・けいこ）
明治大学文学部教授
VIII-1

中澤篤史 （なかざわ・あつし）
早稲田大学スポーツ科学学術院教授
IX-4

仲澤　眞 （なかざわ・まこと）
筑波大学体育系准教授
XII-4

中山正吉 （なかやま・まさよし）
島根大学名誉教授
X-1

西村秀樹 （にしむら・ひでき）
九州大学名誉教授
IX-3

西山哲郎 （にしやま・てつお）
関西大学人間健康学部教授
I-2, I-5, XVIII-3

沼尻正之 （ぬまじり・まさゆき）
元　追手門学院大学地域創造学部教授
XV-2

根上　優 （ねがみ・まさる）
宮崎大学名誉教授
XVI-1

野川春夫 （のがわ・はるお）
順天堂大学大学院スポーツ健康科学研究科特任教授
III-5

野田さやか （のだ・さやか）
大学職員
XII-5

橋本純一 （はしもと・じゅんいち）
日本ウェルネススポーツ大学教授
II-2

原　祐一 （はら・ゆういち）
岡山大学学術研究院教育学域准教授
VIII-2

原田　峻 （はらだ・しゅん）
立教大学コミュニティ福祉学部准教授
III-1

樋口　聡 （ひぐち・さとし）
広島大学名誉教授
XIII-1

執筆者紹介 （氏名／よみがな／現職／執筆担当）

平井　肇 （ひらい・はじめ）
放送大学特任教授・滋賀大学名誉教授
XV-4

藤田紀昭 （ふじた・もとあき）
日本福祉大学スポーツ科学部教授
XVII-6

藤本淳也 （ふじもと・じゅんや）
大阪体育大学大学院スポーツ科学研究科教授
II-4

古川岳志 （ふるかわ・たけし）
大阪大学・関西大学ほか非常勤講師
XVI-3

舛本直文 （ますもと・なおふみ）
東京都立大学・武蔵野大学客員教授
XIII-4

松尾哲矢 （まつお・てつや）
立教大学コミュニティ福祉学部教授
XI-2

松田恵示 （まつだ・けいじ）
東京学芸大学教育学部教授
VII-5, IX-1, XIII-5

水野英莉 （みずの・えり）
流通科学大学人間社会学部教授
V-1

三宅香織 （みやけ・かおり）
元　甲南女子大学非常勤講師
II-5

森川貞夫 （もりかわ・さだお）
広島国際大学客員教授
XIV-7, XVII-1

矢島ますみ （やじま・ますみ）
明海大学経済学部教授
XIII-2

山口泰雄 （やまぐち・やすお）
流通科学大学特任教授・神戸大学名誉教授
XII-3

山下高行 （やました・たかゆき）
立命館大学名誉教授
IV-5, XVIII-2

山本　浩 （やまもと・ひろし）
法政大学スポーツ健康学部教授
II-3

山本　存 （やまもと・やすし）
甲南女子大学人間科学部教授
XVII-5

來田享子 （らいた・きょうこ）
中京大学スポーツ科学部教授
IV-4

ライトナー，カトリン・ユミコ （Katrin Jumiko Leitner）
立教大学コミュニティ福祉学部准教授
XV-6

渡　　正 （わたり・ただし）
順天堂大学スポーツ健康科学部准教授
VII-2

《編著者紹介》

井上　俊（いのうえ・しゅん／1938年生まれ）

大阪大学名誉教授

『死にがいの喪失』（単著，筑摩書房，1973年）

『遊びの社会学』（単著，世界思想社，1977年／新装版1999年）

『スポーツと芸術の社会学』（単著，世界思想社，2000年）

『武道の誕生』（単著，吉川弘文館，2004年）

『文化社会学入門──テーマとツール』（共編著，ミネルヴァ書房，2010年）

『社会学ベーシックス・シリーズ』（全11巻，共編著，世界思想社，2008～2011年）

『文化社会学界隈』（単著，世界思想社，2019年）

菊　幸一（きく・こういち／1957年生まれ）

筑波大学体育系教授

『「近代プロ・スポーツ」の歴史社会学』（単著，不昧堂出版，1993年）

『現代スポーツのパースペクティブ』（共編著，大修館書店，2006年）

『スポーツプロモーション論』（共編著，明和出版，2006年）

『「からだ」の社会学』（共編著，世界思想社，2008年）

『スポーツ政策論』（共編著，成文堂，2011年）

『現代スポーツは嘉納治五郎から何を学ぶのか──オリンピック・体育・柔道の新たなビジョン』
　　（編著，ミネルヴァ書房，2014年）

『〈ニッポン〉のオリンピック』（共著，青弓社，2018年）

やわらかアカデミズム・〈わかる〉シリーズ
よくわかるスポーツ文化論　［改訂版］

2012年1月20日　初　版第1刷発行　　　　〈検印省略〉
2018年1月30日　初　版第7刷発行
2020年3月1日　改訂版第1刷発行
2022年12月20日　改訂版第4刷発行

定価はカバーに
表示しています

編著者　　井　上　　　俊
　　　　　菊　　　幸　一
発行者　　杉　田　啓　三
印刷者　　藤　森　英　夫

発行所　株式会社　ミネルヴァ書房
607-8494　京都市山科区日ノ岡堤谷町1
電話代表（075）581-5191
振替口座 01020-0-8076

©井上俊・菊幸一，2020　　　亜細亜印刷・新生製本

ISBN978-4-623-08839-3
Printed in Japan

やわらかアカデミズム・〈わかる〉シリーズ